Julia Holzmann
Geschichte der Sklaverei in der niederländischen Republik

D1620496

Global- und Kolonialgeschichte | Band 6

Für Sabine, meine Schwester

Julia Holzmann, geb. 1983, lebt in Berlin und forscht zu Sklaverei und Black History. Ihre* Forschungsschwerpunkte sind die Analyse von Macht- und Herrschaftsverhältnissen und Formen (historischer) Marginalisierungsstrategien und Diskriminierungen. Migrationsgeschichte, Globalgeschichte, Frauen*-, Queer- und Geschlechtergeschichte, Selbstzeugnisforschung sowie die Analyse von Rassismen und intersektionale Mechanismen der Ausgrenzung gehören ebenfalls zu ihrem* Forschungsfeld.

Julia Holzmann

Geschichte der Sklaverei in der niederländischen Republik

Recht, Rassismus und die Handlungsmacht Schwarzer Menschen und People of Color, 1680–1863

Die Doktorarbeit wurde im Rahmen des ERC-Forschungsprojekts »The Holy Roman Empire and its Slaves« verfasst und unter dem Titel »Verschleppte und versklavte Menschen in den Niederlanden im langen 18. Jahrhundert« am Institut für Geschichtswissenschaften, Fachbereich 8, Sozialwissenschaften an der Universität Bremen eingereicht. Die Disputation fand am 16.12.2020 statt.
Gutachterinnen: Prof. Rebekka von Mallinckrodt (Bremen), Prof. Claudia Jarzebowski (Bonn), Prof. Juliane Schiel (Wien)
Danken möchte ich für treue Unterstützung, Beratung, konstruktive Kritik, freundschaftlichen Beistand und viel Geduld während der Promotionsphase folgenden Personen: Allen Archivar*innnen und Bibliothekar*innen, Annika Bärwald, Felix Blind, Petronella J. C. Elma, Hanna Elmer, Astrid Fischer, Harm Jan Frese, Koos Gräpner, Carl Haarnack, Claudia Haase, Ulf Heidel, Erika Holzmann, Friedhelm Holzmann, Sabine Holzmann, Francisca Hoyer, Prof. Wulf D. Hund, Prof. Claudia Jarzebowski, Ceven Knowles, Maurus Knowels, Josef Köstlbauer, Sebastian Kühn, Stephanie Kuhnen, Eva Marie Lehner, Sarah Lentz, Prof. Mary Lindeman, Cristian Magnus, Ralph Magnus, Prof. Rebekka v. Mallinckrodt, Jaques Moerman, Ineke Mok, Felix Pliske, Mark Ponte, Babette Reicherdt, Pascale Ricardoni, Prof. Juliane Schiel, Louis van der Schoot, Tede Semedes, Henri Vogel, Johannes Vogel, Stefanie Walter, André Windhorst, J. P. A. Wortelboer – Danke –

Bibliografische Information der Deutschen Nationalbibliothek

Die Deutsche Nationalbibliothek verzeichnet diese Publikation in der Deutschen Nationalbibliografie; detaillierte bibliografische Daten sind im Internet über http://dnb.d-nb.de abrufbar.

Erschienen 2022 im transcript Verlag, Bielefeld
© Julia Holzmann

Umschlaggestaltung: Maria Arndt, Bielefeld
Umschlagabbildung: J.M.W. Turner, »Slave Ship«, 1849. Fotografie © Museum of Fine Arts, Boston
Lektorat: Ulf Heidel, Astrid Fischer
Druck: Majuskel Medienproduktion GmbH, Wetzlar
Print-ISBN 978-3-8376-5886-6
PDF-ISBN 978-3-8394-5886-0
https://doi.org/10.14361/9783839458860
Buchreihen-ISSN: 2701-0309
Buchreihen-eISSN: 2702-9328

Gedruckt auf alterungsbeständigem Papier mit chlorfrei gebleichtem Zellstoff.
Besuchen Sie uns im Internet: https://www.transcript-verlag.de
Unsere aktuelle Vorschau finden Sie unter www.transcript-verlag.de/vorschau-download

Inhalt

Zum Gedenken an all jene versklavten oder ehemals versklavten Schwarzen Menschen und People of Color, die in dieser Arbeit genannt werden und stellvertretend für jene, deren Namen über die Jahrhunderte in Vergessenheit geraten sind.

Andries, Anna, Anna Elisabeth van Chattilon, Anthonij van Bengalen, Arelquin, Blondyn, Catharina, Christiaan Africanus, Christiaan Maandag, Christina, Claudina, Cordille, Coridon, Cornelis, Dorothea Vokka, Elisabeth Maria Anthonia Aspasia, Francina, Francisco Joseph, Geluk, Guan Anthony Sideron, Hendrik de Kok, Isaacq, Jacob van Grootveld, Jacoba Leiland, Jacobus Elias Johannes Capitein, Jan Christiaan, Jan Pick van Angola, Johannis West, Joost van New Amsterdam, Laloupe, Leander van Bengalen, Louis Alons, Magdalena Reda, Manuel Francisco Anthonio, Maria, Maria Magdalena, Maria van Breda, Marijtje Criool, Nijmand, Paulus, Pedro, Quakoe, Sabina, Sambo, Seraphine, Susanna Dumion, Tabo Jansz, Willem Frederik Cupido

Abkürzungsverzeichnis

AH: Archief Hoorn
ANRI: Arsip Nasional Republic Indonesia
AV: Archief Venlo
BHIC: Brabants Historisch Informatie Centrum
ELO: Erfgoed Leiden en Omstreken (Archief Leiden)
GAU: Gemeentelijk Archief Utrecht
HAMG: Historisch Archief Mitten Groningen
NA: Nationaal Archief Den Haag
SAA: Stadsarchief Amsterdam
SAD: Stadsarchief Delft
SB: Stadsarchief Breda
SBB: Staatsbibliothek Berlin
SR: Stadsarchief Rotterdam
VOC: Vereenigde Oostindische Compagnie
WIC: Vereenigde Westindische Compagnie
ZAM: Zeuws Archief Middelburg

Abbildungen

1. Einleitung

»Die Staaten Generaal der vereinigten Niederlande, allen denjenigen, die dieses sehen, hören oder lesen sollten; Salut, sollen wissen: dass wie sehr die sittliche Ausrichtung dieser Landen eine unanzweifelbare Wahrheit ist, dass in denselben Landen der Unterschied zwischen FREIEN und UNFREIEN Personen seit etlichen Jahrhunderten aufgehoben ist und alle Sklaverei außer Kraft gesetzt ist, sodann, dass alle Menschen hierzulande für FREIE Leute erkannt und gehalten werden, die zuvor genannte Wahrheit kann jedoch nicht in allen Hinsichten zutreffend gemacht werden, nicht bei Neger- und anderen Sklaven, welche aus den Kolonien dieses Staates nach diesen Landen herübergebracht oder herübergesandt werden [...]«.[1]

Dieses Zitat entstammt dem am 23. Mai 1776 in der Republik der Vereinigten Sieben Provinzen der Niederlande erlassenen *Plakaat, concerneerde de vryheid der Slaaven* (»Gesetz, betreffend die Freiheit der Sklaven« im Folgenden *Plakaat 1776* genannt). Urheber dieses *Plakaat 1776* waren die *Staten-Generaal*, die unter anderem für alle auswärtigen Angelegenheiten und die der Kolonien in der Republik zuständig waren. Nach einem allgemeinen Gruß an alle Personen, die das *Plakaat 1776* »sehen, hören oder lesen«, wird darauf hingewiesen, dass es bereits seit Jahrhunderten

---

1   SAA, 5028, 544N, Scans SUR100210000002. »De Staaten Generaal der vereenigde Nederlanden, alle de geenen die deese sullen sien of hooren leesen, salut; doen te weeten: dat hoe seer het volgens de seedelyke gesteldheid deeser Landen, eene ontwyffelbare waarheid is, dat in deselve Landen het onderscheid tusschen VRYE en ONVRYE Persoonen al sedeert verscheide Eeuwen heeft opgehouden, en de Slavernye gecesseert is, soodanig dat alle Menschen hier te Landen voor VRYE Luiden erkent en gehouden worden, de voorsz waarheid egter niet in alle opsigten toepasselyk gemaakt kan worden op de Neeger- en andere Slaaven, welke uit de Colonien van den Staat na deese Landen overgebragt of overgezonden worden [...].« Die deutschen Übersetzungen der niederländischen Quellenzitate wurden von der Autorin* angefertigt. Eigennamen, Titel etc. wurden nicht übersetzt. Alle Änderungen der Autorin* werden durch eckige Klammern angezeigt. Die Übersetzung erfolgte behutsam und ist möglichst nah an den mittelniederländischen Quellen gehalten. Eine niederländische Transkription des jeweils zitierten Textes kann in der dazugehörigen Anmerkung eingesehen werden. Eine vollständige Übersetzung des *Plakaat 1776* findet sich im Anhang.

keine Sklaverei mehr in der Republik gebe und dass alle Menschen, die in den Niederlanden lebten, als frei gelten. Diese scheinbar universale Freiheit hat ihren Ursprung im *Plakaat van Verlatinge*. Mit dem 1581 veröffentlichten *Plakaat van Verlatinge* wiesen die führenden Politiker der Sieben Vereinigten Provinzen der Niederlande den Herrschaftsanspruch des spanisch-habsburgischen Königs Philip II. zurück. Wie »ein Vater seine Kinder und ein Hirte seine Schafe« solle ein Herrscher seine Untertanen schützen.

> »Wenn er das nicht tut, sondern, anstatt seine Untertanen zu beschirmen, versucht, sie zu unterdrücken, übermäßig zu belasten, sie ihrer Freiheit, Privilegien und alten Gewohnheiten zu berauben und sie als Sklaven zu befehligen und zu gebrauchen, muss er nicht als ein Fürst, sondern als ein Tyrann angesehen werden.«[2]

Philip II. wurden also Tyrannei und Unterdrückung sowie die Versklavung der niederländischen Bevölkerung vorgeworfen.

Jene universale Freiheit für alle Niederländer*innen, die also gegen Philip II. verteidigt wurde, wird in obigem Zitat des *Plakaat 1776* jedoch eingeschränkt, denn für »Neger und andere Sklaven«, die aus den niederländischen Kolonien in die Republik gebracht wurden, sollte sie in weiten Teilen nicht gelten.[3] Das *Plakaat 1776*

---

2   Zitiert nach Stephan Laux, Das »Plakkaat van Verlatinge« (1581). Die niederländischen Generalstaaten, die Souveränitätsfrage und das Problem des quasi-säkularen Widerstandsrechts, in: Gerhard Rehm (Hg.), Adel, Reformation und Stadt am Niederrhein (= Studien zur Regionalgeschichte, Bd. 23), Bielefeld: Verlag für Regionalgeschichte, 2009, S. 169-189, hier: S. 179. In der niederländischen Forschung ist das *plakaat* hinlänglich bekannt, weshalb hier auf eine originalsprachliche Zitation verzichtet wird. Das Original befindet sich im Nationaal Archief Den Haag (NA), 1.01.01.01 Regeringsarchieven Geünieerde Provinciën I, Inv. 254G.

3   Der Sprachgebrauch der Zeitgenoss*innen des 18. Jahrhunderts wird in dieser Studie nur als zu analysierender Gegenstand reproduziert. Wenn also von »negern«, »slaven« (»Sklaven«) etc. die Rede ist, dann handelt es sich um Quellenbegriffe, die in ihrer Wortbedeutung an der entsprechenden Stelle relevant sind. In den analytischen Ausführungen werden Begriffe wie »versklavte Person« oder »versklavte Menschen« verwendet, sofern der Aspekt der Sklaverei im Vordergrund steht, und »Schwarze Menschen/Personen« oder »People of Color«, wenn Rassifizierungen und die Kategorie Hautfarbe als Marker der Versklavung zentral sind. In Anlehnung an die Ausführungen von Natasha A. Kelly werden folgende Schreib- und Bedeutungsweisen gewählt: »Schwarz« als sozialpolitische Kategorie, die erst durch Rassismus entstanden ist; »People of Color« als gruppenbezogene Selbstdefinition und *weiß* als Kategorie zur Analyse von Herrschafts- und Machtverhältnissen. Vgl. Natasha A. Kelly (Hg.), Schwarzer Feminismus: Grundlagentexte, Münster: Unrast, 2019, S. 15-16. Im Hinblick auf eine inkludierende bzw. geschlechtersensible Sprache wird das Gendersternchen (*) eingesetzt. Schreibweisen wie »Autor*in« und »Sklav*inneneigner*innen« zeigen an, dass hier alle Geschlechter des Spektrums inkludiert und mitgedacht sind. Auch bei einzelnen Personen wird mit dem Gendersternchen gearbeitet, um den Betreffenden keine Geschlechtsidentität von außen zuzuschreiben. Das koloniale System hat etwaige von der kolonialen Norm abweichende

formuliert in acht Paragrafen die Konditionen, die für den Erhalt des Sklav*innen-status einer Person oder für deren Freiheit grundlegend waren. Es wird kein Grund genannt für die Rassifizierung und den rassistischen Ausschluss von zuvor als universell formulierten Freiheitsrechten. Ziel des *Plakaat 1776* war es, eine Rechtsbasis zu schaffen, die den Eigner*innen von versklavten Menschen aus den westindischen Kolonien den Schutz ihres Eigentums und damit die Aufrechterhaltung der Versklavung ermöglichte.

Ebenfalls im Widerspruch zu der republikanischen, freiheitlichen Idee standen in der Frühen Neuzeit das Denken und die Herrschaft in den niederländischen Kolonien. Die Versklavung von zuvor in die Kolonien verschleppten Menschen wurde durch *plakaate* (Gesetze) und eine entsprechende Rechtsprechung abgesichert und legalisiert. In den *West Indies*, den Territorien der *Geoctroyeerde Westindische Compagnie* (WIC) in der Karibik[4], in »Niederländisch-Guyana«[5] in Südamerika und

---

Vorstellungen der versklavten Menschen von Geschlecht und Identität marginalisiert. Dieser Mechanismus soll in dieser Untersuchung nicht reproduziert werden. Nur Namen, typische Berufsbezeichnungen (z.B. Matrose, Dienstmädchen) und offizielle Titel, etwa »Staten-Generaal« oder »Landesadvokaten«, erhalten kein Gendersternchen, weil dies ein anachronistischer Eingriff wäre. Zudem lässt uns Hugo Grotius in *Inleydinge tot de Hollandsche Rechtsgeleertheyt*, Amsterdam: Dirk Boom, 1767, I., III., § 6 wissen, welche menschlichen Wesen er zu den »Geborenen Menschen« zählt: »Geborene Menschen sind Männer oder Weiber: Denn die man Mann-Weiber* nennt, werden an die eine oder die andere Seite gerechnet nach der Art, die in ihnen überwiegt. *Hermaphroditi oder Androgyni«. Grotius und seine Zeitgenoss*innen kannten neben den bipolaren Geschlechtsidentitäten männliche und weibliche Identitäten und körperliche Beschaffenheiten, die zwischen oder außerhalb dieser Polarität lagen. Da das Rechtssystem jedoch polar konzipiert war, mussten sich Personen, die außerhalb dieses Systems verortet wurden, einer der beiden polaren Kategorien zuordnen. Mit Erreichen der Volljährigkeit und damit der Erlangung der Rechtsfähigkeit sollten diese Personen eine der rechtlichen und sozialen Kategorien wählen. Damit konnten alle als *geborene Menschen* angesehenen Personen rechtlich erfasst und behandelt werden. Nicht als Menschen galten Grotius jene, die als »Monstra« bezeichnet wurden. Vgl. ebd., § 5. Neben diesen Besonderheiten habe ich versucht, meinen eigenen Sprachgebrauch zu reflektieren und die Verhältnisse so präzise wie möglich zu benennen, so dass z.B. der Begriff »Sklavenreise« für den Transport im Sklavenschiff durch »Verschleppung« oder »Sklavenhalter« durch »Sklav*inneneigner*in« ersetzt wird. Zum Begriff des*der Eigners*in ist anzumerken, dass er zum einen als »Eigner« oder »Eignerin« im historischen Material selbst anzutreffen ist und zum anderen – und das ist auch der Grund, warum er in den Quellen verwendet wurde – anzeigt, dass ein*e Eigner*in Eigentumsrechte hatte. Beim Sprechen über versklavte Menschen geht es um deren Verortung als Eigentum. Das bedeutet, dass ein*e Eigner*in verkaufen, verschenken, bestrafen und töten durfte, da er*sie über sein*ihr Eigentum verfügte. Ein*e Besitzer*in hatte nur Besitzrechte, die durch das Zahlen von Miete oder eine Gefälligkeit erworben wurden. Sie beinhalteten aber nicht, dass das Eigentum einer anderen Person verkauft, verschenkt oder getötet werden durfte.

4   Aruba, Bonaire, Curaçao, Saba, Sint Eustatius, Sint Maarten.
5   Essequibo, Demerara, Berbice, Suriname.

in den Ost Indies, den Territorien der *Vereenigde Oostindische Compagnie* (VOC) in Südafrika[6], Indonesien[7] und Indien[8] war Sklaverei weit verbreitet und legal. Die versklavten Menschen im Territorium der VOC wurden in erster Linie aus den umliegenden Regionen oder aus der Region Ostafrika verschleppt. In den Territorien der WIC wurden Menschen versklavt, die überwiegend von der Westküste Afrikas stammten oder lokalen indigenen Bevölkerungsgruppen angehörten. Kehrten Kolonist*innen in die niederländische Republik zurück, ließen sie sich häufig von versklavten Menschen begleiten, die auf der Schiffsreise für Komfort und Bedienung sorgen mussten. Die versklavten Diener*innen sollten nach der Ankunft in der Republik zurück in die jeweilige Kolonie gesandt werden, doch viele Funktionäre der Handelskompanien setzten sich über diese Anordnung hinweg. Die Anwesenheit der versklavten Menschen in der Republik, in der keine Sklaverei praktiziert werden sollte, führte im 18. Jahrhundert zu teils heftigen Konflikten. Diese Konflikte resultierten daraus, dass aus den Kolonien mitgeführte Menschen sich auf verschiedene Weise aus der Sklaverei zu befreien versuchten.[9] Anfang der 1770er Jahre spitzte sich die Situation zu, bis am 23. Mai 1776 schließlich das *Plakaat 1776* erlassen wurde.

Diese Zweigleisigkeit der Argumentation über eine angeblich universale Freiheit und der zeitgleich praktizierten Sklaverei, die im Zitat des *Plakaat 1776* erkennbar ist, steht im Zentrum der vorliegenden Untersuchung. Dabei interessiert auch der Zusammenhang zwischen der im *Plakaat 1776* ausgedrückten rechtlichen Unterscheidung und den zeitgenössischen Rassifizierungen in den Niederlanden und seinen Kolonien. Der Kern des Problems, das dabei zum Ausdruck gebracht wird,

---

6   Kap der Guten Hoffnung. Dieser Teil des Territoriums der VOC ist in dieser Studie aufgrund der geografischen Lage weit ab vom indonesischen Raum nicht mitgemeint, wenn von den East Indies oder Ostindien die Rede ist. Das Kap der Guten Hoffnung wird immer explizit genannt.

7   Batavia (heute Java), Sumatra, Borneo (heute Kalimantan), Celebes (heute Sulawesi), Neu Guinea/Irian Jaya, die Inselgruppe Molukken, Ceylon (heute Sri Lanka).

8   Bengalen sowie Pulicat und Sadras an der Koromandelküste.

9   Vergleichbare Situationen sind auch in anderen europäischen Ländern festzustellen. Die Ambivalenz von fehlender rechtlicher Norm in Bezug auf Sklaverei und der gleichzeitigen Anwesenheit versklavter Menschen führte zu einer ganzen Reihe verschiedener Praktiken in der Sprache über Sklaverei, im Transfer von versklavten Menschen und auch in deren Behandlung und der Definition ihres Sklavenstatus. Für die Situation im Heiligen Römischen Reich deutscher Nation vgl. Rebekka von Mallinckrodt, Verhandelte (Un-)Freiheit, Sklaverei, Leibeigenschaft und innereuropäischer Wissenstransfer am Ausgang des 18. Jahrhunderts, in: Geschichte und Gesellschaft, 43 (2017) 3, S. 347-380. Von Mallinckrodt weist nach, dass der Status *versklavt* im Rechtssystem nicht vorhanden sein musste, um dennoch den Verkauf einer versklavten Person rechtlich abzusichern oder deren Sklav*innenstatus aufrechtzuerhalten, und dass diese Sklaverei verschiedene Formen und Handlungsmöglichkeiten für die Betroffenen in sich barg.

ist die Versklavung von Menschen aufgrund von Rassifizierungen in der niederländischen Republik während der gesamten Frühen Neuzeit. Auf der Basis will-
kürlicher Marker wie Aussehen, Herkunft oder Religion wurde diese Herrschaft
mittels komplexer Rechtsnormen zum Zwecke der Gewinnmaximierung gerechtfertigt. Zugleich hielt man weiter an der Idee fest, dass Sklaverei in der niederländischen Republik während der Frühen Neuzeit nicht existierte, wie es ja auch
das *Plakaat van Verlatinge* proklamierte. Der in ihm ausgedrückte Freiheits- und
Unabhängigkeitswille prägte als Utopie Politik, Gesellschaft und in weiten Teilen
auch die nationale Geschichtsschreibung.[10] Die Vorstellung des *free-soil principle*,
das persönliche Freiheit beim Betreten von niederländischem Boden versprach,
und der nationale Gründungsmythos der Niederlande, der auf dem *Plakaat van Ver-*
latinge beruht, haben zu einem blinden Fleck in der nationalen Forschung geführt.
Jahrzehntelang, während sich die Forschung mit Überlegungen über den Einfluss
des *Plakaat van Verlatinge* auf die Amerikanische Unabhängigkeitserklärung, den
Dreieckshandel, die *Atlantic Slavery*, den *Black Atlantic*, den *Dutch Atlantic*[11] etc. aus-
einandersetze, blendete sie zugleich aus, dass auch in der niederländischen Republik durchaus Menschen versklavt worden sind und es Sklaverei gegeben hat. Susan
Buck-Morss hat in *Hegel und Haiti* deutlich auf diesen blinden Fleck in der niederländischen und europäischen Geschichtsschreibung hingewiesen.[12] In der vorliegenden Studie werden daher Formen von Sklaverei in der Republik und rassistische
Stereotypisierungen[13], mit denen versklavte und freie Schwarze Menschen und

---

10   Vgl. hierzu z.B. die Homepage des New Netherlands Institute. Siehe auch Stephen E. Lucas,
      The Plakkaat van Verlatinge: A Neglected Model of the American Declaration of Indepen-
      dence, in: Rosemarijn Hoefte, Johanna C. Kardus (Hg.), Connecting Cultures: The Netherlands
      in Five Centuries of Transatlantic Exchange, Amsterdam: VU University Press, 1994, S. 189-207.

11   Vgl. Gert Oostindie, Jessica V. Roitman (Hg.), Dutch Atlantic Connections, 1680-1800. Linking
      Empires, Bridging Borders, Leiden: Brill, 2014.

12   Susan Buck-Morss, Hegel und Haiti, in: Dies., Hegel und Haiti. Für eine neue Universalge-
      schichte, Berlin: Suhrkamp, 2011, S. 40-106, hier: S. 42-46.

13   Eine systemische Definition von Rassismus stammt von Max Sebastián Hering Torres und
      Helmut Bley, die betonen, dass »Rassen« durch Menschen konstruierte Kategorien sind und
      keine biologische Grundlage besitzen. »Sie entspringen somit menschlichen Vorstellungs-
      welten und sind letztlich topische Sinnkonstruktionen. R[assismus] ist sowohl eine soziale
      Praxis als auch eine machtgeladene diskursive Konstruktion. [...] Rassismus ist [...] eine Stra-
      tegie, mittels derer Unterschiede naturalisiert werden (Alterität); er operiert als ein Werk-
      zeug des Vorurteils und der Stereotypen- und ›Sündenbocktheorien‹, um bestimmte Grup-
      pen zu unterdrücken oder auszubeuten und ihnen den Zugang zu materiellen oder natürli-
      chen Ressourcen, Arbeit oder Rechten zu verwehren (Feindbild). Folglich ist R. ein Prozess
      der Entmenschlichung sowie der Inferiorisierung, impliziert Machtasymmetrien und ist ein
      Mittel zur Rechtfertigung von Vorherrschaft (Ungleichheit).« Max Sebastián Hering Torres,
      Helmut Bley, »Rassismus«, in: Friedrich Jaeger (Hg.), Enzyklopädie der Neuzeit, Bd. 10, Hei-
      delberg: J.B. Metzler, 2009, Sp. 607-619. Zur Abgrenzung das Konzept von *Race* Albert Atkin,
      Race, Definition, and Science, in: Naomi Zack (Hg.), The Oxford Handbook of Philosophy

People of Color konfrontiert waren, anhand von Analysen unterschiedlicher historischer Quellen aus niederländischen Archiven verhandelt. Für eine erste Orientierung hinsichtlich der Frage, was unter Sklaverei und der Versklavung von Menschen aus Sicht der Geschichtswissenschaft zu verstehen ist, wird an dieser Stelle eine »systemische Definition« nach Michael Zeuske eingeführt. Von Sklaverei kann demnach die Rede sein:

- Wenn eine Person von Gewalt (*coercion*) und Zwang (*violence*) auf körperlicher, psychischer, struktureller und symbolischer Ebene betroffen ist.
- Wenn ein asymmetrisches Abhängigkeitsverhältnis und eine
- Verfügung über den Körper und die Arbeits- und ggf. Reproduktionskraft der Person durch eine andere Person besteht.
- Wenn eine Statusdegradierung und eine
- Initiierung in den Sklavenstatus (z.B. Brandzeichen, Handauflegen) stattgefunden haben.
- Wenn Sklaverei je nach Grad der Institutionalisierung gemäß rechtlichen Normierungen oder informellen Regeln erfolgt.
- Zudem kann ein Eigentumsverhältnis vorliegen, das dem*der Eigner*in Rechtssicherheit bei der Ausübung der Verfügungsgewalt über die versklavte Person bietet. *Legal ownership*, also die rechtlich fundierte Eigner*innenschaft über eine versklavte Person, wird heute jedoch nicht mehr als zentrales Element bei der Einordnung verschiedener Formen von Sklaverei angesehen, da es eine Reihe informeller Formen der Versklavung gibt und gab. Die in Europa bekannte sogenannte *harte Leibeigenschaft* kann demnach als lokale Form von Sklaverei angesehen werden.[14]

---

and Race, Oxford: University Press, 2017, S. 135-138. Albert Mosely, »Race« in Eighteenth- and Nineteenth-Century Discourse by Africans in the Diaspora, in: Naomi Zack (Hg.), The Oxford Handbook of Philosophy and Race, Oxford: University Press, 2017, S. 81-90.

14   Vgl. Michael Zeuske, Handbuch Geschichte der Sklaverei: Eine Globalgeschichte von den Anfängen bis zur Gegenwart, Bd. 1, 2., überarb. u. erw. Aufl., Berlin, Boston: De Gruyter, 2019, S. 193-265, insb.: S. 206-221. Zeuske geht in seinem Artikel *Sklaverei* in der *Enzyklopädie der Neuzeit* darauf ein, dass es kaum möglich ist, eine Definition von Sklaverei zu erarbeiten, die alle weltweit vorkommenden Formen von Sklaverei erfasst. Daher ist Zeuske dazu übergegangen von Sklaverei(en) zu sprechen, um herauszustellen, dass es viele Formen der Versklavung gibt. Vgl. Michael Zeuske, Stefan Reichmuth, »Sklaverei«, in: Enzyklopädie der Neuzeit Online, doi: http://dx.doi.org/10.1163/2352-0248_edn_COM_350332. In dieser Studie wird ebenfalls der Begriff *Sklavereien* verwendet, was als Anlehnung an Zeuskes Sklaverei(en) zu verstehen ist. Eine deutlich enger gefasste und für die Sklavereiforschung sehr prägende Definition ist jene, die Orlando Patterson 1982 vorgeschlagen hat: »[S]lavery is the permanent, violent domination of natally alienated and generally dishonored persons.« *Natally alienation* bezeichnet nach Patterson die Isolierung und das Herausgerissensein verschleppter und versklavter Personen aus dem sozialen und familiären Netz, in das sie geboren wurden. Zudem

Ziel der Untersuchung ist zum einen, eine zeitgenössische und den niederländisch-republikanischen Verhältnissen entsprechende, detaillierte Definition von Sklaverei vorzulegen. Die spezifischen Logiken der rechtlichen Narrationen, mit denen der Erhalt und Transfer von Versklavung und Ausbeutung sowie die Verschleppung der versklavten Personen gerechtfertigt wurden, sollen fassbar gemacht werden. Es geht also darum, die Praktiken der Versklavung sowie die dahinterliegenden Strategien herauszuarbeiten und damit die spezifische Beschaffenheit der verschiedenen Formen von Sklaverei in der niederländischen Republik sichtbar zu machen.[15] Hierbei werden zur Kontextualisierung auch rassistische Stereotypisierungen und Praktiken, die den Hintergrund dafür bildeten, dass die spezifische Kombination aus *free-soil principle* und geduldeter Sklaverei in Europa möglich war, mit einbezogen. Zum anderen sollen anhand von drei biografischen Mikrostudien von People of Color aus niederländischen Kolonien Praktiken und Handlungsmöglichkeiten jener Personen sichtbar gemacht werden, die in der niederländischen Republik mit Sklaverei, Rassifizierungen und rassifizierenden Stereotypen konfrontiert waren bzw. tatsächlich versklavt wurden.

Das Thema hat, obwohl der Berichtszeitraum dieser Untersuchung im langen 18. Jahrhundert[16] liegt, höchste Aktualität: Denken lässt sich hier etwa an die Forderung von Nachkomm*innen der versklavten Menschen nach Entschädigungszahlungen für erlittenes Unrecht ihrer Vorfahr*innen[17], oder an die Forderung,

---

bezieht Patterson die Zerstörung der historisch-sozialen Eingebundenheit dieser Personen in seine Definition ein. Orlando Patterson, Slavery and Social Death. A Comparative Study, Cambridge (MA), London: Harvard University Press, 1982, S. 7, 13.

15   Vgl. Joseph C. Miller, The Problem of Slavery in History. A Global Approach, New Haven, London: Yale University Press, 2012, S. 2.

16   *Das lange 18. Jahrhundert* bezeichnet in dieser Studie den Zeitraum von etwa 1680 bis ca. 1830. Das Jahr 1680 markiert dabei den Zeitpunkt, zu dem alle in dieser Studie einbezogenen Territorien von den Niederlanden erobert waren und die koloniale Herrschaft dort etabliert war. Ab da galt es aus Perspektive der Kolonisator*innen also, die Herrschaft über die Territorien und besonders über die versklavten Menschen zu festigen und aufrechtzuerhalten. Gegen Ende des 18. Jahrhunderts begann in europäischen Gesellschaften die Legitimität der Versklavung zu bröckeln, was durch die Revolutionen (französische, amerikanische und haitianische) noch verstärkt wurde. 1814 wurde zunächst der niederländische Handel mit versklavten Menschen und 1838 die Sklaverei in der niederländischen Metropole verboten, 1861/63 folgte dann die Abschaffung der Sklaverei auch in den niederländischen Kolonien. Die untersuchte Zeitspanne stellt damit die entscheidende Phase in der historisch-politischen frühen Kolonial- und Sklavereigeschichte und der ideengeschichtlichen und sozialpolitischen Entwicklungen in Hinblick auf Sklaverei in der Republik dar.

17   Vgl. Stephen Small, Sandew Hira, 20 Questions and Answers about Dutch Slavery and its Legacy (= Decolonizing the Mind, Bd. 1), Den Haag: Amrit, 2014, S. 68-72. Han van der Horst, Persoonlik compenseren nazaten van slaven slecht idee, in: Joop: opinie, 13.4.2019, https://joo p.bnnvara.nl/opinies/persoonlijk-compenseren-nazaten-van-slaven-slecht-idee (22.08.2019).

Rassismus zu dekonstruieren und aus dem Denken der Menschen und deren Alltag zu beseitigen. Die Dekolonisierung des öffentlichen Raums, der Politik, der
kulturellen und wissensbildenden Institutionen und der Gesellschaften ist ein viel
diskutiertes Anliegen.[18] In diesem Kontext ist ebenfalls die Debatte um Sinterklaas
und *zwarte Piet*[19] zu verorten. Die Auseinandersetzung um den *zwarte Piet* wird mitunter so hitzig geführt, dass es zu gewalttätigen Konflikten kommt.[20] Mit dem
Fest *Keti Koti*[21] wird in den Niederlanden der Abschaffung der Sklaverei in der ehemaligen niederländischen Kolonie Suriname gedacht.[22] Zuletzt wurde im Rembrandthuis in Amsterdam die Ausstellung *Black in Rembrandt's Time* eröffnet, bei
der Bilder von niederländischen Maler*innen des 17. Jahrhunderts ausgestellt werden, die als Motive Schwarze Menschen oder People of Color zeigen.[23] Genau wie

---

18   Vgl. Haro Kraak im Interview mit Elma Drayer, »Ik zie een groeiende apartheid, je sluit
je weer op met je eigen clubje«, in: De Volkskrant, 8.8.2019, https://www.volkskrant.n
l/cultuur-media/ik-zie-een-groeiende-apartheid-je-sluit-je-weer-op-met-je-eigen-clubje
~be9c7ded/(22.08.2019). Gloria Wekker, White Innocence: Paradoxes of Colonialism and
Race, Durham: Duke University Press, 2016; zu Wekker siehe Esther Helena Arens, Rezension
zu: Wekker, Gloria: White Innocence. Paradoxes of Colonialism and Race, Durham 2016. ISBN
978-0-8223-6075-9, in: H-Soz-Kult, 11.05.2017, www.hsozkult.de/publicationreview/id/reb-
24625 (23.03.2020).

19   Sinterklaas ist das niederländische Pendant zum deutschen Hl. Nikolaus, sein Süßigkeiten
(*snoepjes* und *suiker dieren*/Zuckertierchen) verteilender Gehilfe – als Pendant zu Knecht Ruprecht – ist der *zwarte Piet*, eine Person, die als Sklave gelesen wird und bei deren performa-
tiver Darstellung auf Umzügen und sonstigen Veranstaltungen oft Blackfacing eingesetzt
wird. Jedes Jahr aufs Neue kommt es aufgrund der rassistischen Blackfacing-Praxis und des
unreflektierten Umgangs mit der kolonialen Vergangenheit zu heftigen verbalen, zum Teil
auch gewalttätigen Auseinandersetzungen und entbrennt in den Printmedien eine hitzige
Debatte um den *zwarte Piet*. In den letzten Jahren wurde versucht, dem *zwarte Piet* einige
bunte Piets, also Personen, die Gesicht und Hände nicht schwarz, sondern grün oder blau
angemalt haben, zur Seite zu stellen, um die Situation zu entschärfen. Auch werden inzwischen entsprechend bunte Spielzeugpüppchen und Lebkuchenfiguren verkauft.

20   Vgl. Han van der Horst over geschiedenis en toekomst van Zwarte Piet (Audio-Interview von
Franciso van Jole), in: Joop: Nieuws, 24.11.1018, https://joop.bnnvara.nl/nieuws/han-van-der-
horst-over-geschiedenis-en-toekomst-van-zwarte-piet (22.08.2019).

21   »Keti Koti« bedeutet »Ketten sprengen« und stammt aus dem Sranan Tongo, der Kreolspra-
che, die die versklavte Bevölkerung in Suriname in der Frühen Neuzeit entwickelte.

22   Vgl. Alex van Stipriaan, Between Diaspora, (Trans)Nationalism and American Globalization.
A History of Afro-Surinamese Emancipation Day, in: Ruben S. Gowricharn (Hg.), Caribbean
Transnationalism: Migration, Pluralization, and Social Cohesion, Lanham u.a.: Lexington
Books, 2006, S. 155-178. Alles wat je moet weten over bevrijdingsfeest Keti Koti, in: NU.nl,
1.7.2019,   www.nu.nl/dvn/5958227/alles-wat-je-moet-weten-over-bevrijdingsfeest-keti-
koti.html?fbclid=IwAR0LDcRt1PvR6l3krhgj6FJ4aTVQuSjsr7swXY9iv-vhd2r3vOktc8A09Zs
(22.08.2019).

23   Siehe die Homepage des Rembrandthuis in Amsterdam, in dem die Schau vom 6. März bis
zum 31. Mai 2020 zu sehen war, https://www.rembrandthuis.nl/wp-content/uploads/2020/02

die Aufrechterhaltung der Versklavung von Menschen im langen 18. Jahrhundert auch in der niederländischen Metropole stattgefunden hat, so finden auch heute diese Auseinandersetzungen in den Niederlanden statt. Die gegenwärtigen, oft emotional geführten und polarisierenden Debatten finden im historischen Schatten des niederländischen Kolonialismus, des niederländischen Menschenhandels mit Afrikaner*innen und der Verschleppung von versklavten Menschen in die niederländische Republik statt.

In dieser Studie wird den Leben der verschleppten und gegebenenfalls versklavten Schwarzen Menschen und People of Color nachgespürt, die unter Zwang in die Republik gebracht wurden oder auch freiwillig mitkamen. Es wird analysiert, wie es diesen Menschen gelang, im Geflecht der Rechtssysteme, der asymmetrischen Herrschaftsverhältnisse, der begrenzten Handlungsmöglichkeiten und zumindest anfänglicher Fremdheit in einer unbekannten Gesellschaft zu navigieren, sich zurechtzufinden und ihr Leben dort zu meistern. Ihre Lebenswelten[24] werden sichtbar gemacht. Die Territorien der Sieben Vereinigten Provinzen der Niederlande bilden als Herrschaftsgebiete den rechtlichen Rahmen, das Normensystem, mit dem die Praktiken und Handlungslogiken der Menschen zueinander ins Verhältnis gesetzt werden.

1.1   Forschungsstand

Die erste konkrete Untersuchung über versklavte Schwarze Menschen und People of Color in der niederländischen Republik wurde 1963 von R. Buvé vorgelegt.[25] Mitte der 1980er folgte eine weitere, grundlegende Studie von Gerd Oostindie und

---

/press-release.-here-black-in-rembrandts-time.-the-rembrandt-house-museum-amsterdam. pdf (12.10.2021).

24   Vgl. zum Begriff der Lebenswelt Alf Lüdtke, Lebenswelt: verriegelte Welt? Überlegungen zu einem Konzept und seinen Verwendungen, in: WerkstattGeschichte, 75 (2017), S. 115-124. Lüdtke kritisiert, dass das ursprüngliche Konzept der Lebenswelt zu statisch gedacht sei, wobei er auch feststellt, dass es in der Forschung weniger statisch gebraucht werde. Er schlägt vor, den Begriff Lebenswelt durch den des Milieus zu ersetzen. Meines Erachtens bezieht das Milieu in Lüdtkes Sinn die Bedeutung von Rechtssystem und Normen nicht stark genug mit ein. Daher möchte ich den Begriff der Lebenswelt beibehalten, da er Rechtssystem und Normen ebenso einbezieht wie soziale Kreise (Simmel) oder Milieus. Georg Simmel, Über soziale Differenzierung: Sociologische und psychologische Untersuchungen, ND der Ausg. Leipzig 1890, Bad Feilnbach: Schmidt Periodicals, 1990.

25   Vgl. R. Buvé, Surinaamse slaven en vrije negers in Amsterdam gedurende de achttiende eeuw, in: Bijdragen tot de Taal-, Land- en Volkenkunde, 119 (1963)1, S. 8-17. 1984 hat Preedy eine weitere Studie vorgelegt: S. E. Preedy, Negers in de Nederlanden, 1500-1863: Een waarschuwing en een aansproning, Nijmegen: Masusa, 1984.

Emy Maduro, die auch heute noch Beachtung findet.[26] Gemeinsam haben die beiden Studien, dass sie unter anderem eine Übersicht geben über Schwarze Menschen und People of Color, die versklavt in die Republik kamen und deren Spuren im historischen Material zurückverfolgt werden können. Zudem stellen sie Überlegungen an zu Schiffspassagen, den Gründen ihrer Anwesenheit, der Dauer des Aufenthalts und auch zur Anzahl dieser Personengruppe. Der Schwerpunkt liegt hierbei auf Personen, die aus Suriname in den West Indies in die Niederlande kamen.[27] Aufbauend auf der Untersuchung von Buvé hat Oostindie mittels einer Auswertung der *Gouvernermentsjournale* von Suriname für den Zeitraum zwischen 1729 und 1781 eine Schätzung zur Anzahl der versklavten Personen vorlegen können, die in die Republik verschleppt wurden oder freiwillig reisten.[28] Ergebnis der Auswertung ist, dass in der zweiten Hälfte des 18. Jahrhunderts deutlich mehr versklavte Menschen reisten als in der ersten. 656 versklavte Menschen seien im 18. Jahrhundert aus Suriname ausgereist, 627 im selben Zeitraum in Suriname eingereist.[29]

---

26   Vgl. Emy Maduro, Gerd Oostindie, In het land van de overherser, Antillianen in Nederland 1634/1667-1954, Dodrecht: Floris Publications, 1986.

27   Gert Oostindie, Kondreman in Bakrakondre: Surinamers in Nederland 1667-1954, in: Ders., Emy Maduro (Hg.), In het land van der overheerser. Antillianen en Surinamers in Nederland, 1634/1667-1954, Leiden: Brill, 1986, S. 1-132, hier: S. 6, www.jstor.org/stable/10.1163/j.ctt1w8h0n0.5 (17.03.2020). »In het eerste artikel dat over de geschiedenis van de Surinamers in Nederland verscheen, ,Surinaamse slaven en vrije negers in Amsterdam‹ (1963), deed Buve verslag van zijn onderzoek in de archieven van de Gouverneurs van Suriname over de periode van 1729 tot 1749. Hij suggereert dat in de loop van de achttiende eeuw enkele honderden negers naar Amsterdam vertrokken. In de door hem onderzochte periode werden zo'n tachtig negers en enkele Indianen naar deze stad vervoerd, terwijl ongeveer hetzelfde aantal terugkeerde. Het min of meer overeenkomen van deze aantallen betekent niet dat het verblijf in Amsterdam altijd even lang duurde. Buve toont aan dat in de periode 1729-1737 een belangrijk vertrekoverschot vanuit Suriname bestond; in de periode 1743-1749 was het tegenovergestelde het geval. Het vertrek uit Paramaribo betrof respectievelijk 62 en 20, de terugreis 20 en 64 Surinamers. Verdere gegevens over dit personenverkeer zijn te vinden in de Journalen van de Gouverneurs van Suriname. Gebruik makend van een beschrijving daarvan voor de periode van 1729 tot 1781 kon ik de reizigersstroom reconstrueren. Dit onderzoek leidde tot opvallende resultaten, met name ten aanzien van de totale omvang van het personenverkeer in de drie decennia na 1750. [...] [Z]oals nog zal blijken zijn dit slechts minimale schattingen van de reizigersstroom.«

28   Auf die verschiedenen Nuancen von »freiwilliger« Reise und Verschleppung wird im Verlauf der Untersuchung an Beispielen eingegangen. Eine versklavte Person konnte die strategische Entscheidung treffen, in die Republik zu reisen, um dort zu versuchen, ihre Freiheit zu erlangen.

29   Vgl. Oostindie, Kondreman, S. 6-9. Im Zeitraum 1729-1749 (wobei die Jahrgänge 1734/35, 1739-42 im Gouvernementsjournal fehlen) konnte Oostindie 87 versklavte Personen identifizieren. Für den Zeitraum 1749-1781 waren es 569 versklavte Personen. Nicht einkalkuliert sind Personen, deren Status z.B. aus Kostengründen falsch angegeben wurde (nicht nachprüfbar), oder Menschenschmuggel. Da bei der Ankunft in der Republik keine flächendeckende, zentrale

Für alle anderen niederländischen Kolonien in West- und Ostindien gibt es für das lange 18. Jahrhundert keine Zahlen. Oostindie betont jedoch, dass die von ihm geschätzten Zahlen »minimal« seien, die tatsächliche Anzahl versklavter Personen in der Republik dürfte demnach weit höher gewesen sein.[30]

Hinsichtlich der Anwesenheit versklavter Personen in der Republik ist bei Oostindie, der sich intensiv mit Buvés Untersuchung auseinandergesetzt hat, zu lesen:

> »Allmählich wird der Gebrauch von Sklaven in den Niederlanden immer problematischer. Buvé vermeldet den Fall des Sklaven Coridon, der, einmal in Amsterdam, meinte frei zu sein und auf eigene Kosten in den Dienst des Preußischen Gesandten eintrat. Dies spielte sich 1742 ab; Buvé nennt eine weitere Geschichte, die 30 Jahre später stattfand. 1772 erklärten die Staten-Generaal per Resolution eine Sklavin und ihre Töchter für frei, weil sie nach Amsterdam gebracht wurden. Hierauf warnte die Sociëteit van Suriname Gouverneur Nepveu, dass ›Sklaven durch oder mit Zustimmung ihrer Meister nach Europa gebracht ... dadurch vollkommen frei werden‹ [...].«[31]

Oostindie widerspricht dabei Buvés Einschätzung, dass versklavte Menschen, die in die Republik kamen, grundsätzlich frei wurden.

> »Hieraus darf nicht geschlossen werden, dass die Sklaverei auf niederländischem Boden ab 1772 abgeschafft war. Das sollte noch viele Jahre dauern.«[32]

Während Buvé schreibt, dass das *free-soil principle* dazu führte, dass alle Menschen, die niederländischen Boden betraten, frei waren, sieht Oostindie deutliche Anzeichen dafür, dass dem nicht so war.

> »Nach dem [...] Placaat van de Staaten Generaal, omtrent de Vryheid der Negeren andere Slaaven, welke uit de Colonien van den Staat naar dese Landen over-

---

Registrierung der einzelnen Personen vorgenommen wurde, gibt es keine Auskunft über die Personen, die in die Republik eingereist sind, und deren Status.

30   Vgl. ebd., S. 6.

31   Ebd., S. 14; Zitat im Zitat von Buvé. »Langzamerhand werd het gebruik van slaven in Nederland echter problematischer. Buve vermeldt het geval van de slaaf Coridon die, eenmaal in Amsterdam, meende vrij te zijn en op eigen houtje in dienst trad bij de Pruisische gezant. Dit speelde zich af in 1742; Buve noemt een verdergaan de geschiedenis die dertig jaar later plaatsvond. In 1772 verklaarde de Staten-Generaal bij resolutie een slavin en haar dochters vrij omdat die naar Amsterdam waren gebracht. Hierop waarschuwde de Sociëteit van Suriname gouverneur Nepveu dat 'slaaven door of met consent van hare meesters in Europa gebraght ... daardoor volkoome vrijheid bekoomen‹ [...].«

32   Ebd. »Hieruit mag niet de conclusie worden getrokken dat de slavernij op Nederlandse bodem vanaf 1772 was afgeschaft. Dit zou nog vele jaren duren.«

gebragt of overgesonden worden (23 mei 1776) [= Plakaat 1776] wird ein in die Niederlande gekommener Sklave nicht frei.«[33]

Trotz der starken Rezeption Oostindies hielt sich die Grundannahme des *free-soil principle* in der Forschung. So gehen etwa einige Aufsätze, die überwiegend Kurzbiografien[34] (anzunehmenderweise) ehemals versklavter Personen enthalten, sowie ein längerer Aufsatz von Jean Jaques Vrij zu drei (ehemals) versklavten Frauen*, die alle 2001 veröffentlicht wurden, weiter von der Gültigkeit des *free-soil principle* aus.[35] Diese Aufsätze sind in regionalen genealogischen Zeitschriften oder in regionalhistorischen Sammelbänden publiziert worden.[36] Auch in den Untersuchungen über das Leben von Jacobus Capitein[37], die einen eigenen kleinen Schwerpunkt

---

33   Ebd.»Volgens het hier afgedrukte Placaat van de Staaten Generaal, omtrent de Vryheid der Negeren en andere Slaaven, welke uit de Colonien van den Staat naar dese Landen overgebragt of overgesonden worden (23 mei 1776) werd een naar Nederland gekomen slaaf niet vrij.«

34   Vgl. Petronella J. C. Elema, Allochtonen van rond de evenaar. II.: Jan van Oost, in: HuppelDePup,8 (2001) 2, S. 52-53. Dies., Allochtonen van rond de evenaar. III: Louis Alons, in: HuppelDePup, 9 (2001) 2, S. 47-49. Willem G. Doombos, Allochtonen van rond de evenaar. I.: Christiaan Maandag alias ›zwarte Maandag‹, in: HuppelDePup, 8 (2001) 1, S. 20-21.

35   Vgl. Jean Jacques Vrij, Susanna Dumion en twee van haar lotgenoten. Drie Afro-Westindische vrouwen in achttiende-eeuws Amsterdam, in: Wi Rutu, 15 (2015) 1, S. 18-31.

36   Vgl. J. J. Smedes, Rond Veenborg en Hooghout: kleine historie van Hoogezand en Sappemeer, Hoogezand/Sappemeer: De Librije, 1984, S. 72. Leonard Smid, Oud Hoogezand in woord en beeld, Hoogezand/Sappemeer: De Librije, 1974, S. 64, G. N. Schutter, Borgen en hofsteden in en om Hoogezand-Sappemeer, Hoogezand: Historische Vereniging Hoogezand-Sappemeer e.o., 1996, S. 117-121. Auf diese Publikationen haben mich niederländische Kolleg*innen aufmerksam gemacht. Ein herzliches Dankeschön an dieser Stelle hierfür an Archivar Tede Smedes, J. P. A. Wortelboer, Petronella J. C. Elema, Harm Jan Frese, Koos Gräpner, Jaques Moerman und an Mark Ponte vom Stadsarchief Amsterdam. Meinen Dank auch an Ineke Mok.

37   Jacobus Elias Johannes Capitein, ca. 1716 geboren, wurde als kleiner Junge* an der afrikanischen Westküste (nahe dem St. Andrews River) von dem niederländischen Sklavenschiffskapitän Arnold Steenhart gekidnappt, versklavt und Jacob van Goch, Generaldirektor der Westindischen Compagnie (WIC) in Westafrika, geschenkt. Er lebte u.a. im Fort Elmina, kam in die niederländische Republik und studierte dort Theologie in Leiden. 1742 legte er die Promotionsschrift *Dissertatio politica-theologica de servetute libertati christianae non contraria* (engl. Politico-theological dissertation on slavery as not being contrary to christian freedom) vor, wurde jedoch nicht promoviert. Capitein erläutert in dieser Schrift aus theologischer Perspektive, weshalb Sklaverei und Christentum nicht im Widerspruch stünden. Anschließend schickte man Capitein nach Elmina, wo er als Missionar und Lehrer arbeitete. Er bezahlte monatlich 100 Gulden an van Goch, seinen (vormaligen) Eigner. Die Bitte, eine Schwarze Frau* aus der Gegend von Elmina heiraten zu dürfen, wurde ihm verwehrt, stattdessen sandte man die niederländische Waise Antonia Ginderdros, die er 1745 ehelichte. Capitein starb am 1. Februar 1747 in Elmina. Über sein Leben wurden einige Untersuchungen veröffentlicht. Vgl. z.B. David Nii Anum Kpobi, Saga of a Slave. Jacobus Capitein of Holland and Elmina, Legon, Ghana: Cootek Limited, 2001. Ders., Mission in Chains. The Life, Theology and Ministry of

innerhalb der niederländischen historischen Forschung bilden, wird von der Gültigkeit des *free-soil principle* ausgegangen.

Daneben gibt es einige populärwissenschaftliche Schriften, die ebenfalls davon ausgehen, dass das *free-soil principle* im langen 18. Jahrhundert die herrschende Praxis in den Niederlanden war. Gewöhnlich sind diese Publikationen von Historiker*innen verfasst, die neue Erkenntnisse oder kürzlich erhobenes, bisher unbekanntes historisches Material in dieser Form vorlegen.[38] Dies gilt etwa für den 2017 erschienenen Band *Sporen van Slavernij in Leiden*, den Gert Oostindie und Karwan Fatah-Black herausgegeben haben. Trotz ihrer ausgewiesenen Fachkenntnisse suggerieren die Herausgeber darin, dass es keine Versklavung in der Republik gegeben habe. Im Prinzip widersprechen Oostindie und Fatah-Black damit Oostindies Befunden, die er 1986 in *Kondreman* veröffentlichte.[39] So ist in *Sporen van Slavernij in Leiden* zu lesen:

>»Unternehmer, die ihr Geld verdienten mit Sklavenhandel und Sklaverei, hatten ihre Häuser und Betriebe in den Niederlanden. Von einigen sind die Besitzungen noch zurückzuverfolgen. Auch kamen Menschen aus Afrika und aus den Kolonien in die Niederlande, dann aber nicht als Sklaven.«[40]

Diese Feststellung ist umso überraschender, als im Buch selbst am Beispiel zweier im 18. Jahrhundert in den Niederlanden lebender Personen, Isaäcq und Claudina, eindeutige Hinweise auf langjährige Versklavung und sogar einen Besitztransfer

---

the Ex-Slave Jacobus E. J. Capitein (1717-1747) with a Translation of his Major Publications/ Zending in Boeien. Leven, theologie en ambtsbediening van het ex-slaaf Jacobus E. J. Capitein (1717-1747) met een vertaling van zijn belangrijkste werken, Zoetemeer: Uitgeverij Boekencentrum, 1993. Christine Levecq, Jacobus Capitein: Dutch Calvinist and Black Cosmopolitan, in: Research in African Literatures, 44 (2013) 4, S. 145-166. Henri van der Zee, 's Heeren Slaaf. Het dramatische leven van Jacobus Capitein, Amsterdam: Balans, 2001. André Capiteyn, Ivoorzwart. Hollands glorie en de slavenhandel in West-Afrika:»over de slaverny als niet strydig tegen de christelyke vryheid«, Gent: Stichting Mens en Kultuur, 2001.

38   Vgl. Gert Oostindie, Karwan Fatah-Black, Sporen van Slavernij in Leiden, Leiden: University Press, 2017. Bram Hoonhout, 1776.»Vrije grond« onbereikbaar voor slaven, in: Lex Heerma van Voss u.a. (Hg.), Wereldgeschiedenis van Nederland, Amsterdam: Ambo/Anthos, 2018, S. 323-328. Mark Ponte, Geweesene Slavinnen, in: Ons Amsterdam, 71 (2019) 6, S. 42-43. Ders., 1656 Twee mooren in een stuk van Rembrandt, in: Lex Heerma van Voss u.a. (Hg.), Wereldgeschiedenis van Nederland, S. 256-269, hier: S. 267. Sofern eine neue, überzeugend argumentierte Erkenntnis ohne Quellennachweise vorgebracht wurde, habe ich die Autor*innen kontaktiert und um die Verifizierung der Angaben gebeten. Da die Autor*innen vom Fach sind, gehe ich davon aus, dass alle gemachten Angaben korrekt sind.

39   Vgl. Oostindie, Kondreman, S. 14.

40   Oostindie, Sporen van Slavernij in Leiden, S. 10.»Ondernemers die hun geld verdienden met slavenhandel en slavernij hadden huizen en bedrijven in Nederland. Van sommigen zijn hun bezittingen nog te traceren. Ook kwamen er mensen uit Afrika en uit de koloniën naar Nederland, al dan niet als slaaf.«

vorgelegt werden. Die Einordnung des historischen Materials ist jedoch indifferent und relativierend in Hinblick auf Sklaverei in der Republik. Isaäcq und Claudina wurden von Johanna Temming, der Ehefrau des *Oud Raad van Politie en Crimineele Justitie von Suriname* 1742 aus Suriname nach Den Haag gebracht. 1770 wurde von Temming in einem Testament festgelegt, dass Isaäcq bei ihrem Tod die Freiheit erlangen, aber weiter ihrem Mann zu Diensten sein sollte, Claudina hingegen sollte mit möglichen Kindern als Sklavin in den Besitz von Temmings Sohn übergehen. Es ist zu lesen:

> »Der Haushalt bestand außer der ›freien Frau‹ Susanna aus dem ›Mulattenjungen‹ Isaäcq und dem ›Negermädchen‹ Claudina. 1770 ließ Johanna ein Testament aufsetzen worin sie Isaäcq, der inzwischen Zimmermann geworden war, nach ihrem Tod ›den Schatz der Freiheit‹ schenken, unter der Bedingung, dass er im Dienst ihres Mannes Etienne verblieb. Claudina sollte, mit eventuellen Kindern, Besitz von Henri Zachary werden. Sklaverei auf eigenem Boden war in der Republik der Vereinigten Niederlande umstritten und ein 1776 ausgestelltes plakaat machte strikte Vorgaben dazu: ein Sklave oder eine Sklavin aus der Karibik, der oder die länger als ein halbes Jahr in den Niederlanden verblieb, wurde im Prinzip frei. Johanna zog später nach Amsterdam, wo sie 1774 starb. So wie es im Testament festgelegt war, wurde Isaäcq für frei erklärt. Es ist unbekannt, was mit den anderen aus dem Leidener Haushalt geschah.«[41]

Untersuchungen, die versklavte Menschen aus den Kolonien in der Metropole nur am Rande behandeln, setzen sich nur selten kritisch mit dem *free-soil principle* auseinander.[42]

Die ältere Literatur zum Thema Sklaverei in den Niederlanden und zu niederländischem Kolonialismus wird in Teilen der jüngeren Forschung immer wieder

---

41   Oostindie, Sporen van Slavernij in Leiden, S. 23-24. »Het huishouden bestond behalve de ›vrije vrouw‹ Susanna uit de ›mulattenjongen‹ Isaäcq en het ›negermeisje‹ Claudina. In 1770 liet Johanna een testament opstellen waarin zij Isaäcq, die inmiddels timmerman was geworden, na haar dood ›de schat der vrijheid‹ schenkt, mits hij in dienst zou blijven bij haar man Etienne. Claudina zou, met eventuele kinderen, bezit worden van Henri Zachary. Slavernij op eigen bodem was in de Republiek der Verenigde Nederlanden omstreden en een in 1776 uitgevaardigd plakaat stelde er strikte voorwaarden aan: een slaaf of slavin uit de Cariben die langer dan een half jaar in Nederland verbleef werd in principe vrij. Johanna verhuisde later naar Amsterdam, waar zij in 1774 overleed. Zoals in het testament was vastgelegd werd Isaäcqvrijverklaard. Het is onbekend wat er met de anderen in het Leidse huishouden is gebeurd.«

42   Vgl. Bastiaan van der Velden, Ik lach met Grotius, en alle die prullen van boeken. Een rechtsgeschiedenis van Curaçao, Amsterdam: Carib Publishing, 2011, S. 181. Vrij, Susanna, S. 18-31. Vgl. auch Buvé, Surinaamse slaven, S. 12. Antoine J. M. Kunst, Recht, commercie en kolonialisme in West-Indië vanaf de zestiende tot de negentiende eeuw, Zutphen: Walburg Pers, 1981, S. 122.

heftig für die eingenommene Perspektive, die verwendete Sprache und den unkritischen Umgang mit Begrifflichkeiten des historischen Materials kritisiert.

Renske de Jong beispielsweise hat sich mit dem Phänomen der Vernachlässigung des Themas der Versklavung von »Afrikaanen«[43] durch Niederländer*innen und der Aufrechterhaltung der Sklaverei in der niederländischen Republik konkret auseinandergesetzt. Er ist überzeugt, dass das Thema ein »historisches Tabu« darstelle, und bezieht sich hierbei auf eine Rede des Historikers Alex van Stipriaans, die dieser vor dem *Koniklijk Instituut voor de Tropen* 2000 gehalten hat:

> »Er [Stipriaan] ist der Meinung, dass die Sklaverei in die Vergangenheit verdrängt wird, um die Kontrolle über den Lauf der Dinge in der Zukunft zu behalten. Diesem Gedankengang folgend, scheint es mir nicht falsch zu unterstellen, dass die Nation sich schämt für ihre Sklaverei-Vergangenheit. Es stört das Bild von den Niederlanden als tolerante Nation. In dieser Scham liegt, meiner Meinung nach, auch die Wurzel für den heutigen Rassismus.«[44]

Enrique Salvador Riveras Kritik folgt nicht der sozialpsychologischen Perspektive de Jongs und Stipriaans. Er kritisiert stattdessen – und ich bin zu demselben Schluss gekommen –, dass in der Forschungsliteratur oft auf verharmlosende Weise über Versklavung gesprochen wird, was dazu führt, dass das asymmetrische Herrschaftsverhältnis und der ausgeübte Zwang ausgeblendet werden. Immer wieder ist die Tendenz zur Verharmlosung bzw. zur Relativierung des Kolonialismus, der Versklavung der Menschen und des Handels mit versklavten Menschen zu finden, etwa in der dritten Auflage von Piet Emmers *De Nederlandse slavenhandel* von 2003:

> »Manchmal ist es schon einfach, ein kleines Land zu sein. Was du auch machst, es kann nie so schlimm und so entsetzlich gewesen sein wie das, was große Länder getan haben. Gilt das auch für den niederländischen Sklavenhandel? Der Anteil der Niederlande am Handel betrug durchschnittlich nicht mehr als 5 Prozent. Das bedeutet, dass 95 Prozent aller Sklaven nicht von niederländischen Schiffen von Afrika nach Amerika gebracht wurden. [...] Obwohl unser Land herabsank von der

---

43   Renske de Jong verwendet den maskulinen Sammelbegriff »Afrikaanen« (dt. Afrikaner), um allgemein über Schwarze Menschen und People of Color zu sprechen. Vgl. z.B. Renske de Jong, Annet Zondervan, De kleine Geschiedenis van de Slavernij: sporen in Amsterdam, Amsterdam: KIT Publishers, 2002, S. 14.

44   Jong, De kleine Geschiedenis, S. 13-15, insb.: S. 15. »Hij [Stipriaan] is van mening dat het slavernijverleden wordt weggestopt om greep te houden op het verloop der dingen in de toekomst. Die gedachtegang volgend, lijkt het mij niet onjuist te veronderstellen dat de natie zich schaamt over haar slavernijverleden. Het verstoort het beeld van Nederland als tolerante natie. In deze schaamte ligt, mijns inziens, ook een wortel voor hedendaags racisme.«

größten zu einer der kleinsten Sklavenhandelsnationen, blieb der niederländische Sklavenhandel einzigartig. Kein Land hat [durch den Sklavenhandel] so viele Verluste erlitten wie die Niederlande.«[45]

Der Narration, die den Versklavungshandel als ein großes Verlustgeschäft darstellt, wie Emmer dies im vorangegangenen Zitat tut, haben Matthias van Rossum und Karwan Fatah-Black 2012 eine eigene Untersuchung mit dem Titel »Wat is winst?« entgegengesetzt, in der sie zeigen, dass große Teile der niederländischen Wirtschaft vom Versklavungshandel profitierten.[46]

Die Themen sexueller Missbrauch von versklavten Frauen* und Zwangsprostitution im Kontext der niederländischen Sklaverei werden von Rosemary Brana-Shute und Mary Caroline Cravens besprochen. Den Autorinnen* geht es dabei darum, die wiederum verharmlosenden Narrationen in Quellen und Literatur zu diesem Thema aufzubrechen. So kritisieren sie Erzählungen, die aus sexuellem Missbrauch romantische Liebesbeziehungen machen oder das Gebären von Kindern durch versklavte Frauen* als strategisches Handeln konstruieren.[47] So ist etwa bei Cravens über die *Slave Lodge* in Kapstadt, die zentrale Unterkunft aller versklavten Personen in Kapstadt im Eigentum der VOC, Folgendes zu lesen:

> »For an hour each evening the ›Calvenist‹ local officials of the VOC threw open the lodge doors to soldiers of the garrison, passing sailors, and any of the local male population. [...] In effect the lodge became a brothel, and the company slave women, prostitutes. As slave status passed through the maternal line, all of the children produced by these unions were enslaved from birth, regardless of paternity.«[48]

---

45   Pieter. C. Emmer, De Nederlandse slavenhandel, 1500-1850, 2. Aufl., Amsterdam, Antwerpen: De Arbeiderspers, 2003. S. 229-230. »Soms is het wel gemakkelijk om maar een klein land te zijn. Wat je ook doet, het kan nooit zo erg en zo veel en zo verschrikkelijk zijn geweest als wat grote landen hebben gedaan. Geldt dat ook voor de Nederlandse slavenhandel? Het aandeel van Nederland in de handel bedroeg gemiddeld immers niet meer dan 5 procent. Dat wil dus zeggen dat 95 procent van alle slaven níet door Nederlandse schepen van Afrika naar Amerika zijn gebracht. [...] Hoewel ons land afzakte van de grootste tot een van de kleinste slavenhandelsnaties, bleef de Nederlandse slavenhandel uniek. Geen land heeft er zoveel verliezen op geleden als Nederland.«

46   Vgl. Matthias van Rossum, Karwan Fatah-Black, Wat is winst? De economische impact van de Nederlandse trans-Atlantische slavenhandel, in: Tijdschrift voor Sociale en Economische Geschiedenis, 9 (2012) 1, S. 3-29.

47   Leider unterlassen es die Autorinnen*, Beispiele für die von ihnen allgemein kritisierte Literatur zu nennen.

48   Mary Caroline Cravens, Manumission and the Life Cycle of a Contained Population: The VOC Lodge Slaves at the Cape of Good Hope, 1680-1730, in: Rosemary Brana-Shute, Randy J. Sparks (Hg.), Paths to Freedom. Manumission in the Atlantic World, Columbia: South Carolina Press, 2009, S. 97-120, hier: S. 104-105.

Cravens führt weiterhin aus, dass es nur wenigen versklavten Frauen* gelang, über diese erzwungene Prostitution tatsächlich eine stabile Beziehung mit einem Kolonisten* einzugehen, die zu ihrem Freikauf und später zu einer Heirat führte. Einen anderen Weg, die Slave Lodge als freie Person zu verlassen, gab es für Frauen* kaum.[49]

Rosemary Brana-Shute analysiert in einem Artikel von 2009 Manumissionen in Suriname im Zeitraum 1760-1826 und widerlegt darin die oft geäußerte Behauptung, dass es vor allem *weiße* Männer gewesen seien, die versklavte Menschen freigelassen hätten:

> »White males were an increasing minority as manumitters. [...] The belief that manumissions were essentially the humane acts of white men freeing their mistresses and/or their colored offspring distorts the reality.«[50]

Auch Sandew Hira[51], Kwame Nimako, Amy Abdou, Glenn Willemsen[52], Stephen Small[53] und Melissa Wiener[54] sind diese und ähnliche Problematiken in der niederländischen Forschung zu Sklaverei und Kolonialismus aufgefallen. Rivera beispielsweise greift die Kritik von Nimako und Willemsen an der niederländischen Forschung zum *Dutch Atlantic* auf und wirft unter anderem Oostindie, Jessica Roitman, Wim Klooster und Filipa Ribeiro da Sliva in verschiedenen Schriften und anhand von Beispielen *Whitewashing* durch verharmlosende und verschleiernde Sprache vor.[55]

Die Debatte um die »blinden Flecke« bezüglich Kolonialismus und Sklaverei in der niederländischen Geschichte wird sehr kontrovers und teils polemisch geführt. Die Auseinandersetzung ist zu einem regelrechten Deutungs- und Defini-

---

49 Vgl. ebd.

50 Rosemary Brana-Shute, Sex and Gender in Surinamese Manumissions, in: Dies., Randy J. Sparks (Hg.), Paths to Freedom. Manumission in the Atlantic World, Columbia: South Carolina Press, 2009, S. 175-196, hier: S. 185.

51 Vgl. Sandew Hira, Decolonizing the Mind: The Case of the Netherlands, in: Human Architecture: Journal of the Sociology of Self-Knowledge, 10 (2012) 1, S. 53-68. Dieser Artikel ist polemisch formuliert, dennoch macht er auf wichtige Probleme in der Forschung generell und in den analysierten Schriften von R. A. J. van Lier, P. C. Emmer und Gert Oostindie im Besonderen aufmerksam.

52 Vgl. Kwame Nimako, Amy Abodou, Glenn Willemsen, Chattel Slavery and Racism: A Reflection on the Dutch Experience, in: Thamyris/Intersecting, 27 (2014), S. 33-52.

53 Vgl. Stephen Small, Slavery, Colonialism and their Legacy in the Eurocentric University. The Case of Britain and the Netherlands, in: Human Architecture, 10 (2012) 1, S. 69-80.

54 Vgl. Melissa Weiner, The Ideologically Colonized Metropole: Dutch Racism and Racist Denial, in: Sociology Compass 8 (2012) 6, S. 731-744, doi: 10.1111/soc4.12163.

55 Enrique Salvador Rivera, Whitewashing the Dutch Atlantic, in: Social and Economic Studies: Special issue on Children – Reflections on adherence to Child Rights in the Caribbean, 64 (2015) 1, S. 177-132.

tionskampf geworden, der mit harten Bandagen geführt wird. Ich möchte mich daran nicht beteiligen, sondern lediglich auf die Probleme und den Konflikt aufmerksam machen. Dirk Hoerder betont zu Recht, dass neben dem Forschungsgegenstand auch die Forschenden, deren Position, Perspektive und Reaktion auf die jeweilige Debatte um den Forschungsstand mitbedacht werden sollten, um eine belastbare Analyse vorlegen zu können. Da ohne eine Kontextualisierung der Wissenschaftler*innen, deren Aussagen missverstanden oder in einen falschen oder verzerrten Kontext eingeordnet werden könnten.[56]

Die Kritik an der überwiegend älteren Forschung und den populärwissenschaftlichen Publikationen ist in den letzten Jahren auf breitere Resonanz gestoßen und in der jüngeren Forschung wird die tatsächliche Geltung des *free-soil principle* zunehmend in Frage gestellt. Die entsprechenden Untersuchungen jüngeren Datums waren für die vorliegende Studie von besonderer Bedeutung.

Die vorgebrachte Kritik an der älteren Forschung aufgegriffen, beherzigt und progressive neue Impulse gesetzt haben unter anderem Dienke Hondius und Allison Blackely. Sie stellen die Frage, wie das *free-soil principle* zu bewerten ist, und kommen zu dem Schluss, dass die Annahme, dass dieses Prinzip tatsächlich auch versklavten Menschen die Freiheit bescherte, nicht länger haltbar sei. Beide haben umfangreiche Literatur- und kleinere ergänzende Archivrecherchen zu einzelnen versklavten Akteur*innen in der Republik vorgelegt, wodurch ihre Untersuchungen einen sehr guten Einstieg in und eine Übersicht über den Themenkomplex Schwarze Menschen und People of Color sowie Sklaverei in der niederländischen Republik bieten.[57]

Esther Schreuder hat mit ihrer Untersuchung *Cupido en Sideron* die erste komplexe sozialhistorische und alltagsgeschichtliche Studie zu einzelnen Akteuren* aus kolonialen und Sklaverei-Kontexten am Hof des Statthalters Willem V. von Oranje

---

56   In seinem Vortrag während des Forschungsgesprächs des FSP Globalgeschichte wies Hoerder darauf hin, dass es gerade beim Themenkomplex Sklaverei und Unfreiheit wichtig sei zu wissen, wer in welcher Weise über das Thema schreibt und spricht und wie die Forschungsdebatte geführt wird. Meine Erfahrungen im Hinblick auf die Niederlande bestätigen das. Vgl. Julia Holzmann, Tagungsbericht: Forschungsgespräch des FSP Globalgeschichte. Slaveries and Slaving Practices in Global Perspective, 04.04.2019 Wien, in: H-Soz-Kult, 23.08.2019, www.hsozkult.de/conferencereport/id/tagungsberichte-8404 (04.09.2019).

57   Vgl. Dienke Hondius, Blackness in Western Europe. Racial Patterns of Paternalism and Exclusion, New Brunswick u.a.: Transaction Publishers, 2014. Dies., Access to the Netherlands of Enslaved and Free Black Africans: Exploring Legal and Social Historical Practices in the Sixteenth–Nineteenth Centuries, in: Slavery & Abolition, 32 (2011) 3, S. 377-395, doi: 10.1080/0144039X.2011.588476. Dies., »No Longer Strangers and Foreigners, but Fellow Citizens«: The Voice and Dream of Jacobus Eliza Capitein, African Theologist in the Netherlands (1717-1747), in: Immigrants & Minorities, 28 (2010) 2-3, S.131-153, doi: 10.1080/02619288.2010.484243. Allison Blackely, Blacks in the Dutch World, Bloomington, Indianapolis: Indiana University Press, 1993, S. 226-227.

vorgelegt.[58] Sie hat auf der Basis einer akribischen und ausführlichen Archivrecherche höfische Dokumente ausgewertet und die Lebenswege sowie die Lebenswelt von Willem Frederik Cupido (1758?–1806) aus Westafrika (heute Guinea) und Guan Anthony Sideron (1756-1803) aus Curaçao erforscht. Die Lebenswelt der beiden höfischen Dienstboten war geprägt durch die Ereignisse im Leben des Statthalters, dessen Flucht nach und Exil in England und später Deutschland, ausgelöst durch die französische Herrschaft in der Republik. Der uneindeutige Status, der erzeugt wurde durch die zeitgenössische Annahme des *free-soil principle*, und die diesem Prinzip widersprechenden Praktiken der Versklavung in den Niederlanden werden von Schreuder thematisiert, aber nicht näher analysiert.[59]

Matthias van Rossum und Karwan Fatah-Black geben in ihrem 2015 erschienenen Aufsatz *Slavery in a »Slave Free Enclave«?* einen guten Einblick in das Themenfeld und führen ihre jeweiligen Forschungsergebnisse zusammen. Sie weisen darauf hin, dass versklavte Menschen aus den Kolonien in die Republik kamen, benennen die Versuche der Regulierung der Ausreise aus den Kolonien und der Einreise in die Metropole und betonen, dass die persönlichen Freiheitsrechte der versklavten Menschen aus der Kolonie zugunsten der Eigentumsrechte ihrer niederländischen Eigner*innen eingeschränkt bzw. aufgehoben wurden. Zudem verweisen sie auf die enorme Bedeutung des Sklavenhandels für die Wirtschaft der niederländischen Republik.[60] Etwas ausführlicher beleuchtet Fatah-Black die Frage, welche Konsequenzen eine Reise in die Republik und zurück in die Kolonie für eine versklavte Person hatte, in dem ebenfalls 2015 erschienenen Aufsatz *Terugkomen is niet hetzelfde als blijven*[61] und auch in der 2018 erschienenen Monografie *Eigendomstrijd*.[62] Eine räumlich auf Amsterdam und zeitlich auf die Jahre 1640–ca. 1680 begrenzte Netzwerkstudie über eine kleine Gemeinschaft freier Schwarzer Menschen und People of Color wurde von Mark Ponte erarbeitet.[63]

---

58   Vgl. Esther Schreuder, Cupido en Sideron: Twee Moren aan het hof van Oranje, Amsterdam: Uitgeverij Balans, 2017.

59   Vgl. ebd., S. 26-27.

60   Vgl. Karwan Fatah-Black, Matthias van Rossum, Slavery in a »Slave Free Enclave«? Historical Links Between the Dutch Republic, Empire and Slavery, 1580s–1860s, in: Europas Sklaven. WerkstattGeschichte, 66/67 (2015), S. 55-74.

61   Vgl. Karwan Fatah-Black, Terugkomen is niet hetzelfde als blijven. De handhaving van de ondergeschickte status van Surinaamse slaven ne een reis naar Nederland, in: Ders., Anita van Dissel, Maurits Ebben (Hg.), Reizen door het maritieme verleden van Nederland, Zutphen: Walburg Pers, 2015, S. 177-187.

62   Vgl. Karwan Fatah-Black, Eigendomsstrijd. De geschiedenis van slavernij en emancipatie in Suriname, Amsterdam: Ambo/Anthos, 2018, S. 121-128.

63   Vgl. Mark Ponte, »Al de swarten die hier ter stede comen«. Een Afro-Atlantische gemeenschap in zeventiende-eeuws Amsterdam«, in: TSEG, 15 (2018) 4, S. 33-62, doi: 10.18352/tseg.995.

Dem Prinzip der Dekolonisierung in Sprache und Darstellung verpflichtet, verfolgen Kwame Nimako und Glenn Willemsen einen weiter gefassten und zum Teil vergleichenden Ansatz in ihrer Studie *The Dutch Atlantic* von 2011.[64] Die Autoren* betrachten Sklaverei, Abolition und Emanzipation in globalhistorischem Kontext, also sowohl in Bezug auf die Kolonien als auch die republikanische Metropole, zeigen aber auch auf, dass diese Phänomene auch für die heutige niederländische Gesellschaft noch fundamentale Bedeutung haben. Wirtschaftliche Aspekte werden ebenso behandelt wie das *nation-building* und die Konstruktion nationaler Identität. Das *free-soil principle* wird ganz klar als Ideologie bewertet und ins Verhältnis gesetzt zur Bedeutung und Funktion des Bürgerrechts. Das Buch zeigt die Ambivalenzen und Uneindeutigkeiten im Hinblick auf Sklaverei und Unfreiheit in der niederländischen Republik auf. Ausführlich werden darin auch die Debatte um die Verfassung von 1798 und die Frage, ob Sklaverei darin ein Thema sein sollte, sowie der Weg hin zur Abolition der Sklaverei am 1. Juli 1863 in Suriname und Curaçao besprochen.[65]

Nimako und Willemsen haben auch zu Recht problematisiert, dass die verschiedenen Themenkomplexe, die zusammengedacht werden müssen, um die Dynamiken und die Bedeutung der Versklavung in den jeweiligen Territorien und Gesellschaften verstehen zu können, in der Forschung meist getrennt behandelt werden. So gibt es Untersuchungen zu den verschiedenen niederländischen Kolonien, die zusätzlich separiert sind in die Regionen West- und Ostindien oder Analysen des Sklavenrechts und des römischen Rechts sowie des römisch-niederländischen Rechts etc. Durch diese Separierung bleiben die Verschränkungen der Rechtssysteme, die Menschen, die zwischen den Territorien freiwillig oder unter Zwang gereist sind, und deren Erfahrungen sowie die komplexen Zusammenhänge zwischen all dem unterbelichtet.[66] Auffällig ist zudem, dass das Thema Rassismus im Kontext der niederländischen Sklaverei nur selten kritisch miteinbezogen

---

64   Vgl. Kwame Nimako, Glenn Willemsen, The Dutch Atlantic. Slavery, Abolition and Emancipation, London: Pluto Press, 2011.

65   Auch bei Arend H. Huussen kann die Debatte, ob Sklaverei in der neuen Verfassung ein Thema sein sollte, nachgelesen werden, vgl. Arend H. Huussen, The Dutch Constitution of 1798 and the Problem of Slavery, in: Tijdschrift voor Rechtsgeschiedenis, 67 (1999) 1-2, S. 99-114.

66   Generell gab es häufig erhebliche Probleme, Zugang zu Literatur zu erhalten. Die Grenzen der Nationalstaaten sind wenig durchlässig in Bezug auf die Verbundkataloge der Bibliotheken. Fernleihen von einem Land in ein anderes sind nicht vorgesehen. Je spezieller die Literatur zu einem bestimmten Bereich oder einer historischen Fragestellung in den Niederlanden ist, desto unwahrscheinlicher ist es, hierfür in Deutschland Literatur zu finden. Während der Forschungsaufenthalte in den Niederlanden habe ich daher nicht nur nach historischem Material gesucht, sondern zeitgleich auch die Forschungsliteratur in den Archiven und den umliegenden wissenschaftlichen Bibliotheken gesichtet und gescannt, um zurück in Deutschland Zugang zu der benötigten Literatur zu haben.

wird. Wenn doch, dann von den bereits genannten postkolonialen Kritiker*innen der nationalen Geschichtsschreibung, die Bezug nehmen auf die Rassismen in der gegenwärtigen Gesellschaft, einschließlich der Wissenschaft.[67]

In den letzten Jahren ist ein Wandel in der Ausrichtung der Forschungsland-schaft sichtbar geworden. Das *free-soil principle* wird – wie bereits gesagt – immer häufiger infrage gestellt, der Umgang mit rassistischer Sprache in den histori-schen Dokumenten ist reflektierter geworden, es wird stärker auf die verschie-denen Aspekte der Verflechtung der Themengebiete geachtet und mit der *Manu-mission*, der rechtlich vollzogenen Freilassung einer versklavten Person, ist sogar ein Forschungsgegenstand etabliert worden.[68]

Ein blinder Fleck, der bisher nur durch die Kritik einiger postkolonialer Kriti-ker*innen (siehe oben) problematisiert wurde, ist Rassismus. Diese Kritik hat da-zu beigetragen, dass die heutige Art der Darstellung von Rassifizierungen in der Analyse des historischen Materials, der Perspektive auf die Geschichte versklav-ter Schwarzer Menschen und People of Color und der dabei verwendeten Sprache überdacht wurden. Für eine historische Kontextualisierung der Sklaverei ist der Zugang der genannten postkolonialen Kritiker*innen jedoch nicht nutzbar. Dies liegt daran, dass deutliche Unterschiede bestehen zwischen den von diesen kriti-sierten gegenwärtigen Rassismen und den historischen Strukturen, der Sprache und der Funktion frühneuzeitlicher Rassifizierungen und rassistischer Stereoty-pisierungen im niederländischen kolonialen Kontext. Daher wurde für diese Un-tersuchung Literatur aus dem Bereich der historischen Analyse des europäischen Rassedenkens in der Vormoderne herangezogen. Allerdings gilt es auch in diesem stark eingegrenzten Themengebiet des vormodernen Rassismus nochmals zu dif-ferenzieren. Ein großer Teil der Forschung setzt die Entstehung des Rassismus erst im späten 18. Jahrhundert an, wobei insbesondere ausformulierte Theorien

---

67   Vgl. Riva, Whitewashing. Small, Slavery. Hira, Decolonize. Weiner, The Ideologically Colo-nized Metropole. Nikamo, Willemsen, Chattel Slavery and Racism.

68   Vgl. Fatah-Black, Rossum, Slavery, S. 55-74. Fatah-Black, Terugkomen, S. 177-187. Nimako, Willemsen, The Dutch Atlantic. Hondius, Access, S. 379. Reggie Baay, Daar werd wat gruwe-lijks verricht. Slavernij in Nederlands-Indië, Amsterdam: Athenaeum – Polak & Van Gennep, 2015, S. 13-50, 128-154, 171. Cravens, Manumission, S. 97-120. Willem Wubbo Klooster, Manu-mission in an Entrepôt: The Case of Curaçao, in: Rosemary Brana-Shute, Randy Sparks (Hg.), Paths to Freedom: Manumission in the Atlantic World, Columbia, South Carolina: University of South Carolina Press, 2009, S. 161-174. Brana-Shute, Sex and Gender, S. 175-196. Matthias van Rossum, Running Together or Running Apart? Diversity, Desertion, and Resistance in the Dutch East India Company Empire, 1650-1800, in: Ders., Marcus Rediker, Titas Chakraborty (Hg.), A Global History of Runaways. Workers, Mobility, and Capitalism 1600-1850, Oakland, California: University of California Press, 2019, S. 135-155. Ders., Kleurrijke tragiek. De geschie-denis van slavernij in Azië onder de VOC, Hilversum: Verloren, 2015.

einzelner Gelehrter als Quellen dienen. So schreibt George L. Mosse in seiner Untersuchung zum europäischen Rassismus von 1978:

>»Europäischer Rassismus wurzelte in jenen intellektuellen Strömungen, die im
> 18. Jhdt. sowohl in West- als auch in Mitteleuropa ihre Spuren hinterließen: in den
> neuen Wissenschaften der Aufklärung und in der pietistischen Wiedererweckung
> des Christentums. Rassismus war nicht etwa das Ergebnis einer besonderen na-
> tionalen oder christlichen Entwicklung, sondern eine Weltanschauung, eine Syn-
> these aus Altem und Neuem – eine weltliche Religion, die es unternahm, alles zu
> vereinnahmen, nach dem die Menschheit strebte. Darum muß man davon ausge-
> hen, daß die Geschichte des europäischen Rassismus ihren Ursprung im 18. Jhdt.
> hat – ganz gleich, welche Vorläufer man auch in früheren Epochen nachweisen
> kann. Im 18. Jhdt. wurde die Grundlage rassistischen Denkens gefestigt und für
> die kommenden eindreiviertel Jahrhunderte festgelegt.«[69]

Mosses Verortung des Ursprungs des europäischen Rassismus in der zweiten Hälfte des 18. Jahrhunderts etablierte sich in der Forschung und ist bis heute weit verbreitet. Auch die konstruierte teleologische Traditionslinie des Rassedenkens von der Aufklärung bis zum 20. Jahrhundert, wie sie bei ihm zu finden ist, stellt ein gängiges Interpretationsschema dar.[70] Allgemeinere Untersuchungen zu »Rasse«-Konstruktionen im 18. Jahrhundert beschäftigen sich mit der Sammelleidenschaft der Europäer*innen, den Ordnungssystemen Georg-Louis Leclercs de Buffon (1717-1788) und Carl von Linnés (1707-1778) und befassen sich mit den Schriften von Immanuel Kant (1724-1804), Georg Forster (1754-1794) und anderen Gelehrten der Zeit.[71]

Andreas Pečar und Damien Tricoire erörtern unter anderem die Frage, inwiefern »koloniale Rassetheorien« durch die gesellschaftlichen Hierarchien konstru-

---

69   George L. Mosse, Rassismus. Ein Krankheitssymptom in der europäischen Geschichte des 19.
      und 20. Jahrhunderts, Königstein/Ts.: Athenäum, 1978, S. 4-5.

70   Pečar und Tricoire geben eine gut lesbare, kritische und kurze Übersicht zu den verschiede-
      nen Autor*innen und deren zentralen Aussagen. Vgl. Andreas Pečar, Damien Tricoire, Falsche
      Freunde. War die Aufklärung wirklich die Geburtsstunde der Moderne?, Frankfurt a.M., New
      York: Campus, 2015, hier: S. 83-104.

71   Vgl. u.a. Thomas Nutz, »Varietäten des Menschengeschlechts«. Die Wissenschaft vom Men-
      schen in der Zeit der Aufklärung, Köln u.a.: Böhlau, 2009. Gunter Mann, Franz Dumont (Hg.),
      Die Natur des Menschen. Probleme der Physischen Anthropologie und Rassenkunde (1750-
      1850) (Soemmerring-Forschungen, Beiträge zur Naturwissenschaft und Medizin der Neuzeit,
      Bd. 6), Stuttgart, New York: Gustav Fischer, 1990. Für einen schnellen Überblick über das For-
      schungsfeld und dessen Entwicklung vgl. Staffan Müller-Wille, »Rasse«, in: Friedrich Jaeger
      (Hg.), Enzyklopädie der Neuzeit, Bd. 10, Heidelberg: J.B. Metzler, 2009, S. 605-607. Snait B.
      Gissis, »Race« in the Eighteenth Century, in: Historical Studies in the Natural Sciences, 41
      (2001) 1, S. 41-103, www.jstor.org/stable/10.1525/hsns.2011.41.1.41. Hering Torres, Rassismus,
      S. 607-619.

iert und etabliert wurden. Hierbei stellte Hautfarbe ein relevantes Kriterium dar,[72] wie es auch verschiedene Narrationen und Rassetheorien bemühten. Gut nachvollziehbar kommen die Historiker* zu dem Ergebnis, dass es angesichts der starken Interpretationen bei dem Thema Rassismus in der Forschung notwendig sei, zwischen den Aspekten Aufklärung, Säkularisierung, Rassentheorien, Rassismus und Moderne zu differenzieren und diese nicht zu assoziieren. Zum einen, weil die Rassetheorien des europäischen 18. Jahrhunderts noch stark von christlichen Grundideen geprägt waren und deshalb z.B. nicht pauschal von einer Säkularisierung ausgegangen werden kann.[73] Zum anderen, weil die Rassentheoretiker*innen unter den Gelehrten vor allem der Frage nachgingen, »inwiefern Universalgeschichte religiös zu erzählen sei und welche Theorie der Ehre des Schöpfers am besten gerecht werde«.[74] Über rassistisch motivierte Vorurteile und kolonialpolitische Bedeutungszusammenhänge ihrer Theorien stritten die Gelehrten eher selten.[75]

Der Appell zur Differenzierung bei der Analyse von Rassifizierungen ist notwendig und sinnvoll. Dies zeigen auch die Formen der Rassifizierungen und Stereotypisierungen im untersuchten historischen Material, die in dieser Studie abgebildet sind. Da keine der Rassetheorien der frühneuzeitlichen Autor*innen in Gänze den Formen der Rassifizierungen und der Stereotypisierungen der hier untersuchten Quellen entspricht, habe ich lange damit gerungen, wie in der Analyse mit ihnen umgegangen werden soll. Zumal diese Zuschreibungen hier nur im Rahmen der Analyse der Praktiken der Versklavung analysiert werden können und daher keine eigenständige und systematische Untersuchung erfolgen kann.[76] In

---

72   Vgl. Nancy Shoemaker, How Indians Got to be Red, in: The American Historical Review, 102 (1997) 3, S. 625-644.

73   Auf der einen Seite sind hier die Monogenisten* zu verorten, die der biblischen Erzählung folgend den Ursprung der Menschheit aus Adam, also einem Stamm, ableiteten, was sie zu der Idee der »rassischen Degenerierung« verleitete, um die verschiedenen Hautfarben der Menschen zu erklären und den so konstruierten scheinbar homogenen Bevölkerungsgruppen dabei stereotype Verhaltensmuster zuzuschreiben. Auf der anderen Seite sind die Polygenisten* zu nennen, die davon überzeugt waren, dass die Menschheit sich an mehreren Orten in der Welt unabhängig voneinander entwickelte. Als Erklärung wurde etwa das Klima, die göttliche Schöpfung oder die Verfluchung von Hams Nachkommen durch Abraham angegeben. Vgl. Pečar, Tricoire, Falsche Freunde, S. 101.

74   Ebd.

75   Ebd.

76   Für eine angemessene Analyse der Rassifizierungen und der damit einhergehenden Stereotypisierungen wäre es nötig, systematisch koloniales Schriftgut auszuwerten. Für mein Forschungsgebiet wären dies etwa in Suriname verfasste Verwaltungsakten, in denen über versklavte Menschen berichtet wird, oder Briefe von Plantagenverwalter*innen oder Einwohner*innen, die ihren Arbeitgeber*innen, Geschäftspartner*innen und Familienangehörigen in der Republik über die kolonialen Verhältnisse berichteten. Wenig hilfreich für eine solche Untersuchung wären hingegen z.B. Reiseberichte von Europäer*innen, die mit ihrem europäischen Blick und Wissenskanon über die dortigen Verhältnisse berichteten. Solche Berich-

der Arbeitsphase habe ich erfolglos nach Studien gesucht, die sich mit den unterschiedlichen Formen der Rassifizierung im langen 18. Jahrhundert vorzugsweise in den niederländischen Kolonien Suriname und Curaçao auseinandersetzen. Auch über Rassifizierungsstrategien in Hinblick auf versklavte Schwarze Menschen und People of Color am Kap der Guten Hoffnung oder über das Gedankengut repatriierter Kolonist*innen und in der Republik scheint es bisher keine Forschung zu geben. Die einzige mir bekannte Untersuchung über die rassistische Rechtsprechung in Suriname und Curaçao im 18. Jahrhundert hat Han Jordaan vorgelegt.[77]

Geraldine Heng zeigt in ihrer Monografie *The Invention of Race in the European Middle Ages*[78] auf, dass es bereits im Hohen Mittelalter soziale Verhältnisse gab, in denen Konstruktionen von »Rasse« zur Geltung kamen und die konsequenterweise als rassistisch bezeichnet werden können und müssen. Durch eine Erfassung der Verhältnisse mit milderen Begriffen (Ethnifizierung etc.) werde verschleiert, dass es eben spezifisch rassistische Verhältnisse auch schon vor dem späten 18. Jahrhundert gegeben habe.[79] Heng definiert »*race*« folgendermaßen:

> »My understanding, thus, is that race is a structural relationship for the articulation and management of human differences, rather than a substantive content.«[80]

Aus meiner Sicht greift diese Definition zu kurz, da sie »race« auf das Element der Stereotypisierung reduziert. Die Aspekte der mit Rassifizierung einhergehenden Marginalisierung und die hierbei erfolgenden Zuschreibung negativer Kollektiveigenschaften werden in dieser Definition jedoch ausgeblendet. Juliane Schiel, die grundsätzlich die Wichtigkeit und Notwendigkeit von Hengs Studie hervorhebt, kritisiert zugleich, dass durch die Nutzung der Containerbegriffe »Rasse«, »Rassismus« und »Sklaverei« die raum- und zeitspezifische Semantik und die dazugehörigen Praktiken überblendet würden. Zudem werde dadurch, dass das Unvertraute vergangener Epochen im Sprachgebrauch und vor der Negativfolie der

---

te spiegeln den europäischen Werterahmen und europäische Begrifflichkeiten, aber nicht oder nur in Bruchstücken den Werterahmen und das Denksystem der jeweiligen Kolonie. Da jede Gesellschaft eigene Denksysteme und Werte entwickelt, wäre es zudem zu kurz gegriffen, etwa eine Studie über Rassifizierungsstrategien auf Jamaica auf Suriname zu übertragen, auch wenn anzunehmen ist, dass es eine ganze Reihe von Überschneidungen geben könnte.

77   Vgl. Han Jordaan, Free Blacks and Coloreds and the Administration of Justice in Eighteenth-Century Curaçao, in: Nieuwe West-Indische Gids, 84 (2010) 1-2, S. 63-86.

78   Vgl. Geraldine Heng, The Invention of Race in the European Middle Ages, Cambridge: University Press, 2018.

79   Heng betont jedoch auch, dass Rassismus keine spezifisch europäische Erfindung ist, sondern global in sehr vielen Gesellschaften in den vergangenen Jahrhunderten in jeweils eigenen Formen entstanden ist. Ebd., S. 4-5, 23-24.

80   Ebd., S. 27.

Moderne dargestellt werde, eine neue telelogische Form der Geschichtsschreibung geschaffen und die historische Differenz werde eingeebnet.[81]

Max Sebastián Hering Torres hat sich in seiner Untersuchung über die *Limpieza de Sangre* ebenfalls mit vormodernen Rassismen auseinandergesetzt. Mit Bezugnahme auf Rainer Walz unterscheidet Hering Torres drei Formen von Rassismus und schafft es auf diese Weise, der dichotomischen Trennung der Forschungsmeinungen 1. Alle Formen von Ausgrenzung seien Rassismus; 2. nur die anthropologische, pseudo-naturwissenschaftliche Form des späten 18. Jahrhunderts und der Jahrhunderte danach sei Rassismus zu entgehen.[82] In Anlehnung an die Überlegungen von Walz spricht Hering Torres von einem »gentile[n] Rassismus«, der

> »eine ›Urform der Xenophobie‹ gegenüber ethnischen Gruppen [ist], bei welcher das Anderssein des Fremden im Vordergrund stehe. [...] In Hinblick auf die Frühe Neuzeit schlug er [Walz] ferner die Bezeichnung des genealogischen Rassismus vor. Hiermit beabsichtigte er, die Segregationsversuche während der Vormoderne zu behandeln, in denen die Vorstellung von ›Rasse‹ als Kriterium der ›Herkunft‹ fungierte, ohne diese jedoch mit ›Rasse‹ im Sinne einer naturwissenschaftlichen Kategorie gleichzusetzen. Schließlich nannte Walz den modernen Rassismus, den er nach den üblichen Eigenschaften typologisiert.«[83]

Die Überlegungen von Walz und Hering Torres zu *genealogischem Rassismus* sind eine gute Ausgangsbasis für die von mir, im historischen Material vorgefundenen Rassifizierungen und Stereotypisierungen. Bei *genealogischem Rassismus* dient die Herkunft und somit auch die Zugehörigkeit zu einer Familie als vordergründiges Element der Kollektivierung und Segregierung von Bevölkerungsgruppen. Hierzu kann auch die Zuschreibung bestimmter körperlicher Eigenschaften gehören. Naturwissenschaftliche Kategorisierungen, die mit den Vorstellungen der Poly- und Monogenese, der Systeme der Lebewesen, die Praktik der Schädelvermessung sowie die anthropologischen Argumentationen nach Christoph Meiners (1747–1810), Johann Friedrich Blumenbachs (1752-1849) und anderer Gelehrter des 18. Jahrhunderts einhergehen, sind die »üblichen Eigenschaften« des *modernen Ras-*

---

81   Vgl. Juliane Schiel, Rezension zu: Heng, Geraldine: The Invention of Race in the European Middle Ages, Cambridge 2018. ISBN 978-1-1080-42278-9, in: H-Soz-Kult, 22.01.2020, www.hsozkult.de/publicationreview/id/reb-27963 (26.05.2020).

82   Vgl. Max Sebastián Hering Torres, Rassismus in der Vormoderne. Die »Reinheit des Blutes« im Spanien der Frühen Neuzeit (= Campus Forschung, Bd. 911), Frankfurt a.M., New York: Campus, 2006, S. 200.

83   Vgl. Hering Torres, Rassismus, S. 203. Vgl. auch die etwas umfassendere Darlegung der drei Einteilungen des vormodernen Rassismus in: Rainer Walz, Der vormoderne Antisemitismus: Religiöser Fanatismus oder Rassenwahn?, in: Historische Zeitschrift, 260 (1995) 3, S. 719-748.

sismus.[84] Die Eigenheit von »Rasse«-Konzepten und »Rassismus« ist jedoch, dass ihre Erscheinungsform von der Gesellschaft abhängt, die sie bzw. ihn hervorbringt. Hering Torres vergleicht die Wandelbarkeit, die »historische Dynamik des ›Rasse‹-Konzeptes« mit der eines Chamäleons, das sich durch schimärische Färbung seinem jeweiligen Habitat angleicht. Ähnlich habe sich das Konstrukt der »Rasse« in den verschiedenen Epochen und in den unterschiedlichen Regionen der Neuzeit den jeweils vorherrschenden Moral- und Wahrheitsvorstellungen wie auch den spezifischen sozialen Wirklichkeiten und gesellschaftlichen Interessen angepasst. Infolgedessen seien neue, »trügerische Realitäten« konstruiert worden. So dienten etwa Theologie wie auch Wissenschaft in der abendländischen Gesellschaft der Wissens- und Wahrheitsproduktion, wobei das hervorgebrachte Wissen stets an Macht gebunden war.[85]

> »Diese Institutionen [Theologie und Wissenschaft] aber waren nicht nur Produktionsstätten von Wissen und Gültigkeit, sondern auch machtvolle Fabriken der Ungleichheit. Wegen ihrer Macht konnten ihre Postulate erfolgreich verbreitet werden. In Hinblick auf die beobachteten ›Rassen‹-Diskurse kann behauptet werden, dass es sich hierbei konstant um Strategien der Marginalisierung handelte. Die Funktion der Ausgrenzung bleibt das zentrale und gemeinsame Anliegen. So gesehen kann zwar von funktionaler Kontinuität gesprochen werden, nicht aber von synchronen Kausalzusammenhängen. Kurz: ›Rassen‹-Diskurse verfolgen in ihren unterschiedlichen inhaltlichen Ausprägungen (Diskontinuität), das heißt Seins-Formen, stets das gleiche Ziel: Ausgrenzung (Kontinuität).«[86]

Im Anschluss an diese Überlegungen sollen in dieser Untersuchung unter anderem folgende Fragen verfolgt werden: Welche Verbindungen bestanden zwischen den rechtlichen und sozialen Normen und Praktiken der Versklavung, der Rassifizierungen wie auch der Stereotypisierung in der niederländischen Republik? Welche Funktion hatten Rassifizierungen und Stereotypisierungen, um die Versklavung von Schwarzen Menschen und People of Color aufrechtzuerhalten? Können die vorgefundenen rassifizierenden Phänomene mit dem vorgestellten Begriff des *genealogischen Rassismus* gefasst werden? Wie wurden die durch Rassifizierung konstruierten Unterschiede verhandelt und welche Funktion hatten diese für die Marginalisierung der versklavten und freigelassenen Menschen und für den damit einhergehenden *weißen* Suprematie-Anspruch der Sklav*inneneigner*innen? Die vorliegende Arbeit ist also auch ein Beitrag zu dieser Ausdifferenzierung und

---

84   Vgl. Hering Torres, Rassismus, S. 203. Ausführliche Erläuterungen zu diesen Ausprägungen und Phänomenen des modernen Rassismus können bei Nutz, Varietäten, oder auch Mann, Die Natur des Menschen (vgl. Anm. 71) nachgelesen werden.

85   Vgl. Hering Torres, Rassismus, S. 249.

86   Ebd.

versucht Erscheinungsformen und Narrationen der Rassifizierungen sichtbar zu machen. Dieses Bündel von Fragen ist den zentralen Fragen der Studie, die im nun folgenden Abschnitt dargelegt werden, untergeordnet.

1.2   Erkenntnisinteresse

In dieser Arbeit werden die Menschen, die als Sklav*innen (freiwillig[87] oder unter Zwang) republikanischen Boden betraten, in den Blick genommen. Ein zentraler Aspekt der Studie sind die detaillierten rechtlichen Konstruktionen, die erfunden wurden, um die Versklavung und die Eigentumsrechte an diesen Personen aufrechtzuerhalten, nachdem sie niederländischen Boden betreten hatten. Es geht hierbei unter anderem darum, die Logiken hinter den Normen und in den Argumentationen für und gegen Sklaverei zu erkennen, zu beschreiben und zu analysieren. Diese Logiken sind in verschiedenen Narrationen des historischen Materials sichtbar. Sie stellten zudem den Rahmen der Handlungsmöglichkeiten in Form von Normen, von gesellschaftlich akzeptiertem Zwang, aber auch von akzeptierten Widerstandshandlungen und -strategien dar, in deren Spannungsfeld versklavte Menschen, Personen mit unklarem Status und offiziell Freigelassene sich bewegen mussten. Um eine Verbindung zwischen der rechtshistorischen Analyse des Sklavenrechts (erster Teil) und den biografisch konzipierten historisch-anthropologischen Mikrostudien (zweiter Teil) herzustellen, wurde ein Schwerpunkt auf die Analyse der Praktiken der versklavten Personen, ihres sozialen Umfeldes und der Versklavenden gelegt. Als Praktiken werden wiederkehrende Handlungen, Redeweisen oder auch soziale Normierungen bezeichnet. Praktiken dienen in dieser Studie als das Bindeglied, weil sie Schnittstellen sowohl zu Rechtsnormen als auch zu den biografischen Mikrostudien aufweisen.

Dieses Analyse- und Darstellungskonzept drängte sich auf, nachdem sowohl der Forschungsstand gesichtet als auch dessen Lücken bekannt waren. Auf der Basis des vorhandenen historischen Materials sollen zum einen die Perspektiven und Lebenswelten der versklavten Menschen sichtbar gemacht und zum anderen das Normen- und Rechtssystem, welches die Versklavung dieser Menschen in der niederländischen Republik ermöglichte, untersucht werden.

Diese Studie folgt daher den Fragen: (1) Unter welchen Bedingungen war die Aufrechterhaltung des Sklavenstatus dieser aus den Kolonien mitgeführten Menschen in den Vereinigten Sieben Provinzen der niederländischen Republik im langen 18. Jahrhundert möglich? (2) Welche rechtlichen und gesellschaftlichen Nor-

---

87   Es konnte durchaus Teil einer Handlungsstrategie eines versklavten Menschen sein, den*die Eigner*in in die Republik zu begleiten, um dann vor Ort oder nach der Rückkehr in die Kolonie zu versuchen, die Freiheit zu erlangen.

men und Praktiken definierten die Lebenswelten der versklavten Menschen? (3) Welche Handlungsmöglichkeiten hatten die betroffenen/versklavten Personen innerhalb dieser Zwangsverhältnisse?

1.3   Historisches Material

Um die Spuren von möglichst vielen versklavten Personen, von deren Aufenthalt in der niederländischen Republik im Berichtszeitraum Kenntnis bestand, nachverfolgen zu können, habe ich zunächst systematisch alle Hinweise zu genannten versklavten Personen aus der verfügbaren Forschungsliteratur gesammelt, ausgewertet und anschließend die entsprechenden Quellen in Archiven in Amsterdam, Utrecht, Den Haag, Groningen, Hoogezand-Sappemeer, Hoorn, Breda, Middelburg und Vlissingen in Augenschein genommen, fotografiert, ausgewertet und mit den Angaben in der Literatur abgeglichen. Die umfangreichsten Recherchen wurden im *Nationaal Archief Den Haag* (in den Archiven der *Staten-Generaal*, der *Sociëteit van Suriname*, der *VOC*, des *Hof van Holland* und des *Hooge Rad van Holland*), im *Stadsarchief Amsterdam* (Tauf-, Trau-, Sterbebücher, notarielles Archiv, *Spinhuis/Werkhuis*), in Groningen und Hoogezand-Sappemeer[88] (Kataster, die Familienarchive *Star Nauta Carsten* und *Tinga*, Bevölkerungsregister, Steuerregister, Tauf-, Trau- und Sterbebücher, das Archiv der *Staten van Stad en Land*) und in Middelburg (die Familienarchive *van Doorn* und *van Citters*, *Rekenkamer van Zeeland*, *Rechtelijke Archiefen*, das Archiv der *Middelburgse Commercie Compagnie* [MCC], Tauf-, Trau-, Sterbebücher, Kirchenbücher) und Vlissingen (verschiedene Kirchenbücher, das Register der Straßen und Wege und notarielle Akten) durchgeführt. In Utrecht, Hoorn und Breda habe ich gezielt nach einzelnen Personen in Kirchenbüchern und notariellen Akten gesucht. Das erhobene Material ist ausgesprochen divers und umfasst persönliche Schriftstücke wie Briefe zwischen Familienangehörigen der Eigner*innen von versklavten Personen, Trauerreden, Reiseberichte oder biografische Aufzeichnungen, Rechtsdokumente wie Gesetze, Gesetzesentwürfe, Dienstbotenordnungen, Manumissionen und andere notarielle Urkunden und Testamente sowie Geschäftsdokumente, wie etwa Inventarlisten. Zudem – und das ist der größte Teil des gesichteten Bestandes – gibt es Verwaltungsakten, die wiederum eine große Diversität aufweisen. Teil der tradierten Unterlagen der Gerichte sind umfangreiche Narrationen über Personen und Biografien, Anklagen, Gegenanklagen, Rechnungen, private Briefe, Zeug*innenaussagen, juristische Abhandlungen etc. In den Schriftwechseln

---

88   Das Stadtarchiv Hoogezand-Sappemeer fusionierte am 1. Januar 2018 mit dem Archiv Groningen zum *Historisch Archief Midden-Groningen*. Die zur Zeit meines Besuchs gültige Systematik für die Registrierung des historischen Materials wurde auch nach der Fusion beibehalten.

der Dreieckskommunikation zwischen den *Staten-Generaal*, der *Sociëteit van Suriname* und der Kolonialregierung sind ebenfalls unterschiedlichste historische Materialien enthalten, beginnend bei Kopien von Privatbriefen als Beweis für oder gegen etwas, zitierte Aussagen für oder gegen etwas, Anklagen, Beschreibungen politischer Konflikte und Querelen der Kolonialregierung, Listen von Sklav*innenauktionen, Berichte über die Besuche von freien Schwarzen Personen aus Suriname in der Republik, Konflikte mit Einzelpersonen in der Kolonie bis hin zu Informationen über die Entsendung von angeforderten Soldaten zur Aufstandsbekämpfung im Kontext der *Maroon*-Kriege Mitte des 18. Jahrhunderts in Suriname. Besonders erwähnenswert ist, dass in diesen Verwaltungsakten über fünf Jahre hinweg der komplette Schriftwechsel zur Debatte um die Entstehung des *Plakaat 1776* enthalten ist. Dieser umfangreiche Schriftwechsel, den ich gesichtet, geordnet, transkribiert und übersetzt habe, zeigt deutlich, dass Sklaverei und die Praktiken der Sklaverei in der Republik in weitem Umfang legal waren und zweifelsfrei praktiziert wurden, was im Rahmen der Analyse noch ausführlich behandelt wird. Wichtige Quellen für diese Untersuchung sind zudem die wenigen, aber sehr gut dokumentierten Auseinandersetzungen zwischen versklavten Personen und deren Eigner*innen sowie zwischen Personen, die sich für freihielten, und Dienstherr*innen/Eigner*innen, die sie für Sklav*innen hielten.

Aufgrund dieser enorm reichhaltigen Materialbasis fokussiert diese Untersuchung auf die Analyse der vorhandenen Handschriften, da diese in den meisten genannten wissenschaftlichen Untersuchungen außen vor bleiben und gedruckten Quellen der Vorzug gegeben wird.[89] Besonderes Augenmerk wird hier daraufgelegt, bisher in der Forschung unbekannte oder nur am Rande erwähnte versklavte oder ehemals versklavte Personen und deren Leben eingehend zu betrachten. Daher werden bereits gut erforschte Persönlichkeiten wie etwa Jacobus Capitein und Aspekte aus deren Leben nur zur Kontextualisierung berücksichtigt.[90] Das bisheri-

---

89 Vgl. z.B. Fatah-Black, Terugkomen. Studien, die auf handschriftlichem Material aufbauen, sind selten. Zu nennen sind etwa Schreuder, Cupido en Sideron, und Oostindie, Kondreman, S. 6-9.

90 Weiterführende Hinweise auf Forschungsliteratur zu Capitein siehe Anm. 37. Auch Leben und Werk von Anton Wilhelm Amo (1703-1753) sind in der Forschung sehr gut untersucht. Amo wurde an der westafrikanischen »Goldküste« geboren, als Kind verschleppt und von niederländischen Sklav*innenhändler*innen versklavt. Über die niederländische Republik gelangte er ins Heilige Römische Reich deutscher Nation, wo er an den Fürstenhof des Herzogs von Braunschweig-Wolfenbüttel als Geschenk transferiert wurde und dort das Amt des »Hofmoren« bekleiden musste. Zuerst Prestigeobjekt des Herzogs, wurde Amo zu dessen »Versuchsobjekt«. Der Herzog wollte herausfinden, inwiefern »der Afrikaner« bildungsfähig sei, weshalb Amo eine umfassende Ausbildung erfuhr und u.a. an der Universität Halle studierte. In Halle ging er später auch seiner Lehrtätigkeit nach. Vgl. z.B. Ottmar Ette, Anton Wilhelm Amo – Philosophieren ohne festen Wohnsitz: Eine Philosophie der Aufklärung zwischen Europa und Afrika, Berlin: Kadmos, 2014. Yawovi Emmanuel Edeh, Die Grundlagen der philosophi-

ge weitverbreitete Ausblenden der Handschriften in der Forschung hat zur Konsequenz, dass ein großer Teil des historischen Kontextes nicht wahrgenommen wird. Erfasst wird gewöhnlich nur das gedruckte Ergebnis, nicht aber der dazugehörige Argumentationsaustausch und die darin verhandelte Logik. Dieses Problem ist besonders deutlich bei der Entstehung des *Plakaat 1776* zu erkennen. Nahezu jede genannte wissenschaftliche Publikation zu diesem Themenkomplex geht auf das *Plakaat 1776* ein, jedoch wird in keiner einzigen Untersuchung der von 1771 bis 1776 andauernde Prozess, der bis ins kleinste Detail in den Handschriften im *Nationaal Archief Den Haag* einsehbar ist, untersucht. Eine Analyse der Gesetze, auf die das *Plakaat 1776* verweist oder Auswirkungen hatte, steht ebenfalls noch aus.

Aus diesem Grund werden das Verwaltungsschriftgut der *Sociëteit van Suriname*, der *Staten-Generaal* und der *WIC* genutzt. Rechtsverhältnisse und -praktiken in der Metropole können so im Zusammenhang mit Sklaverei analysiert werden. Da das *Plakaat 1776* das einzige Gesetz war, das in der Republik die Voraussetzungen für den Erhalt der Sklaverei definierte und nur für versklavte Personen aus Suriname und Berbice gültig war, liegt ein Schwerpunkt der Untersuchung auf diesem Gesetz, der Sklaverei, die das Gesetz ermöglichte und den Menschen, die von diesen Normierungen betroffen waren.

Um dieses Material zu unterfüttern und zu kontextualisieren, wurde auf ein breites Quellenkorpus aus Rechtskodifkationen zurückgegriffen. Die Recherche und Analyse der verschiedenen Rechtssysteme und ihres Ineinandergreifens machte es notwendig, verschiedene rechtshistorische Themenbereiche zu verbinden. Um ein Verständnis dafür zu entwickeln, aus welchem Normen- und Rechtssystem die versklavten Menschen kamen, wurden *resolutionen (resoluties/resolutiën)*, *plakaate* und rechtshistorische Studien über Sklaverei in den niederländischen Kolonien herangezogen.[91] Damit die normativen Logiken und Gesetze, mit denen die ver-

---

schen Schriften von Amo. In welchem Verhältnis steht Amo zu Christian Wolff, daß man ihn als »einen führenden Wolffianer« bezeichnen kann?, Essen: Die Blaue Eule, 2003. Auch die von Schreuder untersuchten Cupido und Sideron habe ich nicht weiter in meine Studie miteinbezogen. Vgl. Schreuder, Cupido en Sideron.

91   Vgl. Alan Watson, Slave Law in the Americas, Athens [GA], London: The University of Georgia Press, 1989, S. 102-134. Velden, Ik lach met Grotius. Henri Romundus Jordaan, Slavernij en vrijheid op Curaçao: De dynamiek van de achttiende-eeuwse Atlantisch handelsknooppunt, Diss., Universität Leiden, 2012. Ders., Free Blacks, S. 63-86. Grotius beschreibt *resoluties* und *plakaate* sowie das Landrecht der niederländischen Republik folgendermaßen: Das »allgemeine verschriftlichte Landrecht [besteht] aus Beschlüssen der Staten, das sind die Ritterschaft, die Edlen und großen Städte und zudem aus den Befehlen der Landeshäupter, denen die Macht von den Staten gesetzlich übertagen wurde, also den Grafen, Herren, Räten und hohen Obrigkeiten«. Die Beschlüsse der »Staten« nennt er in einer Anmerkung am Rand *resolutien*, also (vorgeschlagene) Einzellösungen. Als Befehle der hohen Obrigkeit bezeichnet er in einer zweiten Anmerkung am Rand die *plakaate*. Hugo Grotius, Inleydinge tot de Hollandsche Rechts-geleertheyt beschreven by Hugo de Groot […], erweiterte u. ver-

sklavten Menschen in der Republik konfrontiert waren, erkannt und eingeordnet werden konnten, war es nötig, das Gewohnheitsrecht, welches erstmals von dem Rechtsgelehrten Hugo Grotius (1583-1645) kodifiziert wurde, in der Republik zu studieren.[92] Die Schriften Grotius' und des Völkerrechts in der Frühen Neuzeit allgemein wurden hinzugezogen, weil die *plakaate* und Rechtsnormen, die Sklaverei definierten, auf der Basis des Völkerrechts entwickelt wurden.[93]

Grotius' berühmtes Werk *De iure belli ac pacis (Das Recht des Krieges und des Friedens)* wurde erstmals 1625 publiziert. Darin beschreibt der Jurist in allen Einzelheiten das Völkerrecht *(ius gentium)* und setzte sich auch mit Sklaverei auseinander.[94] *De iure belli ac pacis* wurde eine der prägendsten und wichtigsten Abhandlungen der Jurisprudenz. Es stellt neben seiner zentralen Bedeutung als Kodifizierung des Völkerrechts auch eine wichtige frühe Schrift über das Naturrecht dar. Grotius' Werke

---

besserte Aufl., Amsterdam [Amsteldam]: Dirk Boom, 1767. I., II., § 17. Die Begriffe *resoluties* und *resolutiën* stellen Pluralformen des Wortes resolutie dar. *Resoluties* ist heute häufiger im Sprachgebrauch anzutreffen, wohingegen *resolutiën* noch oft im 18. Jahrhundert verwendet wurde.

92 Vgl. Reinhard Zimmermann, Römisch-holländisches Recht – Ein Überblick, in: Robert Feenstra, Reinhard Zimmermann (Hg.), Das römisch-holländische Recht: Fortschritte des Zivilrechts im 17. und 18. Jahrhundert, Amsterdam: Duncker & Humblot, 1992, S. 29-32. Gustaaf van Nifterik, Hugo Grotius on ›slavery‹, in: Grotiana, 22 (2000/01), S. 233-244. Jan Hallebeek, »Lijf ende Goedt«. De juridische bescherming van de menselijke persoon en diens vermogen. Een schets van de westerde rechtsgeschiedenis, Amsterdam: VU University Press, 2014. Laut Hallebeek, Lijf ende Goed, S. 155, ist Inleiding tot de Hollandsche Rechts-geleerdheyd die erste Kodifizierung des holländischen Rechts.

93 Vgl. John W. Cairns, Stoicism, Slavery and Law, in: Grotiana, 22 (2000/01), S. 197-232. Nifterik, Hugo Grotius on Slavery, in: Grotiana, 22 (2000/01), S. 233-244. Bernd Franke, Sklaverei und Unfreiheit im Naturrecht des 17. Jahrhunderts (= Sklaverei. Knechtschaft. Zwangsarbeit. Untersuchungen zur Sozial-, Rechts- und Kulturgeschichte, Bd. 5), Hildesheim u.a.: Georg Olms Verlag, 2009. Michael Becker, Kriegsrecht im frühneuzeitlichen Protestantismus. Eine Untersuchung zum Beitrag lutherischer und reformierter Theologen, Juristen und anderer Gelehrter zur Kriegsrechtsliteratur im 16. und 17. Jahrhundert, Tübingen: Mohr Siebeck, 2017, S. 226-279.

94 Vgl. Franke, Sklaverei und Unfreiheit, S. 70. Zur Frage, in welcher Rechtstradition Grotius zu verorten und welche Einflüsse in *De iure belli ac pacis* zu finden sind, stellt Franke fest: »Die von Grotius entwickelte Gesetzes- und Rechtskonzeption stellt sich daher im Ergebnis als ein Gerüst aus Elementen unterschiedlichster Epochen und Ideologien dar, für dessen Errichtung er sich […] hinsichtlich Organisation und Dokumentation mehr an Gentili, hinsichtlich Inhalt und Beweisführungsmethode stärker an den Scholastikern orientiert.« Franke gibt zudem einen Überblick über die zentralen Autoren* des Naturrechts der Frühen Neuzeit. Für diese Untersuchung wurde eine niederländische Ausgabe von *De iure belli ac pacis* von 1732 verwendet, da diese die stärkste zeitliche Nähe zu den hier analysierten Dokumenten aufweist. Hugo de Groot, Van 't regt des oorlogs en vredes […], Amsterdam [Amsteldam]: Soloman Schouten, 1732, doi: 10.1163/9789004359710-HGGO-GRI-073. Vgl. auch Zimmermann, Römisch-holländisches Recht, S. 28-29.

wurden als Lehrbücher an den Universitäten verwendet, so dass *De iure belli ac pacis* mitunter als »das Europäische Gesetzbuch des Völkerrechts« der Frühen Neuzeit bezeichnet wird.[95] Es wirkte prägend auf die politische Gestaltung Europas nach dem Achtzigjährigen Krieg (1568-1648), in dem die Niederlande ihre Unabhängigkeit von Spanien erkämpfte, bzw. dem Dreißigjährigen Krieg, weshalb es bestens geeignet ist, um eine Vorstellung vom zeitgenössischen Wissen europäischer und speziell niederländischer Juristen über Sklaverei zu erhalten.[96]

Wie intensiv sich die frühneuzeitliche Rechtswissenschaft in Europa mit diesem Werk auseinandersetzte, ist unter anderem daran zu erkennen, dass die lateinische Erstauflage (1625) in zwölf Sprachen, darunter Niederländisch, Deutsch, Englisch und Französisch, übersetzt und in mehr als 120 Auflagen herausgegeben wurde.[97] Als besonders prägend für die Rezeption von *De iure belli ac pacis* sollte sich die Arbeit des Philologen und Juristen Johann Friedrich Gronovius, eines Freundes Grotius', erweisen.[98] Seine um weitere Anmerkungen ergänzte Variante von *De iure belli ac pacis* erschien erstmals 1663, es folgten zwei weitere Auflagen (1680, 1735).[99] Für diese Studie wurde eine Ausgabe gewählt, die mit Anmerkungen von Gronovius versehen ist und von Jan van Gaveren 1704 vom lateinischen Original ins Niederländische übersetzt wurde. Dieser Druck erfuhr 1732 eine zweite Auflage. Eine Ausgabe dieser zweiten Auflage dient in der vorliegenden Studie als Quelle.[100] Der Übersetzer gibt an, neben Gronovius' Anmerkungen, die mit einem Sternchen (*) gekennzeichnet sind, noch weitere Anmerkungen von Autoren*

---

95   Vgl. Zimmermann, Römisch-holländisches Recht, S. 28. Hallebeek, Lijf ende Goedt, S. 138. Für eine kurze Übersicht über die zeitgenössischen Lehr- und Handbücher zum römisch-holländischen Recht vgl. Zimmermann, Römisch-holländisches Recht, S. 45-49.

96   Vgl. Franke, Sklaverei und Unfreiheit, S. 69.

97   Vgl. Andreas H. Aure, Der säkularisierte und subjektivierte Naturrechtsbegriff bei Hugo Grotius (13. Februar 2008), in: forum historiae iuris. Erste europäische Internetzeitschrift für Rechtsgeschichte, https://forhistiur.net/2008-02-aure (25.06.2021). H. Hofmann, Hugo Grotius, in: Michael Stolleis (Hg.), Staatsdenker der frühen Neuzeit, Frankfurt a.M.: Beck, 1995, S. 52-77, hier: S. 60.

98   Vgl. Bierma, Johann Friendrich Gronovius, in: Nieuw Nederlandsch Biografisch Woordenboek (NNBW), Deel 1, Sp. 989-992, http://resources.huygens.knaw.nl/retroboeken/nnbw/#source=1&page=502&accessor=accessor_index&size=801&view=imagePane (07.03.2021). Siehe auch Gerhard Baader, Gronovius, Johann Friedrich, in: Neue Deutsche Biographie 7 (1966), S. 127-128, https://www.deutsche-biographie.de/pnd119019906.html#ndbcontent (07.06.2021). Georgios Fatouros, Gronovius, Johann Friedrich, in: Friedrich Wilhelm Bautz, Trugott Bautz (Hg.), Biographisch-Bibliographisches Kirchenlexikon, Herzberg: Traugott Bautz, 1999, Sp. 618-620.

99   Vgl. Bierma, Johann Friendrich Gronovius, Sp. 992. Die Staatsbibliothek Berlin verwahrt in ihrer Sammlung 64 verschiedene Ausgaben der von Gronovius kommentierten Schrift Grotius', die zwischen 1663 und 1773 publiziert wurden.

100   Vgl. de Groot, Van 't regt des oorlogs en vredes.

eingefügt zu haben, die er für wichtig hielt. Diese wurden alle mit einem Kreuz-Zeichen (†) gekennzeichnet, um von den Anmerkungen Gronovius unterschieden werden zu können.[101] So wird sichergestellt, dass der Sprachgebrauch der Quelle möglichst mit dem im Untersuchungszeitraum üblichen Sprachgebrauch übereinstimmt und auch die Rezeption des Werkes berücksichtig werden kann. Unbeabsichtigte Fehlinterpretationen aufgrund differierenden Wortgebrauchs im historischen Material können so eher vermieden werden.[102] Diese durch Gronovius' Anmerkungen ergänzte Schrift Grotius' erfuhr ebenfalls noch weitere Anmerkungen von anderen Rechtsgelehrten.[103] Wichtig ist angesichts dieser komplexen und unübersichtlichen Rezeptionsgeschichte, dass Grotius' Text dabei nicht wesentlich verändert wurde. Zwar kamen im Laufe der Zeit z.B. eine Gliederung des Textes durch Absätze und die Einführung von Paragrafen-Zeichen hinzu. Auch wurde das ein oder andere Wort etwas dem zeitgenössischen Sprachgebrauch angepasst, etwa durch das Weglassen eines Bindestrichs, durch das Ersetzen des »x« im Wort *sulx* (*zulks* = solches) durch die Buchstabenkombination »ks«, wie es heute noch gebräuchlich ist. Der Sinn, die Formulierungen und die Grammatik des Originaltexts wurden jedoch ebenso beibehalten wie jede einzelne von Grotius selbst stammende Anmerkung. Neben dieser niederländischen Ausgabe wurde für diese Studie eine deutschsprachige Edition von *De iure belli ac pacis von* 1950 herangezogen, um eine bereits erprobte Übersetzung nutzen zu können.[104]

Bei dem oben bereits erwähnten von Grotius erstmals kodifizierten Gewohnheitsrecht wurde mit einer im Berichtszeitraum erschienenen Ausgabe seiner *Inleydinge tot de Hollandsche Rechts-geleertheyt* (*Einführung in die holländische Rechtsgelehrt-*

---

101   Ebd., S. 47-48.

102   Bei Unklarheiten während der Arbeit an der Studie wurden Abgleiche mit weiteren Ausgaben der Schrift vorgenommen. Zum einen (1) mit der Erstausgabe der hier verwendeten Übersetzung, die 1705 erschien, oder mit einer (2) sehr früh erschienenen niederländischen Übersetzung von 1635. Zudem wurde der Text (3) in Stichproben mit der zweiten Auflage der lateinischen Erstausgabe von 1631 verglichen, die zu Lebzeiten des Autors erschien. (1) Hugo de Groot, Van 't regt des oorlogs en vredes [...], Amsterdam: Francois van-der Plaat, 1705; (2) Hugo de Groot, Drie boecken van Hvgo de Groot, nopende het recht des oorloghs ende des vredes [...], Haarlem: Adriaen Roman, 1635; (3.) Hugonis Grotii, De iure belli ac pacis libri tres [...], 2., verbesserte Aufl., Amsterdam: Gvilielmum Blaevw, 1631.

103   Beispielsweise eine lateinische Ausgabe mit den Anmerkungen von Johannes Tesmari. Tesmari stammte aus einer Gelehrtenfamilie mit höfischen Kontakten. Er wurde Professor für Jurisprudenz in Marburg. Nach seinem Tod wurde diese Schrift in lateinischer Sprache 1696 veröffentlicht. Zu Tesmari vgl. Kretzschmar, Tesmar, Johann, in: Allgemeine Deutsche Biographie 37 (1894), S. 587-588, https://www.deutsche-biographie.de/pnd 100868088.html#adbcontent (07.06.2021).

104   Hugo Grotius, De iure belli ac pacis, libri tres – Drei Bücher vom Recht des Krieges und des Friedens., übers. v. Walter Schätzel, Tübingen: J.C.B. Mohr, 1950. De Groot, Van 't regt des oorlogs en vredes, 1732.

heit) von 1767 gearbeitet.[105] Diese Schrift erschien erstmals 1631 in niederländischer Sprache. Auch hier ließen es sich angesehene niederländische Juristen nicht nehmen, Anmerkungen in immer neuen Auflagen einzuarbeiten. Grotius' ursprünglicher Text wurde wiederum nur minimal und kaum merklich für eine bessere Lesbarkeit verändert. Da sich dieses Werk mit dem niederländischen Gewohnheitsrecht befasst und jedes größere Herrschaftsterritorium in Europa ein Gewohnheitsrecht eigener Prägung pflegte, unterblieben hier die Übersetzungen. Dennoch war Grotius' Werk sowohl bei niederländischen Rechtsgelehrten als auch bei Verleger*innen begehrt. Dies zeigt sich unter anderem bei einem Blick in die verwendete Ausgabe. Darin befindet sich eine Kopie des Druckmonopols (*Privilegie*), dass der Verleger 1715 und erneut 1728 bei den *Staten-Generaal* beantragt hatte, um seine Investition in die Neuauflage zu schützen.[106] Über die rege Beschäftigung der niederländischen Rechtsgelehrten mit Grotius' Kodifikation des römisch-holländischen Gewohnheitsrechts legen neben den vielzähligen Neuauflagen der immer weiter ergänzte Anmerkungsapparat Zeugnis ab. Besonders stark rezipiert wurde die von Simon van Groenewegen van der Made (1613-1652) kommentierte Auflage. Groenewegen war Anwalt am höchsten Gericht in Den Haag und beschäftigte sich unter anderem mit dem Einfluss des römischen Rechts auf das römisch-holländische Gewohnheitsrecht.[107] Der Vergleich mit weiteren Auflagen der *Inleydinge* zeigte, dass auch hier keine nennenswerten Änderungen im Text vorgenommen wurden.[108]

Bei den *plakaaten* und *resolutionen* aus den niederländischen Kolonien der West Indies wurde auf das *plakaat-boek* und die Edition von Schiltkamp und Smidt zurückgegriffen.[109] Um das frühneuzeitliche niederländische Sklavenrecht mit dem

---

105   Hugo Grotius, Inleydinge tot de Hollandsche Rechts-geleertheyt beschreven by Hugo de Groot [...], erweiterte u. verbesserte Aufl., Amsterdam [Amsteldam]: Dirk Boom, 1767.

106   Vgl. ebd., *Privilegie*, ohne Seitenangabe. *Privilegie* kann als Privileg, also als Druckmonopol, verstanden werden.

107   Vgl. R. W. Lee, The Introduction to the Jurisprudence of Holland (Inleiding tot de Hollandsche Rechts-Geleertheyd) of Hugo Grotius, in: Transactions of the Grotius Society, 16 (1930): Problems of Peace and War. Papers Read before the Society in the Year 1930, S. 29-40: hier: S. 34-35. Robert Feenstra, Groenewegen (van der Made), Simon van, in: Michael Stolleis (Hg.), Juristen: Ein biographisches Lexikon; von der Antike bis zum 20. Jahrhundert, 2. Aufl., München: Beck, 2001, S. 263.

108   Überprüft wurden folgende zwei Ausgaben, insbesondere die Einträge zu *De Vryheit*, *Inschuld*, *Borge, vreyen ende onvryen*: Hugo de Groot, Inleydinge tot de Hollandsche Regts-geleertheit [...], Amsterdam: Iacob Pietersz Wachter, 1647. Hugo Grotius, Inleidinge tot de Hollandsche rechtsgeleerdheid [...], Middelburg: Pieter Gillissen, 1767.

109   Jacob A. Schiltkamp, Jacobus Th. de Schmidt, West indisch Plakaatboek. Plakaten, Ordonnantiën en andere Wetten. Uitgevaardigd in Suriname 1667-1816, Teil I. u. II. Amsterdam: S. Emmering, 1973. Das Archief Middelburg (ZAM) hat eine komplette Reihe des Gesetzbuchs zur Einsicht: Groot placaet-boek, Bd. 9, 1796, 64[E], 29.1.1770.

antiken römischen Recht abzugleichen, habe ich den *Corpus iuris civilis mit dem Codex Iustinianus*, herangezogen.[110]

Diese Schriften sind in Deutschland leicht verfügbar. Schwieriger hingegen ist es, sich Zugang zu den im Hinblick auf Sklaverei in den Territorien der VOC einschlägigen Gesetze zu verschaffen. Hier musste ich mich meist auf Angaben aus der Sekundärliteratur verlassen.[111]

Eine Studie, die diese verschiedenen Rechtssysteme zusammendenkt und auf Sklaverei und den Transfer des Sklavenstatus von der niederländischen Kolonie in die Metropole analysiert, gibt es bisher nicht. Diese Lücke versucht die vorliegende Untersuchung zu schließen.[112]

Es scheint nicht möglich zu sein, alle Menschen, die einem Sklaverei-Kontext entstammten und in die Republik kamen oder mitgeführt wurden, vollständig zu erfassen. Es gab keine zentrale Buchführung darüber, wer in der Republik versklavt wurde und wer nicht, auch wenn diese Annahme hin und wieder geäußert wird.[113] Der Status der Menschen, ob frei oder versklavt, wird häufig erst aus dem Kontext des historischen Materials ersichtlich und viele Menschen haben nur minimale Spuren, die oft nur Fragmente eines Lebens erkennen lassen, in den tradierten Dokumenten hinterlassen, ein Eintrag im Taufbuch vielleicht oder eine Nennung in einem Testament. Während der Arbeit an dieser Studie wurde nur ein kleiner Teil der Archive in den Niederlanden aufgesucht und dabei wiederum nur ein Teil der für die Fragestellung interessanten Bestände gesichtet. Dies genügte bereits, um das relevante historische Material auf eine so überwältigende Menge anwachsen zu lassen, dass eine Auswahl getroffen und die Untersuchung auf bestimmte Aspekte und wenige Personen beschränkt werden musste. Bisher gibt es keine annähernd genaue Schätzung, wie viele Menschen in der Republik versklavt wurden und wie

---

110   Jop E. Spruit, J. M. J. Chorus, L. de Ligt (Hg.), Nov. 78, het recht der gouden ringen. Corpus iuris civilis, Bd. XI, Novellen 51-114, Amsterdam: University Press, 2011, S. 164-172.

111   Vgl. Rossum, Kleurrijke tragiek. Baay, Daar werd wat gruwelijks verricht. Hollebeek, Lijf en Goed. Karel Schoeman, Early Slavery at the Cape of Good Hope, 1652-1717, Pretoria: Protea Book House, 2007. Zudem Anthonie van Diemen, De Statuten van Batavia, o.O., 1642. Die Statuten van Batavia stellten in schriftlicher Form Richtlinien für die Verwaltung und Organisation der Kolonie dar. In den Statuten wurde grundsätzlich festgelegt, dass und wie Gottesdienste stattfanden, wie Gerichte funktionierten und welches Personal welche Aufgaben übernahm, welche Eide zu schwören waren etc. Sie wurden von *Generalgouverneur* und *Raad van Indien* Anthonie van Diemen verfasst und von den *Staten-Generaal* bestätigt. 1642 wurden sie publiziert und galten dann für das gesamt Territorium der VOC. Eine Bewertung und Kontextualisierung der Statuten ist bei Karel Schoeman, Early Slavery, S. 17-19 zu finden. Als Digitalisat ist das Dokument online zugänglich, siehe Link in der Bibliografie.

112   Ein Anspruch auf Vollständigkeit der Studie und eine erschöpfende Analyse wird nicht erhoben.

113   Vgl. Hondius, Access, S. 385. Mallinckrodt, Verhandelte (Un-)Freiheit, S. 354. Auf diesen Aspekt wird im ersten Teil der vorliegenden Studie ausführlicher eingegangen.

viele während ihres Aufenthalts dort für frei erklärt wurden. Wer wie lange und an welchen Orten in der Republik gelebt hat, ist nur bei sehr wenigen Personen überhaupt feststellbar. Es erschien daher sinnvoll, eine Vorstellung von den Lebenswelten einiger weniger Menschen in einem begrenzten Zeitabschnitt in Form von Mikrostudien zu erarbeiten. Neben und in den Mikrostudien werden unter anderem die Gesetze und Normen, die den Aufenthalt und den Stauts der verschleppten und versklavten Personen bestimmten, analysiert. Diese Kombination aus rechts- und mikrohistorischen sowie historisch-anthropologischen Zugängen ist geeignet, um die Gesellschaft der Republik im 18. Jahrhundert, die Perspektiven der vorgestellten versklavten Menschen auf die Gesellschaft und die gesellschaftlichen Reaktionen auf die versklavten Personen sichtbar zu machen. Diese Perspektiven und Reaktionen waren keineswegs homogen, weshalb diese Untersuchung sie anhand der Geschichten einzelner Individuen vorstellt und damit zu rekonstruieren sucht, welche Ansichten, Vorstellungen und Handlungsmöglichkeiten denkbar waren. Ziel ist es somit, den Denkhorizont der niederländisch-republikanischen Gesellschaft im langen 18. Jahrhundert in Hinblick auf Sklaverei und freiheitliche Privilegien, auf Schwarze Menschen, auf People of Color, auf Menschen mit einer globalen Biografie und deren Wirken in dieser Gesellschaft erkennbar werden zu lassen.

1.4   Methode

Die überlieferten Spuren subalterner Akteur*innen (nicht an der Herrschaft teilhabende Menschen), Handlungsmöglichkeiten und -logiken, soziale Felder bzw. Lebenswelten können unter Zuhilfenahme verschiedener methodischer Ansätze aus dem historischen Material herausgearbeitet und analysiert werden. Diese Studie verfolgt zu diesem Zweck einen mikrohistorisch-globalen, historisch-anthropologischen und an der Theorie der Praktiken orientierten Ansatz.[114]

---

114   Für einen Überblick über die Debatte um Mikro- und Makrogeschichte und einen Einstieg in die Mikrogeschichte vgl. Jürgen Schlumbohm, Mikrogeschichte – Makrogeschichte: Zur Eröffnung einer Debatte, in: Ders. (Hg.), Mikrogeschichte – Makrogeschichte. Komplementär oder inkommensurabel? (= Göttinger Gespräche zur Geschichtswissenschaft, Bd. 7), Göttingen: Wallstein, 1998, S. 9-31. Hans Medick, Mikro-Historie, in: Winfried Schulze (Hg.), Sozialgeschichte, Alltagsgeschichte, Mikro-Historie. Eine Diskussion, Göttingen: Vandenhoeck & Ruprecht, 1994, S. 40-53. Carlo Ginzburg, Mikro-Historie. Zwei oder drei Dinge, die ich von ihr weiß, in: Historische Anthropologie, 1 (1993), S. 169-192. Für einen Einblick in historisch-anthropologische Methodik siehe Caroline Arni u.a. (Hg.), Editorial, in: Historische Anthropologie, 1 (1993), S. 1-4. Hohkamp, Geschichtswerkstätten und die Geschichte der Frühen Neuzeit. Reflexionen über eine Beziehungsgeschichte und ihre historiografischen Aspekte, in: WerkstattGeschichte, 75 (2017) 1, S. 105-110. Jakob Tanner, Historische Anthropologie, S. 1-14, in: Docupedia-Zeitgeschichte, 03.01.2012, https://doi.org/10.14765/zzf.dok.2.278.v1 (04.09.2019).

Durch die Zusammenführung von Mikro- und Globalgeschichte ist es möglich, historische Akteur*innen (Mikroebene) und Strukturen (Makroebene) gleichermaßen in den Blick zu nehmen[115] und den bereits kritisierten methodologischen Nationalismus sowohl zu über- also auch zu unterschreiten. Die Unterschreitung gelingt durch die Ausrichtung der Studie auf subalterne Akteur*innen und deren Lebenswelten. Hierbei ist auch von Interesse, in welchen Relationen sich die Akteur*innen verorten oder verortet werden und in welcher Weise soziale Differenzen in den jeweiligen Gesellschaften formuliert werden und/oder zum Tragen kommen. Auf diese Weise können das Handeln, die Vorstellungen der Akteur*innen und auch Prozesse kontextualisiert und der Ursprung von asymmetrischen Herrschaftsverhältnissen erkannt werden. Die Überschreitung des methodologischen Nationalismus und damit auch des Eurozentrismus wird erreicht durch die transnationale Perspektive, die Kolonien und Metropole zugleich bzw. in ihrer Verflochtenheit in die Untersuchung einbezieht. Globalisierung in der Geschichtswissenschaft, so Sebastian Conrad, »ist [...] nicht eine Metatheorie, sondern eher eine Perspektive, die dazu beitragen kann, Prozesse in einem umfassenderen Kontext zu situieren und den methodologischen Nationalismus der Geschichtswissenschaft zu unterminieren«.[116] Es geht daher um die Analyse und Einordnung von Prozessen innerhalb eines umfassenderen Kontextes und das Über- oder Unterschreiten

---

Hinsichtlich einer Theorie der Praktiken stütze ich mich vor allem auf Andreas Reckwitz, Grundelemente einer Theorie sozialer Praktiken. Eine sozialtheoretische Perspektive. Basic Elements of a Theory of Social Practices. A Perspective in Social Theory, in: Zeitschrift für Soziologie, 32 (2003) 4, S. 282-301, hier: S. 290. Die Theorie der Praktiken setzt Reckwitz zufolge für die Analyse der *skillful performances* (Praktiken) drei Grundannahmen voraus: »eine ›implizite‹, ›informelle‹ Logik der Praxis und Verankerung des Sozialen im praktischen Wissen und ›Können‹; eine ›Materialität‹ sozialer Praktiken in ihrer Abhängigkeit von Körpern und Artefakten; schließlich ein Spannungsfeld von Routinisiertheit und systematisch begründbarer Unberechenbarkeit von Praktiken.« Ebd., S. 282. Dagmar Freist, Diskurse – Körper – Artefakte. Historische Praxeologie in der Frühneuzeitforschung – eine Annäherung, in: Dies. (Hg.), Diskurse – Körper – Artefakte. Historische Praxeologie in der Frühneuzeitforschung, Bielefeld: transcript, 2015, S. 9-32. Marian Füssel, Praktiken historisieren. Geschichtswissenschaft und Praxistheorie im Dialog, in: Franka Schäfer, Anna Daniel, Frank Hillebrandt (Hg.), Methoden einer Soziologie der Praxis, Bielefeld: transcript, 2015, S. 267-287. Siehe auch Christian De Vito, Anne Gerritsen (Hg.), Micro-Spatial Histories of Global Labour, London: Palgrave Macmillan, 2018, und ders., History Without Scale. The Micro-Spatial Perspective, in: Past and Present, 242 (2019), Issue Supplement 14: Global History and Microhistory, S. 348-372.

115   Die hier vorgebrachten methodischen Angaben zu Mikro- und Globalgeschichte orientieren sich vorranging an Angelika Epples Überlegungen, vgl. hierzu z.B. Angelika Epple, Globale Mikrogeschichte. Auf dem Weg zu einer Geschichte der Relationen, in: Jahrbuch für Geschichte des ländlichen Raumes, 9 (2012), S. 37-47, hier: S. 38-41.

116   Sebastian Conrad, Andreas Eckert, Globalgeschichte, Globalisierung, multiple Modernen: Zur Geschichtsschreibung der modernen Welt, in: Dies., Ulrike Freitag (Hg.), Globalgeschichte, Frankfurt a.M., New York: Campus, 2007, S. 7-49, hier: S. 20.

des methodologischen Nationalismus des 19. und 20. Jahrhunderts, der die Grenzen des Nationalstaats und die Perspektive der Nation als genuinen Standard und Grenze für historische Untersuchungen gesetzt hatte.[117] In diesem Sinne bilden niederländisch-republikanische Territorien (Metropole und Kolonien) und deren soziale Konstruiertheit zwar den Rahmen der Darstellung, zentral sind jedoch die Lebenswelten der subalternen Akteur*innen: ihre Beziehungsnetze und -systeme, die Praktiken einzelner versklavter Individuen, soziale Hierarchien, koloniale Rassifizierungen und rassistische Stereotypisierungen, die Normen- und Rechtssysteme und deren enge Verflechtung zwischen den Territorien, in denen die Individuen navigieren mussten. Dieser mikrohistorisch-globale Untersuchungsrahmen enthält bereits sehr viele Elemente des historisch-anthropologischen Methodenansatzes. In seinem Aufsatz *Historische Anthropologie* erläutert Jakob Tanner diesen theoretisch-methodischen Ansatz wie folgt:

> »[Es] lassen sich drei interdependente Fragenkomplexe und Themenfelder auseinanderhalten, die nach wie vor von hervorzuhebender Bedeutung sind: Erstens geht es um die sich verändernden diskursiven, ikonischen Formen und medialen Bedingungen menschlicher Selbstbeschreibungen sowie den Wandel von Menschenbildern; zweitens um soziale Praktiken, kommunikative Interaktionsmuster wie auch die symbolischen Formen und Machtbeziehungen, durch die das Gesellschaftliche der Menschen strukturiert und reguliert wird. Drittens steht die Geschichtlichkeit der ›menschlichen Natur‹ zur Diskussion.«[118]

In dieser Studie wird eine historisch-anthropologische Perspektive eingenommen. Dies geschieht z.B. bei der Analyse von Logiken, denen die beteiligten Akteur*innen während des Gesetzgebungsprozesses des *Plakaat 1776* folgten, bei der Analyse von gerichtlichen Dokumenten oder Selbst- und Fremdbildern einzelner Akteur*innen wie auch bei der Auslotung von Handlungsmöglichkeiten der historischen Akteur*innen und der Analyse ihrer Lebenswelten, Gewohnheiten oder Praktiken der Wissensaneignung.[119]

Sowohl für den mikrohistorisch-globalen Rahmen als auch für die spezifisch historisch-anthropologische Perspektive der Studie ist die Analyse von historischen Praktiken zentral. Als kleinste Einheit des Sozialen sind Praktiken *skillful performances*, die an Zeit und Raum und an ein spezifisches Wissen gebunden sind. Unter einer Praktik wird eine routinisierte Handlung, eine Bewegung des Körpers, eine wiederkehrende Aktivität verstanden. Auch intellektuelle Tätigkeiten wie Lesen, Schreiben oder Sprechen fallen darunter:

---

117   Vgl. Epple, Globale Mikrogeschichte, S. 44.
118   Tanner, Historische Anthropologie, S. 7.
119   Ebd., S. 6-8.

»Diese Körperlichkeit des Handelns und der Praktik umfasst die beiden Aspekte der ›Inkorporiertheit‹ von Wissen und der ›Performativität‹ des Handelns: ›Nach innen‹ setzt die Fähigkeit der Akteure zum Vollzug einer Praktik als Sequenz von Körperbewegungen eine ›Inkorporierung‹ (Bourdieu) von Wissen, eine Inkorporierung von know how und eines praktischen Verstehens voraus. [...] ›Nach außen‹ bedeutet die Körperlichkeit des Vollzugs von Praktiken, dass sie von der sozialen Umwelt (und im Sinne eines Selbstverstehens auch von dem fraglichen Akteur selber) als eine ›skillful performance‹ interpretiert werden kann: die Praktik als soziale Praktik ist nicht nur eine kollektiv vorkommende Aktivität, sondern auch eine potenziell intersubjektiv als legitimes Exemplar der Praktik X verstehbare Praktik – und diese soziale Verständlichkeit richtet sich auf die körperliche ›performance‹.«[120]

Für die Analyse von Praktiken spielen auch *Artefakte* eine wichtige Rolle: *Artefakte* sind – so weiter Reckwitz – »Gegenstände, deren sinnhafter Gebrauch, deren praktische Verwendung Bestandteil einer sozialen Praktik oder die Praktik selbst darstellen«.[121] Nach dieser Definition können die in dieser Studie untersuchten *plakaate* als *Artefakte* angesehen werden. *Praktisches Wissen* wird »in sozialen Praktiken mobilisiert« und als Untersuchungsgegenstand rekonstruiert. Es umfasst das »interpretative Verstehen« »einer routinemäßigen Zuschreibung von Bedeutungen zu Gegenständen, Personen, abstrakten Entitäten, dem ›eigenen Selbst‹ etc.; [...] methodisches Wissen [...], d.h. ›script‹-förmige Prozeduren, wie man eine Reihe von Handlungen ›kompetent‹ hervorbringt«.[122]

Dies bedeutet, dass Sender*in und Empfänger*in über denselben oder annähernd gleichen Wissensbestand verfügen und dies in Form eines *Codes*, in beispielsweise nur einem Wort oder einer Handbewegung, ausdrücken können. Hinter diesem Code verbirgt sich Wissen, das *interpretativ* verstanden werden muss. Es ist dabei kein universales Wissen, sondern wird »als historisch-spezifisch, als ein letztlich kontingentes ›local knowledge‹« vorausgesetzt.[123] Die routinierten Wiederholungen (Praktiken) erzeugen Muster unter anderem in Narrationen und Sprache. Diese Wiederholungen können aber auch aufgrund von Neuinterpretationen im täglichen Vollzug bei »Überraschungen des Kontextes«[124] (*neues Setting*) oder dem Aufkommen neuer *Artefakte* (z.B. *plakaate*) unter Druck geraten, was »Zukunftsungewissheit«[125] erzeugt und/oder das »Potential zu Sinnverschiebungen«[126] birgt.

---

120   Reckwitz, Grundelemente, S. 290.
121   Ebd., S. 291.
122   Ebd., S. 292.
123   Ebd., S. 292-293; der Begriff des *local knowledge* wurde von Clifford Geertz geprägt.
124   Ebd., S. 294-295.
125   Ebd., S. 295.
126   Ebd.

Trotz dieser Flexibilität der sozialen Praktiken und des darin enthaltenen praktischen Wissens sind soziale Praktiken an ein bestimmtes »soziales Feld«[127] (z.B. die
Institution Sklaverei in der niederländischen Kolonie) gebunden, was voraussetzt,
dass die Praktiken aufeinander abgestimmt sind. Dies bedeutet, dass etwa koloniale Rassifizierungen und rassistische Stereotypisierungen in den vorgebrachten
Narrationen an die republikanischen Verhältnisse angepasst wurden.

An das »interpretative Verstehen« aber auch an die Wandelbarkeit der Praktiken dockt die Theorie der »Selbst-Bildung« von Thomas Alkemeyer, Gunilla Budde
und Dagmar Freist an, die besonders im zweiten Teil der vorliegenden Studie Anwendung findet, wenn im Rahmen der Mikrostudien unter anderem nach dem
Selbst- und Fremdbild der beschriebenen Menschen gefragt wird.[128] Die Gebun-
denheit der Reproduktion der sozialen Praktiken an Zeit und Raum macht die in

---

127   Ebd.

128   Vgl. Thomas Alkemeyer, Gunilla Budde, Dagmar Freist, Einleitung, in: Dies. (Hg.), Selbst-
Bildungen: Soziale und kulturelle Praktiken der Subjektivierung, Bielefeld: transcript, 2013,
S. 9-30. Ergänzt habe ich diese Herangehensweisen um Überlegungen aus dem Bereich der
Selbstzeugnisforschung, da Selbstzeugnisse einen wichtigen Bestandteil des historischen
Materials bilden. Für einen Überblick über das Feld der Selbstzeugnisforschung vgl. Gabriele
Jancke, Claudia Ulbrich (Hg.), Querelles: Jahrbuch für Frauen- und Geschlechterforschung,
Nr. 10, Göttingen: Wallstein, 2005. Benigna von Krusenstjern, Was sind Selbstzeugnisse? Be-
griffskritische und quellenkundliche Überlegungen anhand von Beispielen aus dem 17. Jahr-
hundert, in: Historische Anthropologie, 2 (1994) 3, S. 463-471. Philipe Lejeune, Der autobiographische Pakt, in: Ders., Der autobiographische Pakt, Frankfurt a.M.: Suhrkamp, 1994, S. 13-
50. Wolfgang Behringer definiert Selbstzeugnisse folgendermaßen: »Im Unterschied zur Au-
tobiographie umfassen S[elbstzeugnisse] auch nicht intentional überlieferte Zeugnisse von
Individuen; sie greifen also von der bewussten Tradition in den Bereich ›Überreste‹ (J. G.
Droysen) über. Dazu können im Zuge von Verwaltungsakten und Gerichtsverfahren entstan-
dene Dokumente (z.B. Supliken, Verhörprotokolle, Zeugenbefragungen) ebenso gehören
wie Kunst- oder Handwerksprodukte.« Wolfgang Behringer, »Selbstzeugnisse«, in: Enzyklopädie der Neuzeit Online, doi: http://dx.doi.org/10.1163/2352-0248_edn_COM_348440. In Bezug auf Zeugenverhöre als Ego-Dokumente in den Akten des Reichskammergerichts schreibt
Winfried Schulze: »Im Mittelpunkt stehen [...] die Aussagen der einzelnen Zeugen über ihre Person, ihre Lebensumstände und gesellschaftliche Position zum einen, und zum anderen ihre in der Aussage dokumentierte Kenntnis der strittigen Rechte, der administrativen
Vorgänge, der Nutzung von Herrschaftsrechten durch die streitenden Parteien etc.« Winfried Schulze, Zur Ergiebigkeit von Zeugenbefragungen und Verhören, in: Ders. (Hg.), Ego-
Dokumente: Annäherung an den Menschen in der Geschichte (= Selbstzeugnisse der Neuzeit, Bd. 2), Berlin: De Gruyter, 1996, S. 319-325, hier: S. 320. Das etwas enger gefasste Konzept der Ego-Dokumente in den Niederlanden wird von Rudolf Dekker, der seit Beginn der
systematischen Erforschung dieser Quellengattung dort einen wichtigen Beitrag geleistet
hat, erläutert. Vgl. Rudolf Dekker, Ego-Dokumente in den Niederlanden vom 16. bis zum 17.
Jahrhundert, in: Winfried Schulze (Hg.), Ego-Dokumente. Annäherung an den Menschen in
der Geschichte. Selbstzeugnisse der Neuzeit, Bd. 2, Berlin: De Gruyter, 1996, S. 33-58.

dieser Studie angewandte Theorie der *slaving zones* von Jeff Fynn-Paul anschlussfähig an die Theorie der Praktiken.[129] Fynn-Pauls Überlegungen zu *slaving-* und *no-slaving zones* helfen insbesondere, die Verflechtungen von Sklaverei, Verschleppung und kolonialen Rassifizierungen zu erfassen, wie sie im Kontext des Transfers von Menschen und Normen von einem Territorium in ein anderes während des niederländischen Kolonialismus zu beobachten sind.

Bei der Analyse des Sprachgebrauchs wird auf zeitgenössische explizite, unterschwellige oder chiffriert verhandelte Sklaverei, koloniale Rassifizierungen und geschlechtsspezifische Zuschreibungen geachtet.[130] Das historische Material wird qualitativ ausgewertet. Bei der Analyse der biografischen Mikrostudien, in denen einzelne Menschenleben, bzw. (bruchstückhafte) Narrationen darüber, als Untersuchungseinheiten fungieren, wird der (städtische) Raum und dessen Nutzung einbezogen. Das Globale wird im Lokalen oder auch in der Geschichte einer einzelnen Person erkennbar, Aneignungsprozesse bezogen auf soziale Rollen und juristisches Wissen werden sichtbar. Anhand der biografischen Mikrostudien werden die Verflechtung und Vernetzung von Regionen, Ländern, Kontinenten, Personen und Dingen untersucht.

1.5   Aufbau

Der Hauptteil der Studie ist in zwei Teile gegliedert. Teil I, bestehend aus fünf thematischen Kapiteln, liefert (1.) grundlegende Informationen über die herrschaftliche Organisation der niederländischen Territorien (Metropole und Kolonien) und des Rechtssystems. Es werden die konkreten frühneuzeitlichen Vorstellungen von Sklaverei am Beispiel der Schriften von Hugo Grotius (Völkerrecht und niederländisches Gewohnheitsrecht) erläutert. Besondere Beachtung finden hierbei die Lo-

---

129   Vgl. Jeff Fynn-Paul, Introduction. Slaving Zones in Global History: The Evolution of a Concept, in: Ders., Damian Alan Pargas (Hg.), Slaving Zones. Cultural Identities, Ideologies, and Institutions in the Evolution of Global Slavery (= Studies in Global Slavery, Bd. 4), Leiden: Brill, 2018, S. 1-19. Ders., Introduction. Empire, Monotheism and Slavery in the Greater Mediterranean Region from Antiquity to the Early Modern Era, in: Past and Present, 205 (2009), S. 3-40.

130   Für einen Überblick über linguistische Sprachanalysen und deren Kopplung an mikrohistorische Studien vgl. Joseph C. Miller, Epilog. Appreciation and Response: Historical Paths Forward from Here, in: Journal of Global Slavery, 2 (2017), S. 337-377. Cláudio Costa Pinheiro, Blurred Boundaries. Slavery, Unfree Labour and the Subsumption of Multiple Social and Labour Identities in India, in: Marcel van der Linden, Prabhu P. Mohapatra (Hg.), Labour Matters. Towards Global Histories. Studies in Honour of Sabyasachi Bhattacharya, New Delhi: Tulika Books, 2009, S. 173-194. Stefan Hanß, Juliane Schiel (Hg.), Mediterranean Slavery Revisited (500-1800). Neue Perspektiven auf Mediterrane Sklaverei (500-1800), Zürich: Chronos, 2014.

giken, die den Transfer des Sklavenstatus von einer niederländischen Kolonie in die Republik möglich machten. (2.) Anhand von tradierten und bereits untersuchten Rechtsfällen wird die praktische Auseinandersetzung der Gerichte mit Sklaverei, so wie sie in der Forschung bisher dargestellt worden ist, in der Republik besprochen. (3.) Daran schließt die Analyse des Entstehungsprozesses und der Bedeutung des *Plakaat 1776* an. Von besonderem Interesse sind hierbei die Logiken und Praktiken der Versklavung und der Aufrechterhaltung derselben in der Republik. Zugleich werden durch die gewählte Untersuchungsperspektive Handlungsmacht, -logiken und -möglichkeiten einzelner Akteur*innen sichtbar. Die Analyse von Manumissionen (4.) zeigt eine weitere Facette des Komplexes Sklaverei auf. Hierbei werden strukturelle Muster und Veränderungen im Umgang mit Sklaverei und Manumission im 18. Jahrhundert erarbeitet. (5.) Um den Themenkomplex Sklaverei im niederländisch-republikanischen Kontext angemessen einzufassen, werden die rechtliche, normative und historisch-politische Entwicklung im Hinblick auf Sklaverei und die Abolition der Sklaverei 1861 bzw. 1863 dargelegt.

Ein zeitgenössisches Konzept von Sklaverei wird mittels der beschriebenen methodischen Ansätze aus den Darstellungen des ausgewählten historischen Materials rekonstruiert.[131] Hierbei liegt der Fokus auf den Schriften von Hugo Grotius und verschiedenen niederländischen Gesetzen und Gerichtsurteilen. Der gesamte erste Teil ist den Fragen gewidmet, was im 18. Jahrhundert im niederländischen kolonialen und republikanischen Verständnis als Sklaverei angesehen wurde, wer davon betroffen war und wie und warum es möglich war, in verschiedenen Rechtssystemen (koloniales und republikanisches) eine Form von Sklaverei zu transferieren, zu erhalten und schlussendlich zu etablieren?

Der zweite Teil der Studie besteht aus drei biografischen Mikrostudien, die einen Einblick in die historischen Lebenswelten versklavter und ehemals versklavter Menschen in der niederländischen Republik gestatten. Ausgewählt wurden die hier vorgestellten Menschen aufgrund des besonders umfangreichen und reichhaltigen tradierten historischen Materials zu ihren jeweiligen Biografien. Diese Mikrostudien vermitteln eine Vorstellung davon, welche Handlungsmöglichkeiten die versklavten oder vormals versklavten Personen in der Republik hatten. Sichtbar wird auch, in welchen Beziehungen und sozialen Netzwerken sie lebten, mit welchen Fremdbildern und Zuschreibungen sie durch ihr Umfeld konfrontiert wurden. In der ersten und dritten biografischen Mikrostudie war es zudem möglich, eine Annäherung an das Selbstbild der Betreffenden aus dem historischen Material zu erarbeiten.

Allen biografischen Mikrostudien sind drei Fragen vorangestellt: Inwiefern und auf welche Weise wurden über die In- oder Exklusion in den bzw. aus dem Fa-

---

131   Die »systemische Definition« von Sklavereien nach Zeuske dient der allgemeinen Orientierung.

milienverband durch unfreie Arbeit soziale Zugehörigkeit und Bindung, sozialer Status und Abhängigkeit sowie Verantwortlichkeit erzeugt? Inwiefern spielen Sklaverei, Superioritätsansprüche und niederländisch-koloniale Rassifizierungen und rassistische Stereotypisierungen in den für die Analyse herangezogenen Quellen eine Rolle? Inwiefern kann strategisches Handeln, etwa die Praktik, vor Gericht zu ziehen, um persönliche Freiheitsrechte zu erlangen, als Handlungsmöglichkeit der (vormals) versklavten Personen ausgemacht werden?

Die erste biografische Mikrostudie (Zeitraum: 1680-1717) über das Leben Anthonij van Bengalens setzt mit dessen Ankunft in der Republik 1680 ein. Als etwa siebenjähriger versklavter Junge* wurde er von dem VOC-Funktionär Rijkloff van Goens in die Republik verschleppt. Kurze Zeit später wechselte er in den Haushalt des Ritters und Kommandeurs Hendrik de Sandra, um nach dessen Tod in den Dienst seiner Erb*innen zu treten. 1713 kam es zu einem Gerichtsprozess, weil die Erb*innen die Auszahlung von Geld verweigerten, das van Bengalen seiner Ansicht nach zustand. Soziale und familiäre Zugehörigkeit und Ablehnung stehen im Mittelpunkt dieser biografischen Mikrostudie. Das historische Material gestattet Einblicke in das soziale Umfeld van Bengalens, seine Beziehung zu anderen Dienstbot*innen des Haushalts und der Familie seiner Dienstherr*innen. Sozialer Status, Selbst- und Fremdbild sowie niederländisch-koloniale Rassifizierungen und rassistische Stereotypisierungen in Form von Zuschreibungen werden sichtbar durch die Analyse der vorgebrachten Narrationen. Die Analyse der Praktiken zeigt das Verschwimmen der Grenzen zwischen Dienstbot*innenschaft und Sklaverei auf.

Die zweite biografische Mikrostudie (Zeitraum: ca. 1754-1770) über Christina ist ebenfalls im Spannungsfeld von familiärer und sozialer Zugehörigkeit und Ablehnung zu verorten. Christinas wiederholte Fluchtversuche in die Armenviertel von Amsterdam führten Ende 1768 zu einem Konflikt mit ihrer (Dienst-)Familie und endeten für Christina im *Nieuwe Werkhuis/Spinhuis* (Zuchthaus- und Arbeitshaus für Frauen*). Analysiert werden über sprachliche Codes transportierte koloniale Rassifizierungen und Versklavungspraktiken, wie sie aus kolonialen Kontexten bekannt sind, vom Schöffengericht, vor dem der Konflikt schließlich verhandelt wurde, jedoch nicht als solche erkannt wurden. Die untersuchten Praktiken werden zurückgebunden an den städtischen Raum, an das zeitgenössische Dienstbot*innenrecht und die Armenversorgung Mitte des 18. Jahrhunderts in Amsterdam. Thematisiert werden zudem die Lebens- und Arbeitsbedingungen im *Nieuwe Werkhuis*, in dem Christina infolge des Prozesses eingesperrt wurde.

Die dritte biografische Mikrostudie (Zeitraum: 1765–1771) behandelt das Selbst- und Fremdbild von Marijtje Criool und Jacoba Leiland. Mutter und Tochter sahen sich zugehörig zu Surinamischen *Maroons* und forderten in der Republik persönliche Freiheitsrechte ein. Das komplementär zu dem Selbstbild der Frauen* entworfene Selbstbild des Sklav*inneneigners Willem Hendrik van Steenberg (ehemals

Justiz- und Polizeirat von Suriname) ist ebenfalls Gegenstand der Analyse. Criool und Leiland verließen 1771, nach einem heftigen Konflikt mit ihrem Eigner, dessen Haus und Dienst und wandten sich an die *Staten-Generaal*, von denen sie Unterstützung und die Zusicherung ihrer Freiheit forderten. An dieser Mikrostudie wird das vermittelte Selbst- und Fremdbild der Frauen* und van Steenbergs und die jeweils damit verknüpfte Subjektbildung aufgezeigt. Die Bedeutung der familiären Zugehörigkeit der versklavten Frauen* und deren gezieltes strategisches Handeln sowie die Vorstellung van Steenbergs von Herrschaft und Dominanz über versklavte Personen werden in den Blick genommen. Zudem wird deutlich, welche Wirkmacht die Idee des *free-soil principle* entfalten konnte.

Erster Teil

2 Rechtsnormen – (Anti-)Sklavereigesetze?

Sklavereien finden und fand innerhalb gesellschaftlicher Systeme statt, die durch Rechtsnormen strukturiert und gerahmt werden. Auch Sklavereien werden, wenn sie denn legal, also im jeweiligen Rechtssystem integriert sind, durch Rechtsnormen strukturiert und gerahmt. Daher ist es unerlässlich, nähert man sich dem Thema der Sklavereien, sich die Struktur des entsprechenden Rechtssystems und dessen Sklaverei spezifische Ausprägungen genau anzusehen, um zu verstehen, auf welche Weise Rechtsnormen zur Entrechtung und Versklavung von Menschen beitragen oder diese herbeiführen. Im Folgenden werden daher die Rechtssysteme der niederländischen Metropole und der niederländischen Kolonien skizziert sowie herausgearbeitet, wie in diesen Systemen Sklaverei inkludiert und strukturiert wurde.

2.1 Grundlagen des römisch-niederländischen Rechtssystems

2.1.1 Das Rechtssystem in der niederländischen Republik

Das niederländische Recht war in der Frühen Neuzeit und damit auch im 18. Jahrhundert ein lokal geprägtes Gewohnheitsrecht (*ius proprium*), das seit dem 12. Jahrhundert durch gerichtliche Entscheide entwickelt wurde.[1] An den juristischen Fakultäten der niederländischen und allgemein der europäischen Universitäten wurde das gemeine Recht (*ius commune*), bestehend aus römischem Recht (*corpus iuris*

---

1   Gemeinhin ist das Gewohnheitsrecht im Gegensatz zum *ius commune* nicht verschriftlicht. 1531 ließ der Habsburger Kaiser Karl V. jedoch anordnen, dass in allen niederländischen Provinzen das Gewohnheitsrecht zu kodifizieren sei. Vgl. Hallebeek, Lijf ende Goedt, S. 151. Für eine Ausführung der Unterscheidung von *ius proprium* und *ius commune* sowie einen historischen Abriss der Entwicklung des *ius proprium* in Europa und England siehe ebd., S. 107-130. Zur Entwicklung ab dem 12. Jahrhundert vgl. Gero R. Dolezalek, Das Zivilprozeßrecht, in: Robert Feenstra, Reinhard Zimmermann (Hg.), Das römisch-holländische Recht: Fortschritte des Zivilrechts im 17. und 18. Jahrhundert, Amsterdam: Duncker und Humblot, 1992, S. 95-104, hier: S. 60.

civilis) und kanonischem Recht (*corpus iuris canonici*), gelehrt. Ab dem 18. Jahrhundert kam auch das Naturrecht (*ius naturae*) an den niederländischen Universitäten als Lehrstoff hinzu.[2] In der Praxis bedeutete dies, dass das *ius commune* der Universitäten an die zeitgenössischen gesellschaftlichen Gewohnheiten, Entwicklungen und geistigen Strömungen bei der praktischen Rechtsprechung (*ius proprium*), angepasst wurde.[3] In ihren Urteilen konnten sich die juristischen Entscheidungsträger auf Abhandlungen z.B. von Hugo Grotius und Samuel Pufendorf stützen, oder auch auf die entsprechende Literatur aus Frankreich, Italien, Spanien, dem Heiligen Römischen Reich deutscher Nation oder einem anderen europäischen Land, in dem das *ius commune* an den Universitäten gelehrt wurde.[4] Die vielfältigen Rezeptionsmöglichkeiten deuten es bereits an: Das frühneuzeitliche Recht in Europa war geprägt von Uneinheitlichkeit und der Überlagerung der Rechtsräume. In der niederländischen Republik führten einzelne Richter und Ratsmitglieder der hohen Gerichte Tagebücher, in denen sie ihre juristischen Entscheidungen verschriftlichten, um zu einem späteren Zeitpunkt darauf zurückgreifen zu können und ihren eigenen Entscheidungen über die Jahre hinweg Stringenz zu verleihen.[5] War ein Fall so komplex und ungewöhnlich, dass er auf Grundlage der überlieferten (verschriftlichten) Entscheidungen nicht hinreichend geklärt werden konnte, griff man auf das römische und kanonische Recht des *ius commune* zurück und passte die dort vorgefundenen Entscheidungen den zeitgenössischen Bedingungen an.

Diese Form des Gewohnheitsrechts wurde in jeder der sieben Provinzen der Niederlande eigenständig praktiziert. Jede der Provinzen bildete eine eigenständige Republik mit eigener Verwaltung. So gab es auch kein einheitliches Verfahrensrecht, keine gemeinsame Gerichtsverfassung oder auch nur ein gemeinsames höchstes Gericht.[6] Die Provinz Holland unterhielt das Appellationsgericht *De Hoge*

---

2   Vgl. Hallebeek, Lijf en Goed, S. 138.

3   Vgl. Dolezalek, Zivilprozeßrecht, S. 66.

4   Grotius bekanntestes Werk ist *De iure belli ac pacis*. Es wurde erstmals 1625 veröffentlicht. Ebenfalls stark rezipiert und bereits als Lehrbuch in niederländischer Sprache verfasst ist *Inleydinge to de Hollandsche Rechts-geleerdheyd*. Die Erstveröffentlichung erfolgte 1631. Für eine kurze Übersicht über die zeitgenössischen Lehr- und Handbücher zum römisch-holländischen Recht vgl. Zimmermann, Römisch-holländisches Recht, S. 45-49. Laut Hallebeek, ist *Inleydinge tot de Hollandsche Rechts-geleerdheyd* die erste Kodifizierung des holländischen Rechts. Hallebeek, Lijf ende Goed, S. 155. Am stärksten wurde Samuel Pufendorfs *De officio hominis et civis: prout ipsi praescribuntur lege naturali, libri duo*, London: Junghans, 1673 in den Niederlanden rezipiert. Vgl. ebd., S. 138. Zur Verbreitung und Rezeption des *ius commune* in Europa vgl. Dolezalek, Zivilprozeßrecht, S. 66.

5   Das prominenteste Beispiel für die Praktik des Führens des juristischen Tagebuchs in den Niederlanden ist Cornelis van Bijnkershoek. Vgl. Cornelis van Bijnkershoek, Systematisch Compendium der Observationes Tumultariae van Cornelis van Bijnkersheok, hg. v. M. S. van Oosten, Haarlem: Tjeenk Willink, 1962.

6   Vgl. Zimmermann, Das römisch-holländische Recht, S. 63.

Raad van Holland in Den Haag, dessen Urteile in den drei entsprechenden Provinzen Geltung hatten.[7] Dem *Hoge Raad* war der *Hof van Holland, Zeeland en West-Friesland* beigeordnet.[8] Zudem gab es als Appellationsgerichte noch den *Raad van Brabant en de Landen van Overmaze*, ebenfalls in Den Haag, und den *Raad van Vlaanderen* in Middelburg.[9] Auf der (außen-)politischen Ebene gab es durch die *Staten-Generaal* als Zentralregierung mehr Zusammenarbeit zwischen den Provinzen. Jede Provinz entsandte einen Delegierten in die Versammlung der *Staten* und hatte somit eine Stimme zu vergeben. Beschlüsse mussten von den *Staten-Generaal* einstimmig gefasst werden. Den *Staten-Generaal* oblagen die Kontrolle der überseeischen Kolonialgebiete, die Außenpolitik und das Kommando über die Streitkräfte.[10] Rechtsmittel gegen die Entscheidungen der höchsten Gerichte, des *Raads van Vlaanderen* in Middelburg und der Gerichte in den Kolonien in den Amerikas und der Karibik, wurden direkt bei den *Staten-Generaal* eingereicht. Die *Staten-Generaal* überwiesen Dokumente sowie ganze Fälle zur Begutachtung an den *Hoge Raad van Holland, Zeeland en West-Friesland* oder beauftragten ihre eigenen Rechtsgelehrten (*Landesadvokaten*) mit der Prüfung eines Falls.[11] Selten wurde die Überprüfung vom *Raad van Braband* angefordert. In allen Obergerichten der Provinzen saßen geschulte Juristen, die sowohl das römische, als auch das kanonische Recht studiert hatten und daher mit den Lehren über das europäische *ius commune* vertraut waren. Generell wandte man in den sieben Provinzen ein römisch-kanonisches Prozessrecht an, wie es in Frankreich kodifiziert worden war, es kam jedoch auch das römisch-kanonische Prozessrecht des deutschen Reichskammergerichts zum Tragen.[12]

---

7   Nach der Abspaltung der sieben Provinzen von den spanisch beherrschten südlichen Niederlanden 1581 wurde noch im selben Jahr der *Hooge Raad* in Den Haag gegründet. Dieser Gerichtshof sollte den Großen Rat von Mechelen ersetzen, der vor der Abspaltung der nördlichen Niederlande als Hofgericht und höchste Instanz diente. Vgl. Zimmermann, Das römisch-holländische Recht, S. 21. Vgl. auch Dolezalek, Zivilprozeßrecht, S. 65. Zur Prozessordnung des Hoge Raad van Holland vgl. Marie-Charlotte Le Bailly, Christian M. O. Verhas, Procesgids: Hoge Raad van Holland, Zeeland en West-Friesland (1582-1795). De hoofdlijnen van het procederen in civiele zaken voor de Hoge raad zowel in eerste instantie als in hoger beroep, Hilversum: Verloren, 2006.

8   Vgl. Marie-Charlotte Le Bailly, Procesgids: Hof van Holland, Zeeland en West-Friesland. De hoofdlijnen van het procederen in civiele zaken voor het Hof van Holland, Zeeland en West-Friesland zowel in eerste instantie als in hoger beroep, Hilversum: Verloren, 2008, S. 8-10.

9   Vgl. Zimmermann, Das römisch-holländische Recht, S. 65.

10   Vgl. ebd., S. 18-19.

11   Vgl. Dolezalek, Zivilprozeßrecht, S. 65. Die Dokumente der dritten, im zweiten Teil der Arbeit analysierten biografischen Mikrostudie wurden von den *Landesadvokaten* der *Staten-Generaal* selbst geprüft. Sie sprachen aufgrund der Überprüfung eine Handlungsempfehlung aus, die wirksam umgesetzt wurde.

12   Vgl. ebd., S. 65-66.

Die Untergerichte der Niederlande zeichneten sich durch ihre Vielfältigkeit und Uneinheitlichkeit aus. In den Städten gab es gewöhnlich Schultheißen, die mithilfe von (meist sieben) Schöffen (*Schout en Schepenen* oder *Gezwoorens*) Urteile fällten. Anstelle des Schultheißen konnte auch der Bürgermeister tätig werden. Neben diesen Schöffengerichten konnte es noch Haupt-Schöffenbanken zur Berufung gegen die Urteile von Schöffengerichten auf niederer Ebene geben. Hinzu kamen Spezialgerichte für Versicherungsrecht, Seegerichte, Nachlassgerichte, Universitätsgerichte, Deichgerichte etc. Auf den Dörfern gab es ebenfalls Schöffengerichte, von denen aus gegebenenfalls direkt Berufung vor dem *Hof van Holland* in Den Haag eingereicht werden konnte.[13]

2.1.2   Das Recht in den niederländischen Kolonien

Die Handelskompanien *West-Indische Compagnie* (WIC) und *Vereenigde Oost-Indische Compagnie* (VOC) brachten niederländisches Recht in die jeweiligen kolonialen Herrschaftsgebiete, im Falle der WIC das römisch-zeeländische, in dem der VOC das römisch-holländische Recht.[14] Im Folgenden werden die Strukturen der kolonialen Rechtsprechung und deren Rechtsgrundlagen erläutert.

2.1.2.1   Grundlagen der Rechtsprechung im Territorium der VOC

Im Herrschaftsbereich der VOC, dessen Hauptsitz in Batavia (heute Jakarta) auf Java in Indonesien lag, wurde die legislative Gewalt durch verschiedene Amtsträger ausgeübt und durch rechtliche Vorgaben geprägt. Als Basis dienten die 1642 publizierten *Statuten von Batavia*, die das Zusammenleben in der kolonialen Gesellschaft regeln sollten.[15] Als Recht schaffende Akteure traten die *Heren XVII*, welche von den *Staten-Generaal* beauftragt waren, und der *Gouverneur-Generaal* in Batavia sowie lokale VOC-Autoritäten in Erscheinung. Sie erarbeiteten bei Bedarf *resoluties*, das waren Lösungen, die nach einer Überprüfung und gegebenenfalls Änderung als *plakaate* (Gesetze) veröffentlicht wurden und dadurch Gesetzeskraft erlangten.[16] Als subsidiäres Recht, das herangezogen wurde, wenn die bis dato angewandte Rechtsprechung keine Lösung bereithielt, diente das römisch-holländische Gewohnheitsrecht.[17] Auch am Kap der Guten Hoffnung, dessen Halsgericht

---

13   Vgl. ebd., S. 67-68. Der Hof van Holland und der Hoge Raad van Holland befanden sich beide in Den Haag. Mitunter kam es zu Kompetenz- und Personalüberschneidungen, da sich die Gerichtshöfe das Personal teilten. Rechtssprüche des Hof van Holland konnten vor dem Hoge Raad van Holland in Berufung gehen und wurden dort ggf. vom selben Personal in zweiter Instanz entschieden. Vgl. Le Bailly, Procesgids: Hof van Holland, S. 9, 23-25.

14   Vgl. Hallebeek, Lijf en Goed, S. 157.

15   Vgl. Van Diemen, De Statuten van Batavia.

16   Grotius, Inlydinge, I., II., § 17.

17   Vgl. Hallebeek, Lijf en Goed, S. 157-158.

sich in Batavia (bzw. der Republik) befand, kam gewöhnlich das römisch-holländische Recht zur Anwendung. In Fragen der Sklaverei jedoch, die in Gesetzesform in den Niederlanden bis 1776 keine Erwähnung fand, wurde das römische Recht herangezogen.[18] Rechtsmittel gegen Entscheidungen, die in den niederländischen Kolonien in Südafrika, Indonesien oder Ceylon getroffen wurden, mussten am Gerichtshof in Batavia eingelegt werden.[19]

2.1.2.2 Grundlagen der Rechtsprechung im Territorium der WIC

Im Herrschaftsbereich der WIC war die Situation strukturell ähnlich, aber weniger übersichtlich. Jede Kolonie hatte eine eigene regionale Regierung, die in ihren Ämtern und Strukturen differierten. Dennoch wurde 1629 versucht, mit der *Ordre van Regeringe, soo in Policie als Justicie, inde Plaetsen verovert, ende te veroveren in West-Indien* (Regierungsanordnung für Polizei und Justiz an den eroberten und noch zu erobernden Plätzen in West-Indien), einem 69 Artikel zählenden rechtlichen Basisdokument, eine einheitliche Rechtsgrundlage für die WIC-Territorien zu schaffen. Sie umfassten die wichtigsten Gesetze der Niederlande.[20] Zudem orientierte man sich an der Rechtsprechung des *Hof van Holland* und der *Inleydinge tot de Hollandsche Rechts-geleerdheyd*[21], der von Hugo Grotius vorgenommenen ersten Kodifikation des niederländischen Gewohnheitsrechts (*ius proprium*). Allgemeine Gültigkeit hatte das niederländische Recht in den Kolonien aber nur, wenn es ausdrück-

---

18 Ebd., S. 159. »De rechtspraak in den Kaap werd ingericht naar model van het hoofdcomptoir Batavia. Halszaken, delicten warop de doodstraf stond zoals moord, muiterij en sodomie (homoseksualiteit), werden niet afgedaan in de Kaap, maar verwezen naar de gerechten in Batavia of in de Verenigde Nederlanden. Bij gebrek aan eigentijdse rechtsbronnen (Rooms-Hollands recht) probeerde de Raad van Justitie soms zo goed en zo kwaad als dat ging het oude Romeinse recht van het *Corpus iuris* toe te passen. De Republiek kende bijvoorbeeld geen slavernij en de Romeinse bepalingen betreffende slavernij hadden geen gelding meer in het Rooms-Hollands recht. In de Kaap waren er echter wel slaven, geïmporteerd uit Madagaskar en later uit Aziatische gebieden, en op hen werden Romeinse rechtsregels toegepast.«

19 Vgl. Dolezalek, Zivilprozeßrecht, S. 65. Sehr beliebt ist als Einstiegswerk in das Thema VOC Femme S. Gaastra, Geschiedenis van de VOC: opkomst, bloei en ondergang, 11. Aufl., Zutphen: Walburg Pers, 2012. Oder auch Jan J. B. Kuipers, De VOC: Een multinational onder zeil, 1602-1799, 2. Aufl., Zutphen: Walburg Pers, 2016. Deutlich älter und vehement den Eurozentrismus in diesem Forschungsfeld kritisierend sind die Schriften von J. C. van Leur, die in einem Sammelband in englischer Sprache neu aufgelegt wurden. Jacob C. van Leur, On Early Asian Trade, in: Willem F. Wertheim u.a. (Hg.), Indonesian Trade and Society. Essays in Asian Social and Economic History (= Selected Studies on Indonesia, Bd. I.), Den Haag: W. van Hoeve Publishers LTD, 1967, S. 1-144. Ders., The World of Southeast Asia: 1500-1650, in: ebd., S. 157-245.

20 Vgl. Jordaan, Slavernij en vrijheid, S. 32. Ders., Free Blacks, S. 77.

21 Grotius, Inleydinge. Die *Inleydinge* befasst sich mit dem praktizierten Recht der Provinz Holland und unterscheidet sich somit vom römischen Recht, das gewöhnlich an den Universitäten gelehrt wurde. Vgl. Zimmermann, Römisch-holländisches Recht, S. 30-32.

lich in Form eines *plakaat* verkündet wurde.[22] Die rechtliche Basis für die Gesetze und die Rechtsprechung im Kontext von Sklaverei bildete auch hier das römische Recht, da das römisch-holländische Recht dies nicht abdeckte.[23] Konkret bedeutete dies, dass für ein rechtliches Problem im Territorium der WIC die jeweiligen kolonialen Regierungen, in Zusammenarbeit mit der entsprechenden *Sociëteit* (z.B. der *Sociëteit van Suriname*), und die *Staten-Generaal* Gesetze und Regeln aufstellten, die besonders die höchsten zivilen und militärischen Ebenen betrafen. Die *Staten-Generaal*, als übergeordnete Instanz in der Republik, kontrollierte nach einem längeren Diskussions- und Findungsprozess zwischen und in den beteiligten Stellen diese Beschlüsse.[24] Die *Staten-Generaal* konnten Änderungen gegebenenfalls anordnen. Wurde ein Beschluss bestätigt, wurde er zum Befehl und musste als *plakaat* publiziert werden. Anders als in den Niederlanden wurden die *plakaate* aber nicht systematisch gesammelt oder in Buchform gebündelt, weshalb es in den WIC-Territorien keine umfassende Sammlung der Rechtsprechung gab.[25] Vor Ort entwickelte die Kolonialregierung problem- und situationsspezifische rechtliche Lösungen in Form von Hilfs- oder Beigesetzen.[26]

Sklaverei wurde in der Rechtsprechung zu unbeweglichen Gütern abgedeckt und fiel in den Aufgabenbereich des obersten Befehlshabers der Kolonie und des örtlichen Rates. Der Rat setzte sich aus hohen Funktionären aus Militär und Gesellschaft sowie als im analytischen Sinn *weißen* protestantischen Bürgern zusammen.[27] In der Regel hatte keines der Mitglieder des Rates eine juristische Ausbildung durchlaufen und auch der Befehlshaber war nicht immer juristisch geschult.[28] Von den Kolonist*innen wurden Gerichte und Rechtsprechung als Werkzeuge zum Erhalt ihrer Herrschaft angesehen.[29] Den etwa 70 000 versklavten Schwarzen Menschen und People of Color in Suriname standen Mitte des 18. Jahrhunderts ca. 2 000 *weiße* Kolonist*innen gegenüber.[30] Damit diese freie *weiße* Minderheit die versklavte Schwarze Mehrheit dominieren konnte, benötigte sie ein rigides Rechts- und Strafsystem, das die *weiße* Macht und Herrschaftsgewalt

---

22   Vgl. Jordaan, Slavernij en vrijheid, S. 33.

23   Vgl. ebd., S. 33.

24   Ein derartiger Prozess wird in 2.3 »*Plakaat, concerneerende de vreyheid der Slaaven*« von 1776 (*Plakaat 1776*) der vorliegenden Arbeit untersucht.

25   Vgl. Jordaan, Slavernij en vrijheid, S. 33.

26   Vgl. Jordaan, Free Blacks, S. 77-79.

27   In Bezug auf die Verwendung der Begriffe *weiß*, Schwarz und People of Color vgl. Anm. 3, S. 16.

28   Vgl. Jordaan, Slavernij en vrijheid, S. 34-35.

29   Vgl. Jordaan, Free Blacks, S. 63-86.

30   Vgl. Fatah-Black, Van Rossum, Slavery in a »Slave Free Enclave«, S. 59. Die Zahlenangaben schwanken in der Literatur. Weitere Erläuterungen zu dieser Frage sind in 2.4 *Manumission in der niederländischen Republik* und 3.3 *Marijtje Criool und Jacoba Leiland* zu finden.

sicherte. Versklavte Personen und auch freie Schwarze Menschen und People of Color mussten damit rechnen, dass sie vor Gericht nicht angehört und aufgrund von Anschuldigungen ihrer Eigner*innen oder anderer *weißer* Kolonist*innen verurteilt wurden.[31] Gegen Urteile der kolonialen Gerichte konnte keine Berufung eingelegt werden, da diese den Urteilen der hohen Gerichte in den Niederlanden gleichgestellt waren. Es war aber möglich, Urteile zur Revision bei den *Staten-Generaal* einzureichen, was bei Urteilen zu Sklaverei häufig geschah.[32] Dieser Mechanismus führte zu einer Dreieckskommunikation zwischen der Kolonial-regierung und deren Justizräten, den *Staten-Generaal* in Den Haag sowie den Direktoren der mächtigen Aktiengesellschaft *Sociëtei van Surianme* in Amsterdam, die den Gouverneur der Kolonie entsandte.

Zusammengefasst bedeutet dies, dass in den WIC-Territorien jede Kolonie eine Rechtsprechung unabhängig von den benachbarten Kolonien pflegte und sich lediglich vor den übergeordneten Instanzen in den Niederlanden verantworten musste, weshalb es kein einheitliches Recht in den Kolonien gab. Suriname war die größte niederländische Kolonie in Südamerika und der Karibik, dort erlassene *plakaate* konnten auch die Gesetzeslage der kleineren niederländischen Kolonien beeinflussen. Möglich war etwa, dass von den *Staten-Generaal* erlassene *plakaate* sowohl in Suriname als auch in Berbice oder einer anderen Kolonie gültig waren.[33]

2.1.3 Sklaverei im niederländischen Recht

2.1.3.1 Völkerrecht

Nachdem nun Zuständigkeiten und Strukturen der Rechtsprechung in den Niederlanden und den niederländischen Kolonien in ihren Grundzügen geklärt wurden, wende ich mich der Frage zu, wie im römisch-niederländischen Recht und in der Republik der Sieben Vereinigten Provinzen mit Sklaverei umgegangen wurde. Schließlich kamen immer wieder versklavte Menschen aus den Kolonien in die Republik. Um sichtbar zu machen, welche Interessen und Zielsetzungen hinter rechtlichen Vorstößen, wie etwa der Forderung nach einem Gesetz lagen, sollen unter anderem die ihnen zugrunde liegenden Argumentationen untersucht werden. Hierfür muss jedoch zuerst geklärt werden, was unter Sklaverei in der Frühen Neuzeit in den Niederlanden und den niederländischen Kolonien verstanden wurde. Denn es wurde nur selten explizit von Sklaverei gesprochen, weshalb sie nur über die verschriftlichten Argumente sowie über Praktiken, also das Handeln der

---

31 Vgl. Jordaan, Free Blacks, S. 63-86.
32 Vgl. Jordaan, Slavernij en vrijheid, S. 36.
33 Vgl. SAA, 5028, 544N, Scans SUR100210000001-5. Das in der Republik erlassene *Plakaat* 1776 etwa war, wie die abschließende Formulierung des Gesetzes festlegte, sowohl in Suriname als auch in Berbice gültig.

Akteur*innen, zu erkennen ist. Dafür ist es wiederum wichtig, dass den Argumenten und Praktiken zugrunde liegende bzw. ihnen inhärente Wissen zu erforschen.

Die Abhandlungen des Juristen Hugo Grotius in *De iure belli ac pacis* und *Inleydinge tot de Hollandsche Rechts-geleerdheid* zu Sklaverei sollen hier als Grundlage zur Erarbeitung einer zeitgenössischen normativen Definition dienen. Die oberste Prämisse des Rechtsgelehrten war, dass alle Menschen von Geburt an frei seien. Dennoch verwarf Grotius die Sklaverei nicht völlig und unterschied zum einen zwischen legaler und illegaler und zum anderen zwischen vollkommener (*volkomen slavernij*) und unvollkommener Sklaverei (*min volkomen slavernij*).[34] Was Grotius darunter verstand, wird nun auf den nachfolgenden Seiten erläutert.

Nach dem *ius gentium*, dass insbesondere bei dem Thema Sklaverei auf dem römischen Recht (*corpus iuris civilis*) beruhte, konnte Sklaverei legal sein, auch wenn sie dem Grundsatz des *ius naturale* (Naturrecht) widersprach.[35] Als die Möglichkeiten, nach dem *ius gentium* legal in Sklaverei zu geraten, nennt Grotius Gefangenschaft im Krieg[36], eine Strafe für ein Verbrechen[37], qua Geburt als Kind einer Sklavin[38] oder der Verkauf eines Kindes in die Sklaverei[39]. Personen, die auf einem dieser Wege in die Sklaverei gerieten, waren der vollkommenen Sklaverei (*servitus perfecta/volkomen slavernij*) unterworfen.[40] Grotius erläutert dies so:

»Eine vollkommene Sklaverei ist die, wo für die Ernährung und den anderen Lebensunterhalt alle Arbeit zu leisten ist. Nach der natürlichen Auffassung bedeutet das keine Härte, denn jene dauernde Verbindlichkeit wird durch die dauernde Ernährung ausgeglichen, die oft den Tagelöhnern abgeht.«[41]

---

34   Grotius, De iure belli ac pacis, III., VII., I., § 1. Neben der zentralen Rolle des Naturrechts waren Grotius Darstellungen dennoch von theologischen Interpretationen nicht frei. Michael Becker erläutert die Bedeutung des Protestantismus für die Werke Hugo Grotius und betrachtet dabei explizit *De iure belli ac pacis*. Vgl. Becker, Kriegsrecht, S. 226-279. In der vorliegenden Untersuchung wird auf dieses Themenfeld nicht weiter eingegangen.

35   Grotius, De iure belli ac pacis, III., VII., I., § 2. Grotius bezog sich häufig auf Justinians Institutes, Digesten und den Codex Justinian sowie auf verschiedene Schriften von Stoikern wie Seneca (4 v. Chr. – 65 n. Chr.) oder Marcus Aurelius (121-180 n. Chr.). Cairns, Stoicism, Slavery and Law, S. 197-204, 208.

36   Grotius, De iure belli ac pacis, III., VII., I. § 2. Zu der Frage, was in der Frühen Neuzeit als Krieg angesehen wurde, und zu den entsprechenden Untersuchungen hierzu vgl. Becker, Kriegsrecht, S. 13-17.

37   Grotius, De iure belli ac pacis, II., V., § 32.

38   Ebd., III., V., § 29.

39   Vgl. Cairns, Stoicism, Slavery and Law, S. 200-201. Grotius, De iure belli ac pacis, II., V., § 29.

40   Vgl. Cairns, Stoicism, Slavery and Law, S. 207.

41   Grotius, De iure belli ac pacis, 1950, II., V., § 27,2. Vgl. das Original Grotius, De iure belli ac pacis, 1732, II., V., § 27, 2. »Een volkomen slaverny nu is, wanneer men altoos moet arbeiden voor de kost en levens nooddruft: welke zaak alzoo ingezien zijnde in zijn natuurlijke einden, gansch niets en heeft, dat de straf is; vermits die geduuringe verpligting wederom vergoed

In Bezug auf das Recht gegen Gefangene, die sich in *vollkommener Sklaverei* befanden, führt Grotius aus:

> »[D]ie Wirkungen dieses Rechtes können nicht einzeln aufgezählt werden. Der ältere Seneca sagt deshalb: ›Dem Herrn ist gegen seine Sklaven alles erlaubt.‹ Es gibt kein Leiden, das diesen Sklaven aufzulegen nicht erlaubt wäre; keine Handlung, zu der sie nicht jederzeit genötigt und mit Gewalt gebracht werden könnten; selbst die Mißhandlung ihrer Person ist straflos, soweit nicht die besonderen Gesetzte eines Staates ein Maß für Mißhandlungen und Strafen anordnen. Gaius sagt, ›daß bei allen Völkern der Herr in gleicher Weise über seine Sklaven das Recht über Leben und Tod habe.‹ Dann gibt er die Beschränkungen an, die das römische Gesetz für das römische Gebiet vorgeschrieben hat. Deshalb sagt Donatus bei Terenz: ›Was wäre dem Herrn gegen den Sklaven nicht erlaubt?‹«[42]

Grotius beschreibt die *volkomen slavernij* als totale Institution.[43] Solange der Lebensunterhalt und die Ernährung sichergestellt waren, musste eine versklavte Person *dienstbaar*, also bereit und willig zur Arbeit sein. Sie musste alles erdulden, auch die Tatsache, dass der*die Eigner*in einer vollständig versklavten Person Herr*in über deren Leben und Tod war. Diese*r hatte das Recht, die versklavte Person an eine*n andere*n Besitzer*in auszuleihen oder eine*n Eigner*in zu transferieren. Einhalt oder vielleicht sogar Schutz boten nur »besondere Gesetze eines Staates, die ein Maß für Mißhandlungen und Strafen anordneten«.[44] Der Staat war die In-

---

42 word door de zekerheid van een vast onderhoud, die veeltijds de geenen, die om een dag huur werken, niet en habbn.«

42 Grotius, De iure belli ac pacis, 1950, III., VII., § 3. Vgl. das Original Grotius, De iure belli ac pacis, 1732, III., VII., § 3, in dem es heißt: »Maar de gevolgen van dit regt zijn oneindig; zulks dat Seneka zegt, dat een Heer tegen zijnen slaaf alles doen mag. Daar in is geen lijden zoo hard, dat den niet straffeloos word opgelegd; geen daad zoo zwar, die hen niet op allerlei weizen bevolen word en afgedwongen. Op de wreedheid zelve tegen dienstbaare menschen staat geen straffe, dan in zoo verre als de borgerlijke wet die wreedheid komt te teugelen. By alle volken, zegt Kajus, zien wy, dat de Heeren 't regt van leven en van dood tegen hunne slaaven gehad hebben. Daar na voegt hy er by, dat de Roomsche wet de magt bepaalt heeft, te weten in het Roomsche gebied. Daar toe behoort dan van Donatus over Terentius. Wat is er, dat een Heere niet vry staat tegen zijnen slaaf?«

43 Erving Goffman, Asyle. Über die soziale Situation psychiatrischer Patienten und anderer Insassen, Frankfurt a.M.: Suhrkamp, 1973, S. 13-23. Goffman definiert eine totale Institution als einen Ort bzw. Institution, an dem Menschen in allen Angelegenheiten des Lebens gebunden sind, nach einem vorgegebenen Regelsystem handeln müssen, sie fortwährend beaufsichtigt, kontrolliert und ggf. gestraft werden. Ein freier Zugang zu und Umgang mit der Außenwelt sind nicht möglich. Gewöhnlich werden größere Gruppen von Menschen durch eine geringe Anzahl Aufseher mit Hilfe eines bürokratischen Systems kontrolliert.

44 Grotius, De iure belli ac pacis, 1950, III., VII., § 3. Zur *Dienstbarkeit* bzw. *Servitudes* siehe M. J. de Waal, Servitudes, in: Robert Feenstra, Reinhard Zimmermann (Hg.), Das römisch-holländische Recht. Fortschritte des Zivilrechts im 17. und 18. Jahrhundert (= Schriften zur europäi-

stitution, die Sklaverei und damit auch Bestrafungen von versklavten Menschen durch ihre Besitzer*innen regulieren konnte. Irritierend ist in diesem Zusammenhang, dass Grotius schreibt, es handle sich bei der Sklaverei nicht um eine besondere Härte. Dies mag zum einen damit zusammenhängen, dass Grotius theoretisch über Sklaverei nachdachte. Zum anderen gab es in der Frühen Neuzeit vielfache Formen der Unfreiheit und Abhängigkeit. Gerade während des Achtzigjährigen Krieges (1568-1648) in den Niederlanden kam es zu einer deutlichen Zunahme der Unterversorgung und Verarmung der wenig begüterten Bevölkerungsschichten.[45] Vor diesem Hintergrund ist es denkbar, dass manche Menschen, wie Grotius andeutet, ein Leben in vollkommener Sklaverei attraktiver erschien als Hunger und Obdachlosigkeit. John W. Cairns weist darauf hin, dass Portugal und Spanien bereits seit eineinhalb Jahrhunderten Schwarze Menschen und People of Color in den Kolonien versklavten, was auch in der Republik bekannt war, als Grotius sein Werk verfasste. Cairns ist der Meinung, dass Grotius sich darüber bewusst hätte sein müssen, dass seine Schrift für die Rechtfertigung der kolonialen Form der Sklaverei durch die niederländischen Handelskompanien genutzt werden würde:

> »What Grotius had provided in his De iure belli ac pacis was an ideological support for the institution of slavery that was becoming important to the economies of the maritime colonial powers. It was a support, however, that was not entirely unequivocal because of the influence of Stoic moralizing in his account.«[46]

Zynisch wirkt es, wenn Grotius den antiken griechischen Komödiendichter Eubulos zitiert:

> »Er bleibt bei euch auch ohne Sold,
> Wenn ihr ihn nur beköst'gen wollt.«
> [...]
> »Viele, die entliefen einst dem Herrn,
> Kehrn zum Futtertrog zurück sehr gern.«[47]

Auch bei dem antiken griechischen Stoiker Poseidonios von Rhodos (135-51 v. Chr.) fand Grotius einen Hinweis auf angebliche Vorteile und Annehmlichkeiten, die die Sklaverei zu bieten habe: Er schrieb, »daß viele sich wegen ihrer Körperschwäche

schen Rechts- und Verfassungsgeschichte, Bd. 7), Berlin: Duncker und Humblot, 1992, S. 485-520.

45   Vgl. Hannes Ludyga, Obrigkeitliche Armenfürsorge im deutschen Reich vom Beginn der Frühen Neuzeit bis zum Ende des Dreißigjährigen Krieges (1495-1648). (= Schriften zur Rechtsgeschichte, Bd. 147), Berlin: Duncker und Humblot, 2010, S. 147, 209-225.

46   Cairns, Stoicism, Slavery and Law, S. 201.

47   Grotius, De iure belli ac pacis, 1950, II., V., § 27. Vgl. das Original Grotius, De iure belli ac pacis, 1732, II., V., § 27. »Hy wilde, zonder loon,/haar dienen voor de kost. [...] De slaaf, om vry te zijn, ontliep ter sluik zijn Heer,/Dan, mits hy 't erger von, kwam ongezogt haast weer.«

freiwillig in die Sklaverei begeben hätten, ›damit sie [...] so den nötigen Unterhalt fänden und dafür an Arbeit das leisten, was sie vermöchten‹«.[48] Die Plantagensklaverei und der Dreieckshandel, welche im späten 17. und 18. Jahrhundert durch besondere Brutalität, Grausamkeit, die gewaltigen Dimensionen und die unfassbare Anzahl von etwa 12,5 Millionen verschleppten Menschen für Aufsehen und Erschütterung sorgten, waren zu der Zeit, als Grotius dies schrieb, gerade im Entstehen.[49] Von dieser Form der Sklaverei, die heute unser Bild von Sklaverei prägt, hatten Grotius und die meisten seiner Zeitgenoss*innen vermutlich nur ein unklares Bild und betrachteten es zudem als etwas, das Portugal und Spanien zu verantworten hatten.

Demgegenüber sollte die Form der Sklaverei, die Grotius beschrieb, einen vom Tode bedrohten Menschen vor diesem bewahren. Dass es in einem so starken Abhängigkeits- und Zwangsverhältnis zu Missbrauch und Gewalt vor allem im Zuge der Bestrafung von versklavten Menschen kommen konnte und kam, war Grotius dennoch bewusst, denn er forderte eine gesetzliche Regelung und Begrenzung der Strafpraktiken.

Neben der *volkomen slavernij* nennt Grotius in seinen Ausführungen zum *ius gentium* verschiedene Formen der *min volkomen slavernij* nach dem Naturrecht:

»Neben der vollständigen Sklaverei gibt es auch weniger vollständige Arten, sobald sie nur auf Zeit oder unter Bedingungen oder für bestimmte Verhältnisse eingegangen ist. Dahin gehören die [d] Freigelassenen; die, welchen in einem [e] Testament die Freiheit unter einer gewissen Bedingung zugesichert ist, die welche wegen [f] Schulden freiwillig oder durch [g] Richterspruch ihre Freiheit verloren haben; die [h] Hörigen; die [] siebenjährigen Sklaven bei den Juden und die [†] anderen bis zum Jubeljahr; die Paenester bei den Thessaliern; die, welche man die [i] ›tote Hand‹ nennt, und schließlich alle, die sich gegen [k] Lohn verdingen. Diese Unterschiede bestimmen sich nach dem Gesetz oder nach Verträgen. Auch das Sklavereiverhältnis dessen ist nicht vollständig, von dessen Eltern der eine frei und der andere Sklave ist.«[50]

---

48 Grotius, De iure belli ac pacis, 1950, II., V., § 27.
49 Vgl. www.slavevoyages.org/(27.10.2018).
50 Grotius, De iure belli ac pacis, 1950, II., V., § 30. Vgl. das Original Grotius, De iure belli ac pacis, 1732, II., V., § 30. »Doch buiten de volkomen slavernye, waar van wy nu gesproken hebben, is er een andere, min volkomen, 't zy by den dag, of onder voorwaarden, of tot zaaken die byzonder zijn. Zulk een slaverny is de dienstbaarheid der ᵈ vrylingen, ᵉ vrygestelden, ᶠ verbondenen, ᵍ toegewezenen, ʰ kluit-eigenen: desgelijks de dienstbaarheid van zeven , en negen-en-veertig jaaren † by de Hebreen: van de Penesten by de Thessaliërs, van de geenen, ⁱ die men doode handen noemt, en eindelijk van ᵏ de huurlingen: waar in het onderscheid van de wetten, of de voorwarden afhangt. Ook scheint er natuurlijk een min volkomen slaverny te wezen in eenen, die ten deele van vryen, ten deele van slafschen afkomst is: en dato om reden, die wy boven gemeld hebben.« Die hochgestellten Buchstaben und Zeichen sind in

Wie schon bei der *volkomen slavernij* ist auch bei der hier beschriebenen *min volkomen slavernij*, der unvollkommenen Sklaverei, der Zustand der *dienstbaarheit* genannt. *Dienstbaar*, so wird hier erkennbar, bedeutete nicht nur verfügbar für und willig zu Arbeit zu sein. Es war auch ein Zustand oder eine Bezeichnung, die Grotius für jene Akteur*innen gebrauchte, die er auf die eine oder andere Weise als versklavt betrachtete. Sprachlich wird mit dem Begriff der *dienstbaarheit* daher die Verpflichtung angezeigt, einer Person zu dienen, zur Verfügung bzw. zu Diensten zu stehen und von dieser Person abhängig zu sein.[51] Als in *min volkomen slavernij* stehend werden eine ganze Reihe von Akteur*innengruppen benannt.[52] In der

der Übersetzung von Mohr 1950 nicht übernommen, da Mohr sich an der lateinischen Erstausgabe orientiert hat. Die Markierungen wurden der Autorin* nach der Vorlage der in dieser Studie verwendeten niederländischen kommentierten Übersetzung von *De iure belli ac pacis* eingefügt. Johann Friedrich Gronovius hatte diese Ergänzungen im Zuge seiner Kommentierung des Völkerrechts vorgenommen. Die von Gronovius in den Anmerkungen eingefügten Definitionen, die mit den hier ergänzten Aufzählungszeichen korrespondieren, sind im niederländischen Text, nicht aber in der deutschen Übersetzung enthalten. Sie wurden, da die Definitionen relevant sind, hier wiedergegeben.» Deut XV,12.; † Levit. XX, 39. *Vrylingen*) Die schoon vrygelaten, nochtans iets doen moesten voor haare Heeren. *Vrygestelden*) Die ondere zekere voorwaarde by uiterste wille van de dienstbaarheid ontslagen wierden. *Verbonden*) Te weten voor schuld. Zie daar van Livius 2, 24. en 27. Varro 6, de L.L.82. *Toegewezenen*) Door den Regter. Zie Cicero voor Flakkus 20,2. *de Orat*.63. *Kluit-eigenen*) Landbouwers, die tot het land behooren, en zoo dikwijls dat verkost wierd, van Heer veranderen. *Die men doode handen noemt*) De landluiden of boeren, die vrygelaten wierden op voorwaarde, dat, als ze zonder kinderen kwamen te sterven, alle haare goederen zouden vervallen aan den Heere: doch als zy kinderen nalieten, de Heer dan het beste zoude hebben van alles wat 'er was: maar zoo 'er niets van waarde overbleef, de regterhand van den dooden zoude gegeven worden. Zie de groote Kronijk van Nederland p. 153. Op 't jaar 1123. Bondinus I, *de republica* 5.p. 61 [...] Des. Herald *rer. quotidian*. lib. I, cap. 10. num.13. *p*. 81. *k*) De huurlingen) Onder welke ook behooren, die men in Engeland *Prentises* noemt, en geduuren den tijd van haaren dienst weinig van de slaaven verschillen.«

51   Vgl. zu *dienstbaarheid* das entsprechende Lemma in *Historische Woordenboek: Nederlands en Fries* des Intstituut voor de Nederlandse taal: http://gtb.inl.nl/iWDB/search?actie=article&wdb=WNT&id=M013547&lemma=dienstbaarheid&domein=0&conc=true (30.03.2020).

52   Für einen Abgleich der Begriffe zwischen der hier verwendeten lateinischen Ausgabe, der niederländischen und der deutschen Übersetzung wird hier noch das lateinische Zitat angegeben. Grotii, De ivre belli ac pacis, 1631, II., V, 30. »Praeter perfectam servitutem da qua jam egimus, sunt & imperectae, ut quae aut in diem sint, aut sub conditione, aut ad res certas. Talis est libertorum, statuliberorum, nexorum, addictorum, asscriptorum glebae, septem annorum servitus apud Hebraeos, & altera ad iubilaeum usque: Penestarum apud Thessalos: eorum quos manus mortuas vocant, ac postremo mercanariorum: quae discrimina aut à pactionibus pendent. Imperfecta servitus naturaliter etiam esse videtur ejus qzi altero parente liberae, altero servilis conditionis sit natus, ob eam quam supra diximus causam.« In der oben zitierten niederländischen Übersetzung wurde *libertorum* zu *Vrylingen* (Freigelassenen), *statuliberorum* wurde zu *Vrygestelden* (testamentarisch Freigelassene), *nexorum* wurde als *Verbondenen* (verpflichtet durch Schuld) übersetzt. *Addictorum* wurde mit *Toegewezenen*

niederländischen Übersetzung sind die von Gronovius ergänzten Erläuterungen der Begriffe eingefügt. Sie zeigen, dass Gronovius Grotius' Beschreibungen in *De iure belli ac pacis* direkt mit den niederländischen Begriffen und Rechtspositionen verglichen hat: *Vrylingen* sind Personen, die zwar freigelassen wurden, jedoch noch immer Verpflichtungen gegenüber ihren »Herren« nachkommen mussten. Die *Vry-gestelden* waren jene, die durch ein Versprechen oder ein Testament freikamen. Als *Verbondene* werden die Menschen bezeichnet, die eine Schuld abarbeiten mussten. Diejenigen, die von einem Richter als Strafe zu Zwangsarbeit verurteilt und damit jemandes Aufsicht unterstellt worden waren, werden *Toegewezene* genannt. *Kluit-eigene* sind Hörige, die an das Land eines Territorialfürsten gebunden waren und mit diesem Land auch transferiert werden konnten. *Doode handen*, »tote Hände«, waren vormalige *Kluit-eigenen* (Hörige), die freigelassen worden waren und damit eine spezielle Verpflichtung eingegangen waren. Sie mussten ihrem vormaligen »Herrn« zugestehen, dass dieser im Falle ihres Todes die besten Stücke des Erbes auswählen und beanspruchen konnte, bevor die Kinder der Verstorbenen ihr Erbe antreten durften. *Huurlingen* hingegen waren Personen, die ihre Arbeitskraft vermieteten und die sich, solange ihr Dienst andauerte, kaum von Sklaven unterschieden.[53]

Der Status von Kindern, wie er in diesem Zitat ebenfalls angesprochen wird, hing wesentlich davon ab, welches Recht galt. Denn im dritten Buch von *De iure belli ac pacis* behandelt Grotius Sklaverei in Bezug auf das Kriegsrecht und stellt fest, dass ein Kind, welches geboren wurde, während dessen Mutter sich in Sklaverei befand, den Status der Mutter erbte, womit der Grundsatz des Naturrechts – dass jeder Mensch frei geboren sei – ungültig wurde. Dieser nicht Naturrecht-konforme Zustand wird als *naturaliter* bezeichnet.[54]

Zusammenfassend kann festgehalten werden, dass *min volkomen slavernij* durch verschiedene Faktoren bedingt wurde. Einer dieser Faktoren war die Zeit. *Min volkomen slavernij* war als ein vorübergehender Zustand gedacht. Sie war zudem an konkrete, lokale Verhältnisse und Personen geknüpft und wurde durch Gesetze und Verträge definiert. Sie war grundsätzlich nicht übertragbar. Es konnte aber sein, dass ein Mensch im Status der unvollständigen Sklaverei durch eine Veränderung der Parameter, z.B. das Begehen eines Mordes, in den Status der vollständigen Sklaverei übertrat. Die beschriebenen Formen der unvollständigen Sklaverei waren im frühneuzeitlichen Europa bekannt. Dies zeigt sich an den genannten zeitgenössischen Erläuterungen von Gronovius, die zusammen mit Grotius' Schrift lebhaft

---

(durch einen Richter zu einer Strafe verurteilt) übersetzt. *Asscriptorum glebae* werden als *Kluit-eigenen* (Hörige) bezeichnet. *Eorum quos manus mortuas vocant* wurde als *Die men doode handen noemt* bezeichnet und *postremo mercanariorum* als *huurlingen* (Tagelöhner).

53   Vgl. die von d bis k gegliederten Definitionen in Anm. 50, S. 71.

54   Vgl. Grotius, De iure belli ac pacis, 1950, III., VII., § 2.

rezipiert wurden. Eine Übertragung der Bedeutung von *volkomen* und *min volko-men slavernij* fand also bereits im 17. Jahrhundert durch Gronovius' Kommentare statt und wurde im 18. Jahrhundert durch die starke Rezeption seiner kommen-tierten Ausgabe von *De iure belli ac pacis* gefestigt. Im Heiligen Römischen Reich deutscher Nation entsprachen diese Formen etwa der »Schuldknechtschaft«, ge-richtlich angeordneten Strafen in Arbeits- und Zuchthäusern oder Zwangsarbeit z.B. auf Galeeren. Auch »Hörige« bzw. »Leibeigene« und die Praktik der »toten Hand« waren, ebenso wie »Siebenjährige« (siebenjährige Knechtschaft nach dem jüdischen Recht), auch andernorts in Europa bekannt.

2.1.3.2   Gewohnheitsrecht

Auch in Grotius' *Inleydinge tot de Hollandsche Rechts-geleertheyt*, dem kodifizierten niederländischen Gewohnheitsrecht *(ius proprium)*, findet sich die Grundmaxime des *ius nature*, wonach jeder Mensch qua Geburt frei sei.[55] Das *ius commune* (gemei-nes Recht), bestehend aus *corpus iuris civils* (kodifiziertes römisches Recht) und *ius canonici* (kanonisches Recht), diente als subsidiäres Recht, auf das zurückgegriffen wurde, wenn die bisherige Rechtspraxis des *ius proprium* keine Lösung vorsah.[56] In der *Inleydinge* legte Grotius, anders als in seinem völkerrechtlichen Werk, in dem es häufig um Gefangenschaft, Unfreiheit und Sklaverei ging, den Fokus auf die Freiheit und erläuterte deren verschiedene Abstufungen und Einschränkungen.

> »Die Freiheit gehört zu der Person, sodass diese jene verteidigen und gebrauchen soll. Eine Person kann die Freiheit durch das Begehen einer Straftat verlieren und auf die Galeeren oder in das Zuchthaus verbannt werden. Aber niemand kann bei uns, egal durch welche Handlung, seine Freiheit vollständig verlieren: Doch schon vermag jeder sich zu gewissen Taten zu verpflichten.«[57]

Die Freiheit sei ein unveräußerliches Recht (*onwandelbare zaken*), das zum Körper (*lichaam*) einer Person gehörte und das verteidigt und gebraucht werden sollte.[58] Dennoch konnte diese Freiheit verwirkt oder aufgegeben werden. Zum einen war es in der niederländischen Republik möglich und üblich, dass man sie als Strafe

---

55   Hugo Grotius, Inleydinge, 1767. Zu Aufbau, Bedeutung, zeitgenössischer Rezeption und Ver-
      breitung dieses Werkes vgl. Zimmermann, Römisch-holländisches Recht, S. 29-32.

56   Vgl. Hallebeek, Lijf ende Goedt, S. 152.

57   Grotius, Inleydinge, II., I., § 47. »*De VRYHEYT behoort yeder een mede toe, zulks dat hy die mag
      beschermen ende gebruyken. Yemand kann ook die zelve door misdaet verbeuren, als die tot de Roei-
      schepen, ofte Tugthuyzen werden verbannen. Maer niemand mag by ons door handeling hem zelve
      zyns vryheyts in het geheel weerloos maken: dan wel vermag yeder een hem tot zeekere daden ter
      verbinden.*«

58   Ebd., § 42. »*ONWANDELBARE ZAKEN ZYN, die yemand zoo toebehooren, dat de zelve een ander
      niet en zouden konnen toebehooren*, als een yeder ZYN LEVEN, LICHAEM, VRYHEYT, EER.«

für ein verübtes Delikt verlieren konnte. Grotius erwähnt ausdrücklich Freiheits-
strafen in Arbeits- und Zuchthäusern sowie Verurteilungen zu Zwangsarbeit auf
Galeeren, die in den Niederlanden durchaus üblich waren.[59] Zum anderen war
es möglich, dass »jeder sich zu gewissen Taten« verpflichtete.[60] Grotius geht an
anderer Stelle deutlicher auf diesen Aspekt ein und erklärte im Abschnitt »recht
van toebehooren«, dass in diesem *Recht der Zugehörigkeit* oder des Besitzes die Begriffe *beheering* (Besitz- und Eigentumsrecht über eine Sache) und *inschuld* (in einer
Schuld stehen) unterschieden werden müssten.[61] *Beheering* umfasse das Sachrecht.
Inschuld hingegen umfasse das Recht einer Person, über eine andere Person zu bestimmen.[62] *Inschuld* bedeute, so Grotius, »dass ein Mensch das Recht über einen
anderen hat und einige Dinge oder Taten von diesem genießen darf«.[63] Zudem gab
es die *borge*. Sie war der *inschuld* untergeordnet und gehörte damit ebenfalls dem
recht van toebehooren an. Hierüber ist zu lesen: »Die *Borge* ist eine *inschuld*, bei der
jemand sich für eine andere Person hauptverantwortlich durch eine Zusage oder
Gelöbnis verpflichtet.«[64] Auf *inschuld* und *borge* bezieht sich Grotius, wenn er im
obigen Zitat schreibt: »*Doch schon vermag jeder sich zu gewissen Taten zu verpflichten*«.
Gustaaf van Nifterik geht diesbezüglich davon aus, dass »the ius in personas of a
master is like a personal right to servitude, that can not even be transferred«.[65]
Das Recht über eine Person zu verfügen, wie es in der *Inleydinge* beschrieben ist,
war demnach ein Anrecht auf (lebenslangen) Dienst und auf die Kontrolle über das
Handeln der Person beschränkt. Es war kein totales oder, mit Grotius gesprochen,
volkomen Recht (*servitus vera* bzw. *servitus perfecta*), das ebenfalls das Recht, über Leben und Tod einer anderen Person zu bestimmen oder sie als Eigentum zu transferieren, einschloss.[66] Tatsächlich gestand Grotius nach dem Gewohnheitsrecht das

---

59   Vgl. Grotius, Inleydinge, II., I., § 47.
60   Ebd.
61   Ebd., § 57-59.
62   Ebd., § 59.
63   Grotius, Inleydinge, II., I., § 59. »INSCHULD is het recht van toebehooren dat den eenen
      mensch heeft op den anderen om van hem eenige zake ofte daedt te genieten.« Der Begriff
      »inschuld« wird im Folgenden kursiv gesetzt verwendet, weil es sich um einen relevanten
      juristischen Fachbegriff handelt. Dies gilt auch für Begriffe wie »borge« etc.
64   Ebd., III., III., § 12. »BORGE is een die tot meerder verzekerheyd des inschulds hem zelver
      voor een ander saekweldige door toezegging verbind.«
65   Nifterik, Hugo Grotius on Slavery, S. 240.
66   Grotius weist darauf hin, dass im *ius gentium* Sklaverei eigentlich als Schutz vor dem Tod be-
      griffen wird. Statt getötet zu werden, soll lebenslang gedient werden. So sei *servus* von *servare*
      (bewahren) hergeleitet. Er stellt aber auch fest, dass die Sklav*inneneigner*innen, die ihre
      Sklav*innen töten, in den meisten Ländern straffrei ausgehen. Vgl. Cairns, Stoicism, Slavery,
      and Law, S. 200. Grotius, De iure belli ac pacis, 1732, II., V., § 38. Bezüglich des lebenslangen
      Dienstes vgl. Nifterik, Grotius, S. 242.

Recht über das Leben bzw. den Tod eines anderen Menschen keinem Individuum zu. Keine Person hatte das Recht, mit ihrem Leben für etwas zu bürgen oder sich anderweitig mit dem Leben zu verpflichten. Auch konnte eine Person in ihrer Leiblichkeit nur durch die Ehe an eine andere Person gebunden werden.[67] Es gab also eine ganze Reihe von Sicherheitsmaßnahmen, die es verhindern sollten, dass jemand innerhalb der niederländischen Republik in jenen Zustand geriet, der von Grotius in *De iure belli ac pacis* als *volkomen slavernij* bezeichnet wurde. Hingegen war es möglich, in einen der Zustände zu geraten, die Grotius ebendort als *min volkomen slavernij* bezeichnete und für die Gronovius ergänzende Definitionen gab.[68] Hierzu zählten etwa die schon genannten richterlich verordneten Strafen z.B. im Zucht- und Arbeitshaus oder auf der Galeere. Diese werden in der *Inleydinge* als *inschuld* oder *borge* bezeichnet. Inhaltlich können sie der *min volkomen slavernij* zugeordnet werden. Auch wenn die inhaltliche Übertragung von Grotius' Zeitgenoss*innen bereits vollzogen wurde, wurde die Begrifflichkeit *min volkomen slavernij* im Rahmen des Gewohnheitsrechts nicht genutzt. Hier blieb man bei den von Grotius genannten und von Gronovius definierten Spezifizierungen (*Vrylinge*, *Vrygestelde* etc.) und den Fachtermini *inschuld* und *borge*. Daher ist die hier vorgenommene Übertragung der Begriffe *volkomen* und *min volkomen slavernij* auf die Rechtskonstruktionen im Gewohnheitsrecht ein von mir vorgenommener analytischer Schritt, der dazu dient, offenzulegen, dass die inhaltliche Übertragung der Bedeutung der Begriffe bereits in der Frühen Neuzeit und durch Grotius' Zeitgenoss*innen stattgefunden hat.

Ein weiteres Mal geht Grotius in der *Inleydinge* bei seiner Beschreibung von *Mondigen en Onmondigen* (Mündigen und Unmündigen) auf Formen der *min volkomen slavernij* ein. Er umreißt nun die Praktiken. In *De iure belli ac pacis* nannten Grotius und Gronovius – wie oben gesehen – *Kluit-eigenen*, die an ein Land gebunden waren, *Vrylingen*, die zwar frei waren, aber noch Verpflichtungen gegen ihren »Herrn« oder ihre »Herrin« hatten, *Verbondenen*, die eine Schuld abarbeiten mussten, und die Erbpraktik *doode handen*, bei der der*die »Herr*in« die kostbarsten Anteile des Erbes des *Vrylings* erhielt. In Hinblick auf die *Onmondigen* im Gewohnheitsrecht unterscheidet Grotius zwischen *Eigenen* und *Uneigenen* bzw. *Freien* und *Unfreien*. Es gäbe noch immer einige, die *lyf-diensten* (Fron) leisten müssten, oder jene, die eine Erlaubnis benötigten, um zu heiraten, oder an das Land gebunden seien, auf dem sie lebten. Sie könnten sich jedoch aus diesen Diensten freikaufen. Zudem habe auch der »Herr« dieser *Onvryen* (Unfreien) ein Anrecht auf den kostbarsten Teil des Erbes.

---

67   Vgl. Grotius, Inleydinge, II., I., § 44-46.
68   Vgl. Anm. 50, S. 71.

»Zwischen den ›Mondigen‹ pflegte ein Unterschied zu sein von ›Eigenen‹ und ›Uneigenen‹ oder Freien und Unfreien: Dieser Unterschied war in diesen Landen noch
während der [letzten] dreihundert Jahre bekannt, [...] und wovon noch einige Anzeichen übriggeblieben sind[.] Also sind einige Leute noch ›lyf-diensten‹ schuldig,
auch die Freiheit, um zu heiraten, mit einiger Ehrerbietung abzukaufen[.] [Sie]
müssen auf dem Land wohnen oder dasselbe auch abkaufen [...] und das kost-
barste Pfand nach dem Tod zuerst an den Herrn [abgeben]: Aber neben diesen
besonderen ›geregtigheden‹ werden nun alle Menschen in diesen Landen für frei
gehalten.«[69]

Neben diesen *Unfreien* gab es noch die *Onmondigen* (Unmündigen). Sie bedurften
eines *Voogdes* (Vogt/Vormund), der ihre rechtlichen Angelegenheiten vertrat. Als *onmondig* galten Kinder und Frauen* (außer Witwen*) sowie Menschen mit bestimmten körperlichen oder geistigen Beeinträchtigungen.[70]

Was in der Frühen Neuzeit in den Niederlanden unter Sklaverei verstanden
wurde, ist ein deutlich breiteres Spektrum an Unfreiheiten und Abhängigkeiten
als das, was heute üblicherweise in der Geschichtswissenschaft und der Sklaverei-
Forschung darunter verstanden wird.[71] Grotius *volkomen slavernij* kann problem-
los durch gängige Definitionen von Sklaverei gefasst werden. Die Bandbreite der
min volkomen slavernij geht jedoch über unser heutiges Verständnis von Sklaverei
hinaus. Zwar wird inzwischen davon Abstand genommen, das Eigentumsrecht als
das zentrale Element für die Definition von Sklaverei festzusetzen, doch auch eine
Ausweitung auf den Begriff der *harten Leibeigenschaft* deckt das Spektrum an Unfreiheit und Abhängigkeit, welches bei Grotius unter *min volkomen slavernij* gefasst
wird, nicht in Gänze ab.[72] Aus diesem Grund wird in dieser Studie besonderes Augenmerk auf den frühneuzeitlichen niederländischen Sprachgebrauch und die im
historischen Material beschriebenen Praktiken gelegt.[73] Eine Definition dieser niederländischen Formen von Sklaverei kann, da sie im Verlauf der Studie erarbeitet

---

69 Grotius, Inleydinge, I., IV., § 2. »Tussen de mondigen plag te zyn onderscheyt van eygen ende
    oneygen, ofte vryen ende onvryen: Welk onderscheyt in dezen Landen nog binnen de drie
    hondert jaren is bekent geweest, [...] ende zyn daar van nog eenige teeken over gebleven,
    alzoo zommige luyden nog lyf-diensten schuldig zyn, ook de vryheyt om het huwelyken met
    eenige erkentenisse afkoopen, op 't Landt moeten woonen of 't zelve mede af koopen, [...]
    ende 't kostelykste pandt na de doodt erst op den Heer: Maar buyten deze zonderlinge ger-
    egtigheden werden nu alle menschen in deze landen gehouden als vryen.«
70 Vgl. Grotius, Inleydinge, I., VIII–X.
71 Vgl. in dieser Studie Anm. 14, S. 20.
72 Vgl. Zeuske, Handbuch Geschichte der Sklaverei, S. 206-221. In dieser Studie S. 20, Anm. 14.
73 Vgl. zu dieser Problematik und diesem praxeologischen Zugang Doris Bulach, Juliane Schiel,
    Von der Rente zur Rendite. Nachgedanken zu Sklaverei und Servilität von der Gegenwart bis
    ins Mittelalter. Ein Gespräch mit Ludolf Kuchenbuch, in: Werkstatt Geschichte, 66/67 (2015),
    S. 149-165, insb.: S. 160-161.

werden und neben den Rechtsnormen auch die Praktiken und den frühneuzeitlichen Sprachgebrauch einschließen, erst am Schluss der Untersuchung präsentiert werden.

2.1.3.3   Die Versklavung von Kindern

Da es immer wieder vorkam, dass Kinder von Sklav*inneneigner*innen und Kompaniefunktionären in die Niederlande mitgeführt oder verschleppt wurden, ist es angezeigt, auch auf die rechtliche Situation von Kindern im Kontext von Sklaverei einzugehen. Hierzu wird zuerst die Versklavung von Kindern nach den völkerrechtlichen Ausführungen bei Grotius betrachtet und dann nach der Wirkmächtigkeit dieser Sklaverei in den Niederlanden gefragt.

Grotius konstatierte, dass das Problem der »Kinder[] der Sklaven« besonders schwierig sei:

> »Nach römischem Recht, ebenso wie bezüglich der Gefangenen nach dem Völkerrecht [...] folgt, wie bei dem Vieh, so bei den Sklaven, das Kind der Mutter. Dies ist jedoch nicht natürlichen Rechtes, sobald der Vater ermittelt werden kann. Denn schon bei den Tieren sorgt der Vater ebenso wie die Mutter für die Jungen, und dies zeigt, daß diese beiden gemeinsam gehören. Deshalb würde ohne Bestimmung des Gesetzes das Kind dem Vater wie der Mutter folgen. Wir wollen nur zur Vereinfachung annehmen, daß beide Eltern Sklaven sind, und untersuchen, ob das Kind nach dem Naturrecht auch Sklave ist. Sicherlich können die Eltern, wenn sie keine Mittel für die Erhaltung des Kindes haben, sich mit ihrer späteren Nachkommenschaft in die Sklaverei begeben. Unter solchen Umständen können die Eltern selbst schon geborene Kinder in die Sklaverei verkaufen.
>
> 2. Allein da dieses Recht sich nur aus der Not ableitet, so dürfen sonst die Eltern ihr Kind niemanden als Sklaven überlassen. Deshalb wird das Recht des Herrn auf die Kinder der Sklaven sich in diesem Falle auf die Gewährung des Unterhalts und der Lebensbedürfnisse stützen. Da nun die Ernährung lange währt, ehe ihre Arbeit dem Herrn etwas einbringt, und die spätere Arbeit nur der Lohn für den Unterhalt aus jener Zeit ist, so dürfen die Kinder sich der Sklaverei nicht entziehen, bevor sie nicht wegen ihrer Erziehung und ihres Unterhaltes Entschädigung geleistet haben. Allerdings können sich bei roher Grausamkeit des Herrn selbst die, welche sich in die Sklaverei begeben haben, durch Flucht schützen [...].«[74]

---

74   Grotius, De iure belli ac pacis, 1950, II., V., § 29, 1, 2. 1. Vgl. das Original Grotius, De iure belli ac pacis, 1732, II., V., § 29, 1, 2. »1. Van de geenen, die uit slaaven gebooren worden, is het onderzoek wat moeijelijker. Na 't Roomsche en de Volkeren regt over de gevangenen [...] even gelijk in de beesten alzoo ook in de menschen die slaafs zijn; volgt de vrugt de moeder: 't welk nochtans met het regt der nature niet genoegzaam overeenkomt, wanneer men de vader door eenige tekenen kan ontdekken. Want aangezien in de stomme beesten de vaders niet minder zorgen voor de jongen, als de moeders; zoo blijkt daar uit ten vollen, dat de

Nach Grotius war es also möglich, dass Kinder, je nach Rechtsstatus der Eltern bzw. je nachdem, ob das Völkerrecht oder das Naturrecht wirksam war, bereits von Geburt an oder wegen einer Notsituation durch eine Entscheidung der Eltern auf legalem Wege in die Sklaverei geraten. Die unvollständige Sklaverei von Kindern, die durch eine solche Notsituation bedingt war, war eine situationsgebundene Regelung, die an die Entschädigung für die Kosten von Unterhalt und Erziehung gebunden war und endete, sobald diese beglichen waren. Diese Regelung macht diese Form der Versklavung deckungsgleich mit *inschuld*, wie sie in den Niederlanden praktiziert und von Grotius beschrieben wurde.[75] Das Kind bzw. die junge erwachsene Person musste die Schuld abarbeiten, wenn es bzw. sie die entstandenen Kosten nicht anderweitig zurückzahlen konnte, auch wenn es bzw. sie in die niederländische Republik aus einer Kolonie mitgeführt worden war.[76]

2.1.3.4 Flucht

Grotius ging in seiner Darstellung der Versklavung von Kindern noch auf einen weiteren Aspekt ein, der in der im vorigen Abschnitt zitierten Passage schon auftaucht: die Flucht aus der Sklaverei. Wer eine Schuld abzuarbeiten hatte, konnte sich nur legal durch Flucht entziehen, wenn die Vereinbarung, wonach der*die Eigner*in zum Schutz und zur Versorgung der versklavten Person verpflichtet war, diese durch außerordentliche Gewalt oder Vorenthaltung von Nahrung, Kleidung und Obdach brach.

Versklavte Personen, die aus einer Kolonie geflohen waren und Schutz und Freiheit in der Republik suchten, unterlagen weiterhin dem *ius gentium*. Auf dessen Grundlage konnten die geflohenen Personen als Sklav*innen von ihren Eigen-

---

vrugt haar beide gemeen is: en zoude derhalven, indien de borgerlijke wet hier van gezwegen hadde, de vrugt zoo wel den vader, als de moeder volgen. Laat ons dan stellen, om minder zwarigheid te hebben, das beide d' ouders slaaven zijn, en daar op eens zien, of de vrugt by haar geteelt van gelijken slaafsch wezen zal. Zeker indien d' ouders geen ander middel voor handen hebben, om een kind te voeden, zoo hebben zy magt, om de vrugt, die haar mogt gebooren worden, met en beneffens haar slavernye te brengen: vermits zy ook om die reden de kinderen, die haar in vryheid geboren zijn, wel moeten verkoopen.
2. Maar aangezien dit regt natuurlijk spruit uit den nood, zoo hebben d' ouders daar buiten geen regt, om haare kinderen onder de magt van een ander te geven. Zulks dat het regt der Heeren over een slaafsche vrugt alleen ontstaat uit het voorzorgen van kost en nooddruft: en derhalven konnen zoodanige kinderen, vermits zy langen tijd moeten gevoed worden, eer zy haare Heeren eenigen dienst konnen doen, en naderhand hun arbeid doch vergoed word door onderhoud, den dienst haarer Heeren niet verlaten, ten zy ze de kosten van hun onderhoud ten vollen betalen. Evenwel indien het gebeurt, dat zulke slaaven een gensch wreeden en onmenschelijken Heer hebben, zoo schijnt het, dat zy mogen ontvlugten, alschoon zy haar zelve in slavernye begeven hadden.«

75 Zur Erinnerung, wie Grotius *inschuld* definiert, vgl. Anm. 63, S. 75.
76 Vgl. Nifterik, Grotius, S. 240-241.

tümer*innen zurückverlangt werden. Sie erlangten also nicht die Freiheit, wenn sie republikanischen Boden betraten. Dasselbe galt für versklavte Personen, die im Auftrag ihres*ihrer Eigner*in oder Besitzer*in bestimmte Aufträge in den Niederlanden zu erledigen hatten und danach in der Kolonie zurückerwartet wurden. Auch versklavte Personen, die ihre*n Eigner*in für einen begrenzten Zeitraum, gegebenenfalls auch für längere Zeit in die Niederlande begleiteten, um dort weiterhin als Sklav*innen im Dienst zu stehen, wurden nicht frei. Denn nach dem Prinzip der *comitas* oder *welwillendheid* bzw. *secundum legem loci* bleiben sie weiterhin an das Recht gebunden, das an dem Ort gültig war, an dem sie zuvor gelebt hatten.[77]

Die Betrachtung von *De iure belli ac pacis* und *Inleydinge tot de Hollandsche Rechtsgeleerdheyd* hat gezeigt, dass es sowohl auf der Ebene der theoretischen Rechtskonstruktion im Völkerrecht als auch in dem aus den niederländischen Rechtspraktiken hervorgegangenen Gewohnheitsrecht verschiedene Formen von Sklaverei in den niederländischen Kolonien und in der niederländischen Republik gab und dass zumindest während des Studiums der Jurisprudenz eine Auseinandersetzung mit diesem Gegenstand stattgefunden haben musste. Eine differenzierte Betrachtung des Themas durch die Zeitgenoss*innen war nötig, da sich Begrifflichkeiten überlagerten und Uneindeutigkeiten nicht vollständig ausgeräumt werden konnten.

2.1.3.5   Free-Soil Principle

In den bisherigen Erläuterungen wurde erörtert, inwiefern es aus juristischer Perspektive möglich war, Formen der Sklaverei aus den niederländischen Kolonien in die Republik zu transferieren. Bevor mit dem *Plakaat 1776* im letzten Drittel des 18. Jahrhunderts ein Sklavereigesetz in der Republik in Kraft trat, gab es kein allgemeingültiges Gesetz im niederländischen Gewohnheitsrecht, das Sklaverei definiert oder verboten hätte. Neben diesem Defizit an Definition und Rechtsbasis gestattete zudem wie gesagt das Rechtsprinzip *comitas*, das Recht aus einer niederländischen Kolonie in die Republik zu transferieren. In der Republik selbst waren mit der *inschuld*, der *borge* und der *onmondigkeit* Rechtsinstitutionen vorhanden, an welche koloniale Sklaverei theoretisch wie praktisch andocken konnte. *Inschuld* und *borge* machten es möglich, dass Menschen als *Vrylingen, Vrygestelde, Verbondenen, Kluit-eigenen, doode-handen* oder eben *Huurlingen* in einer der von Grotius definierten Formen der *min volkomen slavernij* lebten.[78] Trotz dieser Fülle von Formen der

---

77   Vgl. Hallebeek, Lijf ende Goedt, S. 152. Hallebeek erläutert das Prinzip der *comitas* und verwendet die niederländische Begrifflichkeit *wellwillenheid* synonym. In einem Dokument der *Sociëteit van Suriname*, auf das im Verlauf der Arbeit noch vertieft eingegangen wird, wird derselbe Sachverhalt, den Hallebeck als *comitas* bezeichnet, *secundum legem loci* genannt. Vgl. NA, 1.05.03, 65, 7. Juli 1775, S. 184.

78   Vgl. für die Definitionen der Begriffe Anm. 50, S. 71.

(unvollständigen) Sklaverei ist bis heute die Idee weit verbreitet, dass es aufgrund des *free-soil principle* während der Frühen Neuzeit keinerlei Sklaverei in der Republik gegeben habe.[79] Daher ist zunächst die Frage zu klären: Hat dieses Prinzip überhaupt eine rechtshistorische Basis?

In der Einleitung wurden das *free-soil principle* im Zusammenhang mit dem *Plakaat van Verlatinge* und die darin enthaltene demonstrative Ablehnung der Sklaverei, mit welcher der spanische Herrschaftsanspruch zurückgewiesen werden sollte, bereits angeschnitten.[80] Die utopische Idee der Freiheit, die dieses *plakaat* transportierte, führte aber nicht dazu, dass es klar formulierte Anti-Sklavereigesetze im republikanischen Rechtssystem gegeben hätte. Sklaverei als solche wird von Grotius in der *Inleydinge* weitestgehend ausgeklammert. Im Gegensatz zu den Begriffen *volkomen* und *min volkomen slavernij* finden der Entzug der Freiheit oder freiheitlicher Privilegien aufgrund von *inschuld, borge* oder als Strafe für ein Vergehen oder Verbrechen im Gewohnheitsrecht Erwähnung. Grotius war umfassend über legale und illegale Formen von Sklaverei informiert und hat diese in *De iure belli ac pacis* beschrieben. Eine Scheu, Sklaverei in der Form von Rechtsnormen zu verhandeln, kann daher als Grund für jenes Ausklammern ausgeschlossen werden.

Der Rechtshistoriker Bastiaan van der Velden geht davon aus, dass es in Nordeuropa um 1500 zu einer Abkehr von der Sklaverei als Rechtsinstitution kam.[81] Auf der Ebene der bloßen Bezeichnung mag er damit Recht haben – so wird auch im vorliegenden historischen Material in Bezug auf die niederländische Republik nur in wenigen Einzelfällen tatsächlich von Sklav*innen gesprochen. Wohingegen ein Blick auf die Logiken und Normen des Rechts zeigt, dass es durchaus Möglichkeiten gab, den Status der Sklaverei in die Republik zu transferieren und dort beizubehalten.

Es gab jedoch auch konkrete rechtliche Argumentationen gegen Sklaverei, allerdings waren diese lokal begrenzt. Von besonderer Bedeutung ist hierbei das Stadtrecht von Antwerpen von 1288, dass anderen Städten als Vorbild diente.[82] In ihm wird direkt Bezug genommen auf Sklaverei, die im Herrschaftsbereich der

---

79   Für einen allgemeinen Überblick über das Phänomen *free-soil principle* vgl. Sue Peabody, Keila Grinberg (Hg.), Free Soil, in: Slavery & Abolition, 32 (2011) 3.

80   Vgl. NA, Regeringsarchieven Geünieerde Provinciën I, Toeg.nr. 1.01.01.01, Inv. 254G. Im Sommer 2018 war Beispielsweise eine Ausstellung zum *Plakaat van Verlatinge* im Nationaal Archiv Den Haag zu besichtigen. Eine Internetpräsenz mit entsprechenden Inhalten ist ebenfalls vorhanden: https://www.nationaalarchief.nl/beleven/onderwijs/bronnenbox/plakkaat-van-verlatinge-1581 (31.03.2020).

81   Velden, Ik lach met Grotius, S. 181.

82   Im Verlauf der Studie wird immer wieder ganz konkret auf die Wirkmacht von lokalen Anti-Sklavereigesetzen eingegangen.

Stadt verboten wurde.[83] Auch bei Grotius ist diese Bezugnahme in den Anmerkungen zu finden.[84] Der Rechtsgelehrte äußert zudem in *De iure belli ac pacis* über die Anerkennung der Freiheit von Sklav*innen beim Betreten von französischem Boden die Vermutung, dass es eine adaptierte Praxis aus dem jüdischen Recht sei.

> »[...] wonach die den französischen Boden betretenden Sklaven ihre Freiheit beanspruchen können, obgleich dieses Recht jetzt nicht bloß den Kriegsgefangenen, sondern jeder Art von Sklaven eingeräumt wird.«[85]

Grotius führt diesen Aspekt in *De iure belli ac pacis* nicht weiter aus und geht auch nicht darauf ein, inwiefern diese Praktik in der Republik zur Anwendung kam.[86] Dies ist die einzige Stelle in seinen Schriften zum Gewohnheitsrecht und zum Völkerrecht, in der Grotius dem Ursprung des *free-soil principle* auf den Grund zu gehen versucht.

Das Beispiel des *Plakaat van Verlatinge* zeigt, dass die Emanzipation von der Sklaverei für politische Zwecke instrumentalisiert werden konnte und wurde. Die Wirkmacht des *free-soil principle* auf ideologische und politische Ideen übertrifft jene auf reale rechtliche Normen oder gar die Bedeutung des Prinzips für die Abschaffung der Institution Sklaverei in der Republik bei Weitem. Die Frage nach der Wirkmacht des *free-soil principle* wird im weiteren Verlauf der Studie im Zug der Betrachtung der Praktiken der Versklavung erneut aufgegriffen werden.

2.1.3.6   Moralphilosophische und rassifizierende Rechtfertigungen der Sklaverei

Ein weiterer Aspekt, der bei der Betrachtung der Strukturen und Praktiken der Sklaverei einbezogen werden sollte, ist der der Rechtfertigung der Versklavung. Elemente der rechtfertigenden Narrationen wurden im Verlauf der Jahrhunderte immer wieder aufgegriffen und an die gesellschaftlichen Verhältnisse angepasst.

---

83   Grotius, Inleydinge, I., IV., § 2, Anm. C. »Costum. Van Antwerpen tit. 36. Art 2. Handtvest by Graaf Floris aan Monikendam gegeven in den jare 1288. Groeneweg. Dict. Tit. De jure person.« Leider wird an dieser Stelle nur Bezug auf das Gesetz genommen, es wird aber nicht im direkten Wortlaut wiedergegeben. Grotius verweist hier auch auf den Rechtsgelehrten Groeneweg, der ebenfalls auf das Stadtrecht von Antwerpen Bezug genommen haben soll.

84   Vgl. ebd.

85   Grotius, De iure bellis ac pacis, 1732, III., VII., § 8. Übersetzung: Grotius, De iure bellis ac pacis, 1950, III., VII., § 8. In Anm. 18 der Ausgabe von 1732 wird ausgeführt, dass sich Grotius hier auf das 5. Buch Moses XXIII, 15 bezieht. »Alzoo was by de Hebreen, door Byzondere wetten, van de gemeenschap van andere volkeren als afgescheiden voor de slaaven en vrye toevlugt, namelijk voor de geenen, gelijk de verklaarders zeer wel-zeggen, die buiten hunne schuld tot dat omgeval gekomen waren: uit welke reden misschien ontstaan is, dat de slaaven, zoo haast ze op den bodem der Franken komen, hunne vryheid mogen eisschen.«

86   Erst 1791 wurde in Frankreich ein Gesetz erlassen, dass dem *free-soil principle* entsprach. Vgl. ebd.

Zentral waren hierbei vermeintliche Antworten auf die Fragen, wer von wem versklavt werden durfte und weshalb. Nachfolgend wird ein kurzer Überblick über die prägendsten Narrationen in Hinblick auf Rechtfertigungen der kolonialen Sklaverei skizziert, indem einige Autoren*, deren Narrationen und die Rezeption derselben beispielhaft betrachtet werden.

Die ideologische Rechtfertigung der kolonialen Sklaverei hat, wie auch das Sklavenrecht des *ius gentium*, ihren Ursprung in der Antike.[87] Elisabeth Herrmann-Otto hat diese Traditionslinie aus rechtshistorischer und moralphilosophischer Perspektive nachgezeichnet:[88] Der griechische Philosoph Platon (428/427-348/347 v. Chr.) sah die Institution der Sklaverei zwar nicht als mit dem Naturrecht übereinstimmend an, dennoch war er überzeugt, dass Sklaverei notwendig

---

87   Bei dem Begriff Ideologie beziehe ich mich auf die Definition von Tommie Shelby, der am Department of African and African American Studies und am Department of Philosophy an der Harvard University lehrt. Shelby hat einige der bekanntesten Ideologiedefinitionen systematisch ausgewertet und ist zu dem Fazit gekommen: »The particular beliefs we are interested in can be understood as any subset of the beliefs of the members of an historical era, geographical region, society, social strata, or social group that has the following features: a. The beliefs in the subset are widely shared by members in the relevant group; and within the group, and sometimes outside it, the beliefs are generally known to be widely held. b. The beliefs form, or are derived from, a prima facie coherent system of thought, which can be descriptive and/or normative. c. The beliefs are a part of, or shape, the general outlook and self-conception of many in the relevant group. d. The beliefs have a significant impact on social action and social institutions.« »The conception of ideology might be summarized this way: A form of social consciousness is an ideology if and only if (i) its discursive content is epistemically defective, that is, distorted by illusions; (ii) through these illusions it functions to establish or reinforce social relations of oppression«. Tommie Shelby, Ideology, Racism and Critical Social Theory, in: The Philosophical Forum 34 (2003) 2, S. 153-188, hier: S. 158-159, 183-184, https://www.tommieshelby.com/uploads/4/5/1/0/45107805/ideology_and_racism.pdf (01.03.2021). Ich danke Arno Netzbandt von der Freien Universität Berlin für den Hinweis auf Shelbys Forschung.

88   Hier und im folgenden Elisabeth Herrmann-Otto, Sklaverei und Freilassung in der griechisch-römischen Welt, Hildesheim u.a.: Georg Olms, 2009, S. 16-34. Aus literaturwissenschaftlicher Perspektive nähert sich Heinz Hofmann, Die Geburt Amerikas aus dem Geist der Antike, in: International Journal of the Classical Tradition 1 (1995) 4, S. 15-47, hier: S. 32. Hier ist u.a. zu lesen: »Zum zweiten steht hier die Diskussion über die Rechtmäßigkeit der spanischen Eroberungen im Hintergrund, die im 16. Jahrhundert mit großer Vehemenz und mit Argumenten geführt wurde, die man antiken Autoren entlehnte, vor allem Aristoteles, Cicero, Ambrosius, Augustin und Isidor von Sevilla. Hauptpunkte dieser Diskussion waren die Frage des Status der Bevölkerung der neu entdeckten Länder und Inseln: Sie wurden als Barbaren betrachtet, so wie für die Griechen und später die Römer alle anderen Völker Barbaren waren. Meistens standen sie kulturell auf einer weit niedrigeren, primitiveren Stufe der Zivilisation als Griechen und Römer oder galten den Christen als Barbaren, weil sie Heiden waren. Um sie unterwerfen und christianisieren zu können, waren daher Rechtstitel nötig, die es erlaubten, einen gerechten Krieg gegen sie zu führen«, www.jstor.org/stable/30221862 (07.03.2021).

sei. Sklav*inneneigner*innen sollten sich gegenüber den von ihnen versklavten Menschen tugendhaft verhalten, d.h. weder *hybris* (Überheblichkeit) noch *adikia* (Ungerechtigkeit) zeigen. Er verglich versklavte Menschen mit Tieren, die einen Hirten benötigten, da sie wie die Tiere nicht dazu fähig seien, vorausschauend zu denken. Ebenfalls mentale und teils auch physische Mängel glaubte Platons Schüler Aristoteles (384-322 v. Chr.) bei Sklav*innen erkannt zu haben. Er vertrat das Konzept eines *physei doulos*, eines »Sklaven von Natur«, denn es gebe »Menschen, die unter allen Umständen Sklaven sind, und solche, die es niemals sind«.[89] Insbesondere *Barbar*innen*, also Nicht-Griech*innen, könnten versklavt werden.[90] Dies sei rechtens von Gesetz, ein Segen für die versklavten Menschen, weil diese ohne Führung weder mit ihrem Körper noch mit ihrem Leben zurechtkämen. Wie Plato bemühte auch Aristoteles einen Tiervergleich, mittels dessen er zu erklären versuchte, dass versklavte Menschen von ihren Leidenschaften und nicht von ihrem Geist regiert würden. Gleichzeitig war er überzeugt, dass versklavte Menschen weniger Vernunft als Kinder besäßen und daher einen tugendhaften Herrn bräuchten, der ihnen Zucht und Fleiß beibrächte. Der »Sklave von Natur«, so Aristoteles nach Herrmann-Otto, sei minderwertig, verkrüppelt, er habe eine verderbte Natur, sei ontologisch unvollständig. Damit sei er eine Art »Untermensch«, der dem Tier näherstünde als dem Menschen. Insofern es sich bei den »natürlichen Sklaven« um Nicht-Griech*innen, also die »Anderen« handelte, kann »natürliche Sklaverei« bei Aristoteles als »rassisch« begründet angesehen werden.[91] Rainer Walz bezeichnet diese antiken Argumentationen

---

89   Herrmann-Otto, Sklaverei und Freilassung, S. 19. Es scheint, als würden die verschiedenen Übersetzungen hier leicht unterschiedliche Formulierungen mit sich bringen. So ist in Aristoteles, Politik (= Philosophische Schriften in sechs Bänden, Bd. 4), übers. v. Eugen Rolfes, Hamburg: Meiner, 1995, S. 12 (1255a17) zu lesen: »Kriege können ja nun ungerecht angefangen werden, und wer es nicht verdient, Sklave zu sein, den wird man mit nichten als einen Sklaven ansprechen. Sonst könnten Männer aus anerkannt edelstem Stamme Sklaven und Abkömmlinge von Sklaven sein, wenn sie zufällig zu Gefangenen gemacht und verkauft würden. Demnach wollen sie denn solche nicht als Sklaven bezeichnen, sondern nur die Barbaren. Aber, wenn sie so sprechen, so heißt das nur den Begriff des Sklaven von Natur suchen, denselben nämlich, den wir von vorherein aufgestellt haben. *Denn man muß sagen, daß es Menschen gibt, von denen die einen überall Sklaven sind, die anderen nirgends.*« Um die inhaltliche Übereinstimmung zu verifizieren, wird an dieser Stelle der Kotext des Zitats ebenfalls wiedergegeben. Das eigentliche Zitat ist zur Orientierung kursiv gesetzt. Ich danke Lea Fink für den Hinweis auf die Abweichungen in den Übersetzungen.

90   Vgl. Herrmann-Otto, Sklaverei und Freilassung, S. 19. Zum Stereotyp des *Barbaren* vgl. auch Wulf D. Hund, Negative Vergesellschaftung. Die Dimensionen der Rassismusanalyse, 2. Aufl., Münster: Westfälisches Dampfboot, 2014, S. 19-22.

91   Herrmann-Otto, Sklaverei und Freilassung, S. 21.

zur Rechtfertigung der Sklaverei daher als »gentilen Rassismus«.[92] Dieser beruht auf der kollektivierenden Zuschreibung angeblich mangelhafter Eigenschaften gegenüber einer bestimmten ethnischen Gruppe.

Auch bei den antiken Christ*innen kann Herrmann-Otto Rechtfertigungen für Sklaverei aufzeigen. Einen starken Einfluss auf die Kirchenväter, insbesondere Augustinus (354-430 n. Chr.), dem Bischof von Hippo in Nordafrika, hatte der jüdische Philosoph Philo von Alexandrien (ca. 15 v. Chr-40 n. Chr.). Philo führte aus, dass es neben einer moralisch oder physisch bedingten Sklaverei auch jene gebe, die »von Geburt her vorherbestimmt ist, wie etwa die [im Alten Testament beschriebene] Unterordnung des Esau unter seinen jüngeren Bruder Jakob (Gen. 25,23)«.[93] In die spätere christliche Narration der Kirchenväter gingen folgende Elemente aus Philos Theorie ein:

> »1. Die körperliche Sklaverei ist die real bestehende, die aber dem sittlich Guten nichts anhaben kann.
>
> 2. Die moralische Sklaverei ist die eigentlich wahre Sklaverei, die man in sich entweder bekämpfen kann, oder, wenn man von Geburt her sittlich verderbt und dumm ist, mündet sie in die körperliche Sklaverei, die von Gott in diesem Falle gewollt ist.
>
> 3. Esau als Exponent des Sklaven von Geburt, und Kanaan, der wegen eines Frevels seines Vaters Ham von Noah Verfluchte, sind zu Prototypen der auf Grund körperlicher, geistiger und moralischer Minderwertigkeit versklavten Fremden geworden, die zu Recht und nach göttlichem Schöpfungsplan zur Sklaverei bestimmt sind. Die Verbindung zwischen Sklaven und Nicht-Juden ist hier zumindest angedacht.«[94]

---

92   Vgl. Walz, Der vormoderne Antisemitismus, S. 272-273. Es ist an dieser Stelle zu betonen, dass die Vorstellung vom vererbbaren Mangel einer bestimmten ethnischen Gruppe, mit der die Versklavung qua Geburt gerechtfertigt wurde, eine ideologische und keine rechtsphilosophische Narration ist. Naturrechtler wie Grotius oder auch Pufendorf lehnten eine Versklavung durch Geburt ab. In ihren Ausführungen zum Sklavenrecht, wurde jeder Mensch als von Geburt an frei angesehen. Es gibt an dieser Stelle also eine Diskrepanz in der Vereinbarkeit. Diese wurde etwa umgangen, in dem eine Toleranz von Versklavung qua Geburt als »naturaliter« im Rechtssystem etabliert wurde. Auch nutzte man antikes Sklavenrecht in den Kolonien, wonach die Versklavung des Kindes als Frucht der Mutter über den Körper der Mutter gestattet wurde. Vgl. die Ausführungen hierzu in Abschnitt 2.1.3.1 *Völkerrecht*.

93   Herrmann-Otto, Sklaverei und Freilassung, S, 30 »Gott sagt zu Rebekka: Zwei Nationen sind in deinem Leib, und zwei getrennte Völker werden aus dir hervorgehen, und ein Volk wird über das andere herrschen, und das ältere wird dem jüngeren dienen (Gen. 25,23). Denn es ist Gottes Ratschluss, dass das, was niedrig und töricht ist, von Natur her Sklave ist, und das, was einen guten Charakter hat und Verstand und Vernunft besetzt, Leiter (*hegemon*) ist und frei.«

94   Vgl. ebd., S, 31. Weitere Informationen über die biblische Erzählung der Verfluchung Hams durch Noah findet sich u.a. in Wulf D. Hand, Rassismus: die soziale Konstruktion natürlicher

Die biblische Erzählung des Abstammungsmythos von Ham, Sem und Jafet, den Söhnen Noahs, kann folgendermaßen zusammengefasst werden: Ham gilt als der Stammvater Afrikas und später auch als Stammvater der *Neuen Welt* und Teilen Asiens. Sem sollte der Stammvater Asiens sein. Jafet hingegen besiedelte mit seinen Nachkommen Europa. Sem erscheint in dieser Erzählung als der Urvater der *Semiten*, die durch die Kreuzigung Jesu die *Erbsünde* auf sich geladen haben sollen. Ham bzw. seine Nachkommen wurden, nachdem er über die Blöße des betrunkenen Noah gespottet hatte, von diesem verflucht und zu ewiger Knechtschaft verdammt. Hautfarben haben im Alten Testament noch keine Bedeutung.[95]

Augustinus wiederum ergänzte den bestehenden antiken Pool aus Rechtfertigungsnarrationen um die Erzählung von der Erbsünde, also Adams und Evas Sündenfall, und verknüpfte diese zugleich mit Aristoteles' Theorie von der »natürlichen Sklaverei«: »Alle diejenigen, die die wahre Erkenntnis des Christentums nicht haben, sind der göttlichen Vorsehung zufolge Sklaven von Natur, so die Juden und die Heiden, die gerechterweise der Herrschaft der Römer unterworfen sind.«[96] Wer ungerecht versklavt wurde, der sollte dies im Sinne der stoischen Philosophie erdulden.

Der Bischof Isidor von Sevilla (560-636 n. Chr.) griff sowohl die Narration der *Erbsünde* bei Augustinus wie auch die der Verfluchung Hams auf. Eines der verfluchten Kinder Hams ist Chus. Der Geistliche erklärte ausdrücklich und nach genealogischer Logik Chus zum Stammvater der »Äthiopier«. Wulf D. Hund schreibt,

> Isidor von Sevilla »stellt damit eine Verbindung von Knechtschaft und schwarzer Haut her, die ihre rassistische Virulenz erst an anderer Stelle entfalten sollte. In arabisch-muslimischer Interpretation wird sie schon bald zur Legitimation der Versklavung afrikanischer Völker dienen. Weil es mit dieser Frage noch nicht massiv konfrontiert ist, wird das Christentum ihre Möglichkeiten erst deutlich später ausschöpfen.«[97]

Jafet hingegen, der in der Erzählung über Hams Verfluchung die Europäer*innen repräsentiert, bleibt in ihr ohne negative Zuschreibungen. Aus dieser Narration wurde im Christentum eine sehr bekannte und weit verbreitete Rechtfertigung der

---

Ungleichheit, Münster: Westfälisches Dampfboot, 1999, S, 27-28, Hering Torres, Rassismus in der Vormoderne, S, 183-184, 225-227. Mosely, »Race«, S, 81-90. Atkin, Race, Definition, and Science, S, 135-138. Jorge J. E. Garcia, Race and Ethnicity, in: Naomi Zack (Hg.), The Oxford Handbook of Philosophy and Race, Oxford: University Press, 2017, S, 180-190. David M. Whitford, The Curse of Ham in the Early Modern Era: The Bible and the Justification for Slavery (St. Andrews Studies in Reformation History), Farnham: Ashgate Publishing Limited, 2009.

95   Vgl. Hund, Negative Vergesellschaftung, S. 20-21.
96   Vgl. Herrmann-Otto, Sklaverei und Freilassung, S. 31-32.
97   Hund, Rassismus, S. 27-28.

Versklavung Schwarzer Menschen und People of Color wie auch der Verfolgung von Jüd*innen und anti-jüdischer Pogrome gesponnen.[98]

Die Rezeption antiker Sklaverei-Theorien erfolgte vor allem im wissenschaftlichen und im politischen Diskurs. In Ländern, in denen Sklaverei existierte und Kolonialpolitik und Sklavenhandel dominant waren, verschwimmt mitunter die Rezeption in den Bereichen Wissenschaft und Politik, weshalb sie nicht immer sauber voneinander zu trennen sind.[99]

Dieses ineinanderfließen der Rezeptionsdiskurse der antiken Sklaverei-Theorien in den Feldern Wissenschaft und Politik trifft auch auf die niederländische Republik und ihre Kolonien zu. Eines der ersten frühneuzeitlichen Werke, das sich mit antiken Sklaverei-Theorien auseinandersetzte, war *De operis servorum liber* (Über die Tätigkeiten der Sklaven) von Titus Pompa, das 1608 im niederländischen Leiden erschien.[100] Im naturrechtlichen Diskurs des 17. Jahrhunderts wurde mit der Selbstversklavung auch ein Thema aktuell, das für die römischen Juristen der Antike irrelevant gewesen war, weil sie die angeborene Freiheit als unveräußerlich ansahen – dem widersprachen nun die Naturrechtler der Frühen Neuzeit. Herrmann-Otto erläutert, dass Autoren* wie Francisco Suáres, Hugo Grotius, Thomas Hobbes und Samuel von Pufendorf die Sklaverei als eine vom Menschen geschaffene Institution ansahen. Vor diesem Hintergrund erkannten sie »die Selbstversklavung unter naturrechtlichem Aspekt als einwandfrei an, wenn sie auf vertraglicher Basis beruhte. Der Sklave wurde dadurch zum ewigen Lohnarbeiter (*mercennarius perensis*)«, die Freiheit somit zu einem veräußerlichen Gut.[101] Dass dieser Aspekt der Interpretation tatsächlich in der von Herrmann-Otto dargelegten Weise wahrgenommen wurde, zeigt die ergänzende Anmerkung von Johann Friedrich Gronovius zu Grotius' Ausführungen, der Lohnarbeit im Feld der *min volkomen slavernij* verortete.[102]

Die antiken moralphilosophischen Darlegungen zur Rechtfertigung der Sklaverei, insbesondere die immer wiederkehrende Narration, nach der vermeintliche physische und/oder geistige Mängel die Versklavung bestimmter Menschen legitimierte, wurde in den niederländischen Kolonien zusammen mit dem antiken Sklavenrecht rezipiert. Auf dieser Grundlage wurde eine neue Narration entwickelt, die mit frühneuzeitlichen Elementen angereichert und so zu einer rassistischen Ideologie transformiert wurde. Im Zuge dessen wurde eine nicht-*weiße* Hautfarbe

---

98 Vgl. Hering Torres, Rassismus in der Vormoderne, S. 183-184, 225-227. Mosely, Race, S. 81-90. Atkin, Race, Definition, and Science, S. 135-138. Garcia, Race and Ethnicity, S. 180-190. Withford, The Curse, S. 105-176.

99 Herrmann-Otto, Sklaverei und Freilassung, S. 34.

100 Vgl. Herrmann-Otto, Sklaverei und Freilassung, S. 35.

101 Ebd., S. 36.

102 Grotius, De iure belli ac pacis, 1732, II, V, 30. Vgl. 2.1.3.1 *Völkerrrecht*, S. 48-49, Anm. 50, S. 71.

zu einem Symbol für Unfreiheit und Versklavung. Im Rahmen dieser Hierarchie menschlicher Hautfarben wurden Schwarze Menschen und People of Color als besonders mangelhaft angesehen, weshalb es Kolonist*innen als legitim galt, sie der Herrschaft der vermeintlich *vernünftigen* und *tugendhaften weißen* Europäer*innen zu unterwerfen. Der vorgestellte Makel wurde nun nicht länger Mitgliedern einer ethnischen Gruppe zugeschrieben, sondern an eine sichtbare, vererbbare körperliche Eigenschaft gebunden, die Hautfarbe. Somit waren menschliche Hautfarben nicht länger neutrale und natürliche Erscheinungen, sondern politisch und moralisch aufgeladene Symbole. Die Kopplung an den Tugenddiskurs, der aufgrund des Pietismus im 18. Jahrhundert in den Niederlanden sehr prominent war, ist eine weitere Anreicherung der ursprünglich antiken Mangel-Narration. Diese narrative, moralphilosophische und rassifizierende Unterfütterung der Versklavung Schwarzer Menschen und People of Color wird im Folgenden aufgegriffen und mit konkreten Quellenbezügen in Verbindung gesetzt.

2.2   Tradierte Auseinandersetzungen mit Sklaverei im praktizierten Recht der sieben vereinigten Provinzen

Zur Rechtspraxis in den Niederlanden vor 1776 liegen bisher nur bruchstückhafte Erkenntnisse in der Forschung vor, daher werden im Folgenden die bisher bekannten Fälle in chronologischer Folge vorgestellt, um darauf aufbauend die verschiedenen Rechtspraktiken und Normen analysieren zu können. Dieser Mangel an Wissen über die Rechtspraxis in Bezug auf Sklaverei bedeutet auch, dass wir über die reale Präsenz der versklavten Menschen in den frühneuzeitlichen Niederlanden bisher kaum etwas wissen. Verschiedene historische Ereignisse, insbesondere einige aktenkundige Gerichtsfälle, sowie eine zeitgenössische Publikation des Verlegers Ian Hindricks geben Einblicke in ihr Leben sowie in Rechtskonflikte, in die sie verwickelt waren.

1596 erreichten ca. 100 Schwarze Frauen*, Kinder und Männer* Middelburg in Zeeland. Sie waren an Bord eines portugiesischen Sklavenschiffes, als dieses von niederländischen Kaperfahrern vor der Küste von Guinea aufgebracht und in den niederländischen Hafen geschleppt wurde. Der Bürgermeister von Middelburg Adriaen Hendricxssen stellte am 15. November 1596 fest, dass diese Menschen, er nannte sie »Mooren«, nicht verkauft oder als Eigentum beansprucht werden durften, weil sie Christ*innen seien und deshalb in ihre *frye liberteyt* entlassen werden müssten.[103] Zudem sollte ein *kijkdag*, ein Besichtigungstag für die lokale Bevölkerung und potentielle Arbeitgeber*innen stattfinden, an dem die Verschleppten be-

---

103   Dienke Hondius, Afrikanen in Zeeland, Moren in Middelburg, in: Zeeland, 14 (2005) 1, S. 13-24, hier: 14-15.

trachtet werden konnten und ihre Freiheit erlangen sollten, um eine Arbeit annehmen zu können.[104] Umstritten ist, ob dieser *kijkdag* stattfand: Dienke Hondius geht davon aus und hält es auch für möglich, dass einige der Menschen von Bord des aufgebrachten portugiesischen Schiffs eine Anstellung in Zeeland fanden.[105] Karwan Fatah-Black betont hingegen, dass es keine Spuren von diesen Menschen im Archiv von Middelburg gibt.[106] Einig sind sich beide hingegen darin, dass der Kapitän des Schiffs, wie Hondius rekonstruieren konnte, die Entscheidung des Bürgermeisters von Middelburg nicht hinnahm und zwei Anfragen an die *Staten-Generaal* stellte. Dem Kapitän wurde gestattet, mit dem gekaperten Schiff, der gefangen gesetzten Crew und den versklavten Menschen weiterzureisen, wie es ihm beliebte. Hondius und Fatah-Black vermuten, dass das Schiff nach West-Indien fuhr und die Menschen dort als Sklav*innen verkauft wurden.[107] Ein veröffentlichtes Gesetz scheint dieser erste bekannte Vorfall, in dem versklavte Menschen in die Republik kamen, aber nicht nach sich gezogen zu haben. Allerdings scheint dieses Ereignis einige Zeeländer*innen dazu angeregt zu haben, dass sie kurze Zeit später selbst in den Versklavungshandel einstiegen.[108]

Etwa 60 Jahre später, im Jahr 1655, publizierte der Verleger Ian Hindricks eine kompilierte Rechtssammlung mit dem Titel *Receuil van verscheyde Keuren, en Costumen. Mitsgaders Manieren van Procederen binnen de Stadt Amsterdam*[109], in der auch ein lokales Gesetz gegen Sklaverei formuliert wurde.

»[1. …] Innerhalb der Stadt Amstelredamme und ihrer Freiheit sind alle Menschen frei und keine Sklaven.

2. Ebenso sind alle Sklaven, die in diese Stadt und ihre Freiheit kommen oder gebracht werden, frei und außerhalb der Macht und Autorität ihrer Herren und Herrinnen[.] [U]nd wenn bisher ihre Herren und Herrinnen dieselben als Sklaven halten wollten und [sie] gegen ihren Willen dienen müssen, vermögen dieselben Personen ihre zuvor genannten Herren und Herrinnen vor das Gericht dieser Stadt

---

104   Vgl. ebd., S. 15. ZAM Staten van Zeeland en Gecommitteerde Raden, Inv. 2, Nr. 3312, 1596.

105   Vgl. ebd., S. 16.

106   Vgl. Fatah-Black, Terugkomen, S. 178.

107   Vgl. Dienke Hondius, Black Africans in Seventeenth-Century Amsterdam, in Renaissance and reformation/Renaissance et Réforme, 31 (2008) 2, S. 87-105, hier: 88-89. Dies., Blacks in Early Modern Europe: New Research from the Netherlands, in: D. Clarke Hine, T. D. Keaton, S. Small (Hg.), Black Europe and the African Diaspora. Blackness in Europe, Champaign, Illinois: University of Illinois Press, 2009, S. 29-47, hier: 32-41. Fatah-Black, Terugkomen, S. 178-179.

108   Vgl. ebd., S. 178.

109   »Sammlung von verschiedenen Rechten und Gewohnheiten sowie der Formen der Prozesse innerhalb der Stadt Amsterdam«.

zu zitieren und sie [die versklavten Personen] dort rechtlich für frei erklären zu lassen.«[110]

In Amsterdam sollte es demnach keine Sklaverei geben. Falls jemand als Sklav*in in die Stadt gebracht und innerhalb dieser als solche*r behandelt würde, habe die Person das Recht, ihre*n Peiniger*in vor Gericht zu bringen und selbst zur freien Person erklärt zu werden. Dieses städtische Gesetz bezieht sich auf das bereits erwähnte, aber deutlich ältere Gesetz aus Antwerpen von 1288.[111] Dieses wurde auch in der hier verwendeten Ausgabe von Grotius' *Inleydinge* von 1767 erneut als Referenz bezüglich der Frage angeführt, wer innerhalb der Mauern niederländischer Städte als *mondig* (mündig) anzusehen sei.[112]

Richter Simon van Leeuwen (1626-1682) vom *Hooge Raad van Holland* publizierte 1668 folgende ähnlich lautende Rechtsregelung:

»With respect to persons, every one is free among us by their birth; and slavery, unknown among us and not in use: so that in order to protect natural liberty, slaves who are brought here from other countries are declared to be free as soon as they reach the limits of our countries, notwithstanding their masters.«[113]

Die Historiker*innen Emy Maduro, Allison Blackely und Natalie Zemon Davis weisen allerdings darauf hin, dass dieses Gesetz nur dann zum Tragen kommen konnte, wenn eine versklavte Person auch tatsächlich Anzeige erstatte. Maduro vermutet, dass nur wenige betroffene Personen von dem Gesetz wussten, da kaum

---

110   Ian Hendricks (Hg.), Recueil van verscheyde Keuren en Costumen Mitsgaders maniere van procedeeren binnen de Stad Amsterdam, Cap XXXIX, Van den Steat ende conditie der Persoonen, Art. 2, [...] t'Amsterdam [...] MDCLV (1655), S. 193. »Binnen der Stadt van Amstelredamme ende hare vryheydt, zijn alle menschen vry, ende gene slaven. 2. item, alle slaven, die binnen deser Stede ende hare vryheydt komen ofte ghebracht worden, zijn vry ende buyten de macht ende autoriteyt van hare Meesters, ende Vrouwen, ende by soo veere hare Meesters ende Vrouwen de sleve als slaven wilden houden, en tegens haren danck doen dienen, vermoghen de selve persoonen hare voorsz. Meesters ende Vrouwen voor den Gerechte deser Stede te doen daghen, ende hen aldaer rechtelijek vry teh doen verklaren.«

111   Vgl. Maduro, Nos a bei Ulanda, Antillianen in Nederland 1634-1954, in: Dies., Gerd Oostindie (Hg.), In het land van de overherser, Antillianen in Nederland 1634/1667-1954, Dordrecht: Floris Publications, 1986, S. 133-244, hier: 153. Blackely, Blacks in the Dutch World, S. 226-227.

112   Grotius, Inleydinge, I., IV., § 2, Anm. C. »Costum. Van Antwerpen tit. 36. Art 2. Handtvest by Graaf Floris aan Monikendam gegven in den jare 1288. Groeneweg. Dict. Tit. De jure person.«

113   Bei diesem Zitat musste auf die angegebene Sekundärliteratur und die Edition vertraut werden, da das Original im Archiv nicht aufzufinden war. Aus diesem Grund wird das Zitat in englischer Sprach wiedergegeben. Maduro, Nos a bei Ulanda, S. 153. Eine Edition von Leeuwens Kommentaren liegt unter folgendem Titel vor: Simon van Leeuwen, Commentaries on Roman-Dutch Law. Hg. von C. W. Decker, übers. v. Sir John G. Kotzé, London: Sweet and Maxwell, 1923.

Anzeigen nachzuweisen sind.[114] Möglich ist auch, dass die betroffenen Personen aufgrund der von ihnen gemachten schlechten Erfahrungen mit der rassistischen Justiz in Suriname und in anderen Kolonien es nicht wagten, ein Gericht in der Republik anzurufen.[115]

Etwas anders gelagert ist allerdings die Situation, von der ein überlieferter Gerichtsfall berichtet, der erstmals in der vorliegenden Studie besprochen wird. Am 30. Mai 1713 reichte Anthonij van Bengalen in Den Haag Beschwerde gegen seine Dienstherr*innen, die Erb*innen des Ritters de Sandra, ein und forderte seinen ausstehenden Lohn, den man ihm über 30 Jahre hinweg mit der Begründung, diesen Lohn als van Bengalens Altersversorgung zu verwalten, vorenthalten hatte. Das Gericht entschied am selben Tag, dass die Güter der erbberechtigten Familie Clant/Junius unter staatliche Kontrolle zu stellen seien, bis die Beschuldigten vor Gericht erschienen und die Forderungen van Bengalens erfüllt seien. Der langwierige Prozess dauerte etwa 2,5 Jahre. Der Fall wurde am 25. September 1715 in erster Instanz für van Bengalen entschieden.[116] Die Erb*innen legten Beschwerde gegen das Urteil ein, die am 21. November 1715 in zweiter Instanz dem *Hoge Rad van Holland* vorgelegt wurde. Es kam zu nur einem Verhandlungstag, danach scheint das Verfahren abgebrochen und eine außergerichtliche Lösung gefunden worden zu sein. Die Argumentation der Erb*innen zielte darauf ab, van Bengalen als in *inschuld* stehend darzustellen und ihn aufgrund seiner Herkunft, seiner Hautfarbe und seiner Religion vor Gericht zu diskreditieren. Die erläuterten Praktiken, wie mit und über van Bengalen während seiner Zeit im Haushalt der Dienstherr*innen verfahren wurde, weisen auf Sklaverei hin. Der Fall wird in der ersten biographischen Mikrostudie in dieser Untersuchung erneut aufgegriffen und ausführlicher analysiert.[117]

1736 war erneut Sklaverei der Grund für einen in Den Haag verhandelten Rechtsstreit. Nachdem ein Amsterdamer Schöffengericht in erster Instanz ent-

---

114 Vgl. Maduro, Nos a bei Ulanda, S. 153. Blackely, Blacks in the Dutch World, S. 226-227. Natalie Zemon Davis, Judges, Masters, Diviners: Slaves' Experience of Criminal Justice in Colonial Suriname, in: Law and History Review, 29 (2011) 4, S. 925-984, hier: S. 972.

115 Jordaan, Free Blacks.

116 Anthonij van Bengalen (ca. 1675–?) stammte von der Küste von Bengalen und wurde mit etwa sieben oder acht Jahren von Rijkloff van Goens (1619-1682) (1659-1672 Gouverneur von Ceylon und 1678-1681 Generalgouverneur von Ostindien) 168c/1681 nach Amsterdam mitgeführt oder verschleppt. Als Van Goens starb, trat Anthonij van Bengalen in den Dienst von Ritter De Sandra in Deventer. Nach dem Tod De Sandras und dessen Frau Maria Lenarts wechselte Van Bengalen in den Dienst bei deren Erben. Als Die Erben Clant/Junius nach Groningen übersiedeln und Van Bengalen zurücklassen wollten, ohne den ausstehenden Lohn ausgezahlt zu haben, eskalierte der Konflikt und Van Bengalen zog vor Gericht. NA, 3.03.01.01. Hof van Holland, Inv. 10076, 10955, 13641.

117 NA, 3.03.01.01, 13641; 10076; 10955; 3.03.02, 119; 301.

schieden hatte, dass einem aus einer Kolonie geflohenen Sklaven in der Metropole die Freiheit zukomme, wurde dieses Urteil im Berufungsverfahren wieder aufgehoben.[118] Diesmal notierte der Richter und Präsident des *Hoge Raad van Holland* Cornelis van Bijnkershoek in seinem juristischen Tagebuch, dass der Betreffende trotz seiner Anwesenheit in der Stadt nicht als freie Person anzusehen sei.[119] Für den Sklaven gelte vielmehr das Recht der Kolonie, von wo er ohne die Zustimmung und das Wissen seines Besitzers geflüchtet sei. Weiter hieß es bei Bijnkershoek, dass die aus der Sklaverei und der Kolonie geflohene Person entsprechend dem Wunsch des Eigners arrestiert und in die Kolonie zurückgebracht werden solle, da an dieser Stelle das Prinzip *servis fugitivis* greife.[120] Diese Notiz macht zwei wesentliche Aspekte im rechtlichen Umgang mit Sklaverei in den Niederlanden deutlich: Zum einen unterlag eine nicht in den Niederlanden heimische Person nicht grundsätzlich dem niederländischen Recht, wenn sie sich im Territorium der Niederlande aufhielt, sondern das Recht des Herkunftsortes behielt gemäß dem schon erwähnten Prinzip der *comitas* seine Gültigkeit.[121] Zum anderen ist hier von Interesse, auf welche Rechtsquelle Richter Bijnkershoek sich bei seiner Entscheidungsfindung berief: *Servis fugitivis*[122] (dt. »entlaufener Sklave«) ist eine Sammlung von antiken römischen Senatsbeschlüssen und kaiserlichen Erlassen, in denen festgelegt wurde, dass ein*e entlaufene*r Sklav*in zurückgebracht werden müsse. 1763 wurde auf dieser Grundlage somit der Entscheid des niederen Amsterdamer Stadtgerichts zugunsten der Durchsetzung des Prinzips *servis fugitivis* aufgehoben und der Sklavenstatus des Betroffenen ausdrücklich aufrechterhalten. Republikanische Institutionen stützten und verlängerten in diesem Fall die Versklavung, schufen hierfür eine rechtliche Grundlage, straften die geflohene Person mit Freiheitsentzug und zwangen sie zur Rückkehr in die Kolonie, wo Sklaverei offiziell und rechtlich legitimiert existierte; der Schutz des Eigentums des Sklavenbesitzers hatte Vorrang vor dem Persönlichkeitsrecht und der Freiheit des Individuums.

Über einen sich kurz darauf ereignenden Fall gibt es kaum Informationen: 1766 wurde eine Gruppe von 22 »slaves and mulattoes«, die Texel in den Niederlanden erreicht hatten und nach Cadiz in Spanien weiterreisen wollten, von der West-

---

118   Vgl. Hondius, Access, S. 385.

119   Vgl. Cornelis van Bijnkershoek, Systematisch Compendium, S. 1.

120   Bijnkershoek, Systematisch Compendium, S. 1.

121   Vgl. Anm. 35, S. 68.

122   Corpus iuris civilis: Digesta Justiniani. Infortiatum. Mit der Glossa ordinaria des Accursius und mit Summaria des Hieronymus Clarius, 11.4, Venedig: Baptista de Tortis, 04. Nov. 1495, http://digital.ub.uni-duesseldorf.de/ink/content/pageview/1997276 (01.04.2020). Man beachte, dass Bijnkershoek mit einem 241 Jahre alten Buch arbeitete, um seine Entscheidungen zu treffen.

Indischen Compagnie (WIC) zur Rückkehr in die Kolonie aufgefordert.[123] Vermutlich wurde in diesem Fall ebenfalls auf die Prinzipien *servis fugitivis* und *comitas* rekurriert.

Der hier erstellte Überblick von Gesetzen, Schriften und Gerichtsentscheiden macht deutlich, dass die Rechtslage sehr diffizil war. Nach dem Prinzip der *comitas* bzw. *secundum legem loci* war das Herkunftsland, also das Land, in dem eine Person zuletzt gelebt hatte, bevor sie für kürzere oder auch längere Zeit in die Niederlande kam, entscheidend für ihren rechtlichen Status. War die Person zwischen Kolonie und Mutterland gereist, blieb das Recht der Kolonie gültig. Die Zeit, die verstreichen musste, bis eine Person als wohnhaft in den Niederlanden anerkannt und damit die *comitas* ungültig wurde, wurde erst mit dem *Plakaat 1776* auf maximal ein Jahr begrenzt.[124] Zusammenfassend kann daher im Hinblick auf frühneuzeitliche Rechtstheorie und Rechtspraxis noch einmal betont werden, dass es keineswegs stimmt, dass in der Frühen Neuzeit in den Niederlanden Sklaverei nicht existierte, wie es das *free-soil principle* suggeriert.[125]

2.3 »Plakaat, concerneerde de vryheid der Slaaven« von 1776 (Plakaat 1776)

2.3.1 Der politische und rechtliche Kontext

Konflikte um und Gesetze zu Sklaverei waren ein beständig wiederkehrendes Thema in der frühneuzeitlichen niederländischen Republik. Um die Entstehung des *Plakaat 1776* nachvollziehen zu können und dessen Komplexität zu erfassen, muss etwas weiter ausgeholt werden. Vorangegangen war dem *Plakaat 1776* nämlich eine langwierige, über Jahre hinweg geführte Debatte über die Freiheit, die Freilassung und die Aufrechterhaltung der Versklavung von einigen wenigen Einzelpersonen. Hierfür wurden insgesamt zwei Anfragen von der *Sociëteit van Suriname* und den *Staten van Holland*, also die Versammlung der Abgeordneten der Städte und der *rid-*

---

123   Vgl. Hondius, Access, S. 385.

124   Vgl. Oostindie, Kondreman, S. 15-16. Es gab allerdings bereits im Stadtrecht von Amsterdam, das sich auf jenes von Antwerpen bezog, den Hinweis auf eine Freiheit nach einem Jahr und einem Tag. Vgl. Grotius, Inleydinge, I., IV., §2.

125   Vgl. Jordaan, Slavernij en vrijheid, S. 99-101, insb. S. 100. Han Jordaan, der das Prinzip der *comitas* nicht berücksichtigt und auch nicht weiter auf das *free-soil principle* eingeht, kommt zu dem Schluss, es könne allein die Rede sein von einer Abschottung von den mit Sklaverei verbundenen Rechten während des Verbleibs der versklavten Person in der Republik. »Er kon dus alleen sprakte zijn van een opschorting van de met slavernij verbonden rechten gedurende het verblijf van de persoon van de slaaf in de Republiek.« Ebd., S. 100.

derschap (Ritterschaft) der Provinz Holland[126] bei den *Staten-Generaal* gestellt. Diese Anfragen wurden von den beauftragten Landesadvokaten begutachtet und vor der Versammlung der *Gecommiteerden Raden* der *Staten-Generaal* vorgetragen und verhandelt.[127] Die Kolonialregierung von Suriname, die *Sociëteit van Suriname* in Amsterdam und die *Staten-Generaal* und deren untergeordnete Organe waren über die gesamte Zeitspanne von 1771 bis 1776 an dieser Debatte beteiligt. Im Folgenden werden der Verlauf und die zentralen Argumente dieser Debatte wiedergegeben, analysiert und zum *Plakaat 1776* ins Verhältnis gesetzt.

Um den Gesetzgebungsprozess einordnen zu können, müssen zunächst die politischen und rechtlichen Verhältnisse in Suriname in Bezug auf versklavte und vormals versklavte Menschen, sogenannte *Freigelassene*, dargestellt werden. Anfang der 1760er spitze sich die politische Lage in Suriname zu. Versklavte Frauen*, Männer* und Kinder, die auf den Plantagen und in den kolonialen Haushalten ausgebeutet worden waren, waren seit Beginn der Sklav*innenwirtschaft in den Kolonien vereinzelt oder in kleinen Gruppen den Zwangsverhältnissen, in denen sie lebten, entflohen. In einiger Distanz zu den europäischen Plantagenbesitzer*innen und deren Plantagen gründeten sie im Dschungel kleine Siedlungen und bewirtschafteten eigene Felder zur Selbstversorgung. Diese *wegloopers* wurden auch *maroons* genannt.[128] Sie bildeten um 1750 heterogene Gruppen von insgesamt etwa

---

126   Vgl. Jonathan Israel, The Dutch Republic. Its Rise, Greatness, and Fall, 1477-1806, Oxford: Clarendon Press, 1995, S. 276-291.

127   Die *Gecommeteerden Raden* werden durch die Abgesandten der sieben Provinzen gebildet. Die Delegierten sprachen im Auftrag ihrer Provinz, berichteten dieser vom Verlauf einzelner Debatten und holten sich aus ihren Provinzen neue Anweisungen. Die einzelnen Räte der Provinzen setzten sich zusammen aus den Regierenden der wichtigsten Städte und der *ridderschap*, die die Landstände vertraten. Die Provinz Holland war am einflussreichsten, weshalb deren Leiter, der *Ratspensionär*, auch die Leitung der *Staten-Generaal* hielt. Vgl. Israel, The Dutch Republic, S. 226-297.

128   Vgl. das Historische Woordenboek: Wegloopers, http://gtb.inl.nl/iWDB/search?actie=articl e&wdb=WNT&id=M084936.re.6&lemma=wegloopster&domein=o&conc=true (19.10.2018). *Wegloopers* oder auch *wegloopster* ist ein niederländischer Begriff, der für gezähmte Tiere verwendet wurde, die ausgebrochen und davongelaufen waren, aber auch für Dienstbot*innen, die sich unerlaubt aus einem Dienstverhältnis für längere Zeit entfernten. Im Kontext der Sklaverei bezeichnet der Terminus immer versklavte Personen, die aus ihrem Zwangsverhältnis geflohen waren und sich selbstständig in Freiheit niedergelassen hatten. Vgl. Minority Rights Group International, https://minorityrights.org/minorities/maroons/(01.04.2020). *Maroons* ist ein anglisierter Begriff, der vom spanischen *marron* abstammt und in den spanischen Kolonien gebraucht wurde, um auf Dauer entflohene Sklav*innen zu bezeichnen. Heute wird häufiger der Begriff *maroons* in der Forschung verwendet, obwohl dieser auch die Nachfahren der entflohenen versklavten Menschen miteinschließt. Im historischen Material der niederländischen Kolonien ist jedoch gewöhnlich von *wegloopers* die Rede. Auch heute gibt es noch in den Gebieten, in denen in der Frühen Neuzeit Plantagensklaverei praktiziert wurde, Siedlungen von *maroons*. Vgl. ebd.

5 000 Personen.[129] Wim Hoogbergen geht davon aus, dass jährlich etwa 250 Personen flohen, dass aber im Verlauf eines Jahres etwa zwei Drittel von ihnen auf die Plantagen und in die Sklaverei zurückkehrten.[130] Es kam immer wieder zu Konflikten zwischen den Kolonist*innen und den in verschiedenen Gruppen organisierten *maroons*, die Plantagen angriffen, plünderten, brandschatzten, Bewohner*innen töteten und versklavten Menschen zur Flucht verhalfen. Zwischen 1765 und 1778 fand der erste *Boni-oorlog*, der erste Guerillakrieg zwischen *maroons*, die von Boni Amusa angeführt wurden, und Kolonist*innen in Suriname statt.[131] Die Republik schickte Soldaten nach Suriname, um die Kolonist*innen im Kampf gegen die *maroons* zu unterstützen.[132] Eine Verschärfung der Konflikte scheint jedoch bereits 1761 spürbar gewesen zu sein. Die Kolonialregierung von Suriname, bestehend aus Gouverneur Wigbold Crommelin und den Räten von Polizei und Justiz, versuchte am 4. Februar 1761 mit dem Erlass einer Reihe von repressiven Gesetzen die Handlungsmöglichkeiten von versklavten Personen zum einen und Freigelassenen zum anderen einzuschränken und beide Gruppen zu disziplinieren.[133] Die Gesetze waren eng aufeinander abgestimmt und dienten im Wesentlichen dazu, die Gruppen der freigelassenen und die der versklavten Personen voneinander zu trennen, gemeinsame Aufstände der beiden Gruppen zu verhindern, die Dominanz der *weißen* Kolonist*innen über die freigelassenen People of Color und Schwarzen Menschen zu sichern und dafür zu sorgen, dass Freigelassene niemals Kosten im Rahmen der Armenversorgung für die freie koloniale Gesellschaft verursachen konnten.

---

129   Carl Haarnack war so freundlich, mir am 24.10.2018 im persönlichen Gespräch diesen Punkt zu erläutern. Er geht von ca. 4000-5000 *maroons*, also einem Mittelwert der allgemeinen Schätzung, aus. Zudem befanden sich zu dieser Zeit etwa 50 000 versklavte Personen und ca. 2000 freie Europäer*innen, denen die Plantagen samt Sklav*innen gehörten und die diese verwalteten, in der Kolonie. Ich danke für diese Ausführung. Fatah-Black und Van Rossum geben an, dass in der zweiten Hälfte des 18. Jahrhunderts etwa 70 000-100 000 versklavte Menschen in den niederländischen West Indies lebten. Vgl. Fatah-Black, Van Rossum, Slavery in a »Slave Free Enclave«?, S. 59. Rosemarijn Hoefte, Free Blacks and Coloreds in Plantation Suriname, in: Slavery & Abolition, 17 (1996) 1, S. 102-129, hier: S. 102-103 bestätigt die Zahlen von Haarnack. Sie schreibt über drei größere Gruppen von *maroons*, denen es gelang, im Verlauf der 1760er-Jahre separate Friedensverträge und damit Autonomie und Freiheit für die Mitglieder der jeweiligen Gruppe auszuhandeln.

130   Vgl. Wim Hoogbergen, The Boni Maroon Wars in Suriname, Leiden: Brill u.a., 1990, S. 5.

131   Vgl. Eveline Sint Nicolaas, Shackles and Bonds. Suriname and the Netherlands since 1600, Amsterdam: Rijksmuseum/Vantilt, 2018, S. 85-91.

132   NA, 1.05.03, 109, 19. Juni 1769. Zur Geschichte der Kolonie, der Sklaverei und der *maroons* in Suriname siehe auch Sint Nicolaas, Shackles and Bonds. Und auch Fatah-Black, Eigendomsstrijd oder Hoogbergen, The Boni Maroon Wars in Suriname.

133   Vgl. Jordaan, Free Blacks, S. 78, 82 in Bezug auf das Recht der Kolonialregierung, Gesetze bzw. Nebengesetze zu erlassen. Jordaan beschreibt dieselbe Art der Gesetzgebung für die niederländische Nachbarkolonie Curaçao.

Die Gesetze, die versklavte Menschen betrafen, waren besonders hart und zum Teil sehr grausam. Es wurden Ausgangssperren für erkrankte versklavte Personen erlassen. Die Sorge galt hier der Gesundheit der *weißen* Kolonist*innen, die man durch Ansteckung gefährdet sah, und nicht dem Schutz der versklavten Schwarzen Menschen und People of Color.[134] Es wurde ein Verbot erlassen, nach dem versklavte Menschen Alkohol und Tabak nur mit der Zustimmung ihrer Eigner*innen oder Besitzer*innen kaufen durften.[135] Die Arbeit von versklavten Menschen sollte strenger überwacht werden. Es war üblich, versklavte Personen für Arbeiten zu vermieten oder sie für eine Woche, auf sich gestellt, zum Verkauf von Waren wegzuschicken. Nach Ablauf einer Woche wurde ein bestimmter Betrag von ihnen durch die Eigner*innen oder Besitzer*innen eingefordert. Fortan sollte geprüft werden, woher die Güter zum Handel kamen, die die versklavten Menschen verkauften, um den verlangten Geldbetrag zu erwirtschaften. Zudem mussten bei der Vermietung der versklavten Menschen Verträge aufgesetzt werden.[136] Versklavten Personen wurde verboten, sich ohne die Erlaubnis *weißer* Kolonist*innen zu versammeln oder gemeinsam zu feiern und zu tanzen – solches durfte nur mit Genehmigung der Justiz und unter der Aufsicht *weißer* Kolonist*innen geschehen.[137] Eigner*innen wurde verboten, noch nicht bezahlte Sklaven*innen weiterzuverkaufen.[138] Gestattet wurde hingegen, auf versklavte Personen zu schießen, wenn man einen Fluchtversuch vermutete, wobei die Fliehenden dabei verletzt aber nicht getötet werden sollten.[139] Festgelegt wurde zudem, dass es notwendig sei, die Brandzeichen von versklavten Personen regelmäßig aufzufrischen, damit sie, wenn sie da-

---

134 Vgl. Schiltkamp, West-Indische Plakaatboek. Teil II, Nr. 583. Einen Hinweis auf eine Epidemie innerhalb der Gruppe der versklavten Menschen in Suriname konnte nicht gefunden werden. Es ist jedoch denkbar, dass innerhalb dieser Gruppe aufgrund von Mangelernährung, Misshandlungen und physischer wie psychischer Überlastung im Verhältnis zur Gruppe der *weißen* Kolonist*innen eine höhere Anfälligkeit für Krankheiten vorlag. Aus Reiseberichten wie dem von John Stedman, *Narrative of a Five Years' Expedition Against the Revolted Negroes of Suriname* with Engravings by William Blake, London: J. Johnson & J. Edwards, 1796, ist überliefert, dass sehr viele Kolonist*innen innerhalb der ersten Monate nach ihrer Ankunft in Suriname an verschiedenen Tropenkrankheiten starben. Stedman berichtet kontinuierlich in kurzen Abständen von Krankheiten, die er oder andere Personen durchlitten. Denkbar ist auch, dass der Assoziierung versklavter Schwarzer Personen und People of Color mit Krankheiten ein rassistisches Stereotyp wie Unreinheit oder eine diffuse Vorstellung von Gefährlichkeit zu Grunde liegt und es sich bei diesem Gesetz um die normative Umsetzung eines abwertenden Vorurteils handelt.

135 Vgl. Schiltkamp, West-Indische Plakaatboek. Teil II, Nr. 584.

136 Vgl. ebd., Nr. 589.

137 Vgl. ebd., Nr. 591.

138 Vgl. ebd., Nr. 593.

139 Vgl. ebd., Nr. 609.

vonliefen, klar zugeordnet und zurückgebracht werden konnten.[140] 1767 und 1769 folgten weitere Einschränkungen für versklavte Menschen, einschließlich nächtlicher Ausgangssperren.[141]

Der Kern der Gesetze für Freigelassene in Suriname und Curaçao war ein zehn Paragrafen umfassendes lokales koloniales *plakaat*, das am 28. Juli 1733 erlassen und im Rahmen des am 4. Februar 1761 veröffentlichten Gesetzespakets erneuert wurde.[142] Alle Freigelassenen mussten sich nach diesem *plakaat* richten. Freigelassene durften nicht mit versklavten Personen Alkohol trinken und feiern. Vorgesehen war auch, dass Freigelassene ihren *Patron*innen* (frühere Sklav*inneneigner*innen) den vierten Teil ihres Erbes überschreiben mussten.[143] Zudem waren Freigelassene zu Respektbezeugungen gegenüber *Weißen* ganz allgemein verpflichtet, weil propagiert wurde, dass sie diesen ihre Freiheit verdanken würden. Als Strafe bei Zuwiderhandlung drohte jeweils die erneute Versklavung.[144] Dies war, so scheint es, der Versuch, die bestehende durch Plantagen- und Haussklaverei strukturierte gesellschaftliche Ordnung zu erhalten, Freigelassene auch weiterhin zu unterdrücken und zu kontrollieren und damit das Entstehen von Aufständen bzw. deren Ausweitung zu unterbinden.[145]

Die meisten der Gesetze waren bereits früher erlassen worden und wurden auch später erneut verkündet. Crommelins Nachfolger im Amt des Gouverneurs von Suriname, Jan Nepveu, handelte unter der zermürbenden Wirkung des seit Jahrzehnten andauernden Guerillakrieges. Die von ihm erlassenen Gesetze scheinen der Versuch gewesen zu sein, die Lebenssituation von versklavten Personen etwas zu verbessern und freigelassene Personen an die Kolonie zu binden: Am 22. Februar 1771 wurde ein *plakaat* erlassen, nach dem versklavte Personen an Sonntagen nur in bestimmten Ausnahmesituationen arbeiten durften.[146] Am 29. Mai 1772

---

140   Vgl. ebd., Nr. 610.

141   Vgl. ebd., Nr. 696, 701.

142   Mit wenigen Zeilen geht Rosemarijn Hoefte auf die Gesetze für *Freigelassene* ein. Vgl. Hoefte, Free Blacks and Coloreds, S. 107-108. In Schiltkamp, West indisch Plakaatboek. Teil I., Nr. 350 ist das *Reglement van Manumissie* vom 28. Juli 1733 und in Teil II., Nr. 597 ist das *plakaat Anvulling van het Reglement van Manumissie* vom 4. Februar 1761 abgedruckt. Wie bereits erwähnt, kam es häufig vor, dass *plakaate* für Suriname entwickelt wurden, zugleich aber auch für andere niederländische Kolonien in den West Indies, in diesem Fall Curaçao, Gültigkeit hatten.

143   Die Überschreibung des vierten Teils des Erbes hat große Ähnlichkeit mit der Praktik *doode handen*, die Grotius für *kluit-eigenen* beschreibt, die aus der Hörigkeit unter der Bedingung der Anerkennung dieser Erbpraktik entlassen worden waren. Vgl. Grotius, De iure belli ac pacis, 1732, II., V., § 30. Siehe auch Anm. 15, S. 64.

144   Vgl. Schiltkamp, West-Indische Plakaatboek, Nr. 597.

145   Detaillierte Informationen über die Gesetze, die allein für die Gruppe der *Freigelassenen* gültig war, sind in 2.4 *Manumission in der niederländischen Republik* zu finden.

146   Vgl. Schiltkamp, West-Indische Plakaatboek. Teil II., Nr. 713.

wurden alle Freigelassenen aufgefordert, zum Apell anzutreten und sich behörd-
lich registrieren zu lassen. Wenige Tage danach, am 7. Juni 1772, wurde festgelegt,
dass in jeder Freilassungsurkunde eines Mannes* vermerkt werden sollte, dass dieser verpflichtet sei, die Kolonie gegen innere und äußere Feinde zu verteidigen.[147]
Am 9. März 1773 wurde zudem bestimmt, wie die Grundversorgung von versklavten Personen auszusehen habe und dass die Einhaltung dieser Vorschrift überprüft
werden könne.[148] Bereits während Gouverneur Crommelins Amtszeit gelang es der
Kolonialregierung, mit einigen *maroons* Frieden zu schließen.[149]

Zu diesen inneren und sozialen Konflikten in der Kolonie kamen 1763 und 1773
Bankenkrisen.[150] Es wurde für Sklav*inneneiger*innen nahezu unmöglich, Kredite in Amsterdam für den Unterhalt der Plantagen und den Ankauf von versklavten
Personen in den westindischen Kolonien zu erhalten. Geldgeber*innen bangten
um die Rückzahlung der Hypotheken.[151] Das *Plakaat 1776* ist zeitlich und thema-
tisch mit der Gesetzgebung und der kriegerischen Auseinandersetzung in Suriname und den ökonomischen Problemen in der Republik verknüpft und macht
deutlich, wie eng die Verbindung zwischen Kolonie und Metropole war. Die politischen Situationen in der Republik und in den Kolonien beeinflussten sich wech-
selseitig. Der heftige Konflikt um Einfluss, Macht- und Herrschaftsbefugnisse, der
zwischen Kolonie und Metropole ausgetragen wurde, spiegelt sich in der Debatte
um das *Plakaat 1776*. Dieses muss als Versuch verstanden werden, die politische,
gesellschaftliche und wirtschaftliche Ordnung, einschließlich der Sklaverei in den
niederländischen westindischen Kolonien und der niederländischen Republik, aufrechtzuerhalten und zugleich eine Versöhnung mit den vorherrschenden freiheitlichen Vorstellungen in der Republik zu erreichen. Eine grundsätzliche Abschaffung
der Sklaverei oder ein Verbot derselben in den Niederlanden oder den Kolonien
war weder gewünscht noch geplant, noch wurde es erreicht.

2.3.1.1   Die Strategien der Akteur*innen

Am 23. Januar 1768 berichtete der Gouverneur von Suriname Wigbold Crommelin
in einem Schreiben, dass der *Raad van Politie en criminele Justitie* Willem Hendrik
van Steenberg im Mai desselben Jahres von Suriname in die Republik zu repatri-
ieren plante und dass damit hoffentlich die Schwierigkeiten im Justizrat ein Ende

---

147   Vgl. ebd., Nr. 720. Freie Personen für das Militär zu verpflichten, wurde in Curaçao erfolgreich
       seit den 1740er-Jahren erprobt und führte in den 1750er-Jahren zur Niederschlagung eines
       Aufstandes. Vgl. Jordaan, Free Blacks, S. 83.
148   Vgl. Schiltkamp, West-Indische Plakaatboek, Nr. 729.
149   Vgl. Fatah-Black, Eigendomsstrijd, S. 34, 109-110.
150   Vgl. J. G. van Dillen, The Bank of Amsterdam, in: J. G. van Dillen (Hg.), History of the Principal
       Public Banks, 2. Aufl., London: Frank Cass, 1964, S. 79-124, hier: S. 106.
151   Vgl. Oostindie, Kondreman, S. 14. Zur Wirtschaftskrise in Suriname siehe Sint Nicolaas,
       Shackles and Bonds, S. 91-99.

fänden.[152] Leider werden die angedeuteten Probleme nicht weiter ausgeführt.[153] Nachdem es zu Bestechungsvorwürfen gegen Crommelin gekommen und es ihm nicht gelungen war, den Krieg mit den *maroons* zu beenden, bat Crommelin Anfang November 1769 darum, sein Amt niederlegen und ebenfalls in die Republik zurückkehren zu dürfen. Als sein Nachfolger wurde Jan Nepveu bestimmt.[154] Van Steenberg und Crommelin führten bei ihrer Rückkehr in die Republik versklavte Personen mit. Für den 25. April 1768 ist im Journal des Gouverneurs notiert, dass Kapitän Jan Malmberg mit seinem Schiff in Richtung Rotterdam auslaufe und neben dem Postsack auch einige Passagier*innen an Bord habe:

> »Passagiere gehen mit demselben [Kapitän Malmberg] der Raad van Politie W: H: van Steenberg zusammen mit desselben Ehefrau Henrietta Suzanna de Vries, mitnehmend einen aucasischen Buschneger, gen[ann]t Jacob, die freien Mulatten-Mädchen Maria und Maria van Breda, den freien Mulatten-Jungen Paulus und drei Sklaven, [die da wären] die Neger Cornelis & Codille zusammen mit der Negerin Marretje. Weiter geht noch mit dem genannten Kapitän hinüber der Oud Raad van Civile Justitie Frans Saffin mit desselben Neger-Junge Areliquin.«[155]

Neben einer ganzen Reihe von freien und versklavten Personen, die van Steenberg mitführte und über deren Verbleib in den Niederlanden nur in zwei Fällen weitere Informationen bekannt sind, wird hier Marretje als »Slavin« und »Negerin« aufgezählt. Sie wurde im Journal mittels verschiedener Kategorien beschrieben: ihres Rechtsstatus (»Sklave«), ihres Geschlechts (»Negerin« und weiblicher Vorname), die »Rassifizierung« (»Negerin«). Zuletzt wurde sie über ihren Vornamen (Marretje) identifizierbar gemacht. Selbiges gilt auch für die anderen mitgeführten Personen, während van Steenberg allein über seine Position gekennzeichnet wird und bei ihm und seiner Ehefrau Vor- und Zunamen genannt werden.[156]

---

152 NA, 1.05.03, 334, 23. Jan. 1768, fol. 2-3.

153 Vgl. Sint Nicolaas, Shackles and Bonds, S. 79. Crommelins Amtsvorgänger Jan Jacob Mauricius (1692-1768) hatte sich über eine Gruppe Pflanzer beklagt, die er als *Cabal* bezeichnete. Intrigen und Ränke scheinen ein fester Bestandteil in der kolonialen Politik Surinames gewesen zu sein.

154 NA, 1.05.03, 109, 1. Nov. 1769.

155 NA, 1.05.03, 206, 25. April 1768, S. 408. »Passagiers gaan met de Selven de Raad van Politie W: H: van Steenberg benevens desselfs huisvrouw Henrietta Suzanna de Vries, mede nemende een Aucasche Bosneger gen.t Jacob, de Vrije Mulatte Meisjes Maria, en Maria van Breda, de Vrije Mulatte Jonge Paulus en drie Slaven, als de Negers Cornelis & Codille met de Negerin Marretje. Verders gaat nog met gem:d Capt=n over den Oud Raad van Civile Justitie Frans Saffin met desselfs Neger Jonge Arlequin.«

156 In dem nachfolgenden in dieser Studie analysierten Gesetzgebungsprozess tritt Marretje als zentrale Akteurin* unter leicht abgeänderten Schreibvarianten ihres Namens, wie Marijtje Criool, in Erscheinung.

Auch über die Abreise von Crommelin gibt es eine Dokumentation. Diese beginnt mit der Schilderung einer Auseinandersetzung zwischen Crommelin und dem diensthabenden Beamten, weil Crommelin es versäumt hatte, Pässe für seine Sklav*innen zu beantragen. Als Gouverneur, so habe er gedacht, benötige er diese weder für sich noch für seine Familie. Der Beamte erörterte schriftlich, dass dies problematisch sei, da kein Kapitän auslaufen dürfe, wenn nicht alle Passagier*innen Pässe vorweisen könnten. Zudem sei noch nicht geprüft, ob der Besitz des *Oud Gouverneur* Crommelin mit Schulden belastet sei.[157] Zwei Tage später, am 5. Mai 1770, ist im Journal des Gouverneurs vermerkt, dass Kapitän Gotlieb Zielkens mitsamt dem *Oud Gouverneur* Crommelin und dessen Familie und den von diesen versklavten Personen nach Amsterdam auslaufe:

> »[U]nd mit dem Zweiten [Kapitän Zielkens], der Herr Oud Gouverneur Wigbold Crommelin, mit desselben Hausfrau und seinen zwei [T]öchtern Geertruijda Elisabeth und Josina Crommelin, der ED[elen] Sociëteits Neger-Junge Joost, an [S]einen ED[elen] [Ehrentitel für Crommelin] zugehörig [der] Neger-Junge Laloupe & [die] Mulattin Anna, W. Brenskij, Joh. Reits, Abrah: Vernezobre mit desselben [f]ünf Kindern und [den] Negerinnen Susanna und Carolina und [dem] Neger Geluk.«[158]

Die beiden Zitate zeigen, dass es gängige Praxis war, dass Funktionäre der Kolonialregierung und reiche Plantagenbesitzer*innen versklavte Menschen in die Niederlande mitführten und diese gegebenenfalls gegen ihren Willen verschleppten.

2.3.1.2 Wer Freiheitsrechte gewähren darf

Sowohl Joost als auch Anna, die von Crommelin als (zwangsweise) Mitreisende im Gouvernermentsjournal genannt werden, sind in den überlieferten Dokumenten klar zu identifizieren. Nach ihrer Taufe am 22. März 1772 trug Anna allerdings den Namen Anna Elisabeth van Chatillon. In Bezug auf Laloupe kann ich nur mutmaßen, dass er zusammen mit Anna Elisabeth van Chatillon getauft wurde und den Namen Christiaan Africanus annahm.[159]

Über Joost van New Amsterdam, wie er später genannt wurde, liegt ebenfalls ein Dokument vor. Am 5. Dezember 1770 schrieb J. C. van der Hoop, der Sekretär

---

157   Ebd., 3. Mai 1770, S. 885-886.

158   Ebd., 5. Mai 1770, S. 891. »[E]n met den tweede [Kapitän Gotlieb Zielkens, Anm. J. H.], den Heer Oud Gouverneur Wigbold Crommelin, met desselfs Huysvrouw en twee dogters Geertruijda Elisabeth en Josina Crommelin, de ED Societeits Neger Jonge Joost, aan zijn ED: toebehoorende neeger Jonge Laloupe & Mulattin Anna; W: Brenskij, Joh. Reits, Abrah: Vernezobre met desselfs Vijff Kinderen en Negerinnen Susanna en Carolina en Neeger Jonge Geluk.« »Geluk« bedeutet zu Deutsch »Glück«.

159   Stadsarchief Breda(SB), DTB 1743-1778, 22.3.1772., 158f.; SB, Lidmaten NG Breda 1656-1890, 20.03.1772, 388.

der *Sociëteit van Suriname* mit Sitz in Amsterdam, an Crommelin in Breda (Noord-Brabant):

>»An den Herrn Oud Gouverneur in Breda. Wohl Edler Gestrenger Herr, der Neger Joost van N[ew] Amsterdam hat wiederholt von den Herren der Sociëteit die Freiheit erbeten. Doch ihm wurde mitgeteilt, dass ihm vorläufig nicht geholfen werden kann, und ich bin im Namen der Versammlung beauftragt, UEde [U Edle = Euch Edle] in Kenntnis zu setzen [über] die Verwunderung der Herren der Versammlung[,] dass UEde an gemeldeten Neger habt zugestehen können weitere Anfragen zu machen, um seine Freiheit zu erhalten, weshalb gemeldete Herren in ihrer Resolution vom 4. Juli dieses Jahres sich bereits entschieden; und UEd:e zu melden, dass im Falle UEd:e nicht bereit sind, der Resolutie Folge zu leisten, zur Erlangung der Freiheit für gemeldeten Neger, UEd: entsprechend der Konditionen, nach welchen UEd: ist gestattet [worden]- den Neger-Jungen auf Eurer Zurückreise mitzunehmen, verpflichtet ist dafür zu sorgen, dass gemeldeter Neger wieder in Suriname ankommt und dass bei Zuwiderhandlung hiervon, UEd die 1200.– Gulden, worauf der gemeldete Neger geschätzt wird, auferlegt werden muss zu zahlen.«[160]

Mit dem Schreiben teilte die *Sociëteit* Crommelin also ihre Verwunderung über dessen Verhalten sowie das des versklavten Jungen* Joost van New Amsterdam mit. Van New Amsterdam scheint aufgrund der Ermutigung des *Oud Gouverneurs* mehrfach bei der *Sociëteit* vorgesprochen und um das Zugeständnis seiner Freiheitsrech-

---

160 NA, 1.05.03, 109, 5. Dezember 1770. »Aan den Heer Oud-Gouverneur Crommelin te Breda. Wel Edele Gestr[enge] Heer, De Neger Joost van N[ew] Amsterdam heeft bij herhaaling van de Heeren van de Sociëteit verzogt de Vrijheid te mogen verkrijgen, doch hem is aangezegd dat hij bij provisie niet kan worden geholpen; En ik ben uit naam van de vergaadering gelast UEd:e te kennen te geeven de verwondering van de Heeren der Vergadering dat UEd:e aan gem: Neger hebt kunnen permitteeren nadere instantien te doen ter verkrijginge van zijn Vrijdom, waaromtrent gem: Heeren bij hunne Resolutie van 4: July dezes Jaars, zig reeds hadden bepaald; en UEd:e te melden dat ingevalle UEd aan die Resolutie niet verlangt te voldoen, ter verkrijging der Vrijheid voor gem: Neger, UEd: als dan ingevolge de Conditien op welke UEd: is gepermitteerd die Neger Jonge op uwe te rug reize mede te neemen, verpligt is te besorgen dat gem: Neger weer in Surinamen aankomt, en dat bij ontstentenisse van dien, UEd de f 1200.- waarop Gem: Neger is gepriseert, zal moeten opleggen en betaalen.« Bezüglich der in der Quelle genannten Resolutie vom 4. Juli 1770 ist anzumerken, dass sie mir leider nicht vorliegt. Es ist anzunehmen, dass sie im Archiv Den Haag noch existiert. In Bezug auf den hier wiedergegebenen Inhalt dieser Resolutie, der auf den Darstellungen des Schreibens vom 5. Dezember 1770 basiert, kann aber davon ausgegangen werden, dass die Angaben in der Quelle korrekt sind. Es war gängige Praxis der Schreiber, den zentralen Inhalt aller ausgestellten Schriftstücke der betreffenden Konversation mit Datum zu zitieren. Dabei gingen sie sehr sorgfältig vor. Ich habe bei meiner Recherche vielfach derartige Zitationen mit den zitierten Dokumenten abgeglichen und nie eine inhaltliche Abweichung festgestellt.

te gebeten zu haben. Die *Sociëteit*, die ihn als ihr Eigentum ansah, verweigerte die Freilassung und verlangte stattdessen, dass van New Amsterdam mit den Anfragen aufhören solle. Den ehemaligen Gouverneur forderte die *Sociëteit* auf, den Jungen* entweder für 1 200 Gulden freizukaufen oder auf eigene Kosten zurück in die Kolonie zu schicken. Leider ist nichts darüber bekannt, ob Crommelin van New Amsterdam für die geforderte Summe von der *Sociëteit van Suriname* kaufte und ihn dann in die Freiheit entließ. Da in den nachfolgenden Dokumenten der *Sociëteit* nichts weiter vermerkt ist, ist es allerdings naheliegender, dass der Junge* zurück in die Kolonie musste.

Bei *Oud Gouverneur* Crommelin scheint im Verlauf seiner Amtszeit und nach dessen Ende ein Umdenken in Bezug auf den Umgang mit versklavten Menschen stattgefunden zu haben. Die in Suriname erlassenen Gesetze vom 4. Februar 1761, die oben behandelt worden sind und für die er verantwortlich zeichnete, waren an Schärfe kaum zu überbieten. Joost van New Amsterdam hingegen hatte Crommelin, so scheint es, in der Hoffnung mit in die Republik genommen, ihn gemäß dem *free-soil prinicple*, also aufgrund seiner bloßen Anwesenheit im Land, in die Freiheit entlassen zu können. Die *Sociëteit* setzte hingegen stillschweigend auf das Prinzip der *comitas* bzw. *secundum legem loci*, gemäß dem van New Amsterdams Status als Sklave auch in der Metropole erhalten blieb.[161] Als *Oud Gouverneur* wurde Crommelin zwar gestattet, das Eigentum der *Sociëteit* zu nutzen und auch mit in die Republik zu nehmen, über dessen Rechtsstatus und Freiheit konnte er aber als zeitweiliger Besitzer nicht verfügen. Nach dieser Episode wurde es etwa zwei Jahre still um Crommelin. Er richtete sich in Breda ein und übernahm die Patenschaft bei der Taufe von Anna Elisabeth van Chatillon und Christiaan Africanus, auf die ich weiter unten zurückkommen werde.[162]

2.3.1.3   Die Begrenzung der freiheitlichen Rechte

Unterdessen kam es im Haus des ehemaligen *Raads van Politie en criminele Justitie* van Steenberg zum Konflikt. Am 11. Februar 1771 zeigten Marijtje Criool und ihre Tochter Jacoba Leiland bei den *Staten-Generaal* an, dass sie wünschten, von diesen als Freigelassene anerkannt zu werden und eine Bestätigung ihrer Freiheit zu erhalten. Konkret baten sie darum, dass die *Staten-Generaal* ihnen ein Dokument ausstellen mögen, in dem bestätigt werde, dass sie wie freigeborene Personen zu behandeln seien.[163]

---

161   Vgl. Anm. 35, S. 68.

162   SB, Notariële Archieven, J. H. Roelants, Allerhandse Acten, 1771, 10. Mai 1771, Akte 83, Scan: ARC0197.1_1034_0785-7. Es liegt ein Mietvertrag für ein großes Anwesen inkl. Kutschhaus und Hof vor. SB, DTB 1743-1778, 22.3.1772, 158f.

163   NA, 1.01.02, 7894, Jan.–März 1771, 11. Febr. 1771. Dieses Dokument ist ein Selbstzeugnis, das als Protokoll der mündlichen Eingabe bei den *Staten-Generaal* entstand. Es ist mit einem Kreuz als Unterschrift Criools, mit den Unterschriften Jacoba Leilands, Johanna van Düssel-

In dem Schreiben wird auf das *free-soil principle* verwiesen und zugleich indirekt beklagt, dass van Steenberg den Frauen* die Freiheit, die dieses Prinzip verhieß, vorenthalten habe, die sie nun jedoch einforderten. Da Criools Mann, der »Aucasche Bosneger« Jacob van Grootveld, Mitte Dezember 1770 in der Republik verstorben war, wünschten Mutter und Tochter nun als freie Personen zurück in die Kolonie reisen zu können. Dies hätten sie bisher nicht getan, weil sie Angst gehabt hätten, dass van Steenberg oder auch jemand anderes sie erneut versklaven würde.[164]

Die *Staten-Generaal* leiteten das Schreiben an die *Sociëteit van Suriname* weiter, die am 17. April 1771 antwortete.[165] Die *Sociëteit* hatte in der Zwischenzeit Willem Hendrik van Steenberg um eine Stellungnahme gebeten und diesem offenbar auch eine Kopie der Bitte Criools und Leilands zukommen lassen. Während die Frauen* an das ideelle freiheitliche Prinzip der Niederlande und des christlichen Glaubens appellierten, gab sich van Steenberg als *Oud Raad van Politie en criminele Justitie* als

---

dorps, einer Zeugin und Cornelis Therry de Byes signiert. Cornelis Therry de Bye wird für das Jahr 1761 als *Procureur voor 't College van de Ed. Mog. Heeren Gecommiteerde Raaden* und für 1762 als *Procureur voor de Raad van zyne Hoogheid* erwähnt. Im gleichnamigen Werk Johannes Thierrys von 1763 wird Thierry de Bye als *Procureur des Raad van State*, dem Verwaltungsorgan der *Staten-Generaal*, aufgeführt. Ich gehe daher davon aus, dass es am *Raad van State* die Möglichkeit gab, mündliche Eingaben zu machen, wie dies auch am *Hooge Rad van Holland* möglich war, und dass diese Eingaben vom diensthabenden Juristen verschriftlicht und zur weiteren Bearbeitung weitergereicht wurden. Leiland und Criool scheinen in Begleitung der Zeugin Johanna van Düsseldorp dort vorgesprochen zu haben. Vgl. Johannes Thierry, Bericht wegens de Gesteltenisse der Hooge Vergaderingen en Collegien, in 's Gravenhage [...], 's Gravenhage: Thierry, 1778, 19, 50; ebd., 1763, S. 106, https://books.google.de/books?id= N8--pEfGmOgC&pg=PA81&lpg=PA81&dq=Bericht+wegens+de+gesteltenisse+der+hooge+ve rgaderingen+en+collegien+1775&source=bl&ots=vuoSSYWyAG&sig=ACfU3U22yyLokGoowq 8SgLaMPyJfreDgw&hl=de&sa=X&ved=2ahUKEwi7uIXfg7ngAhVBb1AKHaEDBu4Q6AEwAHo ECAYQAQ#v=onepage&q=Philip%20van%20Swinden&f=false (13.02.2019), https://books.go ogle.de/books?id=zx503MkEmoIC&pg=PA1&lpg=PA1&dq=Bericht+wegens+de+gesteltenisse +der+hooge+vergaderingen+en+collegien&source=bl&ots=iqvNXWVCAn&sig=ACfU3UoOZ wS3_oKXquS5e1mmbK-6xPv2iA&hl=de&sa=X&ved=2ahUKEwi7vqe6g7ngAhVQLlAKHVh-Cy QQ6AEwCHoECAcQAQ#v=onepage&q=Bericht%20wegens%20de%20gesteltenisse%20der %20hooge%20vergaderingen%20en%20collegien&f=false (13.02.2019).

164 NA, 1.01.02, 7894, Jan.–März 1771, 11. Febr. 1771. Aus dem Dokument geht hervor, dass Jacob van Grootveld und auch Criools Mutter *maroons* waren, die während der *Maroon*-Kriege in Suriname ihre Freiheit erkämpft hatten. Die Bezeichnung *Aucasche Bosneger* zeigt an, zu welcher Gruppe von *maroons* Grootveld gehörte, dass er Schwarz war und dass er vermutlich in einer Siedlung im Dschungel gelebt hatte. Die hier zitierte Quelle ist wesentlicher Bestandteil der dritten biographischen Mikrostudie in Teil 2 dieser Untersuchung.

165 NA, 1.01.02, 12058, 11. Feb. 1771; 1.01.02, 5793, liassen 1770-71, 17. April 1771. Neben dem Original sind noch zwei Abschriften des Briefes überliefert, die eine ebenfalls im Archiv der *Staten-Generaal* (1.01.02, 11484, binnenlandse registers I., 29. April 1771, fol. 547-548) und im Archiv der *Sociëteit van Suriname* (1.05.03, 109, 17. April 1771).

Bewahrer von Recht und Ordnung in der Kolonie und der Metropole aus. Er erklärte, dass in Criools und Leilands »Narration der Anfrage« die »Wohltaten«, die er den beiden habe angedeihen lassen, aber auch deren »undankbare Treulosigkeit«, mit der jene diese beantwortet hätten, zu erkennen seien. Er forderte, dass die Frauen* umgehend mit dem nächsten Schiff auf seine Kosten nach Suriname verbracht und dort seinem Bevollmächtigten Jacobus Hendrik Saffin, dem gegenwärtigen Polizeirat, übergeben werden sollten.[166] Dies hätte bedeutet, dass die beiden Frauen* weiterhin versklavt gewesen wären. Die Befürchtungen Criools und Leilands waren also keineswegs unbegründet. Van Steenberg argumentierte weiter, dass, würden die Frauen* tatsächlich Freibriefe erhalten, dies ein schlechtes Beispiel für die Sklav*innen in der Kolonie sein könnte, insofern dies deren Treue zu ihren »Herren« erschüttern würde und sie versucht sein könnten, mit allen Mitteln in die Republik zu gelangen, um von dort mit Freibriefen versehen nach Suriname als freie Personen zurückzukehren.

Hier wurde ein Angstszenario kreiert, das auf die Verhältnisse in der Bevölkerung Surinames zurückzuführen ist. Hierarchie und Herrschaft wurden sowohl in Suriname als auch in der niederländischen Metropole als gefährdet wahrgenommen. In der auf Sklaverei und Plantagenwirtschaft basierenden kolonialen Gesellschaft herrschte extreme Ungleichheit. Dies ist an dem um 1750 bestehenden quantitativen Verhältnis zwischen versklavter Mehrheit und freier Minderheit abzulesen: Denn die Zahl versklavter Schwarzer Menschen und People of Color auf der einen Seite übertraf die der europäischen *weißen* Kolonist*innen um das 20-Fache.[167] Weiter führte van Steenberg aus, würde es auch die »Herren« abschrecken, die ihre Sklav*innen zur religiösen Ausbildung in die Niederlande senden würden, da sie so Gefahr liefen, ihren Besitz zu verlieren.[168] Die Direktoren der *Sociëteit* waren der Meinung, dass van Steenbergs Argumente durchaus zu bedenken seien, und fügten hinzu, dass ganz grundsätzlich in einem Fall wie dem vorliegenden zu hinterfragen sei, aus welchen Motiven die Freiheitsbriefe gefordert würden. Geschah dies aus rein rechtlichen Gründen oder weil eine besondere Gunst und Gnade von den *Staten-Generaal* erbeten wurde? In Criools und Leilands Bitte, so gestanden sie, hätten sie trotz mehrfacher Lektüre keine klare Angabe zu diesem Punkt finden können. Die *Staten-Generaal* gingen sogar so weit zu mutmaßen, dass dieser Punkt

---

166   NA, 1.01.02, 5793, liassen 1770-71, 17. April 1771. Mit Saffins Vater hatte van Steenberg die Schiffsreise von Suriname in die Republik zurückgelegt. Auch Saffin hatte einen versklavten Jungen* als Diener in seiner Begleitung. Vgl. Anm. 168, S 104. Repatriierte Plantageneigner*innen ernannten in der Kolonie Bevollmächtigte, die rechtliche Angelegenheiten und die Verwaltung der Plantagen im Auftrag der Eigentümer*innen verantworteten.

167   Vgl. Fatah-Black, Eigendomsstrijd, S. 7.

168   NA, 1.01.02, 5793, liassen 1770-71, 17. April 1771.

absichtlich unklar gehalten worden sei, denn wenn die Bitte rein rechtlich begründet sei, müsste die Sache vor dem zuständigen Gericht verhandelt werden. Sei das Anliegen hingegen als eine Bitte um Gnade zu betrachten, so stünde den *Staten-Generaal* keine Entscheidung zu, solange nicht der Eigner der Sklavinnen hierzu seine Zustimmung gegeben hätte.[169]

Das *free-soil principle*, nach dem Criool und Leiland argumentierten, zogen die Direktoren der *Sociëteit* offenbar nicht in Erwägung. Für sie zählte allein das römische Recht, nach dem eine versklavte Person entweder auf Grundlage eines Gesetzes oder durch eine besondere Gnade des*der Sklav*inneneigner*in aus der Sklaverei entlassen werden.[170] Die *Sociëteit* vertrat unzweifelhaft die Perspektive der Kolonie und befürwortete das dort herrschende Sklav*innenrecht.

Am 22. April 1771 ging ein Schreiben van Steenbergs bei den *Staten-Generaal* ein und für den 16. Mai wurden Criool und Leiland sowie van Steenberg zum Verhör vorgeladen.[171] Van Steenberg weigerte sich in Gegenwart von Criool und Leiland zu erscheinen oder gar mit diesen zu diskutieren. Stattdessen übersandte er ein Memorandum, versuchte jedoch zu verhindern, dass dieses den beiden vorgelegt würde. Die vier Landesadvokaten, die von den *Staten-Generaal* mit der Beurteilung dieses Konfliktfalls betraut wurden, ignorierten dies und ließen dem Anwalt der Gegenpartei eine Kopie zukommen.[172] In ihrer Urteilsfindung und dem

---

169 Ebd.

170 Grotius, De iure belli ac pacis, 1732, III., XIV., § 6.

171 NA, 1.01.02, 12058, 22. April 1771, fol. 47.

172 NA, 1.01.02, 11485, *binnenlandse registers II* 1771, 30. Juli 1771, fol. 608-617. Das Dokument wurde gezeichnet von Pieter Coel, Philip van Swinden, Joh. Fred. van Steelant und François Jacob Gallé. Sie bezeichneten sich zu Beginn des Dokuments als *Landesadvocaten*. Ich gehe davon aus, dass sie als Juristen in den Diensten ihrer jeweiligen Herkunftsprovinzen standen und mit einem Gutachten von diesen beauftragt wurden. Pieter Coel konnte bisher nicht zugeordnet werden. Der Drucker und Herausgeber J. Bosch hat in einer Art Who's Who der obrigkeitlichen Herrschaftsorgane für die Provinzen Holland und West-Friesland aus dem Jahr 1787 François Jacob Gallé genannt. Gallé wird darin als *Advocat voor de Hoven van Justitie* bezeichnet. Wahrscheinlich ist damit der Hof van Holland gemeint. 1798 wurde dieser Name offiziell festgelegt. J. Bosch, Naamlyst des Oeconomischen Taks van de Hollandsche Maatschappye der Weetenschappen, Haarlem: Bosch, 1778, S. 80, https://books.google.de/books?id=1x4J6U2mNMwC&pg=PA33&lpg=PA33&dq=Bosch,+Naamlyst+des+Oeconomischen+Taks+van+de+Hollandsche+Maatschappye+der+Weetenschappen&source=bl&ots=sw4yrQrLNi&sig=ACfU3U1m8CNWflSfnYzmyBJcXoulUBpUzg&hl=de&sa=X&ved=2ahUKEwiP3lGcwMnoAhWzwMQBHRSfBCUQ6AEwAHoECAsQKw#v=onepage&q=Gall %C3 %A9&f=false (02.04.2020). Philip van Swinden wird in einem ähnlichen Werk von 1778 über die *Staten-Generaal* von Johannes Thierry mehrfach erwähnt: 1751 als *Gedepudeerte[r] Bewindhebber van de O.I.Compagnie*, 1753 als *'s Lands Advocat van Holland* und 1755 als *Advocaat van H. Hoog Mog.* Aus dem Ehrentitel schließe ich, dass die letztgenannte Position bei den *Staten-Generaal* war. Thierry, Bericht wegens de Gesteltenissse der Hooge Vergaderingen, S. 18, 104, 123. Joh. Fred. van Steelant wird als *advocaat-fiscaal von Brabant* bei Huygens.ING Biographisch

entsprechend formulierten Gutachten gingen die Landesadvokaten höchst strukturiert und logisch vor. Sie beharrten darauf, dass im Hoheitsgebiet der Sieben Vereinigten Provinzen auch deren Recht zur Anwendung kam. Auf dem Territorium der Kolonie sollte wiederum das Recht der Kolonie gelten. Damit verweigerten sie explizit die Anwendung der *comitas* bzw. *secundum legem loci*.[173] Die Landesadvokaten fassten, nach einer kurzen Wiedergabe des Prozessablaufs, die Forderungen der beiden Parteien wie folgt zusammen: Criool und Leiland wünschten, ihre Freiheit durch Dokumente bestätigt zu bekommen, damit sie, zurück in Suriname, nicht erneut von van Steenberg als seine Sklavinnen behandelt werden konnten, während van Steenberg die Frauen* als sein Eigentum betrachtete und sie zurück in der Kolonie sehen wollte. Die Landesadvokaten gingen nun von dem Grundsatz aus, dass nach den »Sitten, Gewohnheiten und Gesetzten«[174] der niederländischen Republik, insbesondere der Provinz Holland, der Unterschied zwischen freien und unfreien Personen bereits vor Jahrhunderten aufgehoben und die Sklaverei abgeschafft worden sei und daher alle Menschen als frei zu gelten hätten. Aus diesem Grund sei auch die Praktizierung von Sklaverei in der Republik nicht rechtens und entsprechende Rechte bzw. Ansprüche seien nicht anerkannt. Daraus folge dann auch die Konsequenz, dass versklavte Personen, die aus Regionen, in denen Sklaverei praktiziert werde, in die Republik kämen, mit den freiheitlichen Privilegien der Republik ausgestattet werden würden. Damit würden sie aus der Sklaverei »erlöst« und ihren vormaligen »Herren« werde nicht zugestanden, sie nach dem Recht jener Regionen weiter als Sklav*innen zu behandeln. Stattdessen seien diese »Herren« den Gesetzen der Republik unterworfen, wonach die Sklaverei abgeschafft und aufgehoben sei.

> »[S]odann, dass dergleichen Sklaven die Autorität und den Schutz des Magistrats oder des Gerichts von dem Ort, wo sie sich befinden, gegen ihre Herren und Herrinnen, die sie als Sklaven behandeln wollen, in Anspruch nehmen müssen, wie dies dann auch so gemäß dem Allgemeinen Landrecht in bestimmten Rechten einiger Städte zum Überfluss statuiert ist: Als Vorbild kann das Gewohnheitsrecht der [Stadt] Amsterdam [dienen], das dem Antwerpens entspricht, [welches] zu finden [ist] in diesen Worten; Innerhalb der Stadt Amstelredamme [Amsterdam] und ihrer Freiheit sind alle Menschen frei und keine Sklaven. Ebenso [sind] alle Sklaven, die in diese Stadt und ihre Freiheit kommen oder gebracht werden, frei und außerhalb der Macht und Autorität ihrer Herren und Herrinnen, und falls ihre

---

Portaal van Nederland angegeben, http://resources.huygens.knaw.nl/repertoriumambtsdrag ersambtenaren1428-1861/app/personen/11543 (02.04.2020).

173   Vgl. Anm. 74, S. 78.

174   Hier und im Folgenden: NA, 1.01.02, 11485, *binnenlandse registers II 1771*, 30. Juli 1771, fol. 610-611.

Herren und Herrinnen dieselben als Sklaven halten wollen, und [sie zwingen] gegen ihren Willen [zu]dienen; vermögen dieselben Personen ihre zuvor genannten Herren und Herrinnen vor das Gericht dieser Stadt zu laden und sie [die Versklavten] dort rechtlich für frei erklären [zu lassen].«[175]

In ihrem Rechtsgutachten hatten die vier Landesadvokaten der *Gecommiteerde Raaden*, die unter der Leitung des holländischen Ratspensionärs (oberster Jurist) die *Staten-Generaal* bildeten, ganz klar nach dem *free-soil principle* argumentiert.[176] Dieses Prinzip sahen sie als basalen Teil der niederländischen Gesetzgebung und Rechtsprechung an und verwiesen auch auf das bei Grotius von einem Kommentator in einer Anmerkung genannte Stadtrecht von Antwerpen.[177] Ausdrücklich

---

175 NA, 1.01.02, 11485, *binnenlandse registers II* 1771, 30. Juli 1771, fol. 610-611. »Dat het na de Zeeden, gewoontens en constitutie van deese Vereenigde Nederlanden in 't gemeen en van de Provincie van Holland in 't bijsonder als eene ontwijffelbaare Zaak gesteld mag worden, dat hier te Lande het onderscheid tusschen Vrije en onvrye persoonen als zedert verscheyde eeuwen heeft opgehouden en de Slavernij in deese Landen ten eenmaal is gecesseert, zodanig dat alle menschen bij ons voor Vrije Luyden erkend en gehouden worden. Dat gelyk derhalven de oeffening der Slavernij of der regten, daar uit voortvloeyende, bij ons niet geoorloft is, daar uit dan ook bij wettige en noodsaakelyke consequentie volgen moet, dat wanneer en Slaven uit andere gewesten alwaar de Slavernij regeert, door hunne Meesters herwaarts worden overgesonden of overgebragt, deselve slaaven mogen jouisseeren van die voorregten, welke de constitutie, de maximes, en de wetten deeser Landen, aan hen verleenen, en dat Sij bijgevolg van hunne Slavernije sijn verlost, waar uit dan van selfsvoortvloeit dat aan hunne Heeren niet geoorlooft is, om hier te Lande eenige regten van Slavernij te oeffenen, maar deselve onderworpen Sijn aan, en zig gedragen moeten naar, de Wetten hier regeerende, volgens welke de Slavernij geheel is afgeschaft en opgehouden, zodanig dat diergelyke Slaaven de auctoriteit en bescherming van den Magistraat of van het gerecht van de plaats, alwaar Sij Sig bevinden tegen hun Meesters of vrouwen, die hun als Slaaven souden willen behandelen, souden mogen imploreeren, gelijk sulx dan ook alsoo, conform de generale Landregt bij bijsonde Keuren van sommige Steeden ten overvloede is gestatueert: Waar van tot voorbeeld Strekken kan t'geen onder Costumen der [stad] Amsterdam, conform aan die van Antwerpen, gevonden word in deese Woorden; Binnen de Stad Amstelredamme en haare Vrijheid zijn alle menschen vrij en geene Slaaven. Item alle Slaaven, die binnen deeser Steede en haare Vryheid, komen of gebragt worden, Sijn Vrij, en buiten de magt en auctoriteit van hunne Meesters en Vrouwen en bij soo verre haare Meesters en Vrouwen deselve als Slaaven willen houden, en tegen haar dank doen dienen; vermogen deselve persoonen haare voorsz: Meesters en Vrouwen voor den Geregte deeser Steede te doen daagen en hen aldaar regtelijk Vrij te doen verklaaren.«

176 Vgl. zum Aufbau und der Zusammensetzung der *Staten-Generaal* Israel, The Dutch Republic, S. 276-297. Derselbe Aufbau ist in den Regierungen der einzelnen Provinzen zu finden. Eine sehr erhellende und umfassende Beschreibung hiervon ist in Isaak Trition, Tegenwoordige Staat van Zeeland, Eerste Deel, hg. v. Pieter Boddaert, Johannes Plevier, Nikolaas van der Schatte, Amsterdam: Trition, 1751, S. 32-73 zu finden.

177 Vgl. Grotius, Inleydinge, I., IV., § 2, Anm. e. Bezüglich der Kommentare in den Schriften Grotius' vgl. die Erläuterungen in der Einleitung S. 28-31. Vgl. auch Peter Blickle, Von der Leibei-

betonten die Landesadvokaten, dass repatriierte Sklav*inneneigner*innen sich dem Landesrecht unterwerfen sollten, welches aus ihrer Perspektive auch für versklavte Personen galt, sofern sie auf legalem Wege in die Niederlande eingereist waren. Die Juristen betonten aber auch eine wesentliche Ausnahme, wie sie bereits von Bijnkershoek 1736 für seinen oben dargestellten Urteilsspruch über einen geflohenen Sklaven (*servis fugitivis*) herangezogen wurde:[178] Für eine versklavte Person, die eine »Möglichkeit gefunden hat, ohne das Wissen und die Zustimmung ihres Herrn oder ihrer Herrin auf heimliche Weise aus dem Land der Sklaverei zu entfliehen und hierher herüberzukommen«, sollten die freiheitlichen Privilegien der Republik nicht gelten.[179]

> »[I]n diesem Fall [gilt] das Prinzip der Billigung und dass das Recht mit[ge]bracht [wird], Gleiches [ist] auch von den Holländischen Gerichtshöfen ein ums andere Mal entschieden [worden], dass dieser Sklave durch seine ungesetzliche Tat, wodurch [weder] sein Herr [...] geschädigt werden soll, noch [der Sklave] die Früchte seiner Missetat genießen darf«.[180]

Diese Außerkraftsetzung des freiheitlichen republikanischen Rechts wurde möglich, weil bei einer heimlichen Flucht das *Prinzip der Billigung* und des Mitbringens des Rechts gelte (*comitas/secundum legem loci*).

> »[D]iese Ausnahme bestätigt dann auch wieder, dass wenn ein Sklave oder [eine] Sklavin mit Kenntnis und Zustimmung von desselben Herrn oder Herrin hierher herübergekommen ist oder gebracht [wurde], dann kann desselben Freiheit nicht in Zweifel gezogen werden, denn darin selbst, dass ein Sklave oder [eine] Sklavin durch desselben Herrn oder Herrin aus dem Land der Sklaverei gebracht wurde oder ein Sklave oder [eine] Sklavin geschickt wird, um mit Zustimmung von seinem Herrn oder [seiner] Herrin sich in ein Gebiet zu begeben, wo die Sklaverei abgeschafft ist, liegt offenbare und tatsächliche Entlassung aus der Sklaverei und ein Verzicht auf die Rechte, welche durchaus in einem Land, wo die Sklaverei regiert, den Eignern von Sklaven zugesprochen [werden]«.[181]

---

genschaft zu den Menschenrechten. Eine Geschichte der Freiheit in Deutschland, München: C.H. Beck, 2003, S. 36-53. Blickle schreibt hier über die Entwicklung der Freiheitsparagraphen in europäischen Stadtrechten.

178 Vgl. Bijnkershoek, Systematisch Compendium, S. 1. Siehe auch die Abschnitte 2.1.3.4 *Flucht* und 2.2 *Tradierte Auseinandersetzungen mit Sklaverei im praktizierten Recht der sieben vereinigten Provinzen* in dieser Studie.

179 NA, 1.01.02, 11485, *binnenlandse registers II 1771*, 30. Juli 1771, fol. 611.

180 Ebd.

181 NA, 1.01.02, 11485, *binnenlandse registers II 1771*, 30. Juli 1771, fol. 611.

Diese Rechte dürften jedoch nicht ausgeübt werden, »in dem Land, wo die Sklaverei nicht bekannt oder wo dieselbe abgeschafft ist«.[182]

Die Juristen versuchten möglichst jedes Argument van Steenbergs, der Criool und Leiland als seine Sklavinnen beanspruchte und sie zurück in die Kolonie senden wollte, auszuräumen. So gingen sie auf die Frage ein, ob es erlaubt sei, in den Niederlanden frei gewordene Personen gegen deren Willen zurück in die Kolonie zu zwingen und sie dort erneut zu versklaven, und kamen zu dem Ergebnis, dass ein solcher Versuch gegen die Gesetze der Niederlande sei, da es dort keine Sklaverei gäbe. Einen Grund für eine erneute Versklavung Criools und Leilands aufgrund eines begangenen Verbrechens, das mit einer solchen Strafe geahndet worden wäre, konnten die Juristen nicht erkennen. Van Steenbergs Argumentation lief also auch hier ins Leere. Ebenso wiesen die Juristen seine Behauptung zurück, die beiden Frauen* hätten sich heimlich aus ihren Verpflichtungen als Dienstbotinnen in seinem Haus gestohlen, und die Forderung, sie sollten hierfür bestraft werden. Diese Argumentation scheint bei Sklav*inneneigner*innen beliebt gewesen zu sein, da es auch im Fall von Christina zur Anwendung kam (siehe zweite biografische Mikrostudie, Kap. II.2.2). Von Heimlichkeit konnte bei Leilands und Criools Verlassen des van Steenberg'schen Haushalts nach Ansicht der Advokaten keine Rede sein. Sogar die Flucht aus dem Dienstverhältnis wurde als angemessene Reaktion auf das gewalttätige Handeln van Steenbergs angesehen. Er hatte offenbar in den Augen des Advokaten den Bogen überspannt und seine Herrschaftsgewalt als Hausvater überstrapaziert.[183] Die Landesadvokaten beriefen sich bei ihrer Bewertung der

---

182 Ebd. Hier zum Abgleich das zitierte und zum Teil paraphrasierte Zitat: »Dat gelyk zylx ook over een Stemt met het eenpaarig gevoelen, van alle geacoredeteerde Rechtsdoctoren, soo ook daar van maar eene uitsondering moet gemaakt worden in dien nementlijk een Slaaf of Slavin middel had gevonden om buiten weeten en toestemming van Sijnen Heer of Vrouw op eene Clandestine wijse uit het Land Syner Slavernije te ontvlugten en herwaarts over te komen; in welk geval de princeps van billigkeid een het regt meede brengen, gelyk ook bij de Hollandsche Geregtshoven een en andermaal is verstaan, dat Sodanige Slaaf door Synen on wettige daad, waar door van Synen Heer niet behoort te prejudicieeren, nog te genieten het vrugt van Sijn misdaad, dog welke uitsondering dan ook weederom bevestigt, dat wanneer een Slaaf of Slavin met kennis en toestemming van desselfs Heer of Vrouw herwaarts is overgekomen of gebragt, als dan desselfs Vryheid niet in twyffel kan getrokken worden vermits daarin Slefs, dat een Slaaf of Slavin door desselfs Heer of Vrouw uit het Land der Slavernij word gebragt of aan een Slaaf of Slavin gepermitteerd word, om met toestemming van Syn Heer of Vrouw zig te moge begeeven naar een gewest, alswaar de Slaverny is afgeschaft, legt opgesloten een dadelyk ontslag uit de Slavernij en een afstand van die regten, welke wel in een Land alwaar de Slaverney rigeert, aan de Eygenaers der Slaven toebehooren, maar niet geexerceert mogen worden in de Landen, alwaar de Slaverneij niet bekend of waar deselve Vernietigt is.«

183 Vgl. Alf Lüdtke, Gewalt des Staates – Liebe zum Staat. Annäherungen an ein politisches Gefühl der Neuzeit, in: Susanne Krasmann, Jürgen Martschukat (Hg.), Rationalitäten der Ge-

Umstände auf Jacoba Leilands Zeuginnenaussage (*memorie*), nach der sie Haus und Dienst bei van Steenberg aufgrund von Misshandlungen verlassen hatte. Zu diesen Misshandlungen »durch ihren zuvor genannten Herrn« sei es gekommen, »als dieser ihr im Monat Februar 1770 mit einem kupfernen Aschebesen eine Wunde in der Nähe der Schläfe ihres Kopfes zugefügt haben soll«.[184] Nach ihrem Auszug habe sie »per Brief die Übergabe ihrer Kleidung erbeten« und van Steenberg somit über ihren Weggang und ihren Verbleib in Kenntnis gesetzt.[185] »Steenberg soll dieselben Kleider an sie mit seinem gewohnten Schiffer gesandt haben, zu dem Haus eines van Vliet, wohnhaft außerhalb [von] Rotterdam in der Stadt Delft, wo sie ihre Wohnung genommen hat.«[186]

Marijtje Criool hatte der Darstellung der Landesadvokaten zufolge ebenfalls keine »heimliche Flucht« begangen. Stattdessen habe van Steenberg »ihr die Erlaubnis gegeben, um insbesondere mit ihrer Kleidung auszuziehen«. Van Steenberg, so schließen die Landesadvokaten ihre Begründung, habe »die angebliche heimliche Flucht von diesen sogenannten Sklavinnen gestellt«, also konstruiert.[187]

Die Landesadvokaten verwarfen also van Steenbergs Behauptung von Criools und Leilands heimlicher und somit illegaler Flucht und bewerteten auch hier die Angaben der beiden Frauen* höher. Diese berichteten von Gewalt, die sie durch ihren »Herren« erfahren hatten, und einer schriftlichen Forderung, die zurückgelassene Kleidung nachzusenden, bzw. in Criools Fall der mündlichen Aufforderung van Steenbergs, samt der Kleidung zu gehen. Es sei an dieser Stelle auch angemerkt, dass die Landesadvokaten offenbar nicht davon irritiert waren, dass van

---

walt: Staatliche Neuordnungen vom 19. bis zum 21. Jahrhundert, Bielefeld: transcript, 2007, S. 197-213, hier: S. 198-201, besonders: S. 200.

184   NA, 1.01.02, 11485, *binnenlandse registers II 1771*, 30. Juli 1771, fol. 613.

185   Ebd.

186   Ebd.

187   Ebd. Hier zum Abgleich das zitierte und zum Teil paraphrasierte Zitat: »[B]oven en behalven, dat gem: Jacoba Leyland bij haare overgegeveene memorie niet alleen de oorsaak van haare retraite uit den huyse en dienst van voorn: van Steenberg toeschryft aan mishandelingen, haar door haaren voorn: Heer aangedaan, als dewelke aan haar in de maand Februarij 1770 met een kopere Aschbeesem een wond omtrent de Slaap van t' Hoofd zouden hebben toegebragt, maar voorts ook daar bij voegt, dat zij na haar Vertrek bij missive de overgifte van haare Kleederen hebbende versogt de voorn: Willem Hendrik van Steenberg deselve kleederen aan haar zoude hebben toegesonden door synen gewonen Schipper, ten huysen van een van Vliet, wonende buiten de Rotterdamse doort der Stadt Delft, alswaar Sij haar intrek had genomen; terwijl de gem: Marytie Criool, wel verre van een Clandestine retraite te advoueeren in teegendeel bij gem: haare memorie de zaak soo voordraagt, dat gem: Willem Hend: van Steenberg aan haar verlof zoude hebben gegeeven om insgelijc met haare kleederen te mogen vertrekken, en off Schoon nu wel van deese omstandigheeden al meede geen bewijs door gem: Marytie Criool en Jacoba Leiland is geexhibeert, soo is daar uit facten welke gem: W: H: van Steenberg aangaande de voorgewende Clandestine retraite van deese Soo genaamde Slavinnen heeft geposeert.«

Steenberg einerseits Sklavinnen einforderte und andererseits auf das bestehende Dienstbotenrecht Bezug nahm. Die Bezugnahme erfolgte durch den Verweis auf eine angebliche unerlaubte Entfernung aus dem Haus und das Einfordern einer entsprechenden Strafe.

Aus der Perspektive der Advokaten bestand kein Zweifel an der Rechtmäßigkeit der Freiheit der beiden Klägerinnen Criool und Leiland. Auch nicht daran, dass repatriierte Kolonist*innen die Gesetze der niederländischen Republik zu respektieren hätten, nicht eigenmächtig und auch nicht nach den Gesetzen der Kolonie handeln dürften. Offen war nun noch die Frage nach dem Erhalt der Freiheit in der Kolonie, da Criool und Leiland dorthin zurückkehren wollten. Die Frauen* forderten eine Bescheinigung, nach der sie freigeborenen Personen gleichgestellt wurden und ohne Einschränkungen dort leben konnten. Van Steenberg beanspruchte die Frauen* als Sklavinnen in der Metropole und der Kolonie. Er führte hier zum einen an, die Freilassung Criools und Leilands würde ein schlechtes Beispiel für Versklavte sein und in der Kolonie für Aufruhr sorgen. Dem widersprachen die Juristen. Ebenso widersprachen sie der Behauptung, dass Criool und Leiland nicht in der Lage sein würden, in Suriname ihren Lebensunterhalt zu verdienen. Hier merkten die Landesadvokaten an, dass van Steenberg selbst den Wert der Frauen* als Sklavinnen mit insgesamt 4 000 Gulden angegeben habe und dass dies erwarten lasse, »dass sie sich sehr wohl im Stande befinden müssen, um mit ihren Händen den Lebensunterhalt gewinnen zu können«.[188] Criools und Leilands Bitte nach einer Gleichstellung mit frei geborenen Personen konnten und wollten die Landesadvokten jedoch nicht entsprechen. Es sollte offenbar verhindert werden, dass es gegen die ehemals versklavten Frauen* bei schlechtem Betragen gegen ihren vormaligen Eigner keine Handhabe gegeben hätte.[189] Mit einer Gleichstellung zu frei geborenen Personen wäre es nicht mehr möglich gewesen, eine erneute Versklavung als Strafe zu verordnen, wie es bei der Personengruppe der Freigelassenen in Suriname üblich war. Eine Entscheidung für eine solche Gleichstellung hätte das Gesetz der Kolonie mit seinen umfangreichen Sonderregeln für Freigelassene ausgehöhlt. Die Landesadvokaten fassten daher empfehlend an die *Staten-Generaal* zusammen:

> »Weshalb die Unterzeichnenden/: unter demütiger Korrektur :/anraten möchten, dass U Hoog Mogende [Staten-Generaal] bei derselben Entscheidung, zu berücksichtigen, zu entscheiden und zu begreifen [haben], dass/ beachtet wurde, dass die gemeldeten Bittstellerinnen Marytie Criool und Jacoba Leiland mit Wissen

---

188 Ebd., »[W]aar op W: H: van Steenberg zelfs zyne voorn: twee geweese Slavinnen bij Syne Memorie heeft getaxeert ten belope namentlijk van vier duysend guldens, doet presumeeren, dat zij zig zeer wel in Staat moeten bevinden, om met haare handen de kost te winnen.«

189 Vgl. hierzu die Vorgaben des *plakaats* vom 04.02.1761, die in 2.3.1 *Der politische und rechtliche Kontext*, S. 59-63 behandelt werden.

und Bewilligung ihres vormaligen Herrn und Eigners, des zuvor genannten Willem Hendrik van Steenberg, hierher gesandt oder gebracht wurden wie auch hierzulande gekommen sind und dadurch ihre Freiheit tatsächlich und rechtlich erhalten haben :/womit die Bittstellerinnen keine Briefe der Freiheit aus ihrer Sklaverei nötig haben, und dass sie, [die] Supplikanten, demnach nach Suriname zurückgekehrt als freigelassene Personen angesehen werden sollen, ohne dass dieselben durch oder von Willem Hendrik van Steenberg als seine Sklavinnen zurück-
gefordert oder als solche behandelt werden dürfen;

    Und dass ein weiterer oder anderer Versuch von den gemeldeten Supplikan-
ten nicht unterstützt werden kann und derselbe damit abgewiesen wird.«[190]

Criool und Leiland sollten entsprechend der Empfehlung der Landesadvokaten von
den *Staten-Generaal* keine Dokumente über ihre Freilassung erhalten, da sie mit
dem Wissen und der Zustimmung van Steenbergs, dem vormaligen Besitzer, in die
Republik gekommen waren. Dadurch würden sie, so die Darlegung der Landesadvokaten, entsprechend dem niederländischen Recht frei. Wobei hier zu beachten
ist, dass diese Empfehlung vorsah, dass das Prinzip der *comitas* bzw. *secundum legem
loci*, das zum niederländischen Recht gehörte und es ermöglichte, fremdes Recht in
der Republik wirksam zu erhalten, ausgeschlossen wurde.[191] Van Steenberg konnte
daher in dieser Angelegenheit keine Rechte mehr an den Frauen* geltend machen.
Bei einer Rückkehr in die Kolonie, in der Sklaverei rechtmäßig war, sollten sie als
freigelassene Personen angesehen werden. Dies erlaubte es wiederum, die Frauen*
bei geringfügigen Vergehen, wie z.B. einem für schlecht befundenen Benehmen
gegenüber van Steenberg, mit erneuter Versklavung zu bestrafen. Auf diese Weise
wäre van Steenberg also doch wieder in die Position des »Herrn« der beiden Frau-
en* geraten. Criool und Leiland erhielten, sobald sie in die Kolonie zurückkehrten,
einen erst 1731 etablierten Status, der in einer Grauzone zwischen Sklaverei und
Freiheit lag. Sie sollten dort selbst verantwortlich für ihren Lebensunterhalt sein,

---

190   NA, 1.01.02, 11485, *binnenlandse registers II 1771*, 30. Juli 1771, fol. 616f. »Weshalven de onder-
      geteekende/: onder ootmoedige correctie :/van advijse Soude Sijn, dat U Hoog Mogende bij
      der Selver Resolutie, in deese te neeme zouden behooren goed te vinden en te verstaan,
      dat/in agting genomen Synde, dat de gem: Suppln Marytie Criool en Jacoba Leyland, met
      kennis en bewilliging van haaren toenmaligen Heer en Eygenaar den voorn: Willem Hendrik
      van Steenberg herwaards gesonden of gebragt, mitsgaders hier te Lande gekoomen Sijn,
      en daar door haar Vryheid dadelyk en Wettelyk verkreegen hebben :/mets Sij Supplianten
      geen brievens van Vrydom uit haare Slaverneij noodig hebben, en dat Sij Supplianten dien-
      volgende in Surinamen retourneerende, als Vrygelaate Persoonen Zullen worden geconside-
      reert, zonder dat deselve door of van weegens den gem: Willem Hendrik van Steenberg, als
      Syne Slavinnen, Sullen mogen gereclameert als sodanige behandelt worden; En dat in het
      verder of ander Versoek van de gem: Supplianten niet kan worden getreeden, en het Selve
      mitsdien werd afgeweesen.«

191   Vgl. Anm. 15, S. 64.

mussten sich aber an eine ganze Reihe kolonialer Gesetze halten, für deren Überschreitung als Strafe der Rückfall in den Status als Sklavinnen drohte.[192]

Da es ausschließlich Schwarze Menschen und People of Color waren, die in
den West Indies versklavt wurden, betrafen die Gesetze für Freigelassene ebenfalls
nur nicht-*weiße* Menschen. Der Status und die Gesetze für Freigelassene, Grotius verwendete den Begriff *vrylinge*, diente der strukturellen Marginalisierung und
dem Erhalt der kolonialen Herrschaft durch *weiße* Kolonist*innen.[193] Dies bedeutet, dass das rechtliche Konstrukt *Freigelassene* im Kontext des niederländischen
Kolonialismus bereits in seiner strukturellen Anlage rassistisch war. Criool und
Leiland wurde Berufung in dieser Sache – ihren persönlichen Freiheitsrechten –
nicht zugestanden. Van Steenberg durfte den Entscheid allerdings auch nicht an-
fechten.

Han Jordaan vertritt die These, dass die Rechtsprechung in den karibischen
Kolonien rassistisch war, während das Recht in den europäischen Mutterländern
nicht rassistisch war.[194] Betrachtet man den hier rekonstruierten Fall von Criool,
Leiland und van Steenberg, kann diese These auf der einen Seite bestätigt werden.
Immerhin wurde hier durch die Aushebelung des gängigen Rechtsprinzips *comitas*
auf republikanischen Boden dem *free-soil principle* Geltung verliehen. Jedoch muss
auf der anderen Seite auch beachtet werden, dass die Landesadvokaten und die
Staten-Generaal an der Gesetzgebung der Kolonien beteiligt waren. Indem Criool
und Leiland dazu verurteilt wurden, sich in den marginalisierenden Status von
Freigelassenen zu fügen, sobald sie in Suriname ankamen, anerkannten und bestätigten die Landesadvokaten und mit ihnen die *Staten-Generaal* das rassistische
koloniale Gesetzessystem. Die genaue Betrachtung des Gesetzgebungsprozesses
und der vorgebrachten Argumente bei der Entwicklung des *Plakaat 1776* wird zeigen, dass die vereinfachende Trennung in eine rassistische koloniale und eine libe-
rale republikanische und europäische Rechtsprechung, wie Jordaan sie vorschlägt,
zu kurz greift.

---

192   Weitere Ausführungen zu den Gesetzen für Freigelassene vom 04.02.1761 sind in 2.4 *Manu-
      mission in der niederländischen Republik* zu finden.
193   Vgl. Anm. 15, S. 64.
194   Vgl. Jordaan, Free Blacks and Coloreds, S. 80.

2.3.1.4   Machtkampf um das Privileg[195] freiheitliche Rechte anzuerkennen

Nachdem 1771 der Fall Criools, Leilands und van Steenbergs abgeschlossen war, meldete sich am 15. Februar 1773 *Oud Gouverneur* Wigbold Crommelin mit der Bitte »um Briefe der Freiheit und des freien Geleits für jeden einzeln und in gewöhnlicher Form«[196] für seine in der Republik freigelassenen, ehemals von ihm versklavten Dienstbot*innen Christiaan Africanus und Anna Elisabeth van Chatillon bei den *Staten-Generaal*. Diese wiederum informierten deshalb umgehend die *Sociëteit van Suriname*, welche den *Staten-Generaal* am 16. Juni 1773 eine umfassende Bewertung der Anfrage zukommen ließ und darauf beharrte, dass der Status von (ehemals) versklavten Personen in Suriname von der dortigen Regierung und nicht in den Niederlanden entschieden werden müsse. Hierbei nahm die *Sociëteit* Bezug auf die *Resolution* (Einzelfallentscheidung), die für Criool und Leiland getroffen wurde:

> »[V]ermeinen wir [...], dass die Resolution in einem Einzelfall genommen wurde [und] nicht auf alle anderen ausgedehnt werden kann, weil dadurch sonst höchstwichtige Anordnungen vernichtet werden würden, welche durch den Gouverneur und die Räte von Polizei und Strafjustiz in Hinblick auf das Freigeben der Sklaven gemacht wurden.«[197]

Es folgte eine Aufzählung der erwähnten Anordnungen: Erstens müsse sichergestellt werden können, dass sich die Freigelassenen auch an die für sie bestimmten Regeln halten würden, damit die Ordnung in der Kolonie erhalten bleibe (Resolution vom 4.2.1761). Zweitens, und in dieser Sache habe sogar die Kaufmannschaft der Kolonie zugestimmt, sei es wichtig, dass es die Möglichkeit gäbe, Einspruch gegen die Freilassung von Sklav*innen einzulegen, wenn jemand wegen einer Hypothek oder aus anderem Grund Anrecht auf diese habe (Resolutionen vom 4.8. und 1.12.1760). Drittens wurde betont, dass »freigelassene Sklaven« in der Lage sein

---

195   Das frühneuzeitliche Privileg weist keine einheitliche Form auf. Es kann als ein privates Recht, eine Sonderregel, ein gruppenspezifisches Recht und vieles mehr im Rechts- und Normensystem des europäischen Mittelalters und der Frühen Neuzeit angetroffen werden. In der niederländischen Republik kann die Erteilung eines Privilegs etwa an Begriffen wie »*voorregten, particuliere octroyen, keuren, land-chartres, willekeuren, brieven, gerechtigheden, costumen*« identifiziert werden. »Im Gegensatz zum Gesetzesrecht handelte es sich bei den P[rivilegien] um eine Masse instabilen Rechts, das in der Gefahr des Verlustes durch Gnadenentzug stand. Das konnte durch verschlechternde Interpretation, Abänderung oder Widerruf geschehen.« Heinz Mohnhaupt, »Privileg«, in: Enzyklopädie Der Neuzeit Online, doi: http://dx.doi.org/10.1163/2352-0248_edn_COM_331293.

196   NA, 1.01.02, 5796, 16. Juni 1773. »[D]oen expedieren Brieven van Vrijdom en vrij Geleide aan ieder in Solidum in ordinaria forma.«

197   Ebd. »[V]ermenen Wij [...], dat die Resolutie in een Particulier geval genomen, niet tot alle andere kan worden geextendeert, dewijl daardoor zouden worden vernietigt de hoognodige Schickungen welke door Gouverneur & Raaden van Politie en criminele Justitie met opsigt tot het vrijgeven der Slaven zijn gemaakt.«

müssten, ihren Lebensunterhalt selbst zu erwirtschaften, oder es müsse zumindest eine Bürgschaft in entsprechender Höhe für solche Personen vorhanden sein, damit ausgeschlossen werden könne, dass diese Personen weder der Kolonie noch der Armenkasse zur Last fielen. Aus diesem Grund stellte die *Sociëteit van Suriname* fest, dass »Sklaven«, die mit der Zustimmung ihrer »Herren« in die Niederlande gekommen seien, keine Briefe der Freiheit benötigten, wenn sie aber in die Kolonie zurückkehren wollten, würden sie dort als freigelassene Personen angesehen und müssten sich den entsprechenden Gesetzen unterwerfen.[198] Daher möchten »in diesem Fall die zwei Sklaven von dem Supplikanten [Wigbold Crommelin] geneigt sein, sich wieder nach der Kolonie zu begeben, dort in gewöhnlicher Weise die Briefe der Freiheit beantragen«.[199] Die *Sociëteit* ignorierte dabei die Tatsache, dass Anna Elisabeth van Chatillon und Christiaan Africanus längst frei waren, weil ihr vormaliger Eigner Crommelin ihnen ihre Freiheitsrechte gewährt hatte, und bezeichneten sie einfach weiterhin als »Sklaven«.

Die Kolonialregierung in Suriname und die *Sociëteit van Suriname* beharrten auf ihrer Macht. Sie beanspruchten die Entscheidungsgewalt über den Status von versklavten, freigelassenen und auch freien Schwarzen Personen oder People of Color. Diese Macht war durch die Entscheidung im Fall Criools und Leilands ins Wanken geraten. In diesem hatten die *Staten-Generaal* wie gezeigt festgelegt, dass Criool und Leiland in der Kolonie den Status von Freigelassenen erhalten würden, und zudem bestimmt, dass sie keine Freibriefe benötigten. Die *Sociëteit* stellte daher in Bezug auf Crommelins Bitte um Freibriefe fest,

> »dass dieselbe Marijtje Criool und Jacoba Leiland keine Briefe der Freiheit aus ihrer Sklaverei nötig hatten, und dass sie entsprechend in Suriname angekommen, als Freigelassene Personen angesehen werden […]; die Vorstellung könnte entstehen, dass die Sklaven von dem Supplikant Wigbold Crommelin auch keine Briefe der Freiheit nötig haben, daher meinen Wir mit aller Ehrerbietung, dass die Resolution für einen Einzelfall genommen wurde, nicht auf alle anderen ausgedehnt werden kann.«[200]

---

198   NA, 1.01.02, 11495, 16. Juni 1773, fol. 919-929. In dieser Abschrift des originalen Schreibens sind alle erwähnten Resolutionen vollständig kopiert, allerdings mit dem Datum vom 23. Juni 1773 versehen, welches als Datum der Bearbeitung des Briefes notiert ist. Das Dokument 1.01.02, 5796, 16. Juni 1773 ist das originale Schreiben der *Sociëteit* an die *Staten-Generaal*. In 1.05.03, 109 ist auf den letzten Seiten des Buches eine Teilkopie des Schreibens zu finden.

199   NA, 1.01.02, 5796, 16. Juni 1773. »[I]ngevalle de twee Slaven van Hem Suppliant genegen mogten zijn weder na de Colonie te begeven, alsdaar op de gewoonlijke Wijse de brieven van Vrijdom te obtineren.«

200   Ebd. »[D]at dezelve Marijtje Criool en Jacoba Leiland mits cien geen brieven van vrijdom uit haare Slavernije nodig hadden, en dat zij dienvolgende in Suriname retournerende, als vrijgelatene personen Zullen worden geconsidereert […]; het denkbeeld zoude kunnen verwekken dat de Slaven van den Suppliant Wigbold Crommelin mede geen brieven van vrijdom

Um die Aushöhlung ihrer Deutungsmacht nicht weiter voranschreiten zu lassen, intervenierte die *Sociëteit* im Namen der Kolonialregierung. Sie forderte ein, dass im Fall Crommelin bzw. van Chatillon und Africanus nicht erneut die *Staten-Generaal* qua Anweisung die Entscheidungsmacht der Kolonialregierung übergehen dürften, wie dies durch ihre Anweisung in der Resolution vom 9. August 1771 geschehen war, als Criool und Leiland von den *Staten-Generaal* den Status von Freigelassenen ohne Dokumente erhielten. Damit war die Entscheidungsmacht der Kolonialregierung ausgehebelt und das Ergebnis der Überprüfung des Status bei der Einreise in die Kolonie vorweggenommen worden. Diese Entscheidungsgewalt forderte die Kolonialregierung im Fall Crommelin zurück, indem sie direkt verlangte, dass sich Africanus und van Chatillon in Suriname bei den *Raaden van Politie en criminele Justitie* melden müssten, um dort einen regulären Antrag auf Freilassung zu stellen. Aus der Perspektive der *Sociëteit* und der Kolonialregierung waren Freiheitsbriefe irrelevant, da sie die Entscheidung über die Gewährung freiheitlicher Privilegien oder den Erhalt der Sklaverei für sich reklamierten.

Crommelins Bestrebungen, sowohl Joost van New Amsterdam als auch Christiaan Africanus und Anna Elisabeth van Chatillon in die Freiheit zu entlassen, indem er diese in die Niederlande brachte, auf das *free-soil principle* setzte und die Entscheidungsgewalt der Kolonialregierung zu umgehen versuchte, waren teilweise gescheitert. Da Crommelin nicht Eigentümer von Joost van New Amsterdam war, konnte er ihn auch nicht freilassen. Im Fall von van Chatillon und Africanus jedoch stellten sich die *Staten-Generaal* offenbar auf deren Seite und übergingen erneut die Entscheidungsgewalt der Kolonialregierung in Suriname. Sie legten fest, dass van Chatillon und Africanus keine Papiere benötigten und bestimmten zudem, dass die beiden in der Kolonie Freigelassene sein würden. Die *Sociëteit* beklagte in einem Schreiben vom 7. Juli 1775, dass die *Staten-Generaal*

> »auch in diesem Fall höchst selbst der Resolution vom 9. Aug 1771 gefolgt [sind], und wegen desselben Grundes erklärt, dass die Sklaven keine Briefe der Freiheit [nötig haben], und weiter den Einwänden in der zuvor genannten Missive der Direktoren von der Kolonie Suriname widersprachen.«[201]

---

nodig hebben, vermenen Wij evenwel met alle eerbied, dat die Resolutie in een Particulier geval genomen, niet tot alle andere kan worden geëxtendeert.« »[D]at dezelve Marijtje Criool en Jacoba Leiland mits dien geen brieven van vrijdom uit haare Slavernije nodig hadden, en dat zij dienvolgende in Suriname retournerende, als vrijgelatene personen Zullen worden geconsidereert [...]; het denkbeeld zoude kunnen verwekken dat de Slaven van den Suppliant Wigbold Crommelin mede geen brieven van vrijdom nodig hebben, vermenen Wij evenwel met alle eerbied, dat die Resolutie in een Particulier geval genomen, niet tot alle andere kan worden geëxtendeert.«

201   NA, 1.05.03, 65, 7. Juli 1775, S. 179, 180. »[O]ok in dit geval Hoogst selver Resolutie van 9. Aug 1771 gevolgt [zijn], en op den selfden Grond Verklaard dat de Slaven geene brieven van Vrijdom [nodig hebben], en voorts de bedenklijkheden bij de voorne Missive van Directeuren

2.3.1.5   Die Kontrolle der Wege des Kapitals

In der Kolonie wurde zweifelsohne das Recht auf Eigentum und dessen Sicherung über das Recht auf persönliche Freiheit gestellt. Um dies sicherzustellen, wurden verschiedene Regeln in Form von Resolutionen ersonnen, die zum einen die Vorherrschaft der *weißen* Kolonist*innen gegenüber versklavten, aber auch gegenüber freigelassenen People of Color und Schwarzen Menschen sicherten. Dies zeigen z.B. die bereits aufgeführten Resolutionen vom 4. Februar 1761, an deren Zustandekommen Wigbold Crommelin als damaliger Gouverneur selbst mitgewirkt hatte. Zum anderen sollte verhindert werden, dass Plantagenbesitzer*innen in ihrer Position als Sklav*inneneigner*innen Anlass erhielten, ihr Kapital in Form von versklavten Personen außer Landes zu schaffen. Auf diese Weise hätte das Kapital dem Zugriff ihrer Gläubiger*innen entzogen und dann anderswo, durch den Verkauf der versklavten Personen, erneut Gewinn erwirtschaftet werden können.

Bei Crommelins Ausreise aus Suriname im Mai 1770 wurde kritisiert, dass dieser weder Pässe für seine Familie noch für die versklavten Personen beantragt hatte und dass deshalb nicht geprüft werden konnte, ob sein Besitz mit Hypotheken belastet war.[202] Damit blieb die Frage ungeklärt, ob der ehemalige Gouverneur berechtigt war, die von ihm versklavten Personen mit in die Niederlande zu nehmen. Um sicherzustellen, dass nicht erneut eine Situation eintreten könnte, in der die Kolonialregierung Gefahr lief, ihre Deutungshoheit einzubüßen, erließ die *Sociëteit van Suriname* am 17. Dezember 1773 ein *plakaat* für die Kolonie. Festgelegt wurde damit, dass versklavte Personen nur noch dann Pässe für eine Reise in die Niederlande erhielten, wenn diese nachweislich mindestens sechs Wochen vor der Abreise beantragt worden waren.[203] Auf diese Weise war genug Zeit, um in Fällen, in denen die versklavten Personen einer*m Plantageneigner*in gehörten, zu überprüfen, ob deren Besitz mit Hypotheken belastet war. War dies der Fall, konnte die Ausreise der betreffenden versklavten Personen, die als Kapital angesehen wurden, verweigert werden. Damit niemand bei der Ausreise an der kolonialen Behörde vorbeigeschmuggelt werden konnte, wurde es Kapitänen verboten, aus einem Hafen in Suriname auszulaufen, wenn nicht für alle Passagier*innen Pässe vorgelegt werden konnten.[204]

Die Auseinandersetzungen um den Status von versklavten und ehemals versklavten Personen nach deren Einreise in die Republik war eine komplizierte rechtliche Frage. Zugleich entspann sich darum in der niederländischen Metropole und

---

van de Colonie Suriname geoppert.« Herzlichen Dank an Francisca Hoyer (Universität Uppsala), die so freundlich war, bei einem ihrer Archivbesuche in Den Haag das Dokument für mich zu fotografieren und mir zukommen zu lassen.

202 NA, 1.05.03, 206, 3. Mai 1770, S. 891.

203 Ebd., 189, 17. Dezember 1773. Vgl. auch Oostindie, Kondreman, S. 14.

204 NA, 1.05.03, 206, 3. Mai 1770, S. 891.

in der Kolonie Suriname ein Machtkampf unter den beteiligten historischen Akteur*innen um die Deutungshoheit und Entscheidungsgewalt über die eigenen
Untertan*innen. Persönliche Zwistigkeiten scheinen mitunter die Argumentation
der Parteien beeinflusst zu haben, wie der Fall Crommelins, der im Streit mit einigen kolonialen Räten lag und mit einem Korruptionsvorwurf konfrontiert war,
zeigt.

2.3.1.6   Die Rezeption der Resolutionen durch versklavte Personen in Suriname

Der Wissenstransfer in Bezug auf rechtliche Belange kannte sowohl den Weg aus
der Kolonie in die Metropole, als auch wieder zurück. Die vielfach genannten Resolutionen von 1771 und 1773 wurden auch in Suriname von versklavten Menschen
als Argumentationsgrundlage herangezogen, um sich gegen ihre Zwangslage zur
Wehr zu setzen.

Auch hier sind es wieder Verwaltungsakten, die Auskunft geben über die Situation. Am 5. Dezember 1774 bat Anna Maria Papot, Witwe des Plantagenbesitzers
Daniel Buttner, Gouverneur und Räte von Suriname um ihr Eingreifen wegen eines Konfliktes, den sie mit einem Mann namens Andries austrug, welchen sie als
ihren Sklaven beanspruchte.[205] Einige Jahre zuvor, 1768, war Buttner nach Amsterdam gereist, um den Ankauf von weiteren versklavten Personen zu bewerkstelligen
und hierfür den benötigten Kredit zu erhalten. Er kam in Begleitung des von ihm
versklavten Andries in die Republik und überzeugte so die Geldgeber. Einige Zeit
später reiste auch Papot in die Republik. Auch sie ließ sich von Andries sowie vier
weiteren versklavten Frauen* begleiten.[206] Als 1774 Buttner starb, war die Plantage
des Ehepaars hoch verschuldet. Papot schickte in dieser Situation unter anderem
Andries los, der als Koch, Perückenmacher und Chirurg gute Einkunftsmöglich-
keiten hatte, um Geld für den Unterhalt verdienen.[207] Andries aber weigerte sich,
seine Einkünfte abzugeben, und brachte vor, dass er entsprechend den Resolutionen vom 9. August 1771 und 23. Juni 1773 wegen seiner Besuche in der Republik
nicht länger Papots »Sklave« sei und deshalb auch seinen Verdienst nicht abgeben müsse.[208] Etwa zur selben Zeit forderten die Zwangsverwalter der insolventen
Plantage, dass ihnen alle »Sklaven« bis auf vier, die Papot als persönliche Bedienstete behalten durfte, zu überstellen seien.[209] Gouverneur und Räte intervenierten

---

205   KB, Oude Drukken, 401 E 1 1774-1786, Rapport op de missieve. Fatah-Black hat eine umfassende Darstellung des Falls vorgelegt. Fatah-Black, Terugkomen, S. 179-185. Ders., Eigendomsstrijd, S. 122-128.

206   Vgl. Fatah-Black, Terugkomen, S. 182. Ders., Eigendomsstrijd, S. 122.

207   KB, Oude Drukken, 401 E 1 1774-1786, 7. November 1774, S. 17.

208   Ebd., S. 13.

209   Ebd., 5. Dezember 1774, S. 21.

und stellten fest, dass Andries auch als Freigelassener zum Unterhalt seiner vormaligen Herrin beitragen müsse. Hierbei berief man sich explizit auf die Vorgaben des römischen Rechts in Bezug auf Freigelassene und deren Unterhaltspflicht im Falle einer Verarmung der vormaligen Eigner*innen und auf die Regelungen für Freigelassene, die Gouverneur Mauricius am 21. Januar 1743 erlassen hatte und die am 19. Mai 1760 erneuert worden waren.[210] Noch während Papot und die Kolonialregierung nach einer Lösung ihres Problems wegen Andries' Widerständigkeit suchten, meldeten zwei weitere Personen namens Blondyn und Sabina an, dass sie nicht länger als versklavt anzusehen seien und damit nicht bei der Taxierung von Papots Eigentums mit einbezogen werden dürften. Auch sie beriefen sich auf Aufenthalte in der Republik und die genannten Resolutionen, die bezüglich der Fälle von Criool und Leiland sowie van Chatillon und Africanus beschlossen worden waren.[211] Die Kolonialregierung stellte am 6. Februar 1775 die genannte Anfrage bei den *Staten-Generaal*. Geklärt werden sollte, ob die versklavten Personen, die Papot und Buttner für kurze Zeit in die Republik begleitet hatten, nun tatsächlich frei wären oder nicht und ob sie zu dem zwangsverwalteten Besitz bzw. Kapital gehörten.[212]

2.3.1.7 Die Pro-Sklaverei Lobby erhöht den Druck auf die Staten-Generaal

So wurde die durch die Anfragen Joosts van New Amsterdam 1770 begonnene Debatte zwischen der Kolonialregierung in Suriname und der *Sociëteit van Suriname* in Amsterdam auf der einen und den *Staten-Generaal* auf der anderen Seite noch einige Zeit weitergeführt. Am 7. Juli 1775 erkundigte sich die *Sociëteit* in einem Schreiben an die *Staten-Generaal* nach dem bisherigen Verlauf der Debatte und stellte erneut die Forderung nach einer Art Drei-Punkte-Plan in Hinblick auf die Fragen nach der Notwendigkeit von Freilassungsdokumenten, der Unterordnung unter die Gesetze für Freigelassene in Suriname und der Armenversorgung. In ihrer Argumentation vertrat sie gewissermaßen als Pro-Sklaverei Lobby eindeutig die Interessen der Plantagen- und Sklav*inneneigner*innen und sprach sich entschieden für den Erhalt des Sklav*innenstatus in der Republik aus. Der Sekretär der *Sociëteit* van der Hoop wurde autorisiert, die erarbeiteten Argumente zu übergeben und damit die Debatte mit den *Staten-Generaal* erneut anzuheizen.[213] Die *Sociëteit* wollte sicher-

---

210 Ebd., 7. November 1774, S. 18-20.

211 Ebd., S. 21-22.

212 Ebd., S. 13.

213 NA, 1.05.03, 65, 7. Juli 1775, S. 176-186. Auf diese Quelle bin ich bei der Lektüre von Fatah-Black, Terugkomen, S. 185, aufmerksam geworden. Bei Fatah-Black ist in der Angabe der Signatur der Archivalie jedoch das Jahr 1774, nicht 1775 angegeben.

stellen, dass sie nicht ein weiteres Mal in ihrer Entscheidungsgewalt in Bezug auf Freilassungen von den *Staten-Generaal* übergangen würde.[214]

Die *Sociëteit* wollte nun ganz genau wissen – und hierbei rekurrierte sie konkret auf die Resolutionen in den Fällen Criool, Leiland und van Steenberg sowie Crommelin –, ob es tatsächlich der Wille der *Staten-Generaal* sei, dass wirklich alle versklavten Personen, die jemals in der Republik waren, frei würden und ob sie sich den Gesetzen der »Gemanumitteerdens« (Freigelassenen) unterwerfen müssten:

> »[D]ass alle Sklaven, ohne Unterschied, welche mit oder ohne das Wissen und die Zustimmung von ihren Herren im Vaterland gewesen waren, jetzt als freie Leute angesehen werden müssen und ob dieselben auch unterworfen sind unter die Bestimmungen der Regierung zur Aufsicht der Freigelassenen.«[215]

Die nachfolgende Argumentation des Schreibens lässt nochmals tief blicken. So wurde von der *Sociëteit* vorgebracht, dass durch eine allzu großzügige Regelung bei den Freilassungen zu befürchten sei, dass die Republik wirtschaftlichen Schaden nehme.

> »Der Wert der Besitzungen der Eingesessenen [in Suriname] und die Solidität der verpfändeten & mit Hypothek belasteten Güter können vermindert werden und dadurch merklicher Schaden den Kreditteuren und Geldverleihern hierzulande [in der Republik] zugebracht werden, die mit der Vergabe von Krediten auf Plantagen oder Häuser mit daran gebundenen Sklaven ihr Geld anvertraut haben.«[216]

Auch sei zu befürchten, dass die versklavten Menschen in Suriname nur noch schwer zu beherrschen seien, wenn ihnen klar würde, dass diejenigen unter ihnen, die die Republik besucht hätten, einen Rechtsanspruch auf Freiheit hätten.

---

214   Ebd.

215   Ebd. »[D]at alle Slaven sonder onderscheid, welke ooit of ooit met kennis en bewilliging van hunne Meesters in de Vaderlande zijn geweest, thans als vrye Lieden moeten worden geconsidereert, en of deselve ook onderworpen Zijn aan de Schikkingen van de Regering ten opsigte van de Gemanumitteerdens genomen.« Fast identische Formulierungen finden sich in den etwas später ausgestellten Dokumenten KB, Oude Drukken, 401 E 1 1774-1786, 19. Juli 1775, S. 7-12 und dem *Concept-Plakaat* vom 8. Februar 1776, das die *Staten van Holland* als Entwurf bei den *Staten-Generaal* vorlegten. Vgl. SAA, 5028, 544N, Scan SUR100210000001. Fatah-Black gibt in seiner Darstellung wieder, dass gefragt worden sei, ob »ohne Unterscheidung der Personen« (»zonder onderscheid des persoons«) die Freilassung erteilt werden solle. Fatah-Black, Terugkomen, S. 185. Und auch Ders., Eigendomsstrijd, S. 127.

216   NA, 1.05.03, 65, 7. Juli 1775, S. 181. »De Waarde van de besittingen der Ingesetenen, en de Soliditeit der Verpande & gehijpothequeerde Goederen kan verminderd worden, en daar door merkelijke Schade toegebragt aan de Crediteuren en GeldSchieters hier te Lande, die onder hijpothekeer van Plantagien of huisen met de daarop geaffecteerde Slaven hun Geld hebben betrouwd.«

Damit würde die emotionale Abhängigkeit, die bestehe, wenn versklavte Personen nur durch eine Gunstbezeugung von ihren Eigner*innen freigelassen werden könnten, schwinden.

»Die Sklaven, die auf diese Weise ihre Freiheit erhalten hätten, erhalten [die] Einsichten, dass zu diesem Zwecke [sich] berufen [wurde] auf ein erworbenes Recht, [sie] hätten nicht das Gefühl, sie [die Freiheit] durch die Güte ihrer Herren und Meister [erlangt zu haben], die ihnen die große Wohltat bewiesen hätten, durch welches Gefühl sie ihre Pflicht [erfüllen] und zu einem ordentlichen Verhalten angespornt werden, und sollten die erhaltene Freiheit nicht ansehen als eine Belohnung für ihre treuen Taten, und dadurch ein starkes Druckmittel, um sich ordentlich und still zu betragen, aus dem Auge verlieren.

Und jeder, der einige Kenntnis hat über den Charakter dieser Nationen, welche noch heute unter den Gesetzen der Sklaverei leben, weiß genug, dass man alle möglichen Mittel ins Werk stellen muss, um sie zu regieren und zum Besten zu leiten, und dass man ihnen nicht zu viel Recht zu beanspruchen & fordern geben darf.«[217]

Der oben skizzierte Fall Papot, der mit ein Grund für die Anfrage der *Sociëteit* vom 7. Juli 1775 bei den *Staten-Generaal* war, zeigt eine Brisanz auf, welche die Kolonialregierung und die *Sociëteit* dringend entschärft sehen wollten: Erneut aufgegriffen wurden die Argumente bezüglich der Freilassungen in der Kolonie aufgrund eines Aufenthalts in der niederländischen Republik, die Schilderung der prekären wirtschaftlichen Lage und der drohende Herrschaftsverlust der Kolonist*innen über die versklavte Mehrheit der Schwarzen Menschen und People of Color in der Kolonie. Dieser versklavten Mehrheit wurde ein *Caracter dier natien*, ein Nationalcharakter, unterstellt, der den Einsatz unterschiedlicher Instrumente zu ihrer Beherrschung erfordere – und also auch rechtfertige. Man dürfe den versklavten Menschen nicht zu viele Rechte zum Einfordern zugestehen. Diese Kollektivierung und die Koppelung der Individuen an einen Nationalcharakter, der als schädlich ima-

---

217   Ebd., S. 182. »De Slaven die op die Wijse hunne Vrijheid Zouden hebben verkregen en sig ten dien einde beroepen op een Geacquireert Regt, Zouden niet hebben het gevoel t' an en kentenis voor de goedheid van hunne Heeren en Meesters, die hun die groote Weldaad hadden bewesen, door welk gevoel zij in hunne Pligt en tot een ordentlijk gedrag worden aangespoort, en Zouden die Verkregene Vrijheid niet aan sien als een Beloning voor hunne trouwe daaden, en daar door uit het oog verliesen en Sterk beweegmiddel om sig ordentlijk en Stil te gedragen.
   [E]en ieder die eenige Kennis heeft aan het Caracer dier natien, welke tot nog toe onder de Wetten van Slavernije leven, weet genoeg dat men alle mogelijke middelen moet in 't werk Stellen om hun te regeren en ten besten te bestieren, en dat men hun niet te veel Regt van eischen & Vorderen moet geven.«

giniert wurde und die *weiße* Superiorität bedrohte, zeigen erneut das rassistische Gedankengut, das hinter den Gesetzen stand.

2.3.1.8   Die Erweiterung der Anwendung des Prinzip secundum legem loci

Die *Sociëteit* gab in dem Schreiben an die *Staten-Generaal* auch zu bedenken, dass es gängige Praxis und gegebenenfalls unumgänglich sei, dass Kolonist*innen versklavte Menschen in die Republik mitnähmen:

> »Sicherlich, indem die mehrfachgemeldeten Resolutien von Ihrer Hoog Mog. [Staten-Generaal] im Rückbezug wirken, wird die Anzahl der Freigelassenen merklich ansteigen, weil meist alle Pflanzer, die jemals hierzulande [in der Republik] gewesen sind, sei es zur Rettung oder Verfügung von einzelnen Sachen, sei es zur Verbesserung ihrer Gesundheit, meist immer Sklaven zu ihrer Hilfe [und] Assistenz auf die Reise mitgenommen haben und mitnehmen mussten, weil in der Kolonie keine anderen dienstbaren Personen sind.«[218]

Die *Sociëteit* machte aber auch deutlich, dass bereits in den Resolutionen vom 9. August 1771 und 23. Juni 1773 eine Ausnahmeregelung in Hinblick auf die Freilassung wegen eines Aufenthalts in der Republik vorgesehen war. Es ging dabei um den Fall, dass versklavte Personen, die sich heimlich und durch Flucht in die Republik begäben, keinen Anspruch auf Freilassung haben sollten. Diesen Punkt wünschte die *Sociëteit* nun auszuweiten. Daher schlug sie vor, dass diejenigen Kolonist*innen, die ihren Wohnsitz nicht in die Republik verlegten, von den Sieben Vereinigten Provinzen als Fremde und Reisende angesehen werden sollten – was folglich auch für deren Sklav*innen zu gelten habe, und berief sich in diesem Zusammenhang auf das Prinzip *secundum legem loci*:

> »In dieser Hinsicht ist das Recht bekannt, dass alle Verträge bevorteilt [behandelt] werden sollten [als] secundum legem loci, wo dieselben eingegangen wurden.«[219]

Was hier als *secundum legem loci* aufgerufen wurde, war nichts anderes als das bereits verschiedentlich genannte Prinzip der *comitas, welwillenheid* (Wohlwollen, Freundlichkeit) oder auch »Billigung«.[220] 1736 hatte Richter Bijnkershoek sich auf dieses Prinzip gestützt, um zu urteilen, dass ein*e entflohene*r Sklav*in,

---

218   Ebd., S. 182-183. »Sekerlijk, indien de meergeme Resolutien van Haar Hoog Mog in Praeteritum kunnen werken, zoude het getal der Vrijgelatene merkelijk Vergroot worden, ter mits meest alle Planters, die immer of ooit hier te Lande [Republik, Anm. J. H.] zijn geweest, het zij tot redding en beschikking van Particuliere Saken, het zij tot Verbetering van hunne Gesonheid meest altijd Slaven tot hunne hulp assistentie op reis hebben medegenomen, en hebben moeten medenemen, omdat in de Colonie geen andere dienstbare Personen zijn.«

219   Ebd., S. 184. »[T]en desen opsigte is in het Regt bekend, dat alle Contracten moeten bevoordeeld worden secundum legem loci, alwaar de zelve zijn aangegaan[.]«

220   Vgl. Hollebeek, Lijf ende Goedt, S. 152. Oder auch im Unterkapitel 2.1.3.4 *Flucht* erläutert.

der*die in der Republik gefangen gesetzt wurde, zurück in die Kolonie gesandt werden musste. Joost van New Amsterdam wurden ebenfalls auf der Basis dieses Rechtsprinzips seine freiheitlichen Privilegien zugunsten des Schutzes des Eigentums der *Sociëteit* verweigert. Um auch den letzten Zweifel an der Redlichkeit des Vorschlags auszuräumen, Kolonist*innen sollten als Reisende gelten, wenn sie sich nicht auf Dauer in der Republik niederließen, erklärte die *Sociëteit*: Auch wenn die Regel sehr allgemein gehalten sei und man bedenke, dass sie eigentlich für Fremde gelte, die unter einer anderen Herrschaft ständen, »so sollte es nicht gegen alle Billigkeit streiten, dass von der Regel Gebrauch gemacht wird«.[221] Die gewünschte Neuregelung sollte also, nicht das allgemeine Gerechtigkeitsempfinden angreifen. Auch dann nicht, wenn es sich um Untertan*innen der Republik handle, »die unter demselben Gesetze und Gehorsamkeit leben und an welchen [...] erlaubt werden muss, die Gesetze der Sklaverei auszuüben«.[222]

> »Es sollte daher nicht unredlich sein, dass die Kraft dieser Erlaubnis auch in diese Lande ausgedehnt wird, wenn die Untertanen noch bleiben unter die Rechtsprechung der Gesetze, die in den Kolonien ausgeübt und geduldet werden, und wenn dieselben aber als Reisende hierher herüberkommen und aus Notwendigkeit für ihren Dienst und [ihre] Erledigungen Sklaven mitnehmen, können unsere Gesetze und unsere Religion erlauben, dass in der Kolonie in Bezug auf eine gewisse Sorte von Völkern die Sklaverei ausgeübt wird, so sollten dieselben Gesetze und Religion auch gestatten, dass auch hierzulande in Bezug auf dieselben Völker für eine kurze Zeit die Sklaverei bestehen bleibt.
>
> Zwischen diesen Landen und [den] Kolonien von diesem Staat ist kein anderer Unterschied als das Klima.«[223]

Die Rechtsordnung der Kolonie – und damit gegebenenfalls eben auch die Rechtmäßigkeit von Sklaverei – sollte, so die unverhohlene Forderung der *Sociëteit*, für ei-

---

221   NA, 1.05.03, 65, 7. Juli 1775, S. 184. »[...] zoo zoude het niet tegens alle billijkheid Strijden, dat van die regul gebruik gemaakt wierd«.

222   NA, 1.05.03, 65, 7. Juli 1775, S. 184. »[...] in gevallen van Onderdanen van de Republiek die onder derzelfs Wetten en Gehoorsamheid leven en aan welke word en moet worden gerpermitteert de Wetten van Slavernije te exerceren«.

223   NA, 1.05.03, 65, 7. Juli 1775, S. 184. »Het zoude dus niet onredelijk Zijn dat de kragt van dese permissie wierd geëxtendeert ook in dese Landen, wanneer de Onderdanen nog blijven onderhorig aan de Juristdictie van de Wetten die in de Coloniën worden geoeffent en gedult, en wanneer dezelve maar als Reijsigers herwaarts over komen, en uit noodsakelijkheid tot hunne dienst en besorging Slaven mede nemen, kunnen onse Wetten en onse Religie permitteren dat in de Colonie omtrent een seker Soort van Volkeren de Slavernye word geëxerceert, zoo zouden de Selfde Weten en Religie ook kunnen Permitteren dat ook hier te Lande omtrent dieselfde volkeren voor een korten tijd de Slavernije wierd gecontinueert. Tusschen dese Landen ende Coloniën van den Staat is geen ander onderscheid als het Climaat.«

nen gewissen (undefinierten) Zeitraum auch auf die Republik ausgedehnt werden. »Denn zwischen diesen Landen und den Kolonien dieses Staates, ist kein anderer Unterschied als das Klima.«

Die *Sociëteit* machte deutlich, dass dieses Problem wirklich auch die *Staten-Generaal* und die Republik betraf. Es sollte dringend eine Lösung für die Frage gefunden werden, unter welchen Bedingungen der Sklav*innenstatus einer Person auch in der Republik anzuerkennen und aufrechtzuerhalten sei. Dies sei nötig, weil die Kolonialregierung sich sonst der in Armut geratenen Freigelassenen entledigen könnte, indem sie in die Metropole schicken würde.

> »[D]ass die Schwierigkeit so groß ist, dass falls die mehrfach gemeldeten Resolutionen von Ihrer Hoog Mog. so weit ausgedehnt werden, dass alle Sklaven ohne Unterschied, die jemals hierzulande gewesen sind, sich auf dieses erlangte Recht berufen können, die Regierung sich in der Notwendigkeit finden kann, alle diejenigen, die in Armut geraten, nach diesen Landen zu senden, mit dem Ergebnis[, dass] sie da ihr Auskommen suchen sollten und finden, während weder der Kirchenkasse noch der von der Regierung gestatten wird, die nötige Sorge für derselben Unterhalt zu haben.«[224]

Angesichts der Tatsache, dass die Resolutionen der *Staten-Generaal* in Suriname von versklavten Frauen* und Männern* rezipiert und als Mittel im Widerstand gegen ihre Versklavung eingesetzt wurden, gingen die Kolonialregierung und die *Sociëteit van Suriname* zum Angriff über: Sie versuchten die *Staten-Generaal* mit der Konstruktion eines Szenarios unter Druck zu setzen, in dem die Kolonialregierung Surinames eine wachsende Zahl von verarmten Freigelassenen nicht mehr versorgen könnte und sie daher in die Republik senden würde.

2.3.1.9   Die Staten van Holland sind Teil der Pro-Sklaverei Lobby

Nachdem die *Sociëteit van Suriname* am 7. Juli 1775 ihre Forderungen vorgelegt hatte, zogen die *Staten van Holland* nach.[225] Um alle Missverständnisse auszuräumen und den Druck auf die *Staten-Generaal* zu erhöhen, autorisierte die Versammlung der *Staten van Holland* ein Dossier, das die drei oben angesprochenen Fragen aufgriff (Freigelassenendokumente, Rechtslage für Freigelassene, Armenversorgung) und bereits einen fertigen Gesetzentwurf in dieser Sache enthielt, außerdem den

---

224   Ebd., S. 185. »[D]at deze Swarigheid so groot is, dat indien de meergemd Resolutien van Haar Hoog Mog. zoo verre moeten geextendeert worden, dat alle Slaven zonder onderscheid, die immer of ooit hier te Lande geweest zijn, sig op dit Verkregen Regt kunnen beroepen, de Regering sig in de noodsakelijkheid kan vinden an alle de Sodanie die tot Armoede mogten geraken, na dese Landen op te senden, ten einde Zij daar hun bestaan Zouden soeken, & vinden de wijl nog de Kerken Cassa, nog die van de Regering zoude, permitteren de nodige Sorg voor derselver Onderhoud te hebben.«

225   Vgl. Israel, The Dutch Republic, S. 276-291.

Schriftwechsel zum Fall Papot. In gedruckter Form und am 19. Juli 1775 der Versammlung vorgelegt wurde das Dossier in der Diskussion bestätigt.[226] Sicher war man sich nun, dass eine Belastung der Armenkasse durch Freigelassene ausgeschlossen werden müsse. Zudem sollten zukünftig die Intentionen der »Eigenaars« (Eigner*innen) differenziert werden, wenn diese versklavte Personen in die Niederlande mitbrächten: Kamen sie, um sich in den Niederlanden anzusiedeln, sollten die Sklav*innen freigelassen werden. Kamen sie aber nur für einen kürzeren Zeitraum, sollte der Sklav*innenstatus der Betreffenden erhalten bleiben. Solange Sklaverei in der Kolonie legal und es notwendig war, dass Sklav*innen in die niederländische Republik kämen, solange sollte deren Status auch erhalten bleiben. Denn durch eine Freilassung der Sklav*innen würden deren

> »Eigner gegen ihren Willen und Dank ihre Güter verlieren, was wesentlich stärker gegen die angeborene und tatsächliche Freiheit der Eingesessenen dieser Republik sei, als die Vorstellung der Freiheit durch eine solche Schlussfolgerung [die Freilassungen von versklavten Personen, wenn sie niederländischen Boden beträten] dies bestätigten sollte.«[227]

Damit waren auch die Städte und Landstände der Provinz Holland über die Angelegenheit informiert und mit Pro-Sklaverei-Argumenten versorgt.[228]

Die *Staten-Generaal* wurden somit von zwei Seiten, der *Sociëteit van Suriname*, die zugleich Partei für die Kolonialregierung ergriff, und den *Staten van Holland* zum Handeln gedrängt. Daher mussten sie nun ein verbindliches Gesetz vorlegen, das den Status von versklavten Personen in den Niederlanden regelte. Hierzu bedienten sie sich des *concept-placaat*, dass die *Staten van Holland* eingereicht hatten, und nahmen noch einige geringfügige Änderungen daran vor.[229]

2.3.2 Der Inhalt des *Plakaat 1776* und dessen unmittelbare Wirkung

2.3.2.1 Der Inhalt des *Plakaat 1776*

Offenkundig waren damit nun endlich alle Argumente ausgetauscht worden, denn am 8. Februar 1776 ließen die *Staten van Holland* ein *concept-placaat* drucken, das als Entwurf für ein zu veröffentlichendes *plakaat* diente. Dieser Entwurf wurde

---

226 KB, Oude Drukken, 401 E 1 1774-1786, S. 1-6.
227 Ebd., S. 3. »De Eigenaars van deselve, tegen hun wil en dank, van hunne Goederen ontset souden kunnen worden, het geen veel sterker tegen de aangeboore en dadelyke vryheid van de Ingezeetenen deeser Republiq soude aanloopen, dan dat de regte denkbeelden der vryheid [de vrijlating van tot slaaf gemaakte mensen wanneer zij Nederlands bodem betreden, Anm. J. H.], door soodanig een gevolgtrekking nader bevestigt souden worden.« Vgl. auch Fatah-Black, Terugkomen, S. 186.
228 KB, Oude Drukken, 401 E 1 1774-1786, S. 6.
229 Ebd., S. 7-11.

vollständig angenommen und am 23. Mai 1776 als *plakaat* veröffentlicht. Die darin enthaltenen Bestimmungen sollten gelten für die Personen, die als Sklav*innen aus der Kolonie gekommen, in den Niederlanden mit der Zustimmung der Eigner*innen und nach dem *free-soil principle* ihre Freiheit erlangt und dann in die Kolonie zurückgekehrt waren. Zudem wurde festgestellt, dass die vorangegangenen Resolutionen zu den Fällen Criool, Leiland, van Steenberg (9. August 1771) und Crommelin (23. Juni 1773) bestätigt hatten,

> »dass die Sklaven, die darin gemeldet sind, nicht für freie Leute, sondern nur für freigelassene Personen erklärt seien und dass es daher selbstredend ist, dass diese, wie auch andere Freigelassene, unterworfen sind unter die Vereinbarungen und Regelungen zur Aufsicht der Freigelassenen, die von der Regierung der genannten Kolonie gemacht wurden, und dass Ihre Hoog Mog. es weiterhin ihrem Gouverneur und ihren Räten überlassen, zu welchen Lasten die genannten Sklaven im Falle, dass dieselben dort in Armut geraten, unterhalten werden müssen.«[230]

Der Einfluss der *Sociëteit* bzw. der Interessenvertreter der Kolonist*innen war sehr stark bei der Ausarbeitung des *Plakaat 1776*. Im Vergleich mit dem Gutachten, das die Landesadvokaten am 30. Juli 1771 im Fall Criool, Leiland und van Steenberg vorlegten und das dem *free-soil principle* folgte, zeigte sich die Härte des *plakaat* vom 23. Mai 1776. In beiden Texten ist zu lesen:

> »Dass es nach den Sitten, Gewohnheiten und Gesetzen von diesen Vereinigten Niederlanden im Allgemeinen und von der Provinz Holland im Besonderen für eine unzweifelhafte Sache angesehen werden muss, dass hierzulande der Unterschied zwischen Freien und unfreien Personen bereits seit einigen Jahrhunderten aufgehoben und die Sklaverei in diesen Landen ein für alle Mal abgeschafft wurde, in dem Sinne, dass alle Menschen bei uns für freie Leute erkannt und behandelt werden.«[231]

---

230   SAA, 5028, 544N, Scan SUR100210000001. »[D]at de Slaaven daar by gemeld, niet voor vrye Luyden, maar alleen voor vrygelaatene Persoonen zyn verklaart, en dat sig selve wyst, dat deselve, soo wel als andere Vrygelaatene, onderworpen zyn aan de schikkingen en Reglementen, ten opsigte van de Gemanumitteerden, by de Regeering in de gemelde Colonie gemaakt; en dat hun Hoog Mog. voorts aan hun Gouverneur en Raaden overlaaten, ten wiens lasten de gemelde Slaaven, in gevalle deselve aldaar tot armoede mogte geraaken, onderhouden sullen moeten worden.«

231   NA, 1.01.02, 11485, 30. Juli 1771, S. 608-617. »Dat het na de Zeeden, gewoontens en constitutie van deese Vereenigde Nederlanden in t' gemeen en van de Provincie van Holland in t' bijsonder als eene ontwijffelaare Zaak gesteld mag worden, dat hier te Lande het onderscheid tusschen Vrije en onvrye persoonen als zedert verscheyde eeuwen heeft opgehouden en de Slavernij in deese Landen ten eenmaal is gecesseert, zodanig dat alle menschen bij ons voor Vrije Luyden erkend en gehouden worden.« Derselbe Wortlaut findet sich im *Plak-*

Im *Plakaat 1776* folgt nun der einschränkende Zusatz dieser freiheitlichen »Sitten, Gewohnheiten und Gesetze«, die als »Wahrheit« bezeichnet werden:

> »[D]ie zuvor genannte Wahrheit kann jedoch nicht in allen Hinsichten zutreffend gemacht werden, nicht bei Neger- und anderen Sklaven, welche aus den Kolonien dieses Staates nach diesen Landen herübergebracht oder herübergesandt werden.«[232]

Die Universalität des *free-soil principle*, nach dem die Landesadvokaten 1771 geurteilt hatten, wurde somit also eingeschränkt. Denn die aus den Kolonien in die Metropole kommenden »Neger- und anderen Sklaven« wurden von diesem Freiheitsprinzip ausgenommen. Alle Personen, die in dieser Kategorie gefasst wurden, konnten auch in der Republik versklavt werden. Neben diesem diskriminierenden Zusatz wurden zwei wichtige Hinweise, die die Resolution zum Fall Criool, Leiland und van Steenberg enthielt, getilgt: Zum einen seien auch Kolonist*innen dem Gesetz der niederländischen Republik unterworfen. Zum anderen stehe Personen, die in der Republik als Sklav*innen behandelt wurden, der Gang vor ein Stadtgericht offen, um die vorenthaltenen freiheitlichen Privilegien einzufordern. Ausgeweitet wurde hingegen das Prinzip der *comitas* bzw. *secundum legem loci*, *wellwillenheid* oder »Billigung«/»Billigkeit«, was es gestattete, das Recht der Kolonie in der Republik anzuwenden. Die Landesadvokaten und die *Staten-Generaal* waren 1771 noch der Meinung, dass dieses Prinzip ausschließlich bei entflohenen versklavten Personen zur Anwendung kommen sollte.[233] Das *Plakaat 1776* sorgte entsprechend den Forderungen der Pro-Sklaverei-Lobby dafür, dass dieses Prinzip nur noch in Ausnahmefällen nicht zur Anwendung kam.

Das *Plakaat 1776* ist in acht Paragrafen gegliedert, welche die Regelungen für bestimmte Situationen sowie die Strafen bei Zuwiderhandlung festlegen:

---

    aat 1776. Brabants Historisch Informatie Centrum (BHIC), 8, 72 Leen- en Tolkamer: resoluties en plakkaten van Staten-Generaal en Raad van State, Nr. 110, Titel: Gedrukt plakkaat van de Staten-Generaal i.v.m. de slavernij in de koloniën en de rechten van de slaven, samengevat in 8 artikelen. Ich danke Archivar Louis van der Schoot vom BHIC ganz herzlich, der mir auf Anfrage am 25. Juli 2016 Fotos des *plakaats* hat zukommen lassen.

232   SAA, 5028, 544N SUR100210000002 »[D]e voorsz waarheid egter niet in alle opsigten toepasselyk gemaakt kan worden op de neeger- en andere Slaaven, welke uit de Colonien van den Staat na deese Landen overgebragt of overgesonden worden.«

233   Der Konflikt zwischen Joost van New Amsterdam und Crommelin auf der einen Seite und der *Sociëteit van Suriname* auf der anderen, hatte nicht so viel Aufruhr erzeugt, dass er offiziell bei den *Staten-Generaal* vorgebracht worden wäre. Bei Joost van New Amsterdams Versuch, freiheitliche Privilegien einzufordern, hatte die *Sociëteit* darauf beharrt, dass Van New Amsterdams Sklaverei trotz seines Aufenthalts in der Republik weiterhin bestand. Das bedeutet, dass sie sich stillschweigend auf die *comitas* berufen haben, ohne dies zu formulieren.

(§ 1): Wer mit dem Wissen oder auf Wunsch des*der Eigner*in in die Niederlande gereist war und auch dortblieb, würde frei. Die »vormaligen Herren [sollten] alle Rechte, die sie auf die genannten Sklaven gehabt haben verlieren [...] und keinen einzigen Anspruch auf diese behalten«.[234]

(§ 2): Wer unerlaubt und heimlich in die Niederlande gereist war, blieb versklavt und sollte zurückgesandt werden.

(§ 3): Nunmehr freie Personen, die unter § 1 beschrieben sind, würden, wenn sie in die Kolonie zurückkreisten, dort als freigelassene Personen registriert und den entsprechenden Regeln unterworfen. Dies bedeutete, dass sie unter staatlicher Kontrolle standen und gegebenenfalls zum Nutzen ihrer vormaligen Eigner*innen arbeiten mussten. Enthielten Eigner*innen versklavten Personen, die mit ihrem Wissen und auf ihren Wunsch in die Niederlande reisten, die Freilassung vor, wurde ihnen ein Bußgeld angedroht.

(§ 4): Versklavte Personen, die von ihren Eigner*innen mit einem konkreten Auftrag in die Niederlande gesandt wurden, mussten diesen Auftrag erfüllen und in die Kolonie zurückkehren, ohne dadurch einen Anspruch auf Freilassung zu erwerben. In diesem Fall änderte sich ihr sozialer und rechtlicher Status als Sklav*in auch während ihres Aufenthalts in den Niederlanden nicht.

(§ 5): Sollten bis zur Rücksendung der unter § 4 beschriebenen versklavten Personen mehr als sechs Monate vergehen, musste vor Gericht ein Antrag auf Verlängerung des Aufenthalts gestellt werden.[235] Die Verlängerung umfass-

---

234 Ein Abdruck dieses *plakaats* ist bei Oostindie, Kondreman, S. 15-16 zu finden. Im Anhang der Untersuchung ist eine vollständige deutsche Übersetzung des *Plakaats 1776* zu finden. In diesem Textabschnitt ist die Struktur des *Plakaats 1776* beibehalten, der Inhalt wurde für eine bessere Lesbarkeit paraphrasiert. Eingebundene direkte Zitate sind kenntlich gemacht. Ein Originaldruck kann hier gefunden werden: BHIC, 8, 72 Leen- en Tolkamer, Nr. 110. Zudem gibt es eine ganze Reihe von handschriftlichen Abschriften in den Briefen und dem Verwaltungsschriftgut der *Staten-Generaal* und *Sociëteit van Suriname*. Das *Plakaat 1776* wurde innerhalb kürzester Zeit sehr weit verbreitet, nachgedruckt, verlesen und öffentlich ausgehängt.

235 Es gab zwar die Auflage, bei einem lokalen Gericht einen Antrag für eine Verlängerung des Aufenthalts zu stellen, jedoch keine Überprüfung der Antragstellung. Hierfür wäre eine systematische Erfassung aller versklavten Menschen in der Republik und eine behördliche Kontrollinstanz nötig gewesen. Weder für das eine noch das andere konnte ein Nachweis gefunden werden. Dienke Hondius deutet jedoch genau diese Erfassung an, indem sie schreibt, dass Sklaven »nach einem weiteren Aufenthalt in den Niederlanden für weitere sechs Monate anzumelden« gewesen seien. Vgl. Hondius, Access, S. 385. Rebekka von Mallinckrodt folgt Hondius in dieser Annahme und geht davon aus, dass es eine Registrierungspflicht und einen zentralen Quellenbestand in Hinblick auf versklavte Personen in der Republik gegeben habe. Vgl. Mallinckrodt, Verhandelte (Un-)Freiheit, S. 354. Diese Schlussfolgerung kann neben einer Überbewertung des fünften Paragrafen im *Plakaat 1776* auch auf eine Fehlinterpretation der altniederländischen Sprache des historischen Dokuments zurückgeführt werden. Dort ist zu lesen: »ten waare de dienst van Eigenaars een langer verblyf van gemelde

te maximal weitere sechs Monate oder auch eine andere gerichtlich verfügte Zeitspanne; danach musste die versklavte Person auf einem Schiff mit dem Ziel in die Kolonie zu fahren, anwesend sein. Hielt sich die versklavte Person nach der maximalen Zeitspanne von einem Jahr auch weiterhin in den Niederlanden auf, galt sie als frei nach § 1 und durfte nicht zur Rückkehr in die Kolonie gezwungen werden.

(§ 6): Für die in § 5 bezeichneten Menschen wurde festgelegt, dass sollten sie nach einem Jahr ihre Freiheit erlangt haben und dann dennoch zurück in die Kolonie gehen wollen, sie in der Kolonie als freigelassene Personen registriert werden würden. Da die vormaligen Eigner*innen nicht den Regelungen für Freilassungen entsprochen hätten, müsste der Gewinn, der durch die zu zahlenden Gebühren für die Freilassung entstand, dabei nicht unbedingt an jene, sondern könnte auch an jemand anderen ausgezahlt werden.

(§ 7): Niemand durfte ohne Antrag, Prüfung und Genehmigung eine versklavte Person aus der Kolonie in die Republik bringen, da der Besitz der Eigner*innen mit einer Hypothek belastet sein konnte. Bei erfolgreicher Genehmigung musste eine Kaution von 1 000 Gulden für jede versklavte Person gestellt werden und sowohl dem*der Eigner*in als auch dem Kapitän drohten hohe Geldbußen, wenn eine versklavte Person ohne Genehmigung in den Niederlanden ankam. Nach der unerlaubten Ankunft in den Niederlanden sollte die schnellstmögliche Rückführung auf Kosten der*des Eigner*in in die Kolonie und dort in das Haus oder auf die Plantage erfolgen, zu dem bzw. der die versklavte Person gehörte, die mit der Hypothek belastet war. Wurde eine Freilassung von Seiten des*der Eigner*in gewünscht, waren zuvor alle formalen Voraussetzungen einer Freilassung zu erfüllen, danach konnte die Freilassung erfolgen.

(§ 8): Zuvor gefasste Beschlüsse und erlassene Urteile und Entscheidungen bezüglich der Freilassung von Personen wurden von dieser Resolution nicht be-

---

Slaaven hier te Lande noodsaakelyk requireerde, dog dat de gemelde Eigenaars [...], in dat geval verpligt sullen zyn, om aan den regter van de Plaats [...] permissie te versoeken« (für eine wörtliche Übersetzung siehe Anhang). In Dokumenten mit einem rechtlichen Kontext wurde häufig eine rückbezügliche Sprache verwendet, indem eine Sache oder eine Person, die in dem Dokument bereits erwähnt wurde, auch als bereits erwähnt beschrieben wurde. Wie in diesem Zitat und in diversen zuvor angeführten Zitaten zu sehen ist, wurden hierbei Begriffe wie »gemelde« (gemeldet), »voornoemd« (zuvor genannt), »voorzien« (zuvor gesehen) eingesetzt. Gerne wurden diese Begriffe, da sie vielfach in einem Dokument Verwendung fanden, als Abbreviationen, also in standardisierter Kurzform (»voorn«, »voorz«), gebraucht. »Gemelde« bedeutet also nicht gemeldet im Sinne von amtlich registriert, sondern es bedeutet »bereits im Text genannt«. Eine Liste, in der konsequent Ankunft und Abreise von versklavten Personen in der Kolonie registriert wurden, ist für Paramaribo erst ab 1825 überliefert. Vgl. Oostindie, Kondreman, S. 8.

einträchtigt und verloren nicht ihre Gültigkeit. Wurde durch diese neuen Änderungen nun eine versklavte Person gegen den Willen und das Wissen ihres*ihrer Eigner*in befreit, sollte sie frei bleiben und der*die Sklav*inneneigner*in gewissermaßen als Entschädigung den Besitz der nun freien Person erhalten.[236]

In einem Nachsatz am Ende des *Plakaat 1776* wurde durch die aufgezählten Orte, an denen die Bekanntmachung erfolgen sollte, konkretisiert, dass sowohl die niederländische Republik als auch die Kolonien Suriname und Berbice, die durch die WIC beherrscht wurden, von diesen Regelungen betroffen waren. Jordaan weist darauf hin, dass versklavte Menschen aus Ostindien, dem Herrschaftsbereich der VOC, davon nicht tangiert wurden, wenn sie in die Republik kamen. Kehrten sie in eine der ostindischen Kolonien zurück, änderte sich nichts an ihrem Status. J. Fox widerspricht allerdings in Bezug auf den letzten Punkt, indem er feststellt, dass es auch in den Ost Indies zu einer Statusänderung kommen konnte.[237] Das *Plakaat 1776* berührte auch keine versklavten Menschen, die aus Osteuropa oder dem Osmanischen Reich stammten. Der letzte Wohnort bzw. das Land, in dem eine versklavte Person zuletzt gelebt hatte, war also von zentraler Bedeutung bei der Aushandlung ihres Rechtsstatus.

2.3.2.2   Die unmittelbare Wirkung des Plakaat 1776

Mit der Veröffentlichung des *plakaat* am 23. Mai 1776 in der niederländischen Republik, den Herrschaftsgebieten der *Sociëteit van Suriname* und der *Direktoren von Berbice* trat das Gesetz in Kraft. Die Debatte über das *Plakaat 1776* und den Umgang mit versklavten und ehemals versklavten Personen, die aus der Metropole in die Kolonien zurückkehrten, war jedoch noch immer nicht beendet. Am 5. Juni 1776 beschloss die *Sociëteit*, dass sich die Regierung von Suriname um die noch offenen Fragen bezüglich des *Plakaat 1776* zu kümmern habe. So stünde zwar fest, das hätten auch die Resolutionen vom 9. August 1771 (Criool, Leiland, van Steenberg) und 23. Juni 1773 (Crommelin) ergeben, dass Personen, die in den Niederlanden freikamen, bei ihrer Rückkehr in die Kolonie den Status von freigelassenen Personen erhalten würden und sich an die entsprechenden Gesetze zu halten hätten. Jedoch sei noch unklar, was mit den Personen geschehe, die als Freigelassene in Armut gerieten. Zudem sei noch ungeklärt, welche Kasse die Gewinne einstreiche, die dadurch

---

236   Vgl. BHIC, 8, 72, Nr. 110.

237   Vgl. Jordaan, Slavernij en vrijheid, S. 114. Siehe auch James Fox, »For Good and Sufficient Reasons«. An Examination of Early Dutch East India Company Ordinances on Slaves and Slavery, in: Anthony Reid, Jennifer Brewster (Hg.), Slavery, Bondage and Dependency in Southeast Asia, St. Lucia, London, New York: University of Queensland Press, 1983, S. 246-262, hier: S. 260.

entstünden, dass für Freilassungen in der Kolonie Gebühren bezahlt werden mussten. Daher wurde von der Kolonialregierung festgelegt, dass, wer als freigelassene
Person in der Kolonie ankomme, nachweisen müsse, dass er*sie in der Lage sei,
selbstständig seinen*ihren Lebensunterhalt zu verdienen. Sei ein Nachweis nicht
möglich, werde der Status als freigelassene Person nicht genehmigt. Dies bedeutete, dass diese Person erneut versklavt würde. Zudem legten die *Staten van Holland*
fest, dass keine Pässe für eine Rückkehr in die Kolonie an »vrije Negers« ohne die
Kenntnisnahme der Versammlung, also der *Sociëteit van Suriname* in Amsterdam,
ausgestellt werden dürften.[238] Diese Maßnahme gestattete eine Überprüfung der
Personen und das Aussortieren von jenen, die möglicherweise nicht in der Lage gewesen wären, ihren Lebensunterhalt zu verdienen. Es ist zudem nur ein Fall einer
tatsächlichen Antragstellung für eine Verlängerung der Aufenthaltsdauer bekannt.
Die maximale Zeitspanne von zwölf Monaten wurde überschritten, die versklavten
Personen kamen jedoch nicht frei.[239]

Am 1. September 1776 erließen Gouverneur Jan Nepveu und die Räte von Suriname ein weiteres *plakaat*. Es war an jene Eigner*innen gerichtet, die es »versäumt« hatten, sich an die Regeln zu halten, die von der Kolonialregierung in Bezug auf die aus der Metropole zurückkehrenden Freigelassenen erlassen worden
waren.[240] In dem *plakaat* wird betont, dass die in der Republik initiierten Freilassungen umzusetzen wären. Hierfür müssten die Kosten für die Freilassung an
die Kasse für »modicque Lasten« (geringe Gebühren) entrichtet werden. Außerdem
sei es notwendig, dass die Freigelassenen sich zu einer Überprüfung meldeten und
nachwiesen, dass sie im Stande seien, selbst ihren Lebensunterhalt zu erwirtschaften. Wer dazu nicht in der Lage sei, sollte nachweisen, dass jemand eine Kaution in
entsprechender Höhe für sie*ihn gestellt habe, um die Kosten für den Unterhalt zu
decken. Sei die*der Freigelassene weder arbeitsfähig noch mit einer Kaution ausgestattet, würde ihre*seine Freilassung nicht anerkannt.[241] Mit Wissen der *Staten-
Generaal* und der *Sociëteit* in Amsterdam hatte die Kolonialregierung ein wichtiges
Herrschaftsinstrument geschaffen, das die Regelungen des *Plakaat 1776* zum Teil
untergrub.[242] Mit diesem lokalen *plakaat* wurde die Kolonialregierung in die Lage

---

238 NA, 1.05.03, 66, 5. Juli 1776, S. 184-187. Bisher konnte ich eine solche Liste nicht ausfindig
machen und habe auch in der Forschungsliteratur keinen konkreten Hinweis auf diese Quelle
gefunden.

239 Vgl. Hoonhout, 1776, S. 372.

240 NA, 1.05.03, 189, 1. September 1776.

241 Ebd.

242 NA, 1.05.03, 360, 21. September 1776, fol. 60-71. Am 21. September 1776 setzte Gouverneur
Nepveu ein Schreiben an die *Sociëteit* auf, in dem er u.a. über die Beschlüsse vom 1. September
1776 berichtete und eine Kopie des *plakaats* mitsandte. Das Schreiben erreichte sein Ziel am
27. November 1776.

versetzt, jede Freilassung, die während einer Reise in die Republik erlangt wurde, wieder einzukassieren.

Dies zeigt, dass das *Plakaat* 1776 für versklavte und freigelassene Personen in der Kolonie und in der niederländischen Republik keine Rechtssicherheit brachte. Dies war zum einen der Fall, weil durch das Prinzip *secundum legem locis* republikanisches Recht unwirksam wurde und damit der Sklav*innenstatus einer Person erhalten werden konnte. Zum anderen brachte es keine Rechtssicherheit, weil die Freilassungen, die auf der Basis des *Plakaat* 1776 möglich waren, erst einer Prüfung in der Kolonie standhalten mussten. Die Überprüfung ließ Raum für Willkürentscheidungen und enthielt hohe finanzielle Hürden. Im Ergebnis bedeutet dies, dass das *Plakaat* 1776 dazu diente, Menschen im Sklav*innenstatus zu halten, die nach republikanischem Recht ihre Freiheit zu erlangen suchten. Zudem gelang es der Kolonialregierung und der *Sociëteit van Suriname* mit dem *Plakaat* 1776 ihre Herrschaft zu stabilisieren und ihren Einfluss auf die Republik auszuweiten. Die Handlungsmöglichkeiten der Sklav*inneneigner*innen wurden auf diese Weise vergrößert, während die der versklavten Personen reduziert wurden.

2.3.3   Die Befunde

Die Analyse des Entstehungsprozesses des *Plakaat* 1776 hat gezeigt, dass es zwei sich widersprechende Geisteshaltungen unter den Herrschenden in den Niederlanden und den niederländischen Kolonien gab: Auf der einen Seite standen die Verfechter*innen einer universellen Freiheit in den Niederlanden. Sie wollten das (Sklaven-)Recht der Kolonie nicht antasten und wünschten eine Wirksamkeit des *free-soil principle* in der Republik. Zu dieser Gruppe sind als Erstes die versklavten Menschen als unmittelbar Betroffene zu rechnen. Sie versuchten das Recht in der Republik für sich zu nutzen, um persönliche Freiheitsrechte zu erhalten. Doch es waren – soweit wir heute wissen – nur einige wenige Akteur*innen, die diesen Schritt wagten. Die offenen Konflikte, die sie mit ihren Forderungen erzeugten, schlugen hohe Wellen sowohl in der Metropole als auch in der Kolonie. Aber auch die Landesadvokaten der *Staten-Generaal* versuchten 1771 noch Freiheitsrechte für versklavte Menschen durchzusetzen. Allerdings waren die Advokaten durchaus dazu bereit, den Rechtsstatus *Freigelassene* in der Kolonie zu akzeptieren und in ihr Urteil einzubinden. Auf der anderen Seite standen die Befürworter*innen der Sklaverei, die das Recht der Kolonie, das die Sklaverei als Herrschaftsverhältnis absicherte, auch in der Republik zur Anwendung bringen wollten. Sie praktizierten Sklaverei in der Republik und ließen sich nur durch gerichtliche Anordnung in konkreten Einzelfällen davon abhalten, wie am Beispiel des ehemaligen Polizeirats von Suriname van Steenberg gezeigt wurde. Diese Gruppe von Sklavereibefürworter*innen, die einen Superioritätsanspruch über die versklavten Schwarzen Menschen und People of Color vertrat, hatte mit der Kolonialregierung, der

Sociëteit van Suriname und den *Staten van Holland* eine mächtige Lobby. Dadurch konnte es ihr gelingen, nach jahrelanger Debatte ein kolonialrassistisches Sklavereigesetz in die niederländische Republik zu bringen. Durch die Einflussnahme der *Sociëteit van Suriname* in Amsterdam, der Kolonialregierung in Suriname und den *Staten van Holland* wurden die Freiheitsrechte versklavter Personen in den Niederlanden infolgedessen massiv beschnitten. Zwar war mit dem *Plakaat 1776* keine neue Versklavung in der Republik möglich. Es wurde jedoch sichergestellt, dass der Sklav*innenstatus auch in der Republik erhalten blieb und dass eine nahezu beliebige Rechtsbeugung durch das Fehlen von Kontrollinstanzen möglich wurde.

Die niederländische Gesellschaft im 18. Jahrhundert differenzierte sich durch das Verfügen oder Nicht-Verfügen über Privilegien der Freiheit, über ökonomische Ressourcen und Schicht- und Religionszugehörigkeit, was zu starker Ungleichheit führte. Die offizielle Erlaubnis, dass versklavte Menschen bis zu einem Jahr in den Niederlanden leben konnten, ohne ihre Freiheit zu erlangen, dürfte dazu geführt haben, dass die Eigner*innen kaum mit rechtlichen oder gesellschaftlichen Konsequenzen rechnen mussten, wenn sie diese Zeitspanne überschritten. Es ist kaum anzunehmen, dass sich jemand nach dem rechtlichen Status einer Person erkundigte. Hinzu kommt, dass das *Plakaat 1776* vorsah, dass keine Manumissionsdokumente ausgestellt werden sollten. Dieser Umstand führte dazu, dass der Status von Freigelassenen prekär blieb, da sie im Konflikt- oder Zweifelsfall den erlangten Rechtsstatus nicht belegen konnten. Grotius berichtet von *vrylingen*, *vrygestelden*, *verbondenen*, *toegewezenen*, *huurlingen* und *kluit-eigenen*, die gegebenenfalls durch eine Verpflichtung zu *doode handen* wurden. Diese Formen der *min volkomen slavernij*, die unter die Rechtsnormen und -praktiken von *inschuld* und *borge* subsumiert wurden, waren in der Republik bekannt und wurden praktiziert. Die niederländische Gesellschaft war daher ohnehin mit Formen von Unfreiheit und Abhängigkeit vertraut. Nur eine aufwändige formale Überprüfung der Dokumente und Anträge sowie des vergangenen Zeitraums seit der Ankunft in den Niederlanden hätten belastbare Informationen über den konkreten rechtlichen Status einer Person liefern können. Da es jedoch an einer systematischen und einheitlichen Erfassung mangelte, wäre eine solche Überprüfung ebenfalls nur begrenzt aussagekräftig gewesen.[243] Zudem hat der Fall von Criool, Leiland und Crommelin

---

243 Vgl. bspw. NA, 1.05.03, 207; NA, 1.01.02, 206, HAMG, 1, 430. Oostindie, Kondreman, S. 8. Maduro, Nos A Bai Ulanda, S. 147. Oostindie und Maduro merken hierzu an, dass in den Passagierlisten und Musterrollen von Schiffen, die die Überfahrt aus der Kolonie in die Niederlande unternahmen, versklavte Personen zu finden seien. In den Gouvernementsjournalen Surinames sind versklavte Personen häufig nur mit einem Vornamen oder anonym und in Zugehörigkeit zu ihren Besitzer*innen notiert worden, so dass eine zuverlässige Identifizierung und eine lückenlose Registrierung nicht vorliegen. Auskunft über den Verbleib in den Niederlanden gibt dieses Material nicht. Bei der Einreise in die Niederlande wurden, sofern eine gebührenpflichtige Straße zur Weiterreise benutzt werden sollte, von der zuständigen

gezeigt, dass es vermieden wurde, Freilassungsurkunden auszustellen, selbst wenn es zu Freilassungen gekommen war. Aus dem Fehlen von Dokumenten kann keine sichere Erkenntnis über den Status der betreffenden Person gewonnen werden. Demnach scheint es, als sei es einfach gewesen, in den Niederlanden den Status versklavter Menschen zu konservieren. Die Grenzen zwischen Sklaverei und starken Zwangs- und Abhängigkeitsverhältnissen sind ebenso schwer definierbar wie Sklaverei selbst. Erst 1838 wurde Sklaverei in der niederländischen Republik offiziell abgeschafft.[244]

2.4   Manumission in der niederländischen Republik

Neben den Rechtskonstruktionen und Rechtspraktiken, mit denen Menschen versklavt und der Status der Sklaverei aufrechterhalten wurde, gehört noch ein weiteres Phänomen zum Komplex Unfreiheit und Sklaverei in den frühneuzeitlichen Niederlanden: *Manumission* ist die Freilassung von versklavten Menschen im Rahmen rechtlich geregelter Parameter innerhalb einer von Sklaverei dominierten Gesellschaft.

Nachfolgend werden Manumissionsdokumente analysiert, also notariell aufgesetzte Schreiben, ausgestellt für Schwarze Menschen und People of Color, die als Sklav*innen aus niederländischen Kolonien in die Republik verbracht worden waren. In den Manumissionsdokumenten wurde diesen Personen der Status von Freien verliehen. Ausgewählt wurden die hier vorgestellten Dokumente, weil anhand der in ihnen enthaltenen Narrationen sehr gut Gemeinsamkeiten und Unterschiede der verschiedenen Manumissionen sichtbar gemacht werden können. Es wird daher eine punktuell vertiefende, vergleichende Untersuchung angestellt, um das Spektrum der Formen von Manumissionen darzustellen.

Zuerst wird eine Übersicht über den Forschungsstand zu Manumissionen im niederländischen Sklavereikontext gegeben. Daran anschließend wird das *Setting* in der Republik in Hinblick auf Freilassungen betrachtet. Ein Überblick über die Rechtskonstruktionen zu Manumission im römischen Recht, dem römisch-holländischen Recht, wie es sich im *Plakaat 1776* niederschlug, und der Freilassungsregelungen im kolonialen Suriname geht der Untersuchung voraus und bildet deren Grundlage. Daraufhin wird der Quellenbestand vorgestellt und ausgewertet. Den

---

städtischen Regierung vor Ort Pässe ausgestellt. Der Status von Personen wurde darin auf eigene Angabe hin vermerkt. Dies führte dazu, dass Herren und Frauen mit ihren »Domestiken«, Knechten oder Dienstmägden genannt wurden. Sklaven scheinen hier keine Erwähnung gefunden zu haben.

244   Oostindie, Kondreman, S. 16.

Abschluss bildet eine biografische Mikrostudie, die Einblick in die komplexe Situation von freigelassenen Personen und die unterschiedlichen Konstellationen von Manumissionen gibt.

Eine zentral geführte Liste über Manumissionen oder versklavte Menschen in der Republik gab es nicht, was die Recherche in den Archiven erschwerte. Gewöhnlich stößt man auf Manumissionen im niederländischen Kontext eher zufällig bei der Durchsicht notarieller Akten im Archiv. Entsprechend steckt die Forschung zu diesem Themenkomplex noch in den Kinderschuhen. So wurde in der Forschungsliteratur zu Sklaverei in der niederländischen Republik bisher keine spezifische Studie zu Freilassungen vorgelegt, wohl aber werden in einigen Studien Freilassungen erwähnt.[245] Mit dieser qualitativen Analyse von Freilassungen, die auf niederländisch-republikanischem Boden ausgehandelt und vollzogen wurden, betrete ich daher Neuland.

In der internationalen Forschung ist der Themenkomplex *Manumission* als eigener Forschungsbereich etwa seit Mitte der 1980er Jahre etabliert. Der Schwerpunkt der historischen Untersuchungen liegt im 19. Jahrhundert und beschäftigt sich überwiegend mit der britischen Metropole oder spanischen und/oder portugiesischen Kolonien in der Karibik sowie Nordamerika.[246] 1996 veröffentlichte Rosemarijn Hoefte eine Studie zu Manumissionen in Suriname in *Slavery and Abolition*, 2009 zogen Rosemary Brana-Shute und Randy J. Sparks nach, indem sie den

---

245 Vgl. Maduro, Nos a bai Ulanda, S. 144. Oostindie, Kondreman, S. 14. Oostindie, Fatah-Black, Sporen van Slavernij in Leiden, S. 24. Luuc Kooijmans, Onder regenten. De elite in een Hollandse stad: Hoorn 1700-1780 (Hollandse Historische Reeks, Bd. 4), Amsterdam, 's-Gravenhage: De Bataafse Leeuw, 1985, S. 197. Dienke Hondius und Allison Blakely haben diese Nennungen von Freilassungen in ihren Publikationen aufgegriffen und den bereits bekannten Erkenntnisstand wiedergegeben. Blakelys Zusammenfassung ist hiervon die umfangreichste und gibt einen guten Überblick über die Personen, die im Forschungsstand bekannt sind. In keiner der Publikationen wird über eine kurze Nennung der Personen und Dokumente hinausgegangen.

246 Vgl. Piet Emmer, Between Slavery and Freedom: The Period of Apprenticeship in Suriname (Dutch Guiana), 1863-1873, in: Slavery & Abolition, 14 (1993) 1, S. 87-113, doi: 10.1080/01440399308575085. Seymour Drescher, Manumission in a Society without Slave Law: Eighteenth Century England, in: Slavery & Abolition, 10 (1989) 3, S. 85-101, doi: 10.1080/01440398908574993. Patricia Hagler Minter, »The State of Slavery«: Somerset, The Slave, Grace, and the Rise of Pro-Slavery and Anti-Slavery Constitutionalism in the Nineteenth-Century Atlantic World, in: Slavery & Abolition, 36 (2015) 4, S. 603-617, doi: 10.1080/0144039X.2015.1050811. Fiona Vernal, »No Such Thing as a Mulatto Slave«: Legal Pluralism, Racial Descent and the Nuances of Slave Women's Sexual Vulnerability in the Legal Odyssey of Steyntje van de Kaap, ca. 1815-1822, in: Slavery & Abolition, 29 (2008) 1, S. 23-47, doi: 10.1080/01440390701841034. Linda M. Rupert, Marronage, Manumission and Maritime Trade in the Early Modern Caribbean, in: Slavery & Abolition, 30 (2009) 3, S. 361-382, doi: 10.1080/01440390903098003.

Sammelband *Paths to Freedom* vorlegten.[247] Orlando Patterson, der Manumissionen bereits in früheren Studien untersucht hat, schlägt in besagtem Sammelband die Erstellung eines Untersuchungsclusters vor. Dieses beruht auf der Auswertung von Manumissionen und gibt Variablen wieder anhand derer Freilassungen ausgehandelt wurden. Hierzu können etwa die Hautfarbe bzw. die Form der Rassifizierung, der Beruf, das Alter, eine Elternschaft, das Geschlecht, die Beziehung zum*zur Eigner*in etc. gezählt werden. Das jeweilige Kluster ist an Zeit und Ort gebunden.[248]

Für den Komplex der niederländischen Kolonien haben Mary Caroline Cravens, Willem Wubbo Klooster und Rosemary Brana-Shute Studien zur VOC und zum Kap der Guten Hoffnung, zu Curaçao und zu Suriname vorgelegt.[249] In Untersuchungen zu Manumissionen werden die meist seriell überlieferten Dokumente aus dem 19. Jahrhundert quantitativ entlang der Kategorien Geschlecht, Alter, Rassifizierung und Ort der Freilassung ausgewertet. Ein qualitativer, mikrohistorischer Zugang für die Analyse, wie er in Debra Blumenthals komplexer Fallstudie *The Promise of Freedom in Late Medieval Valencia* zu finden ist, bildet eine seltene Ausnahme.[250] In meiner Analyse orientiere ich mich an den genannten Studien und werde Bezüge herstellen, wo dies möglich ist.

---

247   Vgl. Hoefte, Free Blacks and Coloreds, S. 102-129. Rosemary Brana-Shute, Randy Sparks (Hg.), Paths to Freedom. Manumission in the Atlantic World, Columbia: University of South Carolina, 2009.

248   Vgl. Orlando Patterson, Three Notes of Freedom: The Nature of Consequences of Manumission, in: Rosemary Brana-Shute, Randy Sparks (Hg.), Paths to Freedom. Manumission in the Atlantic World, Columbia: University of South Carolina, 2009, S. 15-30, hier: S. 22-25.

249   Vgl. Cravens, Manumission, S. 97-120. Klooster, Manumission in an Entrepôt, S. 161-174 und Brana-Shute, Sex and Gender, S. 175-196. Zuletzt sind in dem Sammelband von Stefan Hanß und Juliane Schiel, Mediterranean Slavery Revisited (500-1800), zwei Aufsätze zu Manumissionen im Osmanischen Reich im 17. Jahrhundert erschienen. Vgl. Suraiya Faroqhi, Manumission in 17th-Century Suburban Istanbul, in: Stefan Hanß, Juliane Schiel (Hg.), Mediterranean Slavery Revisited (500-1800). Neue Perspektiven auf Mediterrane Sklaverei (500-1800), Zürich: Chronos, 2014, S. 381-402 und Hayri Gökşin Özkoray, Une culture de la résistance? Stratégies et moyens d'émancipation des esclaves dans l'Empire ottoman au XVIᵉ siècle, in: Stefan Hanß, Juliane Schiel (Hg.), Mediterranean Slavery Revisited (500-1800). Neue Perspektiven auf Mediterrane Sklaverei (500-1800), Zürich: Chronos, 2014, S. 403-420. Einen leichten Einstieg in das Thema Sklaverei auch in Hinblick auf kulturelle und religiöse Verfechtungen bietet Nicole Priesching, Sklaverei in der Neuzeit (= Geschichte kompakt), Darmstadt: WBG, 2014.

250   Vgl. Debra G. Blumenthal, The Promise of Freedom in Late Medieval Valencia, in: Rosemary Brana-Shute, Randy Sparks (Hg.), Paths to Freedom. Manumission in the Atlantic World, Columbia: University of South Carolina, 2009, S. 51-68.

2.4.1   Ankunft in der Republik: Das neue »Setting«

Den rechtlichen Rahmen von Manumissionen bildete in der Republik das bereits bekannte Spannungsfeld aus *volkomen* und *min volkomen slavernij*.[251] Einschränkungen, Unfreiheiten und Privilegien für einzelne Personen strukturierten die frühneuzeitliche niederländische Gesellschaft. In Suriname wurden Schwarze Menschen und People of Color sowohl auf der Ebene juristischer Normen als auch auf der Ebene praktischen bzw. performativen Handelns systematisch unterdrückt, ausgebeutet und versklavt. In der Republik hingegen galten zumindest in normativ-juristischer Hinsicht Freiheitsrechte für fast jede Person. Praktisch-performativ war Sklaverei auch in der Republik durchaus häufiger anzutreffen. Mit der Überquerung des Atlantiks kamen versklavte Menschen von einem extrem repressiven sozialen, politischen und juristischen Setting in der Kolonie in ein Setting, in dem Sklaverei offiziell nicht oder nur im Ausnahmefall existierte. Diese Verhältnisse in der Republik scheinen Manumissionen begünstigt zu haben.

Diese sozialen und politischen Verhältnisse in der Republik, in denen Sklaverei die Ausnahme bildete, eröffnete versklavten Menschen, die aus den Kolonien kamen, neue Handlungsmöglichkeiten: Sie baten ihre Eigner*innen um die Freiheit oder versuchten sie vor Gericht zu erstreiten. Jacoba Leiland und Marijtje Criool etwa machten sich 1771 das für sie neue Setting der Niederlande zunutze. Sie riefen die *Staten-Generaal* in Den Haag an, um von diesen die Bestätigung ihrer Freiheit zu erhalten. Der ehemalige Gouverneur von Suriname, Wigbold Crommelin, scheint hingegen Christiaan Africanus und Anna Elisabeth van Chatillon ganz bewusst 1771 in die Niederlande mitgenommen zu haben, um sie dort in die Freiheit zu entlassen.[252] Crommelin versuchte auch Joost van New Amsterdam auf diesem Weg zur Freiheit zu verhelfen. Dieser Versuch scheiterte jedoch am Eigentumsrecht und dem Widerspruch der *Sociëteit van Suriname*, die sich weigerte, van New Amsterdam ohne Freikauf freizulassen.[253] Ein konkreter Wunsch zur Freilassung in der

---

251   Vgl. Grotius, De iure belli ac pacis, 1732, II., V., § 27, 2; § 30. Vgl. auch Anm. 40, S. 68 und Anm. 46, S. 70. *Min volkomen slavernij* ist im Gewohnheitsrecht als *inschlud* und *borge* zu verorten. Der Transfer des Status der *volkomen slavernij* aus der Kolonie in die Republik wurde durch das Prinzip *secundum legem loci* gesetzeskonform. Zudem existierte seit dem frühen 13. Jahrhundert das Stadtrecht von Antwerpen, wonach Sklaverei und Praktiken der Versklavung verboten waren. Hiervon scheint kein oder nur sehr selten Gebrauch gemacht worden zu sein. Vgl. Anm. 74, S. 78 und 2.3.1.8 *Die Erweiterung der Anwendung des Prinzip Secundum Legem Loci.* Zudem Grotius, Inleydinge, I, IV § 2, Anm. C. Hierzu in dieser Untersuchung 2.1.4.5 *Free-Soil Principle* und daran anschließend 2.2 *Tradierte Auseinandersetzung mit Sklaverei im praktizierten Recht der vereinigten sieben Provinzen.*

252   Vgl. die Fälle Criool, Leiland, Africanus und Chattillon in 2.3.1.3 *Die Begrenzung freiheitlicher Rechte* und 2.3.1.4 *Machtkampf um das Privileg Freiheitsrechte zu gewähren.*

253   Vgl. 2.3.1.2 *Wer Freiheitsrechte gewähren darf.*

Republik ist auch bei Francisco Joseph, Maria Magdalena (Marquita) und Manuel Francisco Anthonio (Tibo) anzunehmen. Diese drei Personen erhielten im Juli 1709 von Anna Emmerentia Kerkrink ihre offiziell dokumentierte Freiheit. Kerkrink war die Witwe des ehemaligen Gouverneurs von Curaçao, Jacob Becq, die nach dessen Tod in Begleitung der drei versklavten Personen in die Republik reiste und diese dort nach »einiger Zeit« in die Freiheit entließ.[254] Einige Sklav*inneneigner*innen entschieden sich also nach der Ankunft in der Republik, ihnen vertraute und nahestehende versklavte Personen mit Manumissionsdokumenten freizulassen.

2.4.2   Manumission nach dem Plakaat 1776

Bisher wurde das *Plakaat 1776* auf die Fragen hin untersucht, ob und wann eine versklavte Person gemäß den Bestimmungen ihre Freiheit erhalten könnte und was es rechtlich bedeutete, Freigelassene*r zu sein. Nun wird erörtert, auf welche rechtlichen und sozialen Normen und Logiken die Gesetze für Freigelassene in der Kolonie aufbauten und in welcher Weise das *Plakaat 1776* daran anschloss.[255] Die Fragen lauten nun: Was bedeutete es für eine Person, wenn sie in der Republik manumittiert wurde und bei ihrer Ankunft in der Kolonie als Freigelassene*r registriert wurde? Welche normative und ideologische[256] Logik verbirgt sich hinter dem Recht für Freigelassene?

Bereits im ersten Paragrafen bestimmte das *Plakaat 1776*, wer frei sein sollte:

> »[D]ass alle Sklaven, welche mit ihren Herren aus den Kolonien dieses Staates hierhergebracht werden oder auf deren Befehl gekommen sind und ihre Freiheit

---

254   SAA, 5075 Notarissen, 6728, 15. Juli 1709, Nr. 647; ebd., 12. Juli 1709, Nr. 639, Nr. 643. Francisco Joseph, Maria Magdalena und Manuel Francisco Anthonio haben je ein eigenes Freilassungsdokument erhalten, alle wurden von Notar Cornelis de Winter in Amsterdam aufgesetzt.

255   An dieser Stelle wird darauf hingewiesen, dass für die ideologiekritische Analyse des Rassismus in dieser Studie auf die Quellenauszüge zurückgegriffen wird, die auch für die Analyse der rechtlichen Konstruktionen zu Sklaverei, dem Status der Freigelassenen etc. relevant sind. In diesen Auszügen wird der koloniale Rassismus bereits deutlich sichtbar. Dennoch kann diese Analyse keine systematische Studie mit einer großangelegten linguistischen und ideologiekritischen Diskursanalyse zur detaillierten Erfassung der spezifisch in Suriname auftretenden rassistischen Narration ersetzen. Eine solche Studie würde den Rahmen dieser Untersuchung sprengen. Eine detaillierte Studie über den spezifischen Rassismus in Suriname, mit dem die Versklavung Schwarzer Menschen und People of Color gerechtfertigt wurde, steht noch aus. Aufgebaut werden müsste hierbei auf historischem Material, dass von Kolonist*innen produziert wurde (Listen zur Organisation der Plantagen, Gouvernementsjournale, zeitgenössische Berichte über den Zustand der Kolonie aus kolonialer Perspektive, Briefe von Kolonist*innen, Gerichtsakten aus Suriname etc.).

256   Der hier verwendete Ideologiebegriff bezieht sich auf die Arbeit von Shelby und wird in Abschnitt *2.1.3.6 Moralphilosophische und rassifizierende Rechtfertigungen der Sklaverei*, Anm. 103, S. 87 erläutert.

auf gesetzliche Weise von diesen erhalten haben, solange sie hierzulande bleiben, als FREIE LEUTE angesehen werden sollen und wohl mit dem entsprechenden Effekt, dass ihre Herren alle die Rechte, die sie auf die genannten Sklaven gehabt haben, verlieren werden und keinen einzigen Anspruch auf diese behalten
sollen.«[257]

Eine Manumission nach dem *Plakaat 1776* beruhte also auf folgenden Einschränkungen: (§ 1) Der Personenkreis der potenziell freizulassenden Versklavten unterlag Restriktionen. Nur jene versklavten Personen, die mit dem Wissen und der
Zustimmung ihrer Eigner*innen in die Republik eingereist waren, mussten freigelassen werden. Wichtig war hierbei jedoch, dass die versklavten Personen ohne
spezifischen Auftrag in die Metropole kamen und mit der Absicht, sich hier nie-
derzulassen. Versklavte Menschen, die aus der Kolonie geflohen oder zeitlich begrenzt für einen Auftrag gekommen waren, hatten keinen rechtlichen Anspruch
auf ihre legale Freilassung. Die zeitliche Begrenzung lag laut Paragraf 5 des *Plakaats 1776* bei sechs Monaten bzw. im Falle einer Verlängerung bei maximal einem
Jahr oder einer anderen richterlich verfügten Zeitspanne.[258] (§ 2) Die Anerkennung
der Freiheit war auf das europäisch-kontinentale Territorium der niederländischen
Republik beschränkt. (§ 3) Die Freilassung ging nicht mit dem Erhalt des Bürgerrechts einher. Dieses erhielt man in der niederländischen Republik entweder qua
Geburt, weil die Eltern Bürger*innen waren, oder indem man sich das Bürgerrecht erkaufte. Wer manumittiert wurde, wurde kein*e Bürger*in, sondern freie*r
Einwohner*in mit sicherem Zugang zum Rechtssystem.[259] (§ 4.) Solange sich die
freigelassene Person in der Republik aufhielt, hatte der*die vormalige Eigner*in
bzw. Patron*in keine Ansprüche an dieser Person.

---

257 SAA, 5028, 544N, Scans SUR100210000002-3. »[D]at alle Slaaven, welke met hunne Meesters
uit de Colonien van den Staat herwaards overgebragt, of op de selver order herwaards gekomen zyn, en hunne vryheid op een wettige wyse van deselve verkreegen hebben, soo lang
sy hier te Lande blyven, als VRYE LUYDEN sullen worden aangemerkt, en wel met soodanig
effect, dat hunne Meesters alle de regten, die sy op gemelde Slaaven gehad hebben, koomen
te verliesen, en geen de minste betrekking op deselve blyven behouden.«
258 Vgl. in dieser Studie 2.3 »*Plakaat, concerneerde de vryheid der Slaaven*« von 1776 (*Plakaat 1776*).
Hoonhout, 1776, S. 372. Hondius, Access, S. 386 schreibt: »The law was known in Curaçao, how-
ever, and particularly the period of six months' maximum stay can be found in several court
cases after 1776 until as late as 1852.«
259 *Frei sein* bedeutete, dass bei Konflikten das jeweils zuständige Gericht angerufen werden
konnte, um für die Schlichtung des Konflikts und die Durchsetzung der persönlichen Rechte
zu sorgen. Das Bürgerrecht, als das politische Mitbestimmungsrecht in einer Stadt oder in
der Landesregierung (*Staten-Generaal*) musste erworben werden. Vgl. Bruno Blondé, Frederik
Buylaert, Jan Dumolyn, Jord Hanus, Peter Stabel, Living Together in the City: Social Relationships Between Norm and Practice, in: Bruno Blondé, Marc Boone, Anne-Laure Van Bruaene
(Hg.), City and Society in the Low Countries, 1100-1600, Cambridge: Cambridge University
Press: 2018, S. 59-92, hier: S. 81-82.

Damit unterscheidet sich eine Manumission nach dem *Plakaat 1776* von den verschiedenen Formen der Freilassung im römischen Recht. Das *ius civile* kannte vier Formen: (1.) Die *manumission vindicta*, die mittels eines Scheinprozesses vor dem Prätor und durch einen Freiheitsvertreter (*adsertor in libertatem*) vollzogen wurde. (2.) Die *manumissio censu*, die durch die Eintragung der versklavten Person in der Bürger*innenliste und auf Geheiß des*der Eigner*in erfolgte und nur alle vier Jahre möglich war. (3.) Die *manimissio testamento*, die durch das Inkrafttreten des Testaments im Todesfall des*der Erblasser*in erfolgte.[260] (4.) Die Freilassung auf »Treu und Glauben« einer*eines Verstorbenen, die als fideikommissarische Freilassung (*manumissio fideicommissaria*) bezeichnet wurde. Die versklavte Person wurde zum*zur Freigelassenen in Abhängigkeit zu und in der Verantwortung des*der Erb*in und erhielt so indirekt die Freiheit. Bei diesen vier Formen der zivilrechtlichen Manumission erhielt die freigelassene Person automatisch das römische Bürgerrecht (*romanitas*) und die volle Freiheit (*plena libertas*).[261] Die höchste Form der Manumission nach dem römischen Recht erfolgte durch Novelle 78, das »Gesetz der goldenen Ringe«, das Kaiser Justinian (geb. 482, reg. 527-565) 539 n. Chr. im Rahmen der *restauratio imperii* erließ und im *Corpus iuris civilis* kodifizierte. Justinian hatte den Status bzw. Personenstand *Freigelassene*r* abgeschafft.[262] Bei dieser Form der Manumission nach Novelle 78 war es möglich, dass unter Vorlage eindeutiger Beweise von Undank des*der Freigelassenen gegenüber dem*der Patron*in im äußersten Fall eine Rückversetzung in den Sklav*innenstatus erfolgte.[263]

Neben diesen Formen sah das römische Recht auch vier formlose Manumissionen vor. Durch diese erhielt eine versklavte Person vollständige Freiheit auf Lebenszeit, aber nicht das volle, sondern das mindere Bürgerrecht (*latinitas*). Diese Manumissionen wurden im Beisein von Zeug*innen vollzogen und der Prätor schützte die Freigelassenen vor Ansprüchen Dritter. Deshalb ist auch von prätorischen Freilassungen die Rede. Hierzu gehörten:

> »1. Die Freilassung unter Freunden (manumissio inter amicos)
>
> 2. Die Freilassung durch einen Brief (manumissio per epistulam)
>
> 3. Die Freilassung beim Gastmahl oder am Tisch (manumissio in convivio bzw. per mensam)

---

260 Vgl. J. Michael Rainer (Hg.), Corpus der römischen Rechtsquellen zur antiken Sklaverei, Prolegomena, bearb. v. J. Michael Rainer u. Elisabeth Herrmann-Otto (= Forschungen zur antiken Sklaverei: Beiheft; 3), Stuttgart: Franz Steiner, 1999, S. 9.

261 Vgl. Herrmann-Otto, Sklaverei und Freilassung, S. 199-202.

262 Vgl. Spruit, Corpus iuris civilis, S. 165-166. Herrmann-Otto, Sklaverei und Freilassung, S. 223-225.

263 Vgl. ebd. und J. Michael Rainer (Hg.), Corpus der römischen Rechtsquellen zur antiken Sklaverei, Teil 1. Die Begründung des Sklavenstatus nach ius gentium und ius civile, bearbeitet von Hans Wieling (= Forschungen zur antiken Sklaverei: Beiheft, 3), Stuttgart: Franz Steiner, 1999, S. 28-29.

4. Die Freilassung im Zirkus oder im Theater (manumissio in circo nzw. in theatro).«[264]

Manumissionen in der niederländischen Republik nach dem *Plakaat 1776* unterschieden sich also von antiken römischen Formen der Freilassung durch eine zwar rechtlich formulierte, faktisch aber nicht von herrschaftlicher Seite durchgesetzte Verpflichtung von Eigner*innen zu Freilassungen, die zugleich durch eine starke Selektion des freizulassenden Personenkreises eingeschränkt war. Die Gültigkeit der Manumission nach dem *Plakaat 1776* war zudem auf ein bestimmtes Territorium begrenzt.[265]

2.4.3 Die Gesetze für Freigelassene in Suriname: Statusdegradierung

Mit Inkrafttreten des *Plakaat 1776* zog die Manumission einer Schwarzen Person oder Person of Color bei einer Reise in die westindischen Kolonien einen Statuswechsel nach sich: Der Status einer solchen durch Manumission freien Person in der Republik wurde in der Kolonie auf den einer *freigelassenen* Person reduziert.

> »[…] dass wenn die Sklaven, die im ersten Artikel vermeldet, wiederum mit freiem Willen in die gemeldeten Kolonien zurückkehren sollten, solches an sie zugestanden werden soll, doch dass[, wenn] sie dort ankommen[,] nicht anders denn als FREIGELASSENE PERSONEN angesehen werden dürfen und damit den entsprechenden Regelungen unterworfen sind, welche durch die dortigen Regierungen zur Aufsicht der Freigelassenen beschlossen wurden.«[266]

Paragraf 6 des *Plakaat 1776* zwang eine freigelassene Person zudem dazu, sich bei der Einreise in die Kolonie einer Überprüfung zu unterziehen und den Status registrieren zu lassen.[267] Es sei hier betont, dass der Personenstand der *Freigelassenen*, der in der Kolonie seit 1733 legal und etabliert war, ausschließlich für Schwarze Menschen und People of Color galt. Er bedeutete erhebliche Einschränkungen der Freiheitsrechte und Unsicherheit für diese Personengruppe.

Die Freigelassenen-Gesetze in Suriname, auf die das *Plakaat 1776* verweisen, entstammen dem lokalen Gewohnheitsrecht. Sie basieren jedoch wie die Gesetze

---

264 Herrmann-Otto, Sklaverei und Freilassung, S. 200.

265 Vgl. hierzu auch ebd., S. 37-39.

266 SAA, 5028, 544N, Scans SUR100210000004. »Ten derden, dat wanneer de Slaaven by het eerste Articul vermeld wederom met hun vrye wil na de gemelde Colonien sal weesen geoorlooft, dog dat sy aldaar koomende, niet anders dan als VRYGELAATENE PERSOONEN aangemerkt sullen worden, en dus onderworpen zyn aan alle soodanige Ordres en Reglementen, welke door de Regeeringen aldaar ten opsigte van de Gemanumitteerden zyn gearresteerd.«

267 NA, 1.05.03, 189, 1. September 1776. SA, 5028, 544N, Scans SUR100210000004.

für versklavte Menschen in den niederländischen Kolonien auch auf dem antiken römischen Recht. Kern der Gesetzgebung zur Kontrolle der Freigelassenen war ein zehn Paragrafen umfassendes lokales koloniales *plakaat*, das am 28. Juli 1733 erlassen und am 4. Februar 1761 erneuert worden war.[268] Formuliert, beschlossen und veröffentlicht wurde das *plakaat* in Paramaribo in Suriname, gedruckt wurde es jedoch 1761 von Petrus Schouten in der Kalverstraat in Amsterdam, also in der Republik.[269] Argumentativ wurde die Notwendigkeit der segregierenden Gesetze mit der Sicherung der öffentlichen Ordnung begründet. Ganz grundsätzlich und in verallgemeinernder, herabwürdigender Denk- und Redeweise ging die Kolonialregierung davon aus, dass

> »das vielfältige Freigeben von Sklaven und Mulatten, die Zunahme davon [...] und die umfangreichen schlechten Folgen, die vielfach daraus entstehen [...], [dass die Freigelassenen] sich vielfach nicht scheuen, sich gleichwohl mit Dienstbaren zu vermischen, Trunkenheit und dem schlechten Verhalten, dieselben zu ausschweifendem Leben verleiten, zum großen Nachteil der Eigner.«[270]

Kurz gesagt, die Manumission von Schwarzen Menschen und People of Color wurde in der Kolonie als ein Problem angesehen. Man unterstellte den Freigelassenen Trunksucht und prinzipielle Schädlichkeit. Sie würden sich mit *dienstbaaren*, also versklavten Personen, sexuell einlassen (»vermischen«) und diese zu einem »ausschweifenden Leben verleiten«, was zum »großen Nachteil« der *Eigenaaren* sei.

Weiterhin wurde im *plakaat* von 1761 Folgendes festgelegt: Erstens, dass niemand freigelassen werden durfte, wenn nicht zuvor beim zuständigen *Hof van Politie en Criminele Justitie* ein Antrag gestellt worden war. Hierbei musste nachgewiesen werden, dass die freizulassende Person nicht zu einem Besitz gehörte, der mit einer Hypothek belastet war.[271] Unter allen Umständen musste abgesichert werden, dass die freizulassende Person in der Lage war, ihren Lebensunterhalt selbst zu erwirtschaften, und nicht die Armenkasse der Kolonie belastete. Diese Forderung sollte die *Sociëteit van Suriname* wie schon besprochen ja auch in der Debatte um das *Plakaat 1776* vorbringen. Zweitens wurde es als notwendig angesehen, dass Freigelassene, deren Kinder und Nachfahr*innen ihren »Patronen und Patroninnen« und ebenso deren Kindern und Nachfahr*innen Respekt erweisen mussten.

---

268   NA, 1.01.02, 11495, 16. Juni 1773, fol. 924f. Vgl. auch 2.3.1 *Der politische und rechtliche Kontext*, Anm. 147, S. 98.

269   NA, 1.01.02, 5796, Dossier 1776; ebd., 11495, 16. Juni 1773, fol. 924f.

270   NA, 1.01.02, 11495, 16. Juni 1773, fol. 924f. »[...] 't veelvuldige vrij geeven van Slaven en Mulatten, het accresceeren van dien, en de meenigvuldige quaade gevolgen die veeltijds daaruit voortkomen, aangezien dezer gemanumitteert zijnde, zig veeltijds niet ontzien om zig evenwel met dienstbaare te vermengen, de dronkenschap en kwade Conduites, dezelve te debaucheeren, tot groot nadeel der Eigenaren.«

271   NA, 1.01.02, 5796, Dossier 1776, 23. Juni 1773.

Damit wurde festgeschrieben, dass ehemalige Sklav*innen in der kolonialen Gesellschaft einen deutlich als subaltern markierten Rang zugewiesen bekamen und das Abhängigkeitsverhältnis in veränderter Form weitergeführt wurde. Drittens war es Freigelassenen verboten, den »Patron« oder die »Patronin« zu schlagen, zu verletzen oder irgendwie anders Schmerz zuzufügen. Geschah dies dennoch, fiel diese Person zurück in »Dienstbarkeit und Sklaverei, zum Vorteil [ihres] vorherigen Patrons oder der Patronin«.[272]

Das antike römische Recht nach Justinian legte fest, dass in einem solchen Fall rechtskräftige Beweise vorgelegt werden mussten, die die Behauptung eines tätlichen Angriffs untermauerten.[273] Anders als in Justinians *Novelle 78* wurden im kolonialen Kontext für eine angezeigte Gewalttat, die durch eine freigelassene Person verübt worden sein sollte, keine Beweise verlangt. Han Jordaan beschreibt in seiner Studie über das Rechts- und Anklagesystems Surinames und Curaçaos für das Jahr 1766 zwei solche Beschwerdefälle. Durch diese Fälle und die Verortung der darin beschriebenen Praktiken im gesellschaftlichen System der niederländischen westindischen Kolonien verdeutlicht Jordaan, dass allein die Aussagen von Kolonist*innen ausreichten, um freie wie versklavte Schwarze Menschen und People of Color zu verurteilen.[274]

Paragraf 4 des *plakaats* zur Regulierung und Aufsicht der Freigelassenen sah vor, dass eine Freilassung mit der Christianisierung der freigelassenen Person einhergehen musste.[275] Eine freie Wahl der Religion wurde nicht gestattet. Paragraf 5 legte fest, dass Freigelassene angehalten waren, nach Maßgabe eines Richters für die Alimentierung der Patron*innen und ihren Kindern und Nachkomm*innen aufzukommen, wie es bereits aus dem römischen Recht bekannt war.[276] Paragraf 6 gestattete es Freigelassenen, untereinander zu heiraten, verbot es ihnen aber, einen versklavten Menschen zu ehelichen.[277] Auch hierfür diente das römische Recht als Vorbild, untersagte dies versklavten Personen doch das Heiraten.[278]

---

272   Ebd.

273   Vgl. Spruit, Corpus iuris civilis, S. 166-168.

274   Vgl. Jordaan, Free Blacks and Coloreds, S. 63-86. Zum einen handelt es sich um die Beschwerde des neuen Fiskalrats von Curaçao, Hubertus Coerman. Er hatte gegenüber den *Heeren Tien* in Amsterdam seine Empörung über die unfairen Rechtspraktiken zum Ausdruck gebracht. Zum anderen analysierte Jordaan die Prozessakten und das für die Staten-Generaal zusammengestellte Dossier über den Prozess gegen die freigelassene Mariana Franco aus Curaçao, die aufgrund von unwahren Anschuldigungen enteignet und nach Jamaika verbannt wurde. Von dort machte sie sich auf den beschwerlichen Weg nach Den Haag, um Beschwerde bei den *Staten-Generaal* einzulegen.

275   NA, 1.01.02, 11495, 16. Juni 1773, fol. 924f.

276   Vgl. Herrmann-Otto, Sklaverei und Freilassung, S. 201.

277   NA, 1.01.02, 5796, Dossier 1776; ebd., 11495, 16. Juni 1773, fol. 924f.

278   Vgl. Herrmann-Otto, Sklaverei und Freilassung, S. 26-27.

Paragraf 7 legte die Praktiken des Erbrechts fest. Allgemein galt das Amsterdamer Erbrecht, nach dem es Freigelassenen erlaubt war, ihren Besitz an leibliche Nachkomm*innen zu vererben. Zudem war es aber verpflichtend, dass ein Viertel des Erbes an die Patron*innen und deren Nachkommenschaft vererbt wurde. Gronovius' Ergänzungen zu Hugo Grotius' Erläuterungen in *De iure belli ac pacis* in Hinblick auf das Erbrecht von *doode handen*, ehemaligen *kluit-eigenen* (Hörigen), zeigen eine ganz ähnliche Regelung:

> »Die Landleute oder Bauern, die freigelassen wurden unter der Bedingung, dass, wenn sie ohne Kinder sterben sollten, alle ihre Güter an den Herrn fallen sollten: doch, wenn sie Kinder nachließen, der Herr dann das Beste von allem, was es gab, bekommen sollte: aber wenn nichts von Wert übrigblieb, die rechte Hand des Toten gegeben werden sollte.«[279]

Die Erbrechtsregel *Tote Hand* stellte für Grotius und Gronovius eine unvollständige Form der Sklaverei dar.[280] Das Erbrecht der freigelassenen Bevölkerung in der Kolonie war sowohl an die Rechtsprinzipien für unvollständig Versklavte in Grotius' Schrift zum Völkerrecht und an das Amsterdamer Erbrecht gekoppelt. Der Einfluss der Metropole ist also deutlich erkennbar.

Paragraf 8, der das Verhalten von Freigelassenen in Suriname regulieren sollte, sah vor, dass

> »alle freigelassenen Mulatten, Indianer, Neger und Negerinnen, die sich mit Sklaven vermischen [...] und damit Kinder zeugen, beim ersten Mal gestraft werden mit einer beliebig [festzusetzenden] Geldbuße, die Hälfte für den Herrn Fiskalrat und die andere Hälfte für das Hospital; das zweite Mal [werden sie bestraft] mit körperlicher Züchtigung und das dritte Mal [werden sie] in die Sklaverei zurückversetzt.«[281]

Mit dieser Regelung bemühte sich die Kolonialregierung, die beiden bestehenden Statusgruppen zu trennen, indem sie versuchte, familiäre Beziehungen zwi-

---

279   Grotius, De iure belli ac pacis (1732), II., V., § 30. »Die men doode handen noemt) De landluiden of boeren, die vrygelaten wierden op voorwaarde, dat, als ze zonder kinderen kwamen te sterven, alle haare goederen zouden vervallen aan den Heere: doch als zy kinderen nalieten, de Heer dan het beste zoude hebben van alles wat ›er was: maar zoo ›er niets van waarde overbleef, de regter hand van den dooden zoude gegeven worden.« Vgl. 2.1.3.1 *Völkerrecht*, Anm. 46, S. 70.

280   Vgl. Grotius, De iure belli ac pacis (1732), II., V., § 30.

281   NA, 1.01.02, 11495, 16. Juni 1773. »[A]lle vrijgelatene Mulatten, Indiaanen, Neegers en Negerinnen, die zig met Slaven of Slavinnen mogten komen te mengen, en daarmeede kinderen procrëeeren, voor de eerste reize zullen werden gemuliteert met een arbitraire pecunieele boete, de helfte voor den Heer Raad Fiscaal, en de andere helfte voor 't Hospitaal; de tweede reize met corporeele Correctie, en de derte reize in de vorige Slavernij geredigeert.«

schen Freigelassenen, egal welcher rassifizierenden Kategorie des kolonialen Gesellschaftssystems sie zugeordnet wurden, und versklavten Personen zu unterbinden. Dies mag mit der Praktik zusammengehangen haben, dass freigelassene Familienmitglieder sehr oft strategisch daran arbeiteten, ihre versklavten Angehörigen freizukaufen. Brana-Shute erläutert, dass die größte Anzahl an Manumissionen in Suriname auf das Konto der Freigelassenen selbst ging, da diese Kinder, Eltern, Geschwister etc. aus der Sklaverei auslösten.[282]

Sexuelle und familiäre Beziehungen wurden streng beobachtet und gegebenenfalls sanktioniert.[283] Paragraf 9 verbot das gemeinsame Tanzen und Feiern von Freigelassenen und versklavten Personen und bedrohte Letztere bei Zuwiderhandeln mit der Todesstrafe. Bei der ersten Festnahme einer freigelassenen Person wurde die involvierte versklavte Person vor den Augen der freigelassenen Person hingerichtet. Bei einer zweiten Festnahme wurde die freigelassene Person zum Vorteil des Landes erneut versklavt und dadurch zum Eigentum der *Sociëteit van Suriname*. Im Zuge der Aufstandsbekämpfung im Kontext der *Maroon*-Kriege in Suriname wurde ebenfalls am 4. Februar 1761 ein Gesetz erlassen, das es der versklavten Bevölkerung verbot, ohne die Aufsicht mindestens einer *weißen* Person Tänze und Feiern abzuhalten.[284] Paragraf 10 als letzte Bestimmung des *plakaat* verpflichtete freigelassene Menschen dazu, das Verhalten versklavter Menschen gegenüber *weißen* Kolonist*innen zu überwachen und gegebenenfalls zu denunzieren. Betont wurde zudem, dass der Status der Freigelassenen laut *plakaat* prekär sowie an ein rechtskonformes Verhalten gekoppelt sei und die Freigelassenen in Abhängigkeit und Schuld der *Weißen* standen:

»Alle manumittierten oder freigemachten Sklaven, ohne Unterschied, in welcher Zeit sie manumittiert oder freigemacht sind, sollen sich sorgfältig vorsehen, dass sie nicht die kleinste Versicherung, Unverschämtheit oder eine Gewalttätigkeit gegen irgendeinen Weißen tun dürfen noch tolerieren, dass [dies] von Sklaven getan wird, sondern im Gegenteil, dass sie gegen alle Weißen ohne Unterschied allen Respekt, Ehrerbietung beweisen müssen, bei einer Strafe, die je nach Sachlage bestraft wird, werden dieselben hiermit ausdrücklich gewarnt, dass, obschon

---

282   Vgl. Rosemary Brana-Shute, Sex and Gender, S. 184-189.

283   Im antiken römischen Recht wurden Frauen*, die eine romantische Beziehung mit einem versklavten Mann* unterhielten und zum dritten Mal von dessen Eigner*in zur Aufgabe dieser Beziehung aufgefordert worden waren, ebenfalls versklavt. Vgl. Herrmann-Otto, Sklaverei und Freilassung, S. 194.

284   Vgl. 2.3.1 *Der politische und rechtliche Kontext* in dieser Studie. Dort sind weitere lokale Gesetze nachzulesen, die der Aufstandsbekämpfung in Suriname dienten. Anzumerken ist, dass Resolutionen von der Kolonialregierung und auch den *Staten-Generaal* nach Bedarf und in Abhängigkeit zur jeweiligen Situation erlassen wurden. Es gab keine Systematik, weshalb es durchaus vorkommt, dass sich die Inhalte widersprechen.

ihr Leute, in anderer Sache gleiche Rechte genießen [sic!] wie freigeborene, sie tatsächlich in einem solchen Fall angesehen werden als solche, die das unbezahlbare Gut der Freiheit gegenüber Weißen schuldig sind.«[285]

Das Leben der freigelassenen Bevölkerung in Suriname war somit in höchstem Maße prekär. Den Paragrafen des *plakaat* vom 4. Februar 1761 nach zu urteilen, muss der Alltag der Betroffenen von ständiger Angst begleitet gewesen sein. Immerfort stand die Bedrohung im Raum, erneut aufgrund der Beschuldigung eines angeblichen Fehlverhaltens versklavt zu werden. Mit dem *plakaat* wurde mittels massiver Strafandrohung versucht, das Verhalten der freigelassenen und versklavten Personen zu kontrollieren. Freigelassene sollten abgegrenzt und in Stellung gebracht werden gegen den versklavten Bevölkerungsteil in Suriname.[286] Zugleich hatten sehr viele der freigelassenen Personen in Suriname versklavte Familienmitglieder, denen sie zur Freiheit zu verhelfen versuchten, trotz oder gerade wegen der diskriminierenden Gesetze.

Die *Staten-Generaal* und alle anderen, die am Gesetzgebungsprozess des *Plakaat 1776* beteiligt waren, kannten die Gesetze für Freigelassene in der Kolonie. Mit dem *Plakaat 1776* schufen sie eine Gesetzesgrundlage, die es gestattete, Menschen, die in der Republik frei waren und Rechte als Einwohner*innen hielten, in der Kolonie als Menschen zweiter Klasse zu behandeln. Denn das Gesetz ermöglichte es, den Personenstand freier Menschen, die früher versklavt waren, auf der Grundlage der

---

285   NA, 1.01.02, 11495, 16. Juni 1773. »Alle gemanumitteerde of Vrijgemaakte Slaven, Zonder onderscheid, in wat tijd zij gemanumitteert of vrijgemaakt zijn, zullen zig zorgvuldig wagten, dat zij niet alleen geen deminste assurantie, insolentie, of eenige feijtelijkheeden an eenige blanken zullen hebben te doen nog gedoogen dat door Slaven word gedaan, maar ter contarie, dat zij an alle blanken zonder onderscheid, alle respect en eerbied zullen hebben te bewijzen, op poene van na bevinding van Zaaken te werden gestraft, werdende dezelve bij deezen uijtdrukkelijk gewaarschouwd dat Schoon zij lieden, in andere Zaaken egale regten genieten met vrijgeborene, zij egter in zullen geval geconsideert zullen werden als zulke, die het onwaardeerlijk pand van vrijheid, an blanken verschuldigt zijn.« »Assurantie« bedeutet Versicherung. Ich vermute jedoch, dass es hier um Verschwörung gegen Kolonist*innen geht, also um eine Absprache Freigelassener und/oder Versklavter zu einem bestimmten Zweck. Zur niederländischen Vokabel »blanken« ist anzumerken, dass es ein Wort ist, das ausschließlich als rassifizierende Kategorie gebraucht wird. Die deutsche Sprache kennt nur das Wort »weiß« zur Bezeichnung in diesem Kontext. Die niederländische Sprache kennt »wit«/»witte« als Wort für die Farbe Weiß und »blank«, um eine *weiße* Person zu bezeichnen. Auffällig in diesem Zitat ist, dass der Schreiber vorübergehend durch die Formulierung »ihr Leute« in die direkte Ansprache der freigelassenen Personen wechselt.

286   Vgl. auch die Handlungsoptionen jener Männer*, die als Sklaven beauftragt wurden, sich an der Suche und Verfolgung der *maroons* zu beteiligen und hierfür ihre Manumission erhielten. Hier sei etwa auf Coffy, Quassie oder das Corps Redi Musu verwiesen. NA, 1.01.02, Inv. 5796, 16./21. Juni 1773, Frank Dragtenstein, »Trouw aan de Blanken«: Quassie van Nieuw Timotibo, twist en strijd in de 18de eeuw in Suriname, Amsterdam: KIT Publishers, 2004.

etablierten rassifizierenden Abwertung nicht-*weißer* Menschen in jenen von Freigelassenen zu ändern und die Betroffenen somit auf den Status der *min volkomen slavernij* zurückzustufen.

Wie und in welchem logischen und ideengeschichtlichen Kontext sind diese Aussagen und Rechtskonstruktionen zu verorten? Der Begriff *slaven* (Sklaven) bezeichnet Schwarze versklavte Menschen, die auch als *neger* oder *swarte* (Schwarze) in den Quellen betitelt wurden. Auch der Begriff *dienstbaare* taucht erneut in konkretem Zusammenhang mit Sklaverei in dem soeben beschriebenen *plakaat* von 1733/1761 auf. Diesmal als Substantiv, wodurch das Wort ebenfalls als Synonym für Sklav*in verwendet wird.

2.4.4 Rassifizierung als kultureller Code

Bei der Durchsicht von Sklav*innenlisten (von Auktionen, Inventarlisten von Plantagen etc.) wird deutlich, dass versklavte Menschen in Suriname überwiegend in drei Kategorien eingeteilt wurden: 1. als *neger/swarte*, 2. als *roode* und 3. als *mulatte*.[287] Mitglieder der indigenen Bevölkerungen wurden als *roode* oder *Indiaanen* bezeichnet. Eine Person, die als *mulatte* kategorisiert wurde, hatte jeweils einen *weißen* und einen Schwarzen Elternteil. Als *swarte* (schwarze) wurden die Frauen* und Mütter mit dunklerer Hautfarbe und Sklavinnenstatus bezeichnet. Der Begriff *weiß* wurde gebraucht, um die hellere Hautfarbe der freien Männer*, Kolonisten und Väter mit europäischer Herkunft und freiem Status zu benennen. Sollte angezeigt werden, dass eine in den Quellen als *roode* oder *mulatte* rassifizierte Person versklavt war, wurde diese Tatsache explizit erwähnt. Es wird ersichtlich, dass die Begriffe, die scheinbar neutral Hautfarben bezeichnen, mit Bedeutungen und Wertungen aufgeladen und somit rassifizierende Kategorien waren und sind.

In der Sprache über Schwarze versklavte Personen ist eine Besonderheit zu erkennen. Der Begriff *swarte* wurde synonym für die abwertenden Begriffe *neger* und *slaaf/slavin* (Sklav*in) gebraucht, was zeigt, dass Schwarze Personen grundsätzlich als versklavt angenommen wurden. Dementsprechend musste es explizit betont werden, wenn eine Schwarze Person frei war.[288] (Eine explizite Betonung ist beispielsweise in der Benennung »de vrije Neeger Quassie« im Gouvernementsjournal zu finden.[289]) Diese Logik führte zu einer Chiffrenbildung, wodurch *neger/swart*

---

287 Es gab noch mehr rassifizierende Kategorien, in Bezug auf die Versklavung in den niederländischen Kolonien im 18. Jahrhundert sind jedoch nur diese drei Kategorien relevant.

288 Einen vergleichbaren Mechanismus hat Heng im Kontext der Versklavung von Roma und Romnija, die als *Zigeuner* diffamiert wurden und werden, im frühneuzeitlichen Rumänien beschrieben. Vgl. Heng, The Invention of Race, S. 447.

289 NA, 1.05.03, Inv. 207, 1771-1778, Teil 2, S. 995.

den Begriffen *slaaf /slavin* entsprach. Die Theorie zur Bildung von *Chiffren* und damit einhergehend eines *kulturellen Codes* stammt von Shulamit Volkov. Die Historikerin* hat mittels einer linguistischen Analyse die antisemitische Sprache in der Zeit des deutschen Kaiserreichs bis zum Beginn der Herrschaft der Nationalsozialisten untersucht. Inzwischen ist dieser Analyseansatz in der Antisemitismusforschung etabliert und wird auch vereinzelt zur Analyse von Rassismen verwendet. Chiffren- und damit einhergehende Codebildung ist nur dann in einer Gesellschaft möglich, wenn ein größerer Teil der Gesellschaft dieselben Vorstellungen und Werte teilt. Durch das Teilen derselben Vorstellungen und Werte wird die implizit enthaltene Logik, für die die Chiffre steht, ohne weitere Erklärung verstanden und die dazugehörige Narration kann angewandt werden. Bei einem komplexeren Zusammenspiel solcher Chiffren, die Teil der Kommunikation unter Anhänger*innen desselben Ideen-, Werte- und Gesellschaftssystems sind, handelt es sich um einen *kulturellen Code*.[290]

Im oben genannten *plakaat* von 1733/1761, das dazu diente, die Gruppe der Freigelassenen von jener der Versklavten zu trennen, ist von freigelassenen *Sklaven und Mulatten* die Rede. Diese freigelassenen Personen, so das *plakaat* weiter, würden sexuelle und familiäre Beziehungen mit *dienstbaaren*, also versklavten Perso-

---

290   Vgl. Shulamit Volkov, Antisemitism as a Cultural Code. Reflections on the Historiography of Antisemitism in Imperial Germany, in: Yearbook of the Leo Baeck Institute, 23 (1978), S. 25-45. Auf Deutsch erschien der Aufsatz unter dem Titel: Antisemitismus als kultureller Code, in: Dies (Hg.), Jüdisches Leben und Antisemitismus im 19. und 20. Jahrhundert. Zehn Essays, München: C.H. Beck, 1990, S. 13-36. Eine Zusammenfassung der Theorie und deren Bedeutung ist in Samuel Salzborn, Antisemitismus als negative Leitidee der Moderne. Sozialwissenschaftliche Theorien im Vergleich, Frankfurt a.M., New York: Campus, 2010, S. 146-157 nachzulesen. Rezipiert in der Analyse von Rassismen in Verbindung mit Antisemitismus wird Volkovs *kultureller Code* von Rainer Walz, Der vormoderne Antisemitismus, S. 719-748, insb.: S. 740f. Stuart Hall hat den Begriff des *kulturellen Codes* ebenfalls aufgegriffen und nutzt ihn für seine Beschreibung der *kulturellen Identität* im Kontext von Rassismus und Kolonialismus. Vgl. Stuart Hall, Kulturelle Identität und Diaspora, in: Ders., Rassismus und kulturelle Identität. Ausgewählte Schriften 2, Hamburg: Argument, 2012, S. 26-42, hier: S. 26-28. Andreas Reckwitz greift den Begriff des kulturellen Codes ebenfalls auf, fasst ihn aber etwas weiter, als dies in den Kulturwissenschaften üblich ist. Für Reckwitz ist der *Code* ein »nicht unbedingt systematisch aufgebautes Netz von sinnhaften Unterscheidungen, dass allein im Aggregatzustand des praktischen Wissens, als ›tool kit‹ wirksam ist«. Reckwitz, Grundelemente, S. 292-293. Verwiesen sei hier auch auf einen weiteren Aufsatz von Hering Torres: Max Sebastián Hering Torres, Purity of Blood. Problems of Interpretation, in: Ders., María Elena Martínez, David Nierenberg (Hg.), Race and Blood in the Iberian World (= Racism Analysis Series B: Yearbook, Bd. 3), Wien, Berlin: LIT, 2012, S. 11-38, hier: S. 30-34. Der Autor* erörtert auf den angegebenen Seiten die Funktionsweise kultureller Codes in vormodernen Rassismen. Er schneidet dabei die Vielfältigkeit der Elemente der Narration an. Zudem betont er erneut die Wandelbarkeit rassistischer Narrationen und deren Funktion. Er differenziert hier auch zwischen Marginalisierung und Rassismus.

nen eingehen. Zudem, so die verallgemeinernde Aussage, würden diese Freigelassenen zu Trunkenheit und schlechtem Verhalten neigen, z. B. die versklavten
Personen, mit denen sie Beziehungen eingingen, zu einem »ausschweifenden Leben verleiten«. Die Zuschreibungen Promiskuität, Trunksucht, schlechtes Verhalten und Ausschweifung sind Chiffren, durch die der*die Sprecher*in signalisiert,
dass von ihm*ihr als positiv und *europäisch* gewertete Tugenden grundsätzlich nicht
von Freigelassenen eingehalten werden (können). Einen besonderen Stellenwert
hat hier der vermeintliche Bruch der Freigelassenen mit der europäischen *Kardinal-*
tugend Besonnenheit, wie er durch die Hinweise im *plakaat* von 1733/1761 auf *schlech-*
tes Verhalten und einen *ausschweifenden Lebenswandel* suggeriert werden soll.[291] Im
Umkehrschluss bedeutet dies, dass Freigelassene kollektiv und beständig ein un-
vernünftiges, unangepasstes sowie irrationales Verhalten zeigen würden. Abstra-
hiert gesprochen vermittelte die Kolonialregierung damit, dass Freigelassene un-
moralisch, unvernünftig, sündig und damit implizit unchristlich seien und eine
mangelnde Affektkontrolle aufwiesen. Dieser Mangel an Tugendhaftigkeit wurde
als Rechtfertigung für die angebliche Notwendigkeit der Beherrschung der Freigelassenen durch die Kolonist*innen angeführt. In dieser Argumentation wurde
zugleich europäisches Standesdenken (tugendhafter Adel, tugendhafte Herrschaft)
und koloniales rassistisches Denken verbunden und sichtbar.[292] Das unterstellte
untugendhafte Verhalten wurde an rassifizierende Kategorien gekoppelt und als
ererbt und damit als unwandelbar beschrieben.

2.4.5   Das historische Material

Der vorliegende Bestand an Dokumenten zu Freilassungen, die in der niederländischen Republik vollzogen wurden, ist vielfältig: Die älteste vorliegende Manumission stammt von 1674, die jüngste von 1773. Bei den genannten Manumissionen wurden versklavte Menschen aus den Kolonien freigelassen. Sieben der ausgewählten
Manumissionen sind Dokumente, die für Einzelpersonen von einem Notar ausgestellt wurden.[293] Diese sieben Dokumente haben in etwa dieselbe Form, wobei

---

291   Vgl. Georg Eckert, »Tugend«, in: Friedrich Jaeger (Hg.), Enzyklopädie der Neuzeit, Bd. 13,
       Darmstadt: WBG Academic, 2011, S. 807-815.
292   Ebd. Zur Verknüpfung von Moralphilosophie und Rassifizierung bei der Rechtfertigung der
       Sklaverei vgl. 2.1.3.6 *Moralphilosophische und rassifizierende Rechtfertigungen der Sklaverei.*
293   SAA, Not. Arch. 2304, Film 2486, 24. Juli 1674 (Notar Jacob de Winter, Aletta Rontuns lässt
       Jan Pick frei); SAA, 5075, 6728, 12. Juli 1709 (Notar Cornelis de Winter, Anna Emmerentia Ker-
       krink lässt Maria Magdalena frei); SAA, 5075, 6728, 12. Juli 1709 (Notar Cornelis de Winter,
       Anna Emmerentia Kerkrink lässt Manuel Francisco Anthonio frei); SAA, 5075, 6728, 15. Juli
       1709 (Notar Cornelis de Winter, Anna Emmerentia Kerkrink und Carlos Cocq lassen Francisco
       Joseph frei); SAA, 5075, 7164, Nr. 649/152, 24. Oktober 1710 (Notar Willem Jan van Midlum,
       Pieter Schuurman lässt Catharina frei); GAU, Archief 174, Archief Notarissen U150 a 003, Inv.

die Inhalte durchaus voneinander abweichen. Vier weitere Freilassungen erfolgten durch zwei Resolutionen der *Staten-Generaal*.[294] Zudem wurden durch drei Testamente, in denen es unter anderem um fünf versklavte Personen ging, faktisch drei Personen freigelassen. Testamentarische Freilassungen traten nach dem Tod des*der Erblasser*in in Kraft.[295]

Sowohl die Versklavung von Menschen als auch deren eventuelle Manumission sind den hier analysierten Quellen zufolge ein Elitenphänomen gewesen. Eine Manumission kostete Geld, da ein Notar oder Lösegeld bezahlt werden musste. Ebenso verursachten die Überfahrt von versklavten Personen aus der Kolonie sowie Unterhalt, Kost, Logis, Kleidung, medizinische Versorgung etc. den Eigner*innen beträchtliche Kosten.[296] Die Handelskompagnien hatten zudem Einreisebeschränkungen in die Republik für versklavte Menschen erlassen. Diese wurden offiziell nur gelockert, wenn versklavte Personen in Begleitung von hochrangigem Perso-

---

1-58, Notar G. Martens, Toegang 34-4, Akte 44, Procuratie 1718 (Richard Munnieks und Dominicus Maria Paxie de Chavonnes lassen Pedro frei); SAA, 5075, 12331, 7. April 1753, Nr. 75 und ebd., 12327, Nr. 69, 5. März 1751 (Notar Cornelis van Hombrigh, Magdalena van Son, geb. Bordier und Jacobus August van Son lassen Johannis West/Quakoe frei).

294   NA, 1.01.02, 11485, 30. Juli 1771, fol. 608-617 (Marijtje Criool und Jacoba Leiland); NA, 1.01.02, 11495, 16. Juni 1773, fol. 919-929 (auf Anfrage Wigboldt Crommelins beschließen die *Staten-Generaal*, dass Christian Africanus und Anna Elisabeth van Chatillon auch ohne Dokumente als freie Personen anzusehen seien. Crommelin hatte Africanus und Van Chatillon jedoch bereits zuvor formlos freigelassen).

295   SAA, 5075, 12327, 5. März 1751 (Notar Cornelis van Homrigh, Magdalena Bodier lässt Quakoe/Johannis West und Seraphine frei und vererbt je 500 Gld.); SAA, 5075, 11350, Akte 78, 29. November 1754 (Notar Thierry Daniel de Marolles, Pierre Frederic Lespinasse lässt Nijmand frei und vererbt ihm 600 Gld.); Leiden ELO, Arch. Joh. Thijssen, 0505, 2303, fol. 123f., 5. August 1770 (Notar Johannes Thijssen, Johanna Baldine Temming verfügt, dass der »Mulatte Jonge Isaacq« freigelassen werden soll, das »Neeger Meijsje Claudina met haar hebbende of nog te krijgende Kinderen« solle weiterhin versklavt bleiben und in den Besitz des Sohnes übergehen).

296   Die Sklav*inneneigner*innen waren Gouverneur Becq und dessen Ehefrau Anna Emmerentia Kerkrink aus Curaçao; Maurice de Chavonnes, Rat von Indien und Gouverneur vom Kap der Guten Hoffnung, und dessen Ehefrau; Pierre Bordier, *Ontfanger van Hoofdgelden* in Suriname, und dessen Ehefrau Magdalena Bordier; Pierre Lespinasse gehörte der surinamischen Pflanzer*innenelite an. 1754 wurde testamentarisch festgelegt, dass nach dem Tod Pierre Frederik Lespinasse der bis dato von ihm versklavte Nijmand frei sein sollte. Diese Bestimmung trat 1757 in Kraft. Vrij weist darauf hin, dass Susanna Lespinasse, Pierres Lespinasses Schwester, die von ihr versklavte Frau* Susanna Dumoin auch 18 Jahre nach ihrer Ankunft in der Republik noch als Sklavin bezeichnete. Vgl. Vrij, Susanna Dumion, S. 24f. Weiterhin sind zu nennen: Estienne Coudere, Oud Raad van Politie en Crimineele Justitie der Colonie Suriname, und dessen Ehefrau Baldine Temming, der Oud Raad van Politie en Crimineele Justitie Willem Hendrik van Steenberg und Gouverneur Crommelin. Für die archivalischen Angaben vgl. Anm. 309-311, S. 154-155.

nal der Kompagnien reisten.[297] Dies mag ein weiterer Grund sein, weshalb in den vorliegenden Fällen von Manumissionen nur Angehörige der gesellschaftlichen Elite als Freilassende in Erscheinung treten.

2.4.6 Manumission und Geschlecht

Aus Brana-Shutes Untersuchung geht hervor, dass in Suriname und der gesamten Karibik deutlich mehr Frauen* als Männer* manumittiert wurden.[298] Durch die hier untersuchten zwölf Dokumente erhielten acht Männer* und fünf Frauen* ihre Freiheit. Ein belastbarer statistischer Befund hinsichtlich des Geschlechts der Manumittierten in der niederländischen Republik kann an dieser Stelle aufgrund der geringen Zahl an Quellen nicht angeboten werden. Einige qualitative Überlegungen zu diesem Aspekt sind jedoch möglich.

Am Beispiel des am 4. August 1770 ausgestellten Testaments von Johanna Baldine Temming soll erläutert werden, inwiefern es eine Ungleichbehandlung von Männern* und Frauen* bei Manumissionen geben konnte. Temming war die Ehefrau des *Oud Raad van Politie en Crimineele Justitie von Suriname*. 1767 reiste sie mit ihrem 21-jährigen Sohn in die Republik, begleitet von den versklavten Dienstbot*innen Jsaäcq und Claudina. Am 4. August 1770 setzte der Notar Johannes Thijssen in Leiden Temmings Testament auf. Vier Jahre später starb Temming und das Testament trat in Kraft.[299]

Darin ist zu lesen:

»[S]o erklärte sie – Frau Comparante – bezüglich des Mulatten-Jungen, Jsaäcq genannt, welcher hier in Holland in der christlichen Religion geübt [und] getauft [ist und] von derselben Bekenntnis abgelegt hat und hier das Handwerk des Zimmermanns gelernt hat, zu schenken den Schatz der Freiheit, [sich] darin zu fügen, wie es [sich] gehört, unter der Bedingung [, dass der] bereits genannte Mulatten-Junge gehalten sein soll in den Dienst von Ihrer Frau Comparantes Mann, sofern Sein Wel Edele der am längsten Lebende sei, zu bleiben, und das für die Dauer Seines Wel Edle Lebens oder bis das Seine Wel Edele darüber anders belieben sollte zu entscheiden: Erklärte weiterhin die Frau Comparante, dass die Negerin oder das Neger-Mädchen mit Name Claudina mit ihren vorhandenen oder noch zu bekommenden Kindern zugehörig ist zu Ihrer Frau Comparantes ältesten Sohn[,]

---

297 Vgl. Baay, Daar werd wat gruwelijks verricht, S. 72-73. Fox, For Good and Sufficient Reasons, S. 260.

298 Vgl. Brana-Shute, Sex and Gender, S. 189.

299 Vgl. Oostindie, Fatah-Black, Sporen van Slavernij in Leiden, S. 23-24.

dem Herrn Henri Zacharie Couderc, welche [Claudina] gekauft wurde aus dem
Erlös eines verkauften Pferdes.«[300]

Temming *schenkte* dem Zimmermann Jsaäcq also die Freiheit. Sie verbot ihm jedoch zugleich, sich selbst eine*n Dienstherr*in zu wählen, und verpflichtete ihn,
weiterhin im Hause Temming und für ihren Gatten zu arbeiten. Ob er hierfür Lohn
erhalten sollte, wurde nicht thematisiert. Über die Dienstbotin Claudina verfügte
Temming, dass sie mitsamt ihren zukünftigen Kindern als Sklavin an ihren Sohn
vererbt werden sollte. Nach römischem Recht wäre Claudina beim Tod der Erb-
lasserin Freigelassene in Abhängigkeit und in der Verantwortung von Temmings
Sohn geworden. Es deutet in dem zitierten Dokument jedoch nichts darauf hin,
dass es sich hier um eine fideikommissarische Freilassung Claudias nach antikem
Vorbild handelte.[301] Vielmehr scheint es angesichts der Tatsache, dass Jsaäcqs Manumission explizit mit strengen Auflagen formuliert wurde, dass Claudina und
ihre zukünftigen Kinder als Besitz vererbt und damit nicht freigelassen wurden.
An welchem Ort dieser Eigentumstransfer stattfinden sollte, wird nicht benannt,
die Republik wurde hierfür jedenfalls nicht ausgeschlossen.

Jean Jacques Vrij zieht in seiner Fallstudie zu afro-westindischen Frauen* in
Amsterdam den Schluss, dass es afro-surinamischen Frauen* schwerer fiel, sich
in die niederländische Gesellschaft einzufügen als afro-surinamischen Männern*.
Der Historiker zeigt in seiner Untersuchung, dass für drei in den West Indies versklavten Frauen*, die wie Claudina und Jsaäcq in die Republik mitgeführt wurden,
verschiedene Altersversorgungen sichergestellt wurden. Zwei der drei Frauen* waren in der Republik freigelassen worden, sie verblieben aber als ledige Personen

---

300   Achrief Leiden ELO, 0506 Joh. Thijssen, Inv. 2303, fol. 123f. »[Z]o verklaarde zij – vrouwe Comparante aan de Mulatte Jongen Jsaäcq benoemd, welke alhier in Holland in de Christelijke
Religie is geoeffend, gedoopt en belijdenis van dezelve gedaan, ende aldaar het ambagt
van Timmerman geleert heeft, te schenken de Schat der Vrijheid, in zodanigen voegen als
het behoort, mitsdat genoemde mulatte Jonge gehouden zal zijn in dienst van haar vrouwe
Comparantes Man, in dien zijn Wel Edele de Langstleevende mogte zijn, te blijven, ende
dat geduurende zijn Wel Edele Leeven, of tot dat zijn Wel Edele daar over anders zal gelieven te disponeeren: Verklaarende wijders de vrouwe Comparante, dat de Neegerin, of het
Neeger Meisje, met Naame Claudina, met haar hebbende of nog te krijgene Kinderen, is toe-
beoorende aan haar vrouwe Comparantes oudste Zoon de Heer Henri Zacharie Couderc, als
Zijnde gekogt uit het Provenu van een Verkogt Paard.« Der/die *Comparant*e ist die Person,
die selbst vor einem Notar oder Richter erscheint, um ein bestimmtes rechtliches Ereignis zu
vollziehen. In diesem Fall suchte die »Wel Edele Geboore Vrouwe« (respektvolle Anrede für
eine adlige Frau: Wohl Edel geborene Frau) Johanna Baldina Temming den Notar Johannes
Thijssen in Leiden auf. *Zijn Wel Edele* ist ebenfalls ein Ehrentitel, der sich aus Seine Wohl Edele
[Person] zusammensetzt bzw. eine Substantivierung, nämlich Edelheid, darstellt. Auch dies
ist eine Anrede für einen Adligen.
301   Vgl. Herrmann-Otto, Sklaverei und Freilassung, S. 199-202.

in den Dienstfamilien, die dritte Frau* wurde nicht freigelassen. In diesem Zusammenhang merkt Vrij an, dass mehr aus den Kolonien in die Niederlande gekommene Männer* als Frauen* dort Familien gründeten, woraus er schließt, dass Erstere sich besser in die örtliche Gesellschaft integrieren konnten.[302] Der Fall der versklavten Frau* Claudina deutet nun darauf hin, dass es für Frauen* ungleich schwerer war, sich in die niederländische Gesellschaft einzufügen. Die Quelle zeigt, dass Claudina als versklavte Dienstbotin arbeitete und keine spezifische Ausbildung hatte, wohingegen versklavten Männern* wie Jsaäcq die Möglichkeit geboten wurde, ein Handwerk zu erlernen. Dies versetzte sie in die Lage, nach einer Manumission selbst für ihren Unterhalt zu sorgen. Dadurch waren sie erheblich unabhängiger von ihren (vormaligen) Eigner*innen und Dienstherr*innen als versklavte Frauen*.

Johanna Baldina Temming war offenbar wie Willem Hendrik van Steenberg der Meinung, sie habe das Recht, die kolonialen Praktiken der Versklavung und der Freilassung in der Republik weiterzuführen. So versklavte sie Jsaäcq und Claudina bereits seit 1767 bis sie sich 1770 dazu entschloss das Testament aufsetzen zu lassen, in dem sie zumindest Jsaäcq freiheitliche Privilegien in Aussicht stellte. Offenbar konnte sie sowohl bei der Versklavung und bei dem Transfer der Eigentumsrechte an Claudina als Sklavin sowie bei der Regelung der Bedingungen der Manumission Jsaäcqs nach Belieben verfahren, da sich hiergegen kein Protest regte. Es scheint — und darauf deuten auch Vrijs Befunde hin —, dass versklavte Männer* bei der Vergabe freiheitlicher Privilegien gegenüber versklavten Frauen* in der Republik bevorzugt wurden.

Es ist auch möglich, dass bei Temmings Entscheidung, Jsaäcq freizulassen und Claudina nicht, nicht nur das Geschlecht eine Rolle spielte. Auch die rassifizierenden Kategorien, in die die beiden als *Mulatte Jonge* und *Neeger Meisje* eingeordnet wurden, waren möglicherweise von Belang. Brana-Shute stellte bei ihrer Analyse der Manumissionen in Suriname fest, dass Menschen, die als *mulatto* bezeichnet wurden, wesentlich häufiger freigelassen wurden, als jene, die als *neger/negerin* bezeichnet wurden. In beiden Gruppen wiederum wurden mehr Frauen* als Männer* freigelassen.[303] Demnach lag bei den Manumissionen eine starke Hierarchisierung nach Hautfarben und damit nach rassifizierenden Kategorien vor, die an die Kategorie Geschlecht gekoppelt waren. Johanna Baldina Temming, die in Suriname als Tochter des Gouverneurs geboren worden war, hatte dieses Denken offenbar internalisiert, denn auch sie zog den »Mulatte Junge, genannt Jsaäcq« dem *Neeger Meisje* Claudina vor.

---

302   Vgl. Vrij, »Susanna Dumion«, S. 23.
303   Vgl. Brana-Shute, Sex and Gender, S. 175-196.

2.4.7   Die Taufe und der Mechanismus der »Individualisierung«

Die Argumentation, dass *Christen keine Christen* versklaven dürften, wie sie mitunter in historischen Quellen zu finden ist,[304] scheint nicht gegolten zu haben, wenn diese Christ*innen nicht-*weiß* waren. Bei versklavten Schwarzen Menschen und People of Color aus niederländischen Kolonien wurde das Christentum nicht als zentrales Argument für Freilassungen gewertet. Im *Plakaat 1776* etwa spielt Religion oder eine Taufe gar keine Rolle. Dennoch gibt es Hinweise, die darauf hindeuten, dass die Zugehörigkeit bzw. eine Konversion zum Christentum versklavten Schwarzen Menschen und People of Color dabei helfen konnte, manumittiert zu werden. Christianisierung, also die Taufe, kann als ein Zeichen angesehen werden, mit dem eine Manumission markiert wurde.[305] Es war jedoch keineswegs sicher, dass eine versklavte Person, die zum Christentum konvertierte, auch tatsächlich freigelassen wurde.[306]

Rosemary Brana-Shute macht in ihrer statistischen Auswertung der Manumissionen in Suriname auf ein weiteres Phänomen aufmerksam. Sie erläutert, dass einer Manumission immer ein persönlicher Annäherungsprozess vorausging.[307] Versklavt wurde in der Regel ein*e anonyme*r, objektivierte*r und rassifizierend abgewertete*r Arbeiter*in. Manumittiert wurde hingegen ein Mensch mit einem Namen und einer relativ engen sozialen Bindung an die manumittierende Person. Brana-Shute nennt dieses Phänomen einen Mechanismus der »Individualisierung«.[308] Auch in den hier ausgewerteten Manumissionen ist diese Individualisierung zu erkennen. Im *Plakaat 1776* sind die rassifizierenden Kategorien von zentraler Bedeutung für die Versklavung, weil dadurch die Sonderstellung der betroffenen Personengruppe festgelegt wurde.[309] In den Manumissionen der freigelassenen Schwarzen Menschen und People of Color aus Suriname, die in der Republik ausgestellt wurden, sind hingegen auffällig wenige rassifizierende Zuschrei-

---

304   NAA, 1.05.03, 333, 10. März 1766, fol. 434.

305   Vgl. William Clarence-Smith, Religions and the Abolition of Slavery – a Comparative Approach, S. 1-27, hier: S. 8, https://www.lse.ac.uk/Economic-History/Assets/Documents/Research/GEHN/GEHNConferences/conf10/Conf10-ClarenceSmith.pdf(12.03.2021).

306   ELO, 0505, 2303, Akte 123, SAA, 5075, 12331, 7. April 1753. NA, 1.01.02, 7894, Januar–März 1771, 11. Februar 1771. SB, DTB Dopen 1743-1778, 22.3.1772, S. 158f. NA, 1.01.02, 11495, 16. Juni 1773. Vgl. zudem 2.3.1.3 *Die Begrenzung der freiheitlichen Rechte*. Vgl. für einen schnellen Einstieg in das Thema christliche Religionen und atlantische Sklaverei Hans Joas, Zur Rechtfertigung der Sklaverei, in: APuZ, 50-51 (2012), S. 3-6, https://www.bpb.de/apuz/216474/zur-rechtfertigung-der-sklaverei (12.03.2021).

307   Vgl. Brana-Shute, Approaching freedom: The manumission of slaves in Suriname 1760-1828, in: Slavery & Abolition 10 (1998) 3, S. 40-63, hier: 46.

308   Vgl. ebd.

309   SAA, 5028, 544N, Scans SUR100210000002. Vgl. Anm. 1, S. 15.

bungen zu finden.[310] Dies deutet darauf hin, dass diese bei einer gewissen Nähe in der sozialen Beziehung an Bedeutung verloren. Zudem scheint das Bedürfnis bestanden zu haben, den extrem herabsetzenden rechtlichen Status *Sklavin* oder *Sklave*, der in den niederländischen Kolonien an die Rassifizierung gebunden war, in der Republik zu tilgen und damit die Person rechtlich und sozial aufzuwerten. Dem lag womöglich der Wunsch zugrunde, die vorherige Entmenschlichung, die durch die Versklavung und Rassifizierung vorgenommen wurde, aufzuheben und den individuellen Menschen existieren zu lassen, zu *befreien*.

2.4.8 Grade der Freiheit

Wem es gelungen war, der Sklaverei durch Manumission zu entkommen, musste sich an den ihm*ihr zugestandenen Grad der Freiheit halten. Denn frei zu sein bedeutete nicht automatisch ungebunden, unabhängig oder mit umfassenden Privilegien ausgestattet zu sein. Jene Personen, die vor Inkrafttreten des oben dargestellten Freigelassenen-Gesetzes von 1733 in den WIC-Territorien Suriname und Curaçao manumittiert und in deren Freilassungsdokument keine weiteren Verpflichtungen erwähnt wurden, waren juristisch gesehen tatsächlich frei und unabhängig geworden.[311] Dies galt auch für Personen, die vor 1733 in der Republik freigelassen worden waren und deren Freilassung nicht an einschränkende Bedingungen gekoppelt wurde. Erst mit Erlass des Freigelassenen-Gesetzes von 1733 wurde eine rechtliche und damit verbindliche Definition für diesen Status bzw. Personenstand in Suriname eingeführt.

Obwohl der Status der Freigelassenen in der Republik keine Rechtsgültigkeit besaß, gab es auch dort Abstufungen der Freiheit. Diese Abstufungen waren gebunden an die Praktiken, die bei individuellen Freilassungen in der Republik zur Anwendung kamen. Eine Person konnte sehr viel Glück und ein gutes Verhältnis zu dem*der vorherigen Eigner*in gehabt haben. In einem solchen Fall wurde ihr die vollumfängliche Freilassung zugesprochen und ein Erbe ausbezahlt. So ausgestattet konnte der Start in die Eigenständigkeit gelingen. Tabo Jansz etwa erbte 1728 von seinem Patron Adriaan van Bredehoff 12 000 Gulden, mit denen er einen kleinen Laden eröffnen konnte.[312] Eine Person konnte ihre Freiheit erlangen oder erstreiten, wie Marijtje Criool und Jacoba Leiland, und dann mit dem Status als

---

310   SAA, 5075, Inv. 7164, Akte 649/152, 24. Okt. 1710; ebd., Inv. 11350, Akte 78, 29. Nov. 1745; ELO, Arch. Joh. Thijssen, 0505, Inv. 2303, Akte 123, 05. Aug. 1770; NA, 1.01.02, Inv. 11485 binnenlandse registers II 1771, 30. Juli 1771. Lediglich in den notariell angefertigten Manumissionsdokumenten von Catharina, Nijmand und Isaäcq sind rassifizierende Bezeichnungen bei der Personenbeschreibung erwähnt.

311   Vgl. die Gesetze ab 1733: *2.3.1 Der politische und rechtliche Kontext* und *2.4.4 Rassifizierung als kultureller Code*, Anm. 305, S. 154.

312   AH, 1685, Inv. 2339, Notar Benningbroeck, 13. Nov. 1728, fol. 324f.

Freigelassene in der Kolonie leben.[313] Oder man konnte mit Verpflichtungen frei-kommen, etwa indem man sich freikaufte.[314] Wodurch der neue Rechtsstatus der betreffenden Person laut Gronovius dem eines*einer *verbondenen* entsprach.[315] So wurde ein versklavter Mann* namens Pedro 1715 in Utrecht unter der Bedingung manumittiert, dass er bei der Rückkehr seiner Eigner*innen aus Indien so tun müsste, als sei er weiterhin deren Sklave.[316] Von Isaäcq wurde verlangt, dass er bis zum Tod seines Patrons in dessen Dienst blieb. Dies machte ihn nach Gronovius' Erläuterungen zu einem *vrygestelden*.[317] Reggie Baay berichtet, dass es im Terri-torium der VOC zudem das Phänomen der *pandelingschap* (Pfandlingsschaft) gab, das dem verbotenen römischen Selbstverkauf mit Gewinnbeteiligung sehr ähnel-te.[318] Hierbei verpfändeten vormals versklavte Personen ihre Freibriefe an Pfand-leiher*innen für etwa 60 *Rijksdaaler* und verpflichteten sich damit diese Schuld abzuarbeiten. Grund für diesen Schritt war, dass die freien Personen nicht in der Lage waren, ihren Lebensunterhalt zu erwirtschaften. Durch die daraus entste-hende Armut waren sie gezwungen, ihre Freiheit zu verpfänden, um überleben zu können. In diesem System war es möglich, von einer Verpfändung in die nächste zu geraten und so ein gesamtes Leben in *pandelingschap* zu leben.[319]

2.4.9   Von Quakoes Manumission zu Johannis Wests Emanzipation

Wurde eine vormals versklavte Person in der Republik ohne Auflagen manumit-tiert, galten infolgedessen in der Kolonie für sie wie gezeigt die Gesetze für Freige-lassene, die zumindest bestimmte Freiheitsrechte hätten garantieren sollen. Dass dies nicht unbedingt der Fall war und eine solche Person auch weiterhin von ih-ren Patron*innen abhängig bleiben konnte, zeigt die Manumission von Quakoe/ Johannes West.

1750 kam Magdalena Bordier, die Witwe eines Finanzbeamten der Kolonie Su-riname, in Begleitung zweier versklavter Menschen, Seraphine und Quakoe, in der Metropole an.[320] Am 5. März 1751 suchte sie in Amsterdam den Notar Cornelis van Homrigh auf, um ihr Testament aufsetzen und beglaubigen zu lassen. Dabei legte sie fest, dass Quakoe und Seraphine bei ihrem Tod freikommen und jeweils 500

---

313   NA, 1.01.02, 11485, 30. Juli 1771.

314   SAA, 5075, 7164, 22. Sept. 1710.

315   Vgl. in dieser Studie 2.1.3.1 *Völkerrecht*, Anm. 50, S. 71.

316   GAU, Utrecht, Archief 174, Archief Notarissen, U150 a 003, Inv. 1-58, Notar G. Martens, Toe-gang 34-4, Akte 44, Procuratie 1718, 15. Dez. 1715.

317   ELO, 0505, 2303, fol. 123f., 5. Aug. 1770. Vgl. in dieser Studie 2.1.3.1 *Völkerrecht*, Anm. 50, S. 71.

318   Vgl. Herrmann-Otto, Sklaverei und Freilassung, S. 193.

319   Vgl. Baay, Daar werd wat gruwelijks verricht, S. 45.

320   SAA, 5075, 12331, 7. April 1753, Nr. 75.

Gulden erben sollten.[321] Gut zwei Jahre später, am 7. April 1753, setzte der Notar ein neues Testament für Bordier auf. Da sie in der Zwischenzeit Jacobus Augustus van Son geheiratet hatte, nannte sie sich »van Son, geb. Bordier, Witwe von Pierre Boijer«. Mit der Einwilligung ihres neuen Ehemannes ließ sie ein weiteres Dokument aufsetzen. Darin ist unter anderem zu lesen, *Johannes West* habe bis zum 1. Februar 1753 im Hause von Magdalena van Son, geb. Bordier, gelebt. Auf Bitten Wests habe man ihn zum selben Datum aus dem Dienst entlassen. Es wird betont, dass West ein ehrlicher und treuer »Knecht« gewesen sei und dass man ihm nun eine *acte in forma* ausstellen lasse, damit er diese dem Sekretär von Suriname zur Registrierung vorlegen könne, sofern das nötig sei.[322] Aus einem Amsterdamer Kirchenbuch geht hervor, dass Quakoe den Namen Johannes West angenommen hatte und zusammen mit Seraphine, die nun Maria Magdalena genannt wurde, getauft worden war.[323] Maria Magdalena, so Vrij, wird auch in einem weiteren Testament vom 2. Dezember 1776 von Bordier erwähnt. Nun sollte sie bei Inkrafttreten des Testaments jährlich 400 Gulden, Mobiliar und Leinenzeug erhalten. In einem weiteren Testament Bordiers aus dem Jahr 1782 wird Maria Magdalena nicht mehr genannt. Vrij vermutet, dass sie inzwischen verstorben war.[324] Demnach war Maria Magdalena niemals freigelassen worden, da Bordier sie vermutlich überlebte.[325]

Johannes West hingegen, der im Gegensatz zu Seraphine/Maria Magdalena tatsächlich seine Freiheit erhalten hatte, erschien am 13. April 1753 selbst bei Notar Cornelis van Hombrigh. In Vorbereitung auf seine Rückkehr nach Suriname ließ er seinerseits ein Testament aufsetzen. Darin legte er fest, dass Magdalena Bordier und ihr Ehemann Jacobus Augustus van Son[326] alleinige Erb*innen seines Eigentums sein sollten, wenn er ohne Kinder oder andere gesetzliche Erb*innen sterben

---

321 SAA, 5075, 12327, 5. März 1751, Nr. 69.

322 SAA, 5075, 12331, 7. April 1753, Nr 75. Es scheint, als müsste die »acte in forma« unterschieden werden von der »acte pro forma«, wie sie Linda Rupert in ihrer Studie über *Maroonage* und *Manumission* in der Karibik beschrieben hat. Um die Gesetze zur Vermeidung der Flucht und des Schmuggels von versklavten Personen zu umgehen, die es verboten, dass versklavte Personen Schiffe betraten, ohne dass ein Pass für sie ausgestellt worden wäre, ließen Eigner*innen *Manumissionen* erstellen, die ausschließlich für den Zeitraum auf See gültig waren. Um eine solche Art von *Manumission* scheint es sich bei den vorliegenden Dokumenten nicht zu handeln. Vgl. Rupert, Marronage, Manumission and Maritime Trade, S. 372-374.

323 SAA, DTB 54, S. 252 (fol. 126v), Nr. 4 – 000000044437.

324 Jean-Jaques Vrij, Vrijheid per testament, stadsarchief Amsterdam, http://alleamsterdamsea kten.nl/artikel/858/vrijheid-per-testament/(12.08.2019).

325 An diesem Fall wird ebenfalls sichtbar, was bereits weiter oben im Fall von Jsaäcq und Claudina zu erkennen war: Es scheint, als seien Frauen* in der Republik im Verhältnis zu Männern* seltener manumittiert worden.

326 Augustus van Son war studierter Jurist. Von Beruf war er Anwalt und später Schöffe in Amsterdam.

würde. In Suriname wurde Johannes Leonardus van Son, *Ontfanger der Hoofdgelden te Suriname* (*Empfänger der Kopfsteuer in Suriname*, Steuerbeamter) und Verwandter von Jacobus Augustus van Son, als Testamentsvollstrecker eingesetzt.[327] Er war damit beauftragt und bevollmächtigt, allen Besitz Wests nach dessen Tod zu verkaufen und den Erlös in die niederländische Republik an das Ehepaar van Son zu transferieren. Der Kolonialbeamte van Son besaß alle nötigen Vollmachten, wodurch ausgeschlossen war, dass die Waisen- und Erbkammer von Suriname als Erbe eintrat.[328] Dies konnte im Fall des Todes einer*eines Freigelassenen offenbar passieren, wenn deren Zugriff durch das entsprechende Testament nicht explizit untersagt wurde. In Wests Fall war es dem Ehepaar Bordier-van Son möglich, so auf ihn einzuwirken, dass dieser trotz seiner Freiheit das Band zu seinen Patron*innen nicht abreißen ließ. Er ließ zu, dass sie – vorausgesetzt er blieb kinderlos – sein Eigentum trotz seiner Freiheit nach seinem Tod für sich beanspruchten.

Denkbar ist jedoch auch, dass West und auch andere Freigelassene, die in der Republik für längere Zeit bei einer Familie gelebt und von dieser dort manumitiert wurden, durch eine Beerbung derselben eine Inklusion in diese Familie herstellten oder festigten. Die Historikerin Francisca Hoyer hat die Mechanismen der Verwandtschaftskonstruktion von deutschen Ostindienfahrer*innen im 18. Jahrhundert untersucht und bei freien *weißen* Angestellten der East India Company (EIC) eine solche Inklusionspraktik bei der Vergabe des Erbes an nahestehende Freigelassene festgestellt.[329]

Im April 1759 kehrte West für einige Monate zurück nach Amsterdam. Vrij vermutet, dass er als Reisegefährte von Jacobus Augustus van Sons Nichte diente. Bereits Ende Oktober war West zurück in Suriname, wo er am 19. Juli 1760 für 300 Gulden ein Anwesen kaufte. Am 18. Januar 1764 ließ er in Suriname ein neues Testament aufsetzen. Darin emanzipierte er sich von seinen vorigen Eigner*innen Bordier und van Son. Als Erb*innen setzte er nun zwei Afro-Surinamer*innen namens Jan Jacob van Paramaribo und Ester van Paracabo ein.[330] West schloss Magdalena Bordier und ihren Ehemann also aus seinem Testament aus und kappte damit die (emotionale) Verbindung zu ihnen, sodass sie nach seinem Tod nicht mehr von ihm profitieren konnten. Wie genau mit Wests Eigentum nach seinem Tod verfahren wurde, ob die eingesetzten Erb*innen auch tatsächlich ihr Erbe erhielten, konnte nicht geklärt werden.

---

327   Der *Ontfanger van Hoofdgelden* ist ein Finanzbeamter der Kolonialregierung.

328   SAA, 5075, 12331, 13.4.1753.

329   Vgl. Francisca Hoyer, Relations of Absence: Germans in the East Indies and Their Families c. 1750-1820 (= Studia Historica Upsaliensia, 270), Diss., Uppsala Universitet, Uppsala: Acta Universitatis Upsaliensis, 2020, S. 183-192, 292-294.

330   Vrij schreibt, sie seien frei gewesen, doch ich nehme an, dass sie freigelassen waren. Vgl. Vrij, Vrijheid.

Dass die vormaligen Eigner*innen in den Niederlanden als Erb*innen in Testamenten von Freigelassenen eingesetzt wurden, scheint kein Einzelfall gewesen zu sein. Vrij hat selbiges im Testament von Susanna Dumion, einer sehr lange in der Republik versklavten Frau*, festgestellt.[331] Elisabeth Maria Anthonia Aspasia, deren (vormalige) Eignerin bereits verstorben war, setzte in ihrem Testament deren zwei unverheiratete Schwestern als Erbinnen ein. Neben diesen bestimmte Aspasia zudem Dorothea Vokka, eine afro-westindische Frau* und offenbar eine Freundin Aspasias, zur Erbin.[332] Freigelassen worden zu sein bedeutete also nicht automatisch, emanzipiert und unabhängig zu sein. Die Art der weiter bestehenden Verbindung zwischen freigelassener Person und Patron*in konnte von freundschaftlich und fürsorglich unterstützend durch den*die Patron*in bis hin zu unterdrückend und ausbeutend reichen. Auf sich gestellt und ohne weiteren Kontakt und weitere Verpflichtung zur Patron*in lebten nach der Manumission vermutlich nur wenige der Freigelassenen.

2.4.10 Die Befunde

Manumission bedeutete *Individualisierung* (Brana-Shute).[333] Der Status als Ware, Kapital und Objekt wurde getauscht mit dem eines individuellen Menschen, der einen eigenen, mitunter selbst gewählten Namen und persönliche freiheitliche Privilegien, Wünsche und Ziele hatte. Die Individualisierung vollzog sich durch eine positive soziale Beziehung zu den Eigner*innen, mit denen versklavte Schwarze Menschen und People of Color aus den niederländischen Kolonien die Manumission aktiv aushandelten. Hierbei scheint die niederländische Republik gezielt als Ort für Manumissionen genutzt worden zu sein. Zeigte sich der*die Eigener*in nicht kooperativ und bereit für eine Manumission, war es theoretisch möglich, die *Staten-Generaal* anzurufen und zu versuchen, bei ihnen die eigene Freiheit einzuklagen. Dies geschah jedoch sehr selten.

In der Republik wurde Sklaverei nur in Ausnahmefällen praktiziert. Das *Plakaat 1776* definierte die Ausnahmen, in denen Sklaverei praktiziert wurde, durch die Selektion der Freizulassenden. Dieses *plakaat* bezog die rassistischen und segregierenden Freigelassenen-Gesetze in Suriname und Berbice mit ein und unterstützte damit den Personenstandswechsel und die Reduzierung der sozialen Position von einem freien Status in der Republik hin zu dem eines*einer Freigelassenen in der Kolonie. Der ideologische und praktische Grad der Verflechtung zwischen Metropole und Kolonie auf herrschaftlicher und sozialer Ebene war demnach hoch, was

---

331 Vgl. Vrij, Susanna Dumion, S. 26.

332 Vgl. ebd., S. 25.

333 Vgl. Brana-Shute, Approaching Freedom, S. 46.

unter anderem an der Etablierung des *Plakaat 1776* wie auch an dem rassifizierenden kulturellen Code der kolonialen Sprache und dem kolonialen Denken, welches das *Plakaat 1776* prägt, deutlich zu erkennen ist. Schwarz zu sein galt nach diesem Code als Symbol für Versklavung.

Die qualitative Untersuchung der Manumissionsdokumente hat gezeigt, dass die Macht zur Versklavung wie auch zur Manumission wohlhabenden und sozial hochstehenden *weißen* Personen vorbehalten war, da nur diese die anfallenden Unterhalts- und Reisekosten für versklavte Personen tragen konnten. Der Besitz von Schwarzen Menschen und People of Color als Sklav*innen ist sowohl Luxus als auch ein Symbol von Macht und Herrschaft gewesen und als Privileg verstanden worden.

Geschlecht konnte ein wichtiger Faktor für die Entscheidung sein, eine Person freizulassen: Männer* scheinen bei Manumissionen in der Republik gegenüber Frauen* im Vorteil gewesen zu sein, wohl auch weil es ihnen eher möglich war bzw. ermöglicht wurde, eigenständig für ihren Lebensunterhalt zu sorgen. Ein weiterer maßgeblicher Faktor dürfte die Zuordnung zu einer bestimmten rassifizierten Kategorie gewesen sein: Wie in der Kolonie erhöhte auch in der Republik, die rassifizierende Zuordnung in die Kategorie »mulatto« im Vergleich zur Kategorie »swart« die Wahrscheinlichkeit, freigelassen zu werden.

Kam es zu einer Manumission, so konnte in der Republik weder auf eine einheitliche Norm noch eine einheitliche Praxis zurückgegriffen werden. Die Grade der erlangten Freiheit variierten: Möglich waren vollkommene Emanzipationen ohne jegliche Verpflichtung und Abhängigkeit, wobei die Manumittierten zudem mit einem Erbe ausgestattet wurden. Es gab jedoch auch Manumissionen mit finanziellen Auflagen, Dienstverpflichtungen oder, wie im Territorium der VOC, die Verpfändung der eigenen Freiheit aufgrund extremer Armut. Zudem hat die Geschichte von Quakoe/Johannes West gezeigt, dass es gängig war, dass vormalige Eigner*innen das Erbe der Manumittierten beanspruchten oder das Freigelassene zumindest hypothetisch die Beerbung ihrer vormaligen Eigner*innen nutzten, um eine emotionale und quasi familiäre Bindung herzustellen oder zu festigen.

Religion hat sich als signifikanter Faktor bei der Versklavung herausgestellt: Als *Heid*innen* wahrgenommene Afrikaner*innen und Afro-Surinamer*innen wurden von niederländischen Christ*innen versklavt. Bei einer Manumission war die Konversion zur Religion der Versklavenden eine Variable, die eine Manumission forcieren konnte. Eine Taufe konnte eine Manumission markieren, jedoch resultierte aus ihr nicht zwingend eine Manumission.

Die hier angeführten Beispiele zeigen, dass es nicht ausreicht, die Institution Sklaverei nur aus der normativen Perspektive zu betrachten. Es ist ebenso dringend nötig, die Praktiken der verschiedenen Formen der Sklaverei oder der Sklavereien zu betrachten und zu analysieren, um die Wirkmacht der sozialen und rechtlichen Strukturen verstehen zu können.

2.5   Abolition und Verbot der Sklaverei in den Niederlanden[334]

Ab den 1760er Jahren wurde immer wieder über Sklav*innen, ihre rechtliche Position und die Abschaffung der Sklaverei in den Kolonien und den Niederlanden diskutiert. Angestoßen wurde dies unter anderem durch die prominente Heirat zwischen der Schwarzen und sehr reichen Plantagenbesitzerin und Sklav*inneneignerin Elisabeth Samson (1715-1771) und dem *weißen* Homanus Daniel Zabre 1767 in Paramaribo. Der Trauung ging ein vielbeachteter Rechtsstreit voraus, in dem Samson durchsetzte, dass sie als Schwarze Frau einen *weißen* Mann heiraten könnte.[335]

Immer wieder publizierten Vertreter*innen aufklärerischer Werte Bücher und Artikel, brachten Theaterstücke auf die Bühne oder hielten Vorträge, in denen sie für die Idee der Menschenrechte eintraten und auf Missstände in den Kolonien und beim Umgang mit versklavten Menschen hinwiesen. Einige von ihnen forderten die Abschaffung der Sklaverei und gleiche Freiheitsrechte für alle Menschen. Andere beschränkten sich darauf, bessere Lebensbedingungen für die Versklavten anzumahnen.[336] Es wurden auch abolitionistische Schriften aus Frankreich, Deutschland, England und den amerikanischen Kolonien ins Niederländische übersetzt und publiziert.[337] Petrus Camper versuchte anhand anatomischer

334   Da dieser Themenbereich Unfreiheit, Verschleppung und Sklaverei in der niederländischen Republik und die hierbei angewandten Praktiken nur am Rande tangiert, wird dieser Themenkomplex in der gebotenen Kürze behandelt, da es hierzu bereits umfassende Forschung gibt.

335   Vgl. Huussen, The Dutch Constitution, S. 99. Rosemarijn Hoefte, Free Blacks and Coloreds, S. 110-113. Cynthia Mc Leod-Ferrier, Elisabeth Samson: Een vrije zwarte vrouw in het achttiende-eeuwse Suriname, Utrecht: Vakgroep Culturele Antropologie, Universiteit Utrecht, 1993. Mieke Wouters, De omstreden erfenis van Elisabeth Samson: een gemengd huwelijk in het Suriname van de achttiende eeuw, in: Alerta, 23 (1997), S. 16-18. Rudi O. Beeldsnijder, Een vrije negerin en een arme blanke. Twee portretten uit Suriname in de jaren dertig van de achttiende eeuw, De Gids, 153 (1990), S. 839-844.

336   Vgl. Huussen, The Dutch Constitution, S. 102-104, 107. Henrik Constantyn Cras, Verhandeling over de geleijkheid der menschen en der rechten en pligten, welke uit die geleykheid voordvloeijen, Haarlem, Amsterdam: C. Plaat/P. den Hengst, 1792. Pieter Paulus, Verhandeling over de vrage: in welke zin kunnen de menschen gezegd worden gelyk te zyn? En welke zyn de regten en pligten, die daaruit voordvloeien? Haarlem: C. Plaat, 1794. Eine umfassende Übersicht und Untersuchung der Literatur der Aufklärung, die in den Niederlanden kursierte und sich auch mit dem Thema Abolition beschäftigte, findet sich in der Dissertationsschrift von Bert Paasman, Reinhart: Nederlandse literatuur en slavernij ten tijde van de Verlichting, Leiden: Nijhoff, 1984. Gert Oostindie, The Enlightenment, Christianity and the Suriname Slave, in: The Journal of Caribbean History, 26 (1992) 2, S. 147-170, hier: S. 150-151.

337   So übersetzte z.B. die niederländische Autorin Beetje Wolff das Buch von Benjamin Frossard, De zaak der negerslaaven, en der inwooneren van Guinéa; [...] Uit het Fransch vertaald. 2 dln.'s-Gravenhage: Isaac van Cleef, 1790 [La Cause des esclaves nègres et des habitans de

Untersuchungen an Menschen und menschlichen Leichen nachzuweisen, dass eine dunkle Hautfarbe keine negative Auswirkung auf kognitive Fähigkeiten habe.[338] Die Frage nach einer vermeintlichen Verknüpfung zwischen Hautfarbe und Intellekt sowie weitere Fragen, die angebliche essenzielle Differenzen zwischen Menschen mit unterschiedlichen Hautfarben beweisen oder widerlegen sollten, waren Teil des aufklärerischen Diskurses. Während Gegner*innen der Sklaverei diese Unterschiede zu widerlegen oder abzuschwächen versuchten, war den Befürworter*innen daran gelegen, Argumente und Beweise für eine von ihnen propagierte *weiße* und europäische Überlegenheit vorzulegen.[339] In den 1780ern wurden Teile der vaterländischen Bewegung und später die Protagonist*innen der *Batavischen Republik* ebenfalls von abolitionistischen und mehr oder weniger freiheitlichen Ideen ergriffen.[340] Eine schlagkräftige Abolitionsbewegung, wie es sie z.B. in Großbritannien gab, entstand in den Niederlanden jedoch nie.[341] Oostindie vermutet, dass das Desinteresse an der Abolition und damit auch an Menschenrechten in den Niederlanden mit der erst spät einsetzenden Industrialisierung der Niederlande zusammenhängen könnte.[342]

Neben diesen revolutionären Veränderungen in den 1780ern führten auch die kriegerischen Konflikte zwischen England und den Niederlanden zu Verschiebungen in den jeweiligen kolonialen Herrschaftsterritorien. Zwischen 1780 und 1784 herrschte Krieg zwischen England und den Niederlanden. 1791 bzw. 1798 wurden die WIC und die VOC abgewickelt und die Westindischen Kolonien fielen im Kontext der napoleonischen Kriege (1799-1815), in die auch die Niederlande an der Seite Frankreichs verwickelt waren, an Großbritannien. Ab 1815 herrschten erneut die Niederlande über das Territorium in Suriname. Im Kontext des britisch-französischen Konflikts gelangte zudem die Kolonie am Kap der Guten Hoffnung 1806

---

la Guinnée, portée au tribunal de la justice, de la religion et de la politique]. Einen Vortrag über die Zustände im Versklavungshandel hielt A. Barrau am 22. Februar 1790 vor dem *Amsterdamsche Departement der Maatschappij*. Abgedruckt in: A. Barrau, De waare staat van den Slaaven-Handel in onze Nederlandsche Colonien, in: Matthijs Schalekamp (Hg.), Bijdragen tot het menschelijk geluk, Deel III, Utrecht, Amsterdam: G. T. v. Paddenburg en Zoon, 1790, S. 341-388. Vgl. auch Paasman, Reinhart.

338   Petrus Camper, Redevoering over den Oorsprong en de Kleur der Zwarten [...] 1764, in: De Rhapsodist, Deel 2, Amsterdam: Pieter Meijer, 1772, S. 373-394. Hierbei handelt es sich um eine publizierte Vorlesung. Für eine allgemeine Kontextualisierung Campers ist der Sammelband Klaas van Berkel, Bart Ramaker (Hg.), Petrus Camper in Context. Sciences, the Arts, and Society in the Eighteenth-Century Dutch Republic, Hilversum: Verloren, 2015 ein guter Einstieg.

339   Vgl. Oostindie, The Enlightenment, S. 159. Nimako, Willemsen, The Dutch Atlantic, S. 92.

340   Vgl. Huussen, The Dutch Constitution, S. 107-114.

341   Vgl. Johannes Potsma, The Dutch in the Atlantic Slave Trade, 1600-1815, 3. Aufl., Cambridge u.a.: University Press, 2009, S. 291. Nimako, Willemsen, The Dutch Atlantic, S. 87.

342   Vgl. Oostindie, The Enlightenment, S. 150-151.

erneut unter britische Herrschaft. Der niederländische Handel mit versklavten Menschen brach bereits in den 1780ern und 1790ern aufgrund von Kaperungen durch britische Schiffe massiv ein und die verzweifelten Versuche, diesen erneut zu beleben, waren nur mäßig erfolgreich.[343] Die sieben Provinzen der Niederlande schafften die Republik, die aus der Union von Utrecht hervorgegangen war, ab. An ihre Stelle trat die *Batavische Republik*, die im Geiste der Französischen Revolution auf die Entscheidungsfindung durch eine Nationalversammlung setzte, die am 1. März 1796 zum ersten Mal zusammentrat, um eine eigene Verfassung zu erarbeiten.[344] Vor diesem Hintergrund ist es nicht überraschend, dass es zähe Diskussionen darum gab, ob und mit welcher Tragweite Sklaverei, Versklavungshandel und deren Abschaffung Themen in der neuen Verfassung sein sollten. Es wurde vorgeschlagen, einen Paragrafen in Hinblick auf ein Eigenbesitzrecht jeder Person aufzunehmen oder festzulegen, wann die Sklaverei in den West Indies abzuschaffen sei. Zentral war auf der Seite der Gegner*innen einer konsequenten Abolition die Vorstellung, dass die versklavten Menschen in den westindischen Kolonien »noch nicht bereit« seien, um ein Leben in Freiheit zu führen.[345] Am 22. Mai 1797 beschloss die Nationalversammlung, dass das Thema Sklaverei nicht in die niederländische Verfassung aufgenommen werden sollte, auch nicht deren Abschaffung. Es sei einfach nicht absehbar, welche Folgen dies haben könnte, wurde mit Blick auf die Revolution in Haiti von 1791 oder die Revolten in Curaçao ab den 1740ern argumentiert.

1798 trat die neue Verfassung in Kraft.[346] Sklaverei und Versklavungshandel wurden in ihr nicht tangiert, und auch in den späteren Verfassungen, etwa in jener von 1848, wurden diese Themen bewusst ausgespart.[347] Der Einfluss der Französischen Revolution mit den Forderungen nach Freiheit, Gleichheit und Brüderlichkeit war begrenzt. Der größte Teil der Literatur verteidigte den Versklavungshandel und die Sklaverei.[348] Zwar hat Arend H. Huussen eindeutig nachgewiesen, dass es überzeugte Anhänger*innen der Gleichberechtigung in den Niederlanden gab. Es überwog jedoch die Partei der Zögerlichen und jener, die nach wie vor von

---

343   Vgl. Potsma, The Dutch in the Atlantic Slave Trade, S. 284-289.

344   Vgl. Huussen, The Dutch Constitution, S. 99. Huussen hat nicht nur einen prägnanten Überblick über die politischen Veränderungen vorgelegt, sondern auch eine vertiefte und detaillierte Analyse der Protokolle der Nationalversammlung in Hinblick auf das Thema Sklaverei und deren Abschaffung.

345   Vgl. Hondius, Access, S. 386. Nimako, Willemsen, The Dutch Atlantic, S. 92.

346   Vgl. Huussen, The Dutch Constitution, S. 99-100.

347   Vgl. ebd., S. 113.

348   Vgl. Potsma, The Dutch in the Atlantic Slave Trade, S. 291-294. Paasman, Reinhart analysiert nicht nur den Roman *Reinhart*, sondern gibt auch in der Bibliographie eine Übersicht über zeitgenössische Publikationen, die sich mit dem Thema Sklaverei auseinandergesetzt haben.

Sklaverei und Versklavungshandel profitierten. Zwischen 1811 und 1813 wurden die Niederlande von Frankreich regiert. Dies brachte ein Verbot für Ehen zwischen Schwarzen Männern* und *weißen* Frauen* mit sich, welches es zuvor in den Niederlanden nicht gegeben hatte. Während das Verbot solcher Ehen in Frankreich jedoch strikt umgesetzt wurde, konnten Schwarze Männer* und *weiße* Frauen* in den Niederlanden mit einer Erlaubnis des Hohen Gerichtshofs weiterhin heiraten.[349] Ende 1813 erklärten sich die Niederlande für unabhängig von Frankreich und bestimmten Willem Frederik, Prinz von Oranien-Nassau, der erst kurz zuvor aus seinem britischen Exil zurückgekehrt war, zu ihrem Fürsten. 1814 verbot König Willem I. die niederländische Teilnahme am Versklavungshandel.[350] Während des Wiener Kongresses unterzeichneten England und die Niederlande einen Vertrag, der die neue britische koloniale Herrschaft über die ehemals niederländischen Kolonien festlegte. Im Mai 1818 folgte ein weiteres britisch-niederländisches Abkommen, dass durch gegenseitige Kontrollen der Schiffe den Versklavungshandel unterbinden sollte.[351]

In Suriname kam es nicht nur aufgrund der mehrfachen Wechsel der kolonialen Herrschaft zu Veränderungen. Mit der Zunahme der Manumissionen in Suriname verließen auch immer mehr Freigelassene die Kolonie. Um die benötigten Arbeitskräfte an der Abwanderung zu hindern, wurde 1816 festgelegt, dass Freigelassene keineswegs das Recht hätten, nach Gutdünken die Kolonie zu verlassen. Es folgte ein Erlass, der es Freigelassenen verbot, die Kolonie früher als ein Jahr und einen Tag nach der Manumission zu verlassen. Hierfür war zudem eine beim Gericht zu beantragende Genehmigung notwendig. Die einzige Ausnahme war, wenn eine explizite Anforderung einer freigelassenen Person als Arbeitskraft vorgelegt werden konnte.[352] In den 1820er Jahren stellte sich die Kolonialregierung in Suriname dann der Frage, wie mit der Tatsache umzugehen sei, dass man versklavten Menschen den Status als Rechtsperson aberkannte. Am 21. Juli 1828 kam man endlich zu dem Schluss, dass dieser Zustand nicht länger haltbar sei und der Drucker J. J. Engelbrecht veröffentlichte in Suriname im Auftrag der Kolonialregierung das *Regelwerk zur Politik der Regierung der niederländischen westindischen Besitzungen (Reglement op het beleid der regering van de Nederlandsche West-Indische bezittingen)*. Darin ist in Teil vier § 117 Folgendes zur Frage des Status der Rechtsperson versklavter Menschen zu lesen:

---

349 Hondius, Access, S. 386.

350 Vgl. Huussen, The Dutch Constitution, S. 113. Potsma, The Dutch in the Atlantic Slave Trade, S. 290. Bei Interesse am Thema Exil in England aus der Perspektive Schwarzer Dienstboten empfiehlt sich die Lektüre von Schreuder, Cupido en Sideron.

351 Vgl. Potsma, The Dutch in the Atlantic Slave Trade, S. 290.

352 Vgl. Hondius, Access, S. 388. Hondius verweist auf Herman Daniël Benjamins, Johannes F. Snelleman (Hg.), Encyclopedie van Nederlandsch West-Indië, Leiden, 1914-1917.

»Die Sklaven werden, in Anbetracht ihrer täglichen Behandlung, im Verhältnis zu ihren Besitzern als unmündig zu ihren Vormündern oder Voogden betrachtet werden, die eine väterliche Disziplinargerichtsbarkeit über sie ausüben, gegen deren Missbrauch aber alle Behörden verpflichtet sind, darüber zu wachen, dass das in ihrem Interesse entworfene Gesetz strikt eingehalten wird; so wird von nun an der ungerechte Grundsatz, dass Sklaven in Rechtsangelegenheiten nur als Objekte und nicht als Personen betrachtet werden können, endgültig abgeschafft.«[353]

Versklavte Menschen wurden demnach, nachdem man ihnen endlich den Rechtsstatus als Menschen zuerkannt hatte, wie unmündige Kinder behandelt. Sie blieben weiterhin versklavt, konnten nun aber aktiv als Rechtssubjekte agieren, sofern ein *voogd* sich für sie einsetzte. Doch in der Kolonie wechselte die politische Stimmung in dieser turbulenten Zeit schnell. So gelang es den surinamischen Plantagenbesitzer*innen bereits vier Jahre später, dass dieser neue Status wieder abgeschafft wurde.[354] Auch an den Freiheitsrechten von Freigelassenen wurden 1831 weitere Einschränkungen vorgenommen. Das Bürgerrecht wurde nun an ein Leben in der Kolonie gebunden; offensichtlich ein weiterer Versuch, Freigelassene am Weggang zu hindern. Personen, die erst noch manumittiert werden sollten, mussten fortan zwei Jahre warten, bis sie das Bürgerrecht erhielten. Zuvor war es ein Jahr und ein Tag gewesen. Zudem mussten sie ein Zertifikat vorlegen, in dem ihr gutes Benehmen nachgewiesen wurde.[355] Für den 18. März 1832 ist im *Gouvernements-Blad van Suriname* zu lesen, dass neue Regelungen für die Manumission von versklavten Personen aufgestellt wurden. Unter anderem sollte nun innerhalb von drei Jahren eine Manumission, sofern sie in Aussicht gestellt worden war, auch erfolgen. Hingegen wurde untersagt, dass versklavte Personen sich selbst

---

353 J. J. Engelbrecht (Hg.), Reglement op het beleid der regering van de Nederlandsche West-Indische bezittingen, Achtste Titel: Algemeene Bepalingen, 21 July 1828, Suriname, 1828, Art. 117, S. 47-48.»De slaven zullen, wat de dagelijksche behandeling betreft, in betrekking tot hunne eigenaars beschouwd worden te staan als *onmondigen* tot hunne *Curators* of *Voogden*, aan welke wel het regt verbleven is, om eene vaderlijke tucht over dezelve uitteoefenen, doch tegen wier mishandeling alle publieke autoriteiten verpligt zijn te waken, en toe te zien, dat de wet in hun belang ontworpen, striktelijk worde gehandhaafd; wordende bij deze het onregtvaardig beginsel, dat zij in regten alleen *als zaken* en niet als *personen* kunnen beschouwd worden, definitivelijk afgeschaft.« https://books.google.de/books?id=TvXTvwEACA AJ&pg=PA1&hl=de&source=gbs_toc_r&cad=4#v=onepage&q&f=false (07.09.2021). Vgl. auch Hondius, Access, S. 387.

354 Vgl. Hondius, Access, S. 387.

355 Vgl. Hondius, Access, S. 388. Hondius verweist auf das Gouvernementsblad Suriname, No. 13, 25. Juli 1831, Artikel 6-20: Reglement op het Burgerregt in de Nederlandsche West-Indische Koloniën, doi: https://books.google.de/books?id=yZZTAAAAcAAJ&pg=PA151&hl=de&source= gbs_selected_pages&cad=3#v=onepage&q&f=false (22.10.2021).

freikauften oder von anderen versklavten Personen freigekauft werden konnten.[356] Es folgten immer weitere Erlasse, die die Handlungsmöglichkeiten von Freigelassenen einschränkten und zugleich die herrschaftliche Kontrolle über diese Bevölkerungsgruppe sichern sollten. So wurde im Oktober 1844 verlangt, dass Freigelassene unmittelbar nach ihrer Manumission eine Arbeit annehmen mussten. Wer dies nicht nachweisen konnte, wurde als Vagabund*in behandelt. Neue Gesetzte gegen das Vagabundieren wurden erlassen und jede freigelassene Person musste eine*n Patron*in vorweisen können, sonst unterstand sie unmittelbar dem Kommissar für die einheimische Bevölkerung. Migration und die Abwanderung von Arbeitskräften sollten mit allen Mitteln beschränkt werden.[357]

Im Laufe der 1840er etablierte sich in den Niederlanden eine sehr kleine abolitionistische Bewegung, die die Institution der Sklaverei in den niederländischen West Indies abschaffen wollte.[358] Bis es dazu kam, dauerte es jedoch noch einige Zeit. Diverse Vorschläge und Entwürfe für den Ablauf der Abschaffung der Sklaverei in den West Indies wurden der zweiten Kammer der *Staten-Generaal* vorgelegt und von dieser verworfen.[359] Man schützte vor, im besten Interesse der Versklavten zu handeln, befragte aber die Betroffenen selbst nicht nach deren Bedürfnissen. Bei der Aushandlung der Grundbedingungen für die Abschaffung der Sklaverei und das Leben in Freiheit danach, wurden nur Erwartungen an gesunde männliche* Arbeiter berücksichtigt, nicht aber die Bedarfe jener Versklavten, die in irgendeiner Weise ein Handicap hatten und nicht arbeiten konnten, um ihren Lebensunterhalt zu verdienen: Alte, kranke, gebrechliche, schwangere, behinderte Menschen und Kinder blieben unberücksichtigt.[360] Die Idee der *weißen* Abolotionist*innen für die Schaffung der Grundbedingungen der Freiheit der Schwarzen Versklavten war eine Art intellektuelle Entwicklung. Nimako und Willemsen beschreiben diese Vision: »[T]he black man needed to be prepared for social freedom, education into becoming a religious and morally more mature person, and moulded into an industrious and worthy member of society.«[361] Erst im August 1862 unterzeichnete König Willem III. das Gesetz zur Abschaffung der Sklaverei in den niederländischen West Indies, und es dauerte noch einmal bis zum nächsten Jahr, bis es in Kraft trat. Versklavte Menschen, die direkt der Kolonialregierung gehörten, erhielten vor diesem Datum bereits die Erlaubnis, fortan Schuhe zu tragen, was zuvor

---

356   H. Nijgh, Gouvernements-Bladen van de Kolonie Suriname, 1816-1855, Rotterdam, 1856, S. 159, Nr. 2.

357   Vgl. Hondius, Access, S. 388-389.

358   Vgl. Potsma, The Dutch in the Atlantic Slave Trade, S. 293.

359   Vgl. Nimako, Willemsen: The Dutch Atlantic, S. 90-112.

360   Vgl. Nimako, Willemsen: The Dutch Atlantic, S. 98.

361   Vgl. ebd. Auf den Seiten 90 bis 112 haben Nimako und Willemsen eine umfassende und kritische Analyse der vorgebrachten Argumente im Kontext der rechtlichen Abschaffung der Sklaverei in den niederländischen West Indies vorgelegt.

streng verboten war. Von anderen versklavten Menschen auf privaten Plantagen wurde diese Bevorzugung der *Societeitsslaven* als große Ungerechtigkeit empfunden und es kam zu einem Aufstand und zu Massenfluchten von den Plantagen.[362] Das Gesetz zur Abschaffung der Sklaverei wurde in Sranan, der Sprache der versklavten Bevölkerungsmehrheit in Suriname, und in Niederländisch veröffentlicht. Allerdings übersetzte die Kolonialregierung nur einen Teil des Gesetzes in Sranan und enthielt so dem versklavten Bevölkerungsteil Artikel 2 vor. Dieser besagte, dass jede*r Sklav*inneneigner*in 300 Gulden Entschädigung für den Verlust jeder versklavten Person erhalten sollte. Offenbar befürchtete die Regierung erneute Aufstände und orderte auch direkt eine Verstärkung der Truppen, um hierfür gerüstet zu sein.[363]

Am 1. Juli 1863 wurde die Sklaverei in niederländischen westindischen Kolonien offiziell und unzweideutig verboten: »Article 2 of the Civil Code states: ›All those residing in the state's territory are free and entitled to their civil rights. Slavery and all other personal servitudes of whatever kind of known by whatever name are not tolerated in the Kingdom.‹«[364] Für 45 000 Menschen endete an diesem Tag die Sklaverei in Suriname und den niederländischen Antillen.[365] In den niederländischen East Indies war die Sklaverei bereits 1860 abgeschafft worden.[366] Für die so Manumittierten galten jedoch noch zehn Jahre lang Sonderauflagen. Dieses neue System wurde *staatstoezigt* (Staatsaufsicht) genannt.[367] Diese Aufsicht sollte, so einige Mitglieder des niederländischen Parlaments, »diesen barbarischen Menschen«, die »ein niedriges Zivilisationslevel« aufwiesen, helfen.[368] Der Paternalismus und die Herabwürdigung der Manumittierten als barbarisch und wenig zivilisiert zeigt erneut das rassistische Denken. Die rassistischen marginalisierenden Strukturen wurden auch mit der Abolition weitergeführt: Bis einschließlich 1873 mussten alle Manumittierten im Alter zwischen 15 und 60 Jahren, die zum 1. Juli 1863 freigekommen waren, einen Arbeitsvertrag vorweisen können. Zumeist wurde dieser mit den vormaligen Eigner*innen geschlossen.[369] Unmittelbar nach

---

362 Vgl. ebd., S. 118-119.

363 Vgl. ebd., S. 119-120.

364 Ebd., S. 33. Vgl. auch o. A., Proclamatie, in: De West-Indische Gids, 34 (1953) 1, S. 59-60. Für das Territorium der VOC vgl. van Rossum, Kleurrijke tragiek, S. 7. Reggie Baay, Daar wird wat gruwelijks verricht, S. 161-206.

365 Vgl. Nimako, Willemsen: The Dutch Atlantic, S. 122.

366 Vgl. van Rossum, Kleurrijke tragiek, S. 7. Van Rossum stellt fest, dass die Erinnerung an die Abschaffung der Sklaverei in den niederländischen East Indies kaum Beachtung in der niederländischen Geschichtsschreibung findet. Auch merkt er an, dass er eine Tendenz zur Verharmlosung in der Geschichtsschreibung über die Sklaverei in den East Indies wahrnimmt.

367 Vgl. Oostindie, The Enlightenment, S. 160. Fatah-Black, Eigendomsstrijd, S. 163-172.

368 Vgl. Nimako, Willemsen, The Dutch Atlantic, S. 99-100.

369 Vgl. Hondius, Access, S. 389.

der Abolition kam es zu Konflikten um die Höhe der Löhne der Landarbeiter*innen. Viele der nun freien Frauen* versuchten, der Gewalt, der Belästigung und dem Missbrauch durch Kolonist*innen und deren Angestellte während der Arbeit zu entgehen. Daher blieben viele von ihnen, sofern sie Familie und Kinder hatten, zu Hause. Damit folgten sie dem westlichen Rollenbild, widmeten sich der Erziehung der Kinder und übernahmen die Arbeit im Haushalt und auf privaten Feldern. Durch die niedrigen Löhne waren die Männer* jedoch oft nicht in der Lage, die Familien zu versorgen. Zudem wurde bereits damit begonnen, die ehemals versklavten Arbeiter*innen durch Kontraktarbeiter*innen zu ersetzen, was die Konkurrenz um bezahlte Arbeit erhöhte und insgesamt zu einer massiven Verarmung der manumittierten Bevölkerung führte.[370] Ganz offensichtlich handelte es sich hierbei um eine legale Abschaffung der Sklaverei, nicht aber um Emanzipation. Eine Entschädigung für das erfahrene Unrecht steht bis heute aus und ist derzeit mit der Forderung nach Reparationszahlung an die Nachkomm*innen der versklavten Menschen ein Dauerthema in der niederländischen Politik und den niederländischen Medien, ebenso wie in Suriname.[371]

---

370   Vgl. Nimako, Willemsen: The Dutch Atlantic, S. 147-148.
371   Vgl. ebd., S. 178-181.

Zweiter Teil

3 Biografische Mikrostudien

Im folgenden zweiten Teil dieser Studie werden anhand von drei biografischen Mikrostudien zwei zentrale Aspekte des Komplexes Versklavungen in den Niederlanden im langen 18. Jahrhundert herausgearbeitet. Zum einen werden nun konkret versklavte oder ehemals versklavte Akteur*innen, deren Lebensläufe und Lebenswelten, soweit sich diese aus den Quellen rekonstruieren lassen, sichtbar gemacht. Zum anderen wird erörtert, inwiefern der soziale Status dieser Akteur*innen, ihr Selbstbild, die Zuschreibungen, mit denen sie konfrontiert wurden, und die in den Quellen verwendete Sprache mit dem System der Normen und Gesetze sowie dem rassistischen kulturellen Code, wie sie in Teil I dargestellt wurden, korrespondierten. Dieser zweite Teil der Studie könnte somit gewissermaßen als »Praxistest« für den ersten, stärker »theoretisch« ausgerichteten Teil betrachtet werden.

3.1 Anthonij van Bengalen

Diese erste biografische Mikrostudie fokussiert auf das Leben des Dienstboten und Militärtrompeters Anthonij van Bengalen (ca. 1674-17??). Untersucht werden van Bengalens soziales Umfeld, sein Arbeitsleben, das Verhältnis zu seinen Dienstherr*innen und seine Zugehörigkeit zu deren Haushalt sowie seine soziale und hierarchische Position darin. Eine Analyse der in den Quellen beschriebenen Praktiken und der dabei verwendeten Sprache sowie eine umfassende Kontextualisierung gestatten ein *close reading* und vermitteln eine Vorstellung von van Bengalens Lebenswelt. Es wird sichtbar, durch welche Praktiken van Bengalen im Vergleich zu anderen Dienstbot*innen eine Ungleichbehandlung erfuhr und welche Reaktionen dies auslöste. Zudem kann nachvollzogen werden, inwiefern van Bengalen durch sein soziales Netz Unterstützung erhielt und mit welchen Problemen er kämpfen musste. Das historische Material für diese Untersuchung entstand während eines langwierigen Gerichtsverfahrens, bei dem van Bengalen die Erb*innen seiner verstorbenen Dienstherr*innen verklagte, um die Auszahlung seiner über 30 Jahre einbehaltenen Löhne zu erzwingen.

3.1.1 Das historische Material

Die hier verhandelten Ereignisse aus van Bengalens Leben wurden aus den Fallakten der beiden höchsten niederländischen Gerichte, dem *Hof van Holland* und dem *Hooge Rad van Holland*, rekonstruiert.[1] Um den im Zentrum stehenden Rechtsstreit nachvollziehen zu können, werde ich zunächst die verwendeten Quellen vorstellen und kontextualisieren, wozu auch die Darstellung der Streitparteien gehört. Im Anschluss daran wird die Biografie van Bengalens entwickelt, wobei auch der Gerichtsprozess zeitlich und sozial verortet wird.

Am 30. Mai 1713 erstattete der etwa 39-jährige Schwarze Dienstbote Anthonij van Bengalen Anzeige gegen seine neuen Dienstherr*innen. Diese waren die Erb*innen des adligen Ritters Hendrick de Sandra und seiner Frau Maria Lenarts, die 1707 bzw. 1710 verstorben waren. Bei den Erb*innen handelt es sich um de Sandras Enkelin Margaretha Clant, die mit Jacob Jacobsz Junius verheiratet gewesen war. Jacobus Junius (1664-17??) war Maria Lenarts' Sohn aus erster Ehe und vor seinem Tod Ratsherr in Delft.[2] Weiterhin gehörten zu den Erb*innen Hindrietta Clant, ebenfalls eine Enkelin de Sandras, und deren Gatte Harmen Scherff, Geschworener am Gericht und später Bürgermeister von Groningen. Zudem noch Johannes Junius (1670-1729), Prediger in Leeuwaarden, und seine Frau* Elisabeth (?–1726). Ein Dienstbote verklagte hier also eine Familie aus der politischen und sozialen Elite der niederländischen Republik, deren männliche* Vertreter hochrangige Ämter im Land bekleideten.

Das überlieferte historische Material des Gerichtsprozesses umfasst Beweise, Argumentationen beider Streitparteien, Zeug*innenaussagen, Protokolle, Gutachten, das Urteil und weitere Dokumente, die insgesamt etwa 350 handschriftliche Seiten ausmachen und im *Nationaal Archief Den Haag* einsehbar sind.[3]

---

1   Auf das Gerichtsverfahren wird im Verlauf der Fallstudie konkret eingegangen.

2   Die personenbezogenen Daten können in den jeweiligen Kirchenbüchern bzw. der daraus erstellten Datenbank digital auf der Homepage des Stadsarchief Delft (SAD) eingesehen werden. Über die Suche zu Maria Lenarts etwa werden alle vorliegenden Dokumente zu ihrer Person, auch die Kindstaufen, angezeigt: https://zoeken.stadsarchiefdelft.nl/zoeken/groep=Personen/Vrij_zoeken=Maria%20Lenarts/aantalpp=14/?nav_id=14-1 (14.09.2021). Zu Jacobus Junius: SAD, DTP dopen, Inv. 14.58, fol. 40, 11.1.1664. Die Hinweise zu Berufen der genannten Personen entstammen den im Folgenden vorgestellten Gerichtsdokumenten. Darin werden am Anfang jedes Dokuments alle Personen mit Berufen und familiärer Bindung vorgestellt. NA, 3.03.01.01, 13641; 10076; 10955.

3   NA, 3.03.01.01, 13641; 10076; 10955. Das historische Material ist in drei Sammlungen gebündelt und wird gerahmt durch die Notizen und Bewertungen des Gerichts, die im Verwaltungsschriftgut des Gerichts überliefert sind. Mit Hilfe der Archivar*innen des Archivs habe ich systematisch den gesamten Bestand nach den Fallakten abgesucht, so dass ich davon ausgehe, tatsächlich jedes Dokument hierzu gehoben zu haben.

Bedacht werden muss, dass die vorgetragenen Argumente Narrationen sind. Sie wurden vorgebracht, weil sie in der Logik der historischen Akteur*innen des frühen 18. Jahrhunderts vor Gericht erfolgversprechend waren, um den eigenen Standpunkt durchzusetzen.[4] Sie gestatten keinen unverstellten Blick auf die Vergangenheit. Die Analyse und Kontextualisierung ermöglicht es jedoch, die enthaltenen Informationen zu überprüfen und abzusichern. Auf diese Weise ist eine Annäherung möglich an die Lebenswelt, die Milieus und sozialen Kreise, in denen Anthonij van Bengalen verkehrte.[5]

3.1.2 Ankunft in der Republik

Die Streitparteien werden in nahezu allen Gerichtsdokumenten des Prozesses vorgestellt. Während die Streitpartei der Erb*innen jedoch immer in gleicher Weise als Kollektiv »die Erben« und/oder einzeln als Akteur*innen mit ihren Ehepartner*innen und Berufen genannt werden, variieren die Angaben zu van Bengalens Person und seinem Leben in Form und Inhalt etwas. Dies betrifft auch die Erzählung über seine Ankunft in der Republik, wobei es doch so etwas wie einen stabilen Kern gibt. Ich habe mir erlaubt, in etwas unorthodoxer Weise eine Zusammenschau von Zitaten aus den Gerichtsakten zu erstellen. Diese veranschaulicht die Art, wie über van Bengalen und seine Ankunft in der Republik kommuniziert wurde.[6] Die Sichtwei-

---

4   Vgl. zur Narration in Gerichtsakten Mary Lindemann, Gender Tales: The Multiple Identities of Maiden Heinrich, Hamburg 1700, in: Ulinka Rublack (Hg.), Gender in Early Modern German History, Cambridge: University Press, 2002, S. 131-151.Und auch Natalie Zemon Davis, Fiction in the Archives. Pardon Tales and Their Tellers in Sixteenth-Century France, Stanford, California: University Press, 1987, S. 3. Zudem sei hier noch verwiesen auf den Sammelband von Winfried Schulze, Ego-Dokumente und hier besonders auf die Beiträge von Winfried Schulze, Zur Ergiebigkeit von Zeugenbefragungen und Verhören, S. 319-326 sowie Helga Schnabel-Schüle, Ego-Dokumente im frühneuzeitlichen Strafprozess, S. 295-318. Ralf-Peter Fuchs gelang es zudem, sowohl Zeugenverhöre argumentativ unter den Ego-Dokumenten zu verorten als auch zu erläutern, dass in Zeugenverhören »lebensweltliches Wissen« preisgegeben wurde. Diese Art von Wissen beschreibt er als relevantes, verhärtetes Wissen, dass auf »gesellschaftliche Wissensbestände« zurückgreife. Vgl. Ralf-Peter Fuchs, Soziales Wissen nach Reichskammergerichts-Zeugenverhören, in: Zeitenblicke, 1 (2002) 2, S. 1-8, https://www.zeitenblicke.de/2002/02/fuchs/fuchs.pdf (15.10.2021).

5   Zur Unterscheidung zwischen den Konzepten »Lebenswelt« und »Milieu« vgl. Lüdtke, Lebenswelt. Simmel, Über sociale Differenzierung.

6   Dieses Vorgehen ist unorthodox, weil es verschiedene Perspektiven zusammenführt. Es darf nicht als eine Standardzitation missverstanden werden, da die Anordnung und Reihung der Aussagen von mir vorgenommen wurde, auch wenn alle Einzelzitate als solche klar zuordenbar sind. Ich habe mich für diese Form der Darstellung entschieden, weil das Ziel der biografischen Mikrostudie darin besteht, van Bengalen ins Zentrum der Betrachtung zu setzen. Hätte ich jedes Zitat umfassend durch die Beschreibung der Sprechpositionen im Fließtext zugeordnet, wäre die eigentliche Narration auseinandergerissen worden und der Sinn wäre

sen der unterschiedlichen Parteien auf van Bengalen werden im weiteren Verlauf der Analyse klar differenziert und einzeln verortet. Über van Bengalen und seine Ankunft in der Republik ist folgendes Substrat der Narration zu gewinnen. Die Variationen der Ausdrucksweise und deren Ausführlichkeit sind in den einzelnen in den Anmerkungen vermerkten Dokumenten nachzulesen. »Anthonij van Bengale[n], ein Schwarzer«[7] oder »schwarzer Indianer«[8], »geboren in Indien an der Küste von Bengale[n]«[9], war »im Jahr 1680 [...] noch sehr jung an Jahren und daher nichts anderes als ein kleiner Junge[, der] durch den verstorbenen Rijckloff van Goens«[10], »Raad ordinaris van Indien, aus Indien herübergebracht in diese Landen«[11] »und [der] nach dem Tod des gemeldeten van Goens nicht wusste, wohin er sich wenden sollte oder an wen er sich richten sollte, um an die Kost zu gelangen, sodass er vor Hunger und Ungemach hätte vergehen müssen.«[12]

Die Art der Schilderungen über Anthonij van Bengalens Ankunft und seine ersten Monate in der niederländischen Republik lassen an die Erzählung einer Legende denken. Etwas verschleiert und unpräzise, aber dennoch konkret genug, um sich eine Vorstellung vom Verlauf zu machen. Für die Narrationen über die Leben von versklavten oder ehemals versklavten Menschen scheint dies symptomatisch zu sein.

Eine Überprüfung und Kontextualisierung der Angaben zeigt, dass der hier genannte Rijckloff van Goens, de Jongere (junior) eine steile Karriere im Dienst der VOC gemacht hatte. 1679 erreichte diese Karriere mit dem für ihn ersonnenen Titel

---

verloren gegangen. Um deutlich zu machen, dass es sich um eine Konstruktion handelt, wurden die deutschen Übersetzungen im Fließtext, die niederländischen Originalzitate in den Fußnoten wiedergegeben. Ich halte es für relevant, dass der Blick auf van Bengalen und die Sprache, der man sich bediente, um über ihn zu sprechen, erfahrbar wird.

7   NA, 3.03.01.01, 10076 Acte van Eisch, Fi, 22. Juni 1713. Aus der Narration Victor Breijs, dem Anwalt Van Bengalens. »Anthonij van Bengale een swart«.

8   NA, 3.03.01.01, 10076, Advertisment 1714, H. Erneut Voctor Breijs Angabe, Satz 27. »een Swarten Indiaen«.

9   NA, 3.03.01.01, 10076 Fi, 22. Juni 1713. Vgl. Anm. 22, S. 176. »geboren in jndien op de kust van bengale«.

10   NA, 3.03.01.01, 10955, Advertissment, K. Aus den Unterlagen des Anwalts der Erb*innen, Sandheuvel, Sätze 31-32. »31 Dat den Jmp:t in den Jaare 1680, wanneer hij bij den voorn: Maijoor de Sandra soude zijn gecomen, nog is geweest seer Jongh van Jaaren, 32 En in effecte niet anders als een kleine Jongen«.

11   NA, 3.03.01.01, 13641, Mandament van Arrest. Perspektive des Gerichts. »Rijkolff van Goens, in sijn leven Raad ordinaris van Indien, uit Indien overgebargt is in dese Landen.«

12   NA, 3.03.01.01, 10955, Advertissment, K. Erneut Sandheuvel, Sätze 37-38. »37 Ende hij na het overlijden van den gemelte van Goens niet weetende, waar heen hij sigh soude wenden, off aan wien sigh soude Addresiren, om aan de kost te geraaken, 38 Soo dat hij van Honger en ongemack soude hebben moeten vergaan.«

des *Commissaris-Generaal* den Zenit.[13] Die niederländische Familie van Goens war im 17. Jahrhundert auf höchster Funktionärsebene für die VOC vor allem in Batavia und Ceylon tätig.[14] Sie war sehr reich und Eignerin vieler versklavter Menschen, die ihnen in ihren Häusern dienen mussten.[15] Die Menschen, die im Territorium der VOC versklavt wurden, kamen gewöhnlich auch aus der Region, in der sie ihre unfreie Arbeit verrichten mussten, oder aus dem indisch-südostasiatischen Raum. Versklavt wurden Menschen aus Malaysia, von verschiedenen indonesischen Inseln, einschließlich der Philippinen und Neu Guinea (heute Papua), aus Myanmar oder, wie in Anthonij van Bengalens Fall, den indischen Territorien in Bengalen oder der Koromandelküste. Wurden Afrikaner*innen versklavt, waren diese von der Ostküste Afrikas aus Mosambik oder Madagaskar verschleppt worden.[16] Es handelte sich bei den versklavten Menschen, wie in den WIC-Territorien auch, um Schwarze Menschen oder People of Color. Angehörige der Kolonialregierung, wie es die Familie van Goens war, pflegten in den VOC-Territorien einen »repräsentativen« Lebensstil, der ihren Herrschaftsanspruch durch teilweise enormen Prunk ausstellte. Der Status eines Funktionärs wurde unter anderem durch die Anzahl der versklavten Personen in seinem Haushalt und deren Ausstattung mit kostbarer Kleidung und Schmuck dargestellt.[17] Es ist wahrscheinlich, dass Anthonij van Bengalen das Kind einer versklavten Frau* war, die in van Goens' Haushalt lebte. Der Sklavenstatus der Mutter wäre bei der Geburt auf Anthonij van Bengalen übertragen worden.[18]

---

13   Vgl. Van der Aa, Goens (Ryklof van), in: Ders. (Hg.), Biographisch Woordenboek der Nederlanden, Deel 7, Haarlem: 1862, S. 242-245, http://resources.huygens.knaw.nl/retroboeken/vd aa/#source=aa__001biog08_01.xml&page=248&view=imagePane(03.12.2019).

14   Vgl. P. C. Molhuysen, P. J. Blok (Hg.), Goens (Ryklof van), in: Dies. (Hg.), Nieuw Nederlandsch Biografisch Woordenboek, Deel 6, Leiden: A. W. Sijthoff, 1924, Sp. 588-591. http://resou rces.huygens.knaw.nl/retroboeken/nnbw/#source=6&page=302&accessor=accessor_index (03.12.2019). Brederoode, J.J. van, Goens, Rijklof van, in: Biographisch Woordenboek der Nederlanden, Deel 7, Haarlem: 1862, S. 242-245, http://resources.huygens.knaw.nl/retroboek en/vdaa/#source=aa__001biog08_01.xml&page=250&accessor=accessor_index&accessor_hr ef=http%3A%2F%2Fresources.huygens.knaw.nl%2Fretroboeken%2Fvdaa%2Faccessor_inde x%2Findex_html%3Fpage%3D248%26source%3Daa__001biog08_01.xml%26id%3Daccesso r_index(23.10.2021).

15   Vgl. A. M. Lubberhuizen-van Gelder, Rijklof van Goens, de Jonge, en zijn bezittingen, in: Bijdragen tot de Taal-, Land- en Volkenkunde van Nederlandsch-Indië, 101 (1942) 2/3, S. 289-310.

16   Vgl. Baay, Daar werd wat gruwelijks verricht, S. 35-37, 40-42.

17   Vgl. Baay, Daar werd wat gruwelijks verricht, S. 64, 66-68.

18   Vgl. Baay, Daar werd wat gruwelijks verricht, S. 143-146. Zum Zusammenleben von freien und versklavten Personen in Haushalten im VOC-Territorium vgl. Jean Gelman Taylor, Europese en Euraziatische vrouwen in Nederlands-Indië in de VOC-tijd, in: Jeske Reijs, Ulla Jansz, Annemarie de Wildt, Suzanne van Norden, Mirjam de Baar (Hg.), Vrouwen in de Nederlandse koloniën. Zevende jaarboek voor vrouwengeschiedenis (1986), Nijmegen: SUN, 1986, S. 10-33. Zur Bedeutung und Dimension der Verschleppung und Versklavung von Kindern im Atlantik-

Nach dem Tod seiner Ehefrau Louisa Brasser im Juli 1680 bat Rijckloff van Goens bei den *Heeren XVII* um die Erlaubnis, in die Niederlande reisen zu dürfen,
was ihm gestattet wurde. Hohen VOC-Funktionären wurde bei Reisen in die Republik seit 1634 zugestanden, bis zu vier versklavte Personen als Dienstpersonal
mitzunehmen. Für diese unfreien Diener*innen mussten die Kosten für die Überfahrt (Hin- und Rückfahrt) und die Verpflegung vor Beginn der Reise gezahlt werden.[19] Am 25. November 1680 verließ van Goens als Admiral der Retourflotte zusammen mit seinen Kindern den Hafen von Batavia, dem Hauptquartier der VOC
(heute Jakarta).[20] Es ist anzunehmen, dass der sechs- bis sieben-jährige Anthonij
van Bengalen ebenfalls an Bord der *Burgh van Leyden* ging und damit eine der vier
versklavten Personen war, die als namenlose Passagiere im *Dagh-Journaal van Batavia* gelistet wurden.[21] Am 14. Februar 1681 erreichte die Flotte das Kap der Guten
Hoffnung in Südafrika und wartete – allerdings vergeblich – auf weitere Schiffe
aus Batavia, die sich der Flotte anschließen sollten, bis zum 28. März 1681.[22] Etwa
drei Monate später sollte die *Burgh van Leyden* mit den anderen vier Schiffen der
Flotte im Hafen von Texel in der niederländischen Republik einlaufen.[23] Anthonij

---

handel und im Handel mit versklavten Menschen auf dem indischen Ozean vgl. Gwyn Campbell, Suzanne Miers, Joseph C. Miller, Children in European Systems of Slavery: Introduction,
in: Dies. (Hg.), Slavery & Abolition, 27 (2006) 2, S. 163-182, doi: 10.1080/01440390600765367;
António de Almeida Mendes, Child Slaves in the Early North Atlantic Trade in the Fifteenth
and Sixteenth Centuries, in: Gwyn Campbell, Suzanne Miers, Joseph C. Miller (Hg.), Children
in Slavery Through the Ages, Athens: Ohio, 2009, S. 19-34; Richard B. Allen, Children and European Slave Trading in the Indian Ocean During the Eighteenth and Early Nineteenth Centuries, in: ebd., S. 35-54; Fred Morton, Small Change: Children in the Nineteenth-Century East
African Slave Trade, in: ebd., S. 55-70.

19   Vgl. Baay, Daar werd wat gruwelijks verricht, S. 72-73. Fox, For Good and Sufficient Reasons,
     S. 260.

20   Vgl. Van der Aa, Goens (Ryklof van), S. 242-245. Arsip Nasional Republic Indonesia
     (ANRI), K66a_EN, https://sejarah-nusantara.anri.go.id/pagebrowser/icaatom-dasa-anri-go-
     id_339-ead-xml-1-2495/#view=homePane (02.12.2019).

21   Vgl. F. de Haan (Hg.), Dagh-Register gehouden in 't Casteel Batavia van 't passerende daer
     plaetse als over geheel Nederlands India, Anno 1680, Batavia, 's Hage: Landsdrukkerij/M.
     Nijhoff, 1912, S. 781.

22   Vgl. F. de Haan (Hg.), Dagh-Register gehouden int Casteel Batavia vant passerende daer
     plaetse als over geheel Nederlands India, Anno 1681, Batavia, 's Hage: Landsdrukkerij/M. Nij-
     hoff, 1919, S. 360.

23   1751 benötigte das Schiff *De Liefde* von Admiral und Oud Gouverneur Swellengrebel vom Kap
     der Guten Hoffnung bis nach Texel etwa drei Monate für die Überfahrt (5. März–10. Juni 1751).
     Vgl. Marijke L. Barend-van Heaften (Hg.), Op reis met de VOC. De openhartige dagboeken
     van de zusters Lammens en Swellengrebel, Zutphen: Walburg Pers, 1996. Im Dagh-Journal
     van Batavia ist zur Ankunft der Retourflotte keine Angabe zu finden. Die Schiffe sind jedoch
     einige Monate später erneut unterwegs gewesen, diesmal auf der Rückreise nach Batavia.
     Daher ist anzunehmen, dass die Flotte ohne Zwischenfälle und nach Zeitplan ihren Zielhafen
     Texel erreicht hat.

van Bengalen kam demnach im Sommer 1681 in der Republik an und nicht 1680, wie in den gerichtlichen Unterlagen dokumentiert. 1682 wurde Rijckloff van Goens zum *ordinaris Raad van Indië* ernannt, Anfang Mai 1684 kehrte er zurück nach Batavia.[24] Anthonij van Bengalen nahm er nicht mit auf diese Reise, sondern ließ ihn in der Republik. Van Goens war, entgegen den Angaben in den Gerichtsdokumenten, nicht verstorben, sondern hatte das Land erneut in Richtung Kolonien verlassen.

Möglich wäre allerdings auch, dass Anthonij van Bengalen erst ein Jahr später, Ende November 1681, mit Rijckloff van Goens, de Oudere dem *Generaal-Gouverneur van Indien*, Batavia verließ und am 29. August 1682 Texel erreichte.[25] Der *Generaal-Gouverneur* hatte, da er dem Anschein nach nicht an die sonst üblichen Regeln gebunden war, auf seiner Reise neun versklavte Personen mitgenommen, die für sein Wohlbefinden sorgen sollten.[26] Rijckloff van Goens senior starb am 14. November 1682 in Amsterdam.[27] Falls van Bengalen vom *Generaal-Gouverneur* in die Republik verschleppt worden war, stimmt das in den gerichtlichen Quellen angegebene Ankunftsjahr ebenfalls nicht mit den historischen Fakten überein. Das exakte Jahr von van Bengalens Ankunft in der Republik ist aus dem historischen Material nicht genau bestimmbar. Am treffendsten scheint die Angabe 1680/81 als Kompromiss zu sein.

3.1.3 Das Leben im Hause De Sandra

In einem der Zitate aus der oben präsentierten Collage aus den Gerichtsakten des hier betrachteten Falls ist zu lesen, dass Anthonij van Bengalen mit einem Mal ohne Obhut und Obdach war und »nicht wusste, wohin er sich wenden sollte oder an wen er sich richten sollte, um an die Kost zu gelangen, sodass er vor Hunger und Ungemach hätte vergehen müssen«.[28] Dieses Zitat stammt aus der Erwiderung der Erb*innen auf die Anklage durch van Bengalen. Darin wird betont, dass van Bengalen sich in einer verzweifelten Lage befunden haben soll. Wie er in diese geraten war, ist jedoch unklar. Möglich ist, dass Rijckloff van Goens, de Jongere des kleinen Jungen* überdrüssig wurde, ihn vor die Tür setzte und sich selbst überlies. So etwas kam im 17. Jahrhundert offenbar häufiger vor. Die Lebenshaltung der kolonialen Funktionäre in der Republik mutete im Vergleich mit jener in der Kolonie spartanisch an, sodass der Luxus des Besitzes Schwarzer Dienstbot*innen nicht mehr richtig passte. Es ist daher denkbar, dass in die Niederlande verschleppte

---

24   Vgl. Lubberhuizen-van Gelder, Rijklof van Goens, S. 292-293.
25   Vgl. Van der Aa, Goens (Ryklof van), S. 244.
26   Vgl. W. Fruin-Mees (Hg.), Dagh-Register gehouden int Casteel Batavia vant passerende daer plaetse als over geheel Nederlands India, Anno 1682, Batavia: G. Kloff & Co., 1928, S. 763.
27   Vgl. Van der Aa, Goens (Ryklof van), S. 244.
28   NA, 3.03.01.01, 10955, K.

und versklavte Menschen, die nicht länger erwünscht waren, in der Republik für freigelassen erklärt oder einfach weggeschickt wurden.[29] Dadurch entstand Mitte des 17. Jahrhunderts in Amsterdam eine kleine selbstorganisierte Gemeinschaft von freien Schwarzen Personen und People of Color.[30] Vorstellbar ist auch, dass Rijckloff van Goens, de Oudere Tod die Ursache dafür war, dass van Bengalen plötzlich auf der Straße stand, wie es ja auch eine der zitierten Gerichtsakten angab. Oder der kleine Junge* wurde von Rijckloff van Goens, de Jongere direkt weitervermittelt. Dann wäre die Erzählung über die Armut und Hilflosigkeit des kleinen fremden Jungen* wohl eine Legende. Vielleicht war diese Erzählung auch der Versuch, einen Sklaventransfer auf narrativer Ebene zu vertuschen? Die Aufnahme des Kindes erscheint angesichts seiner Lage als heroische, selbstlose Tat. Handelt es sich demnach bei dieser Narration im Kern um eine Art Familienmythos oder wurde sie kreiert, weil schlicht vergessen worden war, wie und mit wem Anthonij van Bengalen in die Republik kam?

Van Bengalen war mit sechs bis sieben Jahren bei seiner Ankunft in der Republik noch ein kleiner Junge*. Es wäre daher kaum überraschend, wenn er bei all den neuen Eindrücken und Erfahrungen, dem Verlust seiner Familie und der langen Reise nicht wirklich erfasst hätte, mit wem er reiste. Vielleicht war es für ihn auch schlicht nebensächlich, ob er 1680, 1681 oder 1682 in der Republik ankam. Das Gericht fasste in seinem *sententie* (Urteil) zusammen, was geschah, nachdem van Bengalen aus nicht sicher feststellbarem Grund den Haushalt der van Goens verließ. Das Gericht nutzte hierfür die Darstellungen der Partei der Erb*innen:

»[N]ach dem Tod von demselben van Goens hatte [Anthonij van Bengalen] sich hier wiedergefunden in einem Land und unter Menschen[, die] für ihn mit einem Mal fremd und unbekannt, derart, dass weil niemand ihn, der zu dieser Zeit noch jung an Jahren war, anstellen wollte, es sicher war, dass er wegen Hungers und Ungemach hätte vergehen müssen[.] Wenn das in diesem Fall wegen jemandem (der mehr Mitleid hatte mit einer solchen Person, wie [...] [van Bengalen] [...] es war, wie auch generell die Menschen hierzulande) nicht geschehen war, dann deshalb[, weil] der zuvor genannte Major Hendrick de Sandra, aus purem Erbarmen, [...] [Anthonij van Bengalen] in sein Haus genommen hat, demselben Kost und Trank wie auch Kleidung aus Leinen und Wolle und weitere Notwendigkeiten besorgt und damit versehen hatte und ihn obendrein hatte unterweisen lassen im Lesen und Schreiben als ihn auch einige Handwerke lehren lies, wie das Knöpfemachen, die Sattlerei, Schneidern sowie auch das Trommeln und Blasen auf der Trompete, und alle Unkosten getragen und bezahlt hatte[.] [D]ass der gemeldete

---

29   Vgl. Baay, Daar werd wat gruwelijks verricht, S. 71. In Hinblick auf die Bewertung des *free-soil principle* und die sich verschlechternden Konditionen von freigelassenen Personen vgl. 2.4 *Manumission in der niederländischen Republik* in dieser Studie.

30   Ponte, Al de swarten die hier ter stede comen, S. 33-62.

Major de Sandra [...] [Anthonij van Bengalen] dann befördert hatte zum Trompeter in seiner Kompanie«.[31]

Nach van Bengalens Ankunft in der Republik muss der Junge* zeitnah in den Haushalt Hendrick de Sandras (1619-1707), des adligen *Ridder, Majoor te Paard ten dienste deser Landen* und *Commandeur van Deventer (Ritter, Major zu Pferd im Dienst dieser Länder und Kommandeur von Deventer)*, übergewechselt sein.[32] Bemerkenswert an diesem Wechsel in einen neuen Diensthaushalt ist, dass van Bengalen sehr jung und erst kurze Zeit im Land war. Ein soziales Umfeld konnte er sich zu jenem Zeitpunkt noch nicht aufgebaut haben in der Republik. Die Vermittlung zu de Sandra wird daher kaum auf Initiative van Bengalens oder durch andere Dienstbot*innen erfolgt sein. Wahrscheinlicher ist, dass die Vermittlung über eine direkte Ansprache Hendrick de Sandras durch das Umfeld des vorherigen Dienstherren van Goens oder diesen selbst geschah. Dem paternalistischen Denken eines Hausvaters und Dienstherren entsprechend, nahm de Sandra das Kind in seinem Haushalt auf und stellte so seine Versorgung sicher. Dies geschah in einer für de Sandra emotional schweren Zeit, da zwei seiner Töchter, sein Sohn und seine erste Ehefrau* zwischen 1679 und 1681 verstorben waren.[33] Anzunehmen, dass de Sandra van Bengalen adoptierte, scheint angesichts Grotius' Hinweises, dass Adoption in den Niederlanden

---

31   NA, 3.03.01.01, 914 Sententies, Dok. 69, S. 10-11, 27. Juni 1715-17.10.1715. »[N]a het overlijden van denselven van Goens sig [Anthonij van Bengalen] alhier hadde gevonden in een land, en onder menschen voor hem ten eenmale vreemt, en onbekent, soodanig, dat nademael niemant hem, die ter dier tijt nog jong van Jaeren was, wilde aenslaen, het geschapen stonde dat hij van honger, en ongemak soude hebben moeten vergaen, in dien sulcx door ijmand (: die meer mededogen hadde met een soodanig persoon, als [...] [Van Bengalen] indesen was, als wel in 't generael de menschen hier te lande :) niet ware voorgekomen, dat derhalven den voornoemde Major Hendrick de Sandra, uijt pure Commiseratie, [...] [Anthonij van Bengalen] in desen in Sijn huijs genomen hebbende, denselven hem van kost en Dranck, alsmede van klederen soo linne, als wolle, en verdere nootsaekelijckheden besorgt, en voorsien hadde, en hem bovendien hadde laten onderwijsen in het lesen, en schrijven, alsmede hem laten leren eenige handwerken, als knoopmaken, sadelmaken, en kleermaken, mitsgaders oock het Trommelen, en blasen op de Trompet, en van dat alles de oncosten gedragen, en betaalt hadde, dat den gemelte majoor de Sandra [...] [Anthonij van Bengalen] naderhand geävanceert hebbende tot Trompetter in sijn Compagnie.« In der Übersetzung der Zitate wurden die Kommata an die deutsche Sprache angepasst.

32   NA, 3.03.01.01, 914 Sententies, 27.06.1715-17.10.1715. Für einen Vergleich, wie eine Karriere als Dienstbote verlaufen konnte, die bereits im Kindesalter begann, vgl. Werner Frese (Hg.), Die Erinnerungen des böhmischen Lakaien Hansel Commenda, in: Rheinisch-Westfälische Zeitschrift für Volkskunde, 30/31 (1985/86), S. 183-224. Meinen Dank an Sebastian Kühn für diesen und weitere Hinweise.

33   Vgl. G. J. L. Jr., Merkwardige huizen en hun bewoners. Hendrick de Sandra, in: Deventer Dagblad, 31. Aug. 1935, S. 2.

nicht üblich war, fehlzugehen,[34] dennoch scheint de Sandra van Bengalens wichtigste Bezugsperson gewesen zu sein. In Major de Sandras adligem Haushalt lebte Anthonij van Bengalen in den folgenden drei Jahrzehnten. Der Kommandeur der Garnison von Deventer hatte in der Stadt am heute nach ihm benannten *Sandrasteeg* drei und in der angrenzenden *Lange Bisschopstraat* zwei Häuser gekauft und diese Gebäude durch Umbau zu einem Anwesen vereinigt.[35] Dort wohnte und arbeitete ab 1680/81 auch der inzwischen sechs- oder siebenjährige Anthonij van Bengalen. De Sandra ließ das Kind ausbilden.[36] Er soll, wie dies ja auch die Erb*innen im Prozess angaben, Lesen und Schreiben sowie die Handwerke Knopfmacher, Sattler und Schneider gelernt haben. Es scheint jedoch unwahrscheinlich, dass van Bengalen lesen und schreiben konnte, da er 1711 und 1712 Quittungen mit einem Kreuz anstatt mit seinem Namen zeichnete und somit nachweislich keine Signierfähigkeit vorhanden war.[37] Auch die genannten Handwerke wurden ihm vermutlich nur in ihren Grundlagen im Haushalt de Sandras nahegebracht, wodurch er kaum zu mehr als zu Hilfstätigkeiten befähigt worden sein dürfte. Wirklich professionell lernte van Bengalen aber das Trommeln und vor allem das Spielen der Trompete.[38] Es ist naheliegend, dass de Sandra van Bengalen als Trompeter bald nach dessen Ankunft im Haushalt ausbilden ließ: Als solcher konnte van Bengalen den Stand des adligen Ritters und Majors angemessen repräsentieren. Zudem war es im 17. und 18 Jahrhundert an Höfen beliebt, Schwarze Menschen und People of Color als Soldaten oder Musiker am Hof oder in der Kaserne auszubilden und zu beschäftigen.[39] Mit prächtigen Uniformen ausgestattet sollten sie Exotik, Luxus

---

34   Vgl. Grotius, Inleydinge, I., VI., § 3.

35   Vgl. L. Jr., Merkwaardige huizen en hun bewoners, S. 2.

36   Zur Ausbildung von Kindern in Haushalten und zugleich dem Einfluss von Dienstboten/
      Lehrer*innen auf Kinder in herrschaftlichen Haushalten vgl. Raffaella Sarti, Dangerous Liaisons. Servants as »Children« Taught by their Masters and as »Teachers« of their Master's
      Children (Italy and France, Sixteenth to Twenty-first Centuries), in: Paedagogica Historica, 43
      (2007), S. 565-587. Auch hier nochmals der Verweis auf das Selbstzeugnis Frese, Die Erinnerungen des böhmischen Lakaien Hansel Commenda, S. 183-224. Commenda schildert darin,
      wie er im Kindesalter als Läufer ausgebildet wurde und von seiner Dienstherrin und deren
      Zofe das Strümpfestricken beigebracht bekam.

37   NA, 3.03.01.01, 10955. Vgl. in Hinblick auf die Signierfähigkeit in den Niederlanden Andrea
      Hofmeister, »Ik will mijn handtekening leren zetten«: Faktoren der Alphabetisierung in den
      Niederlanden und in Norddeutschland, in: Dick E. H. de Boer, Gudrun Gleba, Rudolf Holbach
      (Hg.), »... in guete freuntlichen nachbarlichen verwantnus und hantierung ...«. Wanderung
      von Personen, Verbreitung von Ideen, Austausch von Waren in den niederländischen und
      deutschen Küstenregionen vom 13.-18. Jahrhundert, Oldenburg: Bibliotheks- und Informationssystem der Universität Oldenburg, 2001, S. 69-90.

38   NA, 3.03.01.01, 10955, Antwoord met Middelen, 1714, S. 3.

39   Vgl. Andreas Becker, Preussens schwarze Untertanen. Afrikanerinnen und Afrikaner zwischen
      Kleve und Königsberg vom 17. bis ins frühe 19. Jahrhundert, in: Forschungen zur Brandenburgischen und Preußischen Geschichte, 22 (2012) 1, S. 1-32: hier: S. 22. Und auch Monika Firla,

und die Herrschaft ihrer Dienstherr*innen verkörpern.[40] Josef Köstlbauer hat in diesem Zusammenhang den Begriff *Repräsentationsarbeit* geprägt.[41]

Neben der beruflichen Ausbildung gewährte de Sandra dem kleinen Anthonij van Bengalen aus »Mitleid« und »Erbarmen« freie Kost und Logis und stellte ihm Kleidung aus Wolle und Leinen zur Verfügung. Zudem soll das Kind als *bijlooper* (Diener, der eine Person begleitet und auf Befehle wartet) und als *Jonge* (jüngster Knecht) für de Sandra gearbeitet haben.[42] In der Frühen Neuzeit lebten Kinder häufig außerhalb des Haushalts der leiblichen Eltern. Europäische Fürstenkinder kamen zur Erziehung an verwandte Höfe, bürgerliche Kinder wurden zur Erziehung in Pensionen untergebracht oder begleiteten ihre gelehrten Eltern auf deren Forschungsreisen. Kinder aus bäuerlichen Milieus wurden als Mägde und Knechte auf andere Höfe zum Arbeiten und die Kinder von Handwerkern in die Haushalte von Handwerksmeistern zur Ausbildung gegeben. In adligen und patrizischen Häusern arbeiteten Kinder der niederen Schichten als Mägde und Knechte. Auf Schiffen waren Schiffsjungen anzutreffen. Das bürgerliche Waisenhaus von Amsterdam z. B. vermittelte zwischen 1616 und 1794 1 250 Jungen zwischen zehn und 18 Jahren an die VOC. Die jüngeren arbeiteten als Schiffsjungen, die älteren lernten ein Handwerk.[43] Versklavte Kinder wie Anthonij van Bengalen mussten in Nordamerika, den West und Ost Indies ebenfalls bereits in sehr jungem Alter Arbeiten

Samuel Urlsperger und zwei »Mohren« (Anonymus und Wilhelm Samson) am württembergischen Herzogshof, in: Blätter für württembergische Kirchengeschichte, 97 (1997), S. 83-97. Dies., Afrikanische Pauker und Trompeter am württembergischen Herzogshof im 17. und 18. Jahrhundert, in: Musik in Baden-Württemberg, 3 (1996), S. 11-41. Anne Kuhlmann-Smirnov, Schwarze Europäer im Alten Reich: Handel, Migration, Hof, Göttingen: V&R Unipress, 2013, S. 168-170.

40   Vgl. bspw. Kuhlmann-Smirnov, Schwarze Europäer, S. 107-132.

41   Vgl. Josef Köstlbauer, Ambiguous Passages: Non-Europeans Brought to Europe by the Moravian Brethren during the 18th Century, in: Klaus Weber, Jutta Wimmler (Hg.), Globalized Peripheries: Central and Eastern Europe's Atlantic Histories, ca. 1680-1860, Woodbridge: Boydell, 2020, S. 214-236, hier: S. 234-235. Ich danke meinem Kollegen Josef Köstlbauer, dass er vorab so freundlich war, mir das Manuskript seines Aufsatzes zur Verfügung zu stellen.

42   NA, 3.03.01.01, 10955, Advertissment K, 53. »Ende dat voor soo verre hij als een Jongen en een bijlooper in het huijs van den voorn: de Sandra al eenige huijs-diensten soude mogen hebben gedaan.« Für die Bedeutung des »bijlooper« vgl. http://gtb.inl.nl/iWDB/search?actie=article& wdb=WNT&id=M008866&lemma=bijlooper&domein=0&conc=true (15.10.2021). Die Bedeutung von »Jongen« vgl. http://gtb.inl.nl/iWDB/search?actie=article&wdb=WFT&id=46219&lemma=jonge&domein=0&conc=true (06.12.2019). Zum Alter und Aufgabenfeld von Knechten vgl. Antje Flüchter, »Knecht«, in: Enzyklopädie der Neuzeit Online, doi: http://dx.doi.org/10.1 163/2352-0248_edn_COM_294020.

43   Vgl. Lodeweijk Wagenaar, In het weeshuis. De zorg voor de Burgerwesen van Amsterdam, 1580-1960, Amsterdam: Uitgeverij THOTH Bussum/Amsterdam Historisch Museum, 2009, S. 86-87. Erika Kuijpers, Migrantenstad. Immigratie en sociale verhoudingen in 17^e-eeuws Amsterdam, Hilversum: Verloren, 2005, S. 302.

verrichten. Wenn ihren Eigner*innen danach war, wurden sie aus einer Kolonie in die europäische Metropole verschleppt.[44] Zwischen fünf und etwa zehn Jahre waren Kinder in der Frühen Neuzeit alt, wenn sie das erste Mal zur Arbeit oder Ausbildung in einen fremden Haushalt geschickt wurden.[45] In London und in der Bodenseeregion gab es im 17. und 18. Jahrhundert Kindermärkte, auf denen Kinder als Arbeitskräfte angeboten wurden. Als Lohn erhielten die Kinder Kost, Logis und Kleidung.[46] Es war in der Frühen Neuzeit in Europa und in den Kolonien somit ganz gewöhnlich, ein arbeitendes Kind fern von seinen leiblichen Eltern anzutreffen oder ein solches im eigenen Haushalt zu beschäftigen. Anthonij van Bengalen stellte in dieser Hinsicht keine Ausnahme dar.

---

44   Zur Arbeit und den Lebensverhältnissen versklavter Kinder in den West Indies vgl. Campbell, Miers, Miller, Children in European Systems of Slavery: Introduction, S. 163-182. An dieser Stelle sei auch verwiesen auf die Versklavung und Verschleppung von Kindern im Kontext des europäischen Versklavungshandels an der afrikanischen Westküste, besonders in der Bucht von Benin. Laut Paul Lovejoy stieg die Zahl der betroffenen Kinder mit der Abolition des Handels und der Versklavung (1820er-Jahre) in den britischen Territorien enorm an. Paul Lovejoy, The Children of Slavery – Transatlantic Phase, in: Slavery & Abolition, 27 (2006) 2, S. 197-217, doi: http://dx.doi. org/10.1080/01440390600765524. Die Phase 1775-1807 vor der britischen Abolition wird in Hinblick auf die Versklavung und die Erfahrungen der versklavten westafrikanischen Kinder von Audra A. Diptee, African Children in the British Slave Trade during the Late Eighteenth Century, in: Slavery & Abolition, 27 (2006) 2, S. 183-196 untersucht, doi: http://dx.doi.org/10.1080/01440390600765458. Die Zeitspanne des 15. und 16. Jahrhunderts des Versklavungshandels wird besprochen in Almeida Mendes, Child Slaves in the Early North Atlantic Trade, S. 19-34.

45   Vgl. Claudia Jarzebowski, Kindheit und Emotion: Kinder und ihre Lebenswelten in der europäischen Frühen Neuzeit, Berlin, Boston: Oldenburg/De Gruyter, 2018, S. 173, 241-293, 297-299. Dies., »Identität«, in: Enzyklopädie der Neuzeit Online, doi: http://dx.doi.org/10.1163 /2352-0248_edn_COM_283172. Flüchter, Knecht. Die größte Anzahl der verschleppten und versklavten Kinder, die 1777 Frankreich erreichten, war zwischen acht und zwölf Jahre alt. Schiffsjungen waren zwischen sieben und zwölf Jahre alt. Pierre H. Boulle, Slave and Other Nonwhite Children in Late-Eighteenth-Century France, in: Gwyn Campbell, Suzanne Miers, Joseph C. Miller (Hg.), Children in Slavery Through the Ages, Athens: Ohio University Press, 2009, S. 169-186, hier: S. 171-176. Auch in dem spirituellen Selbstzeugnis von Olaudah Equiano ist über das Leben und die Arbeit von Schiffsjungen zu lesen. Equiano berichtet auch, dass sein Lohn als Schiffsjunge von seinem Eigner einbehalten und er, entgegen den Gesetzen Englands, nach seiner Taufe erneut als Sklave verkauft wurde. Olaudah Equiano, The Life of Olaudah Equiano, or Gustavus Vassa, the African, Hg. v. Joslyn T. Pine, Mineola, New York: Dover Publication, 1999, S. 37-65. Für diese Ausgabe wurde die 1814 in Leeds gedruckte Auflage als ungekürzte Vorlage verwendet. Die Erstausgabe von Equianos Selbstzeugnis erschien 1745, seither gab es sehr viele Neuauflagen, überarbeitete und/oder gekürzte Publikationen.

46   Vgl. Maria, Papathanassiou, »Kinderarbeit«, in: Enzyklopädie der Neuzeit Online, doi: http ://dx.doi.org/10.1163/2352-0248_edn_COM_291617. Ebenfalls für Kost und Logis vermittelte das Waisenhaus von Amsterdam Mädchen, die dessen Obhut anvertraut worden waren. Vgl. Wagenaar, Weeshuis, S. 108-109.

3.1.4   Ein Leben als Feldtrompeter

Nach etwa zwei Jahren intensiver Ausbildung und Beschäftigung muss van Bengalen mit etwa acht oder neun Jahren eine Prüfung als Musiker abgelegt haben.[47] Die
Ausbildung eines Feldtrompeters dauerte im 17. Jahrhundert etwa zwei Jahre. Die
abschließende Gesellenprüfung umfasste das Vorspielen der »Feldstücke« (Signa-
le für die Truppen) und endete mit der Freisprechung vom Lehrmeister.[48] Anne
Kuhlmann-Smirnov geht davon aus, dass die Ausbildung zum Trompeter an die
Mitgliedschaft in einer Musiker-Zunft gebunden war und damit den Status einer
freien Person voraussetze, denn nur als solche konnte man Mitglied einer Zunft
werden.[49] Monika Firla ist bei dieser Wertung zurückhaltender und beschränkt
sich auf Aussagen über Fallstudien, persönliche Freiheit und die Mitgliedschaft
in der Zunft setzt sie bei nicht-*weißen* Trompetern nicht voraus.[50] Christian Ahrens betont, dass die Definition eines zünftigen Zusammenschlusses von (Feld-
)Trompetern eine Überinterpretation sei, und zieht es vor, von einer Trompeter-
Gemeinschaft zu sprechen.[51] Im historischen Material ist kein Hinweis darauf zu
finden, dass van Bengalen Zunftmitglied war oder ein Geburtsnachweis über eine ehrliche Herkunft gefordert worden wäre.[52] Als verschlepptes und versklavtes

---

47   Vgl. Christian Ahrens, Fiktion und Realität. Die Privilegien der Trompeter und Pauker, in: Ar-
      chiv für Musikwissenschaft, 68 (2011) 3, S. 227-255, hier: S. 228. Die Pflicht zu einer Prüfung
      am Ende der Ausbildung als Trompeter für Heer und Hof im Heiligen Römischen Reich deut-
      scher Nation wurde von Ferdinand III. in einem Gesetz vom 14. Juni 1653 festgelegt. Vgl. Don
      L. Smithers, The Hapsburg Imperial Trompeter and Heerpaucker Privileges of 1653, in: The
      Galpin Society Journal, 24 (1971), S. 84-95, hier: S. 88. Informationen über die spezifischen
      Abläufe und Bedingungen der Ausbildung zum Militärtrompeter in der niederländischen Re-
      publik waren bislang im Rahmen der Recherchen nicht verfügbar. Es ist anzunehmen, dass
      die Bedingungen und Voraussetzungen der Ausbildung gleich oder ähnlich denen im Alten
      Reich waren, da in den Söldnerheeren Personal aus ganz Europa rekrutiert wurde. Gesichert
      festgestellt werden konnte diese Annahme zu den Ausbildungsbedingungen bisher jedoch
      nicht.
48   Silke Wenzel, Lieder, Lärmen, »L'homme armé«. Musik und Krieg 1460-1600 (Musik der frühen
      Neuzeit, Bd. 4), Neumünster: von Bockel, 2018, S. 56-60. Vielen Dank an meine Kollegin Silke
      Törpsch für diesen Hinweis.
49   Vgl. Kuhlmann-Smirnov, Schwarze Europäer, S. 168.
50   Vgl. Firla, Samuel Urlsperger, S. 84f.
51   Ahrens, Fiktion und Realität, S. 227.
52   Einen Geburtsnachweis oder eine Bescheinigung der Ehe, der Zugehörigkeit zu einer Kir-
      chengemeinde etc. erhielt man in der Frühen Neuzeit vom Prediger oder Diakon bzw. von
      der Person, die die Aufgabe innehatte, die Kirchenbücher der Gemeinde zu schreiben. Bei
      der Ehrlichkeit oder Unehrlichkeit ging es darum, ob jemand aufgrund seiner Herkunft und
      Geburt oder wegen seines*ihres Berufes als ehrlich angesehen wurde. Unehrlich waren alle
      Berufe, die mit Tod und Unreinheit, als Schlachter*in, Totengräber*in, Sexarbeiter*in etc., in
      Verbindung gebracht wurden. Unehrlich geboren wurden Sklav*innen und auch Personen,

Kind aus dem indischen Bengalen hätte er einen solchen Geburtsnachweis auch nicht erbringen können. Vermutlich hatte Major de Sandras Position in der von ihm befehligten Kompanie van Bengalen den Weg geebnet und einen Nachweis überflüssig gemacht. Aus der abgeschlossenen Trompeterausbildung kann daher nicht zwangsläufig ein freier Status für van Bengalen abgeleitet werden, zumal er erst neun oder zehn Jahre alt war und de Sandra dem Anschein nach als Vormund (*voogd*) fungierte. Als gesichert gilt, dass van Bengalen ab 1683 in de Sandras Kompanie in Deventer als lizensierter Trompeter arbeitete. Diese Anstellung ging bis 1699 und war ausgesprochen lukrativ, da er 35 Gulden pro »Heere Maand« (alle 41 Tage) bzw. 140 Gulden im Quartal erhielt, was einen Sold von etwa 312 Gulden im Jahr ausmachte. Kost und Logis wurden in der Kaserne oder im Feldlager gestellt bzw. wurde hierfür ein Aufschlag auf den Sold gewährt.[53] Damit wurde für van Bengalen genauso viel Sold veranschlagt wie für seinen Musikerkollegen, der ebenfalls Trompete spielte.[54] Als Trompeter war Anthonij van Bengalen direkt unter den Offizieren und über den Unteroffizieren in der militärischen Hierarchie verortet.

> »Trompeter und Pauker hatten innerhalb der militärischen Organisation bestimmte Vorrechte, durch die sie nahezu den Offizieren gleichgestellt waren. Sie trugen deren prächtige Montur, einschließlich eines Hutes mit Federschmuck, und hatten ein eigenes Pferd. Dabei war der Kriegsdienst bei Trompetern der frühen Neuzeit elementarer Teil ihres Berufes und zudem, nach Ansicht vieler Zeitgenossen, ihre eigentliche Aufgabe.«[55]

Im Spätsommer 1688 versammelte Willem III. van Oranien (1650-1702), der Ambitionen auf den englischen Thron hatte, sein Heer auf der *Mookerheide* bei Nijmegen. Am 26. September inspizierte er seine Truppen.[56] Mitten unter den ca. 40 000

---

die außerhalb einer Ehe gezeugt und geboren wurden. Das Bürgerrecht erlangen oder politische Ämter etc. ausüben konnte nur, wer als ehrliche Person angesehen wurde. Vgl. Wolfgang E. J. Weber, »Ehre«, in: Enzyklopädie Der Neuzeit Online, doi: http://dx.doi.org/10.1163/2352-0248_edn_COM_256158.

53   NA, 3.03.01.01, 10955, Advertisement, K.

54   NA, 3.03.01.01, 10076, Advertisement 1714, H, 270. Auch der Quartiermeister erhielt 140 Gulden für vier *Heere Maanden*, die drei Korporals des Korps bekamen nur 110 bzw. 120 Gulden und die 54 einfachen Soldaten nur 92 Gulden, der Kornet (jüngster Offizier) 580 Gulden und der Luitenant 720 Gulden. NA, 3.03.01.01, 10955, Brief van de Sandra 19/29 März 1699. Hierin wird für den Zeitraum vom 26. April 1694 bis 2. Oktober 1694 140 Gulden für Van Bengalen und seinen Kollegen aufgeführt. Das entspricht 35 Gulden im Monat (mit 41 Tagen).

55   Wenzel, Lieder, Lärmen, S. 54.

56   Vgl. Wout Troost, Stadthouder-koning Willem III. Een politieke biografie, Hilversum: Verloren, 2001, S. 195-196.

Menschen im Heerlager war der 14 oder 15 Jahre alte Anthonij van Bengalen, ausgerüstet mit seiner Uniform, der Trompete und einem eigenen Pferd.[57] Anfang Oktober 1688 wurde das Heer verschifft und setzte sich die Armada in Richtung England in Bewegung.[58] Das Wetter war schlecht, es gab Sturm. Die Armada musste umkehren und verlor 1 000 Pferde. Am 9. November 1688 erreichte die niederländische Invasionsarmee im zweiten Versuch Exeter in England und lagerte dann vor London.[59] Im April 1689 empfingen Willem III. und seine Frau* Mary die Kronen des britischen Königtums vom Parlament als Zeichen ihrer Herrschaft. Damit wurde das Königspaar an das britische Rechtssystem gebunden und die parlamentarische Monarchie in England etabliert (*Glorious Revolution*). Erst am 18. Dezember 1689 zog das Paar feierlich in London ein.[60] Ab 1690 führte Willem III. mit einer Armee von 35 000 Mann Krieg in Irland, wo es zu heftigen Auseinandersetzungen kam.[61] Anthonij van Bengalen war auch an diesem Feldzug beteiligt.[62] Als Trompeter hatte er unter anderem die Aufgabe, während einer Schlacht erteilte Befehle durch Trompetensignale zu verkünden oder Botengänge und gegebenenfalls Erkundungsritte auszuführen.[63] Wann genau van Bengalen aus England in die Republik zurückkehrte, lässt sich nicht sagen.

Als van Bengalen in die niederländische Republik zurückkam, musste er sich allerdings mit einer gänzlich neuen Situation arrangieren. Hendrik de Sandra hatte 1690 Maria Lenarts geheiratet, die Witwe von Jacob Jacobsz Junius. 1698 begann de Sandra seine Häuser in Deventer zu verkaufen und siedelte mit Lenarts nach Delft über.[64] Mindestens bis März 1699 übte van Bengalen seinen Beruf als Trompeter beim Militär aus. Es ist anzunehmen, dass er die meiste Zeit im Feldlager oder in der Kaserne wohnte. Nach insgesamt 16 Jahren Dienst als Trompeter und einem absolvierten Feldzug müsste van Bengalen längst Trompeter-Meister mit dem Recht, eigene Lehrlinge auszubilden, und damit in beruflicher und juristischer Hinsicht mündig und von seinem Lehrherrn freigesprochen gewesen sein.[65] Es wäre ihm also nicht weiter schwergefallen, sich seinen Lebensunterhalt zu verdienen, einen

57   NA, 3.03.01.01, 10955, Advertisement, K, 199-201.
58   Vgl. Troost, Stadthouder-koning, S. 195. Die Invasionsflotte bestand aus 53 Kriegsschiffen, 400 Transportschiffen und 90 Frachtschiffen, beladen mit 5 000 Pferden und 40 000 Menschen, wovon etwa 21 000 Soldaten waren.
59   Vgl. ebd., S. 195-201.
60   Vgl. ebd., S. 211, 213.
61   Vgl. ebd., S. 273-280.
62   NA, 3.03.01.01, 10955, E3 loco, 19/29 Maart 1699.
63   Vgl. Ahrens, Fiktion und Realität, S. 250-253.
64   Vgl. G. J. L. Jr., Merkwaardige huizen en hun bewoners, S. 2.
65   Vgl. Wenzel, Lieder, Lärmen, S. 56-60. Reinhold Reith, Georg Stöger, »Lehrzeit«, in: Enzyklopädie der Neuzeit Online, doi: http://dx.doi.org/10.1163/2352-0248_edn_COM_303390.

eigenen Haushalt zu gründen, diesem vorzustehen und/oder zu heiraten. Spätestens mit dem Erreichen des 25. Lebensjahrs wurde eine Person in der Republik mündig und damit auch voll rechtsfähig.[66] Grotius nennt solche Personen *Selfs-Monden*.[67] Da ab 1701 der Spanische Erbfolgekrieg auf Teilen des Territoriums der Republik ausgefochten wurde und militärisches Personal gefragt war, war van Bengalens Können sicher ebenfalls weiter gefragt. Es verwundert daher, dass ein Militärtrompeter mit 16 Jahren Berufs- und Kriegserfahrung, wie van Bengalen sie nach seiner Rückkehr aus England hatte, nicht weiterhin bzw. erneut in dieser Funktion eingesetzt wurde. Stattdessen schied van Bengalen im Alter von etwa 26 oder 27 Jahren aus dem Militärdienst aus. Anstatt einen eigenen Haushalt zu gründen und diesem vorzustehen, lebte er nach seiner Rückkehr aus England in den Wintermonaten von Anfang November bis Ende März in de Sandras Haushalt und arbeitete dort erneut als dessen Knecht. Es war weit verbreitet, dass Dienstbot*innen ohne eine weitere Berufsausbildung bis zu ihrer Eheschließung im Haushalt ihrer Dienstherr*innen lebten. Dies konnte durchaus auch mit 30 Jahren noch der Fall sein.[68] In den Sommermonaten verdiente van Bengalen, auf Vermittlung de Sandras, als Matrose auf einem *uitlegger* (Ausleger – militärisches Erkundungsschiff) etwas Geld (8 Gulden/Monat).[69] Vorher hatte er als professioneller Trompeter fast sechsmal so viel Sold erhalten. Eine mögliche Erklärung für diesen weiteren Lebensweg wäre, dass van Bengalen während seiner Dienstzeit versehrt worden war, was es ihm unmöglich machte, weiterhin als Trompeter oder Paukist (die Trommel

---

66   Vgl. Grotius, Inleydinge, I., VII., § 3 und 4. In § 4 ist u.a. zu lesen, dass sein Kind auch dann mündig wurde, wenn der Voogd ihm/ihr gestattete, für sich selbst zu wohnen und für den eigenen Lebensunterhalt zu sorgen. Demnach wäre Van Bengalen bereits mit seinem Eintritt ins Militär und seinem Umzug in die Kaserne mündig geworden. Vgl. Ariadne Schmidt, Gelijk hebben, gelijk krijgen? Vrouwen en vertrouwen in het recht in Holland in de zeventiende en achttiende eeuw, in: Michiel van Groesen, Judith Pollmann, Hans Cools (Hg.), Het Gelijk van de Gouden Eeuw. Recht, onrecht en reputatie in de vroegmoderne Nederlanden, Hilversum: Verloren, 2014, S. 109-125, hier: S. 110. Frauen* durften in der Republik bereits mit 20 Jahren ohne die Zustimmung des Vormunds heiraten. Männer* benötigten bis zum 25. Lebensjahr die Zustimmung des Vormunds zur Ehe. Im Gegensatz zu Männern* wechselten Frauen* mit der Ehe den Vormund. Erst wenn der Ehemann verstarb, konnte die Witwe ohne Vormund leben und handeln.

67   Vgl. Grotius, Inleydinge, I., IV., § 1.

68   Vgl. Sylvia Hahn, »Dienstboten«, in: Enzyklopädie der Neuzeit Online, doi: http://dx.doi.org/10.1163/2352-0248_edn_COM_254036.

69   NA, 3.03.01.01, 10076, Verclaringe, 2. Junij 1713; 5. Junij 1713; 26. Junij 1713; 10076, Advertisement, 3 §14; 10955, 1702 Fiii loco. Günter Krause, Handelsschifffahrt der Hanse, Rostock: Klatschmohn, 2010, S. 295. »Auslieger (Utleger): Bezeichnung für Kaper-, Seeräuber- und auch Friedensschiffe. Fremde Kaperschiffe oder Seeräuber lauerten vor Häfen und Flussmündungen außen liegend auf Beute. Die Städte entfalteten ihre Auslieger zur Seeüberwachung oder Seebefriedung vor Reeden und Häfen.«

war sein zweites Instrument) seinen Beruf als Feldmusiker auszuüben, und daher auch nicht eigenständig seinen Unterhalt erwirtschaften konnte.[70]

3.1.5 Der finanzielle Konflikt

Im Hinblick auf van Bengalen als Person findet sich in den gesichteten Gerichtsdokumenten eine Zuschreibung mehrfach, nämlich die, dass er *onnosel* sei, was als harmlos, unschuldig, unbedarft, arglos, hilflos, aber auch als dumm übersetzt werden kann.[71] Dafür, dass der Begriff vor Gericht häufiger als Chiffre für Trunksucht oder Ähnliches verwendet worden wäre, gibt es keinen Hinweis. Der Begriff scheint jedoch in Zusammenhang mit einer besonderen Sichtbarmachung von Hilfsbedürftigkeit im Kontext von *pro deo* geführten Prozessen Verwendung gefunden zu haben.[72] Das Wort weist keine geschlechtsspezifische Tendenz auf. Was genau mit *onnosel* gemeint ist, kann an dieser Stelle nicht geklärt werden. In van Bengalens Konflikt erscheint *onnosel* als ein individuell gestalteter Aspekt der Narration verhandelt worden zu sein, der mit einer spezifisch auf van Bengalens Situation zugeschnittenen Bedeutung gefüllt wurde. Die Auswirkungen dieser Zuschreibungen sind in den überlieferten Dokumenten deutlich erkennbar. Major de Sandra legte mit Verweis auf van Bengalens angebliche *onnoselheid* fest, dass dieser während seiner Zeit beim Militär einen Verwalter für seinen Sold erhalten sollte:

»Weil er durch seine Onnoselheyd oder Allzu-Gutheit und Nicht-Sparsamkeit sich nicht beherrschen kann, seine Pfennige zu bewahren.«[73]

Van Bengalens Anwalt Victor Breij schrieb über seinen Mandanten und dessen Verfügungsgewalt über seine Einkünfte, dass er

»gewesen ist und gehalten [wurde] für so [ein] onnosel Simpel, dass er nie die Verfügungsgewalt hatte über die Gelder[, welche] von ihm jährlich verdient und

---

70 Vgl. Ahrens, Fiktion und Realität, S. 243-244. Ahrens erläutert, dass Trompeter beim Verlust ihrer Zähne oder bei schwerwiegenden Verletzungen der Hand nicht länger ihr Instrument spielen konnten.

71 Vgl. Onnoselheit, in: Historisch Woordenboeken, http://gtb.inl.nl/iWDB/search?actie=articl e&wdb=MNW&id=36684 (09.12.2019). Eine Recherche mit Google zeigte zudem, dass das Wort aktiv in modernem Afrikaans mit einer tendenziell negativen Wertung, jedoch nicht mehr in modernem Niederländisch Verwendung findet.

72 Vgl. Schmidt, Gelijk hebben, gelijk krijgen?, S. 119.

73 NA, 3.03.01.01, 10955. E3 loco, 19/29 März 1699. »Vermits hy door Zynd Onnooselheyd. Oft altegoedheyd ende niet Spaarzamheijt zigh niet kan Goeverneere Zynne pennige te bewaaren.«

gewonnen, aber dass diese waren und blieben bei dem Kommandeur de Sandra oder wen er hierfür auswählte.«[74]

Kurz gesagt: Anthonij van Bengalens Sold wurde während seiner gesamten Dienstzeit als Trompeter und als Matrose einbehalten. Das Einbehalten der Löhne von Dienstbot*innen und anderen unselbstständigen Arbeiter*innen war in der Frühen Neuzeit nicht ungewöhnlich.[75] Es ist auch denkbar, dass de Sandra van Bengalen als *onmondig* und sich selbst als van Bengalens *voogd* ansah. Wer in der Republik nicht in der Lage war, seine Belange selbst zu regeln, benötigte einen *voogd* oder *momber*. Ein *voogd* oder *momber* übte die *mond-borgschap* bzw. *momberschap* aus, wozu es bei Grotius heißt: »*Voogdye* oder *Mond-Borgschap* ist die rechtliche Macht eines Menschen über einen anderen und dessen Güter, geführt zum besonderen Nutzen.«[76] Grotius führt in drei Kapiteln aus, was die Macht eines *voogd* beinhaltete, wie eine *voogdye* begann und wie sie beendet wurde. Rechte, Pflichten und Formalitäten waren klar geregelt. So wurde eine *voogdye*, egal welcher Art, immer von der Obrigkeit bestätigt oder abgelehnt und je nach Form auch kontrolliert. Dies konnte bedeuten, dass jährliche Rechenschaftsberichte durch den *voogd* etwa bei der *weeskamer* (Waisenkammer) vorgelegt werden mussten. Unmündigen Personen stand bei einer missbräuchlichen oder schlechten *voogdye* die Möglichkeit offen, die Obrigkeit anzurufen und einen anderen *voogd* einsetzen zulassen.[77]

Für verheiratete und unverheiratete Frauen*[78] war es üblich, dass sie einen *voogd* hatten, der ihre Interessen vertreten und für ihre Ausbildung sorgen sollte. Ebenso erhielten Kinder grundsätzlich oder Erwachsene aufgrund von *onbequaamheit*[79] *(Unbefugtheit)* einen *voogd*. Im Falle van Bengalens interessieren besonders die

---

74   NA, 3.03.01.01, 10076, Advertisement 1714, H, 28-29. Hij »is geweest en gehouden voor soo onnoselen Simpel, Dat hij nooit heeft gehad de directie vande Gelden bij hem Jaerlijcx verdient en gewonnen, Maer dat die sijn geweest en gebleeven bij den Commandeur de Sandra, off die hij daer toe verkoos.«

75   Vgl. Reinhold Reith, »Geldlohn«, in: Enzyklopädie der Neuzeit Online, doi: http://dx.doi.org /10.1163/2352-0248_edn_COM_269902. Reith beschreibt die verschiedenen Bestandteile des Geldlohnes. Er geht auf die Frage ein, welche Teile (Kost und Logis) ausbezahlt und welche häufig bis zum Ende des Arbeitsverhältnisses einbehalten wurden. Auch die Vermischung der Lohnformen (Natural- und Geldlohn) und die Entwicklung des Arbeitslohnes bis ins späte 19. Jahrhundert werden thematisiert.

76   Grotius, Inleydinge, I., V., § 5. Mond-Borgschap »is een regtelyke magt eens menschen over een ander ende zyn goedt tot byzonder nut«.

77   Vgl. Grotius, Inleydinge, I., VIII–X. Im Archiv des Hof van Holland ist eine Vielzahl von Vormundschaftsklagen im 18. Jahrhundert zu finden, was bedeutet, dass eine *Voogdy* häufig ausgeübt wurde und dass dies oft konfliktträchtig war.

78   Vgl. Grotius, Inleydinge, I., IV., § 6ff. Durch die Ehe wurde der Ehemann zum Voogd. Eine Witwe benötigte keinen Voogd mehr.

79   Vgl. ebd., I., XI. Van Bejaerde Weesen.

Möglichkeiten, einen *voogd* für Kinder und bei *onbequaamheit* zu bestellen. Im niederländischen Gewohnheitsrecht unterscheidet Grotius zwei Kategorien von Kindern, die einen *voogd* erhalten mussten, der nicht der rechtlich anerkannte Vater
war: In der ersten Kategorie waren Kinder, deren Eltern nicht für deren Unterhalt sorgen konnten, sowie außerehelich geborene Kinder. Dieser Zustand wurde
durch das Wort *onbestorven* ausgedrückt. Die Eltern bestimmten in einer solchen
Situation einen *voogd*, der die Rechte der Kinder wahrnahm, Gelder verwaltete und
für Ausbildung und Unterhalt bis zu ihrer Mündigkeit sorgte. Die zweite Kategorie bildeten Waisen. Wenn die Eltern testamentarisch keinen *voogd* aus dem ver-
wandtschaftlichen Umfeld benannt hatten, entschied die jeweils zuständige Obrigkeit. Grundsätzlich wurde, wenn ein *voogd* offiziell benannt wurde, dieser durch
die Obrigkeit rechtskräftig eingesetzt. Diese nicht volljährigen Waisen bezeichnete
Grotius als *onbejaerde weesen*.[80]

Onbequaame Personen, die ebenfalls einen *voogd* benötigten, waren laut Grotius
volljährige Personen, die aufgrund einer körperlichen oder geistigen Beeinträchti-
gung nicht in der Lage waren, selbstständig ihren Alltag zu meistern und ihr Leben
zu führen.[81] Ebenfalls in diese Kategorie der *bejaerde weesen* (volljährige Waisen)
gehörten jene, die nicht mit ihrem Geld und Besitz haushalten konnten und etwa
spiel- oder trunksüchtig oder auch suizidal waren.[82] Ein solches Verhalten wurde
van Bengalen in Teilen von de Sandra zugeschrieben, indem der Major van Bengalen wegen *Onnoselheyd*, *Allzu-Gutheit* und *Nicht-Sparsamkeit* die Auszahlung seines
Soldes verweigerte.[83]

Es scheint, als hätte de Sandra als van Bengalens *voogd* fungiert und ihm einen Verwalter für seinen Sold während der Zeit beim Militär zur Seite gestellt. Bei
einer offiziellen *voogdye* de Sandras müssten aufgrund des offiziellen Charakters
der Funktion eine Vielzahl von Nachweisen über die eingenommenen und ausge-
gebenen Gelder sowie die *voogdye* selbst erstellt und tradiert worden sein. Aus dem
tradierten historischen Material wird jedoch ersichtlich, dass die Dokumentation gerade bei der Abrechnung und Auflistung der Gelder große Lücken aufweist.
Daher ist anzunehmen, dass de Sandra inoffiziell die Aufgabe eines *voogd* für van
Bengalen übernommen hatte, die zuständige Obrigkeit über dieses Verhältnis jedoch nicht informiert war und es dementsprechend auch nicht kontrollierte.

---

80   Vgl. ebd., I., VI. Van Onbestorven Kinderen sowie VII. Van de Onbejaerde Weesen, ende 't
      Stellen harer Voogden.
81   Vgl. ebd., § 2 und 3.
82   Vgl. ebd., § 4 und die Begriffserklärung »verdoen« der Historische woordenboeken Ne-
      derlands en Fries des Instituut voor de Nederlandse taal, https://gtb.ivdnt.org/iWDB/sear
      ch?actie=article&wdb=WNT&id=M075167.re.2&lemma=verdoender&domein=0&conc=true
      (29.05.2021).
83   NA, 3.03.01.01, 10955. E3 loco, 19/29 März 1699.

Die Praktik, van Bengalens Sold einzubehalten, führte nach de Sandras Tod 1707 und dem Tod seiner zweiten Frau* Maria Lenarts 1710 zum Konflikt zwischen van Bengalen und de Sandras und Lenarts' Erb*innen.[84] Diese hatten van Bengalen noch einige Monate nach Lenarts' Tod in ihren Diensten behalten und ihn im Juni 1711 Kost und Logis in Delft bei einem Mann namens Jan van der Hagen vermittelt.[85] Van der Hagen begleitete van Bengalen, der inzwischen 37 oder 38 Jahre alt war, Mitte Mai 1713 zum Notar und Nachlassverwalter der Erb*innen mit Namen van der Sleijden. Bei diesem Treffen zeigten sich die prekäre Lage und das grundsätzlich geänderte Verhältnis zu den Dienstherr*innen, in der bzw. dem sich van Bengalen nach de Sandras und Lenarts Tod wiederfand. Die Erb*innen verweigerten jegliche Übernahme einer Verantwortung oder Verpflichtung für den langjährigen Dienstboten ihrer Großeltern und Eltern und zeigten kein Interesse an Anthonij van Bengalens Verbleib und Wohlergehen. Im Gegenteil, sie wollten ihn möglichst schnell weit weg wissen.[86] Sie boten ihm an, er solle im Dienst der VOC nach Ostindien fahren, und versprachen ihm dafür eine Ausrüstung. Als van Bengalen ablehnte, erklärte der Notar ihm, dass er dann betteln gehen müsse. Jan van der Hagen, bei dem van Bengalen wie gesagt zwischenzeitlich untergekommen war, riet der Notar, seinem Gast die letzte Rechnung auszustellen und sich diese am folgenden Tag von ihm (van der Sleijden) ausbezahlen zu lassen.[87] Wie sich später im Gerichtsverfahren herausstellen sollte, bezahlten die Erb*innen van Bengalens Rechnungen mit dessen Geld, aber ohne dessen Wissen.[88]

---

84   Es soll in dieser biographischen Mikrostudie um Anthonij van Bengalen und nicht um die Erb*innen, mit denen er in Streit lag, gehen. Aus diesem Grund wird nicht weiter zwischen den einzelnen Akteur*innen der Erb*innen differenziert. Ihr Handeln war konzertiert. Im weiteren Verlauf werden sie daher als »die Erb*innen« bezeichnet. Hinter diesem Sammelbegriff verbergen sich die Akteur*innen der rechtlichen Gegenpartei Clant-Junius. Am Eingang dieser Mikrostudie sind die einzelnen Akteur*innen inkl. ihrer familiären Beziehungen genannt.

85   NA, 31.5.1713, 3.03.01.01, 10076, E i. Weitere Informationen über die Person van der Hagen oder dessen Beziehung zu den Erb*innen liegen derzeit nicht vor.

86   Vgl. Judith Pollmann, Het Utrechtse tuchthuis of de grenzen van het gezag in de Gouden Eeuw, in: Dies., Michiel van Groesen, Hans Cools (Hg.), Het Gelijk van de Gouden Eeuw. Recht, onrecht en reputatie in die vroegmoderne Nederlanden, Hilversum: Verloren, 2014, S. 91-106, hier: S. 94, 100. Pollmann erläutert, dass es für Familien, die einen lästigen, undisziplinierbaren männlichen* Angehörigen hatten, den sie nicht in einem Zuchthaus unterbringen konnten, der einzige Ausweg war, dieser Person einen Platz auf einem Schiff in die West oder East Indies zu sichern.

87   NA, 3.03.01.01, 10076, Verclaringe, 31. Meij 1713.

88   NA, 3.03.01.01, 10076, Advertisment 1714, H. Van Bengalen hatte während seiner Zeit in Kost und Logis bei Jan van der Hagen mehrmals kleinere Geldbeträge von dem Nachlassverwalter Van der Sleijden erhalten. Aus den Quittungen ist nicht ersichtlich, aus welcher Kasse die Beträge finanziert wurden. NA, 3.03.01.01, 10955.

3.1.6   Die Perspektive der Dienstbot*innen

Am 30. Mai 1713 erstattete Anthonij van Bengalen als Konsequenz aus dem Gespräch mit dem Notar am *Hof van Holland* in Den Haag Anzeige gegen die Erb*innen.[89] Van Bengalen warf ihnen vor, sie würden ihm 30 Jahre Lohn als Trompeter,
Matrose und Knecht, Gratifikationen, ein von de Sandra versprochenes Erbe und
damit seine Altersversorgung vorenthalten. Das Gericht handelte umgehend und
beschlagnahmte das Erbe und die Güter der Erb*innen de Sandras und Lenarts, die
gerade im Begriff waren, von Delft nach Groningen überzusiedeln. Zudem stufte
das Gericht van Bengalen aufgrund seiner Armut als »miserable« Person ein und
legte fest, dass er *pro deo*, also kostenlos verteidigt werden würde, sofern er den
Prozess gewinnen sollte.[90]

Van Bengalen scheint gute und sehr stabile Beziehungen zu einem Teil der anderen Diensbot*innen gehabt zu haben, denn fünf von ihnen sagten vor dem *Hof
van Holland* zu seinen Gunsten aus. Für Personal konnte es durchaus ernste Konsequenzen haben, gegen die eigenen (ehemaligen) Dienstherr*innen auszusagen,
zumal wenn diese dem Adel bzw. der Oberschicht angehörten. Was die Dienstbot*innen zu ihrer Aussage bewegte, ist nicht überliefert. Dass der *Hof van Holland* Zeug*innen eine geringe Aufwandsentschädigung zahlte, mag eine gewisse
Rolle gespielt haben.[91] Ein anderes Motiv könnte darin bestanden haben, dass die
Zeug*innen sich erhofften, selbst auch ein Erbe ausbezahlt zu bekommen, wenn sie
für van Bengalen aussagten. Es kam im 18. Jahrhundert durchaus häufiger vor, dass
Dienstbot*innen, die lange in einem Haushalt gedient hatten, von ihren Dienstherr*innen als Erb*innen bedacht wurden.[92] Auch verschleppte und (ehemals) versklavte Menschen konnten im Testament ihres*ihrer Dienstherr*in nicht nur mit

---

89   NA, 3.03.01.01, 13641, Mandament van Arrest, 30. Mai 1713.

90   NA, 3.03.01.01, 10076, 28. Juni 1713. Der Hof van Holland nahm Van Bengalen offenbar als be-
       sonders bedrohte und schützenswerte Person wahr, was allgemein für Arme, Fremde ohne
       festen Wohnsitz, Weisen und Witwen galt, die als »miserable« Personen vom Gericht privi-
       legiert wurden. Diese Personengruppe durfte vor dem Appellationsgericht in erster Instanz
       klagen, was sonst nur Adligen gestattet war. Vgl. Le Bailly, Procesgids, S. 23. Vermeesch er-
       läutert, dass ein »pro Deo« geführter Prozess bedeutete, dass nach dem Urteil die unterlege-
       ne Partei die Kosten zu tragen hatte. Dies konnte auch die mittellose Partei sein, die zuerst
       »pro Deo« vertreten wurde. Griet Vermeesch, Een achttiende-eeuws pro deo rechtspraak in
       de vroegmoderne Lage Landen, in: Michiel van Groesen, Judith Pollmann, Hans Cools (Hg.),
       Het Gelijk van de Gouden Eeuw. Recht, onrecht en reputatie in die vroegmoderne Nederlan-
       den, Hilversum: Verloren, 2014, Hilversum: Verloren, 2014, S. 127-139, hier: S. 133-134.

91   Vgl. Sebastian Kühn, Die Macht der Diener. Hausdienerschaft in hofadligen Haushalten
       (Preußen und Sachsen, 16.-18. Jahrhundert), in: Mitteilungen der Residenzen-Kommission
       der Akademie der Wissenschaften zu Göttingen, Neue Folge: Stadt und Hof, Bd. 6, Kiel, 2017,
       S. 155-165, hier: S. 169.

92   Vgl. Le Bailly, Procesgids, S. 37.

freiheitlichen Privilegien, sondern auch mit Gütern und Geld bedacht werden.[93] Möglich ist allerdings auch, dass die Zeug*innen einfach loyale Freund*innen waren, die helfen wollten. Im Prozess bestätigten die befragten Dienstbot*innen in ihren Zeug*innenaussagen jedenfalls van Bengalens Schilderungen vollständig und gaben zudem Einblick in sein Leben in den vergangenen Jahrzehnten. Im Folgenden gehe ich näher auf diese Zeug*innenaussagen von van Bengalens Kolleg*innen ein.

Die Dienstmagd Magdalena Godders bestätigte gesehen und gehört zu haben, dass Anthonij van Bengalen, wenn er von seiner Arbeit als Matrose zurückkehrte, seinen Lohn in einem versiegelten Kuvert an de Sandra übergab:

> »[D]ass er[, wenn er] gegen den Winter nach Hause kam[,] seine verdiente Gage versiegelt war. [Dann] hat [er diese] ins Haus des gemeldeten Herrn de Sandra gebracht, und dass sie[,] die Zeugin[,] selbst den Bittsteller [diese Gage] übergeben [hat] sehen an Herrn de Sandra.«[94]

Sie bestätigte auch van Bengalens Aussage, dass sein Lohn als Dienstbote und die jährlich anfallenden Gratifikationen von de Sandra und Lenarts einbehalten wurden. In dieser Angabe stimmen alle Dienstbot*innen überein. Zudem beteuerten der Gärtner Jan Claesse van Slingerland, der Knecht Johannes Moeshart und seine Frau*, die Dienstmagd Chatarina Stols, van Bengalens Treue und Ehrlichkeit. Weiter erklärten sie, dass sie zusammen mit diesem am Sterbebett des schwer kranken Hendrick de Sandra gewacht hätten. Hierbei hätten sie gehört, wie de Sandra Anthonij van Bengalen versichert habe, das Geld aus seinen Einkünften sei für dessen *alte Tage* aufgespart.[95] Weder für Trompeter noch für Matrosen gab es eine organisierte Altersversorgung, wie dies bei Gilden durchaus der Fall sein konnte. Es ist

---

93   Vgl. in dieser Untersuchung 2.4 *Manumission in der niederländischen Republik.* Vgl. auch Vrij, Susanna Dumion, S. 18-31. Blackely, Blacks in the Dutch World, S. 228. In Hinblick auf neue Erkenntnisse zur Dauer von Dienstzeiten und dem Nachweis, dass lange Dienstzeiten von zehn und mehr Jahren häufig vorkamen. Vgl. Sebastian Kühn, Küchenpolitik. Annäherungen an subalterne Handlungsweisen in hofadeligen Haushalten des 17. und 18. Jahrhunderts, in: L'Homme: Schwesterfiguren, 28 (2017) 2, S. 69-84, hier: S. 75.

94   NA, 3.03.01.01, 10076, Verclaringe, 26. Junij 1713. »[D]at hij tegens de Winter thuijs comende Sijn verdiende gagie &segelt sijnde, heeft gebraght ten huijse van opgemelte Heer de Sandra, en dat sij deposante t' selve den requirant heeft sien overgeven, en ter hant Stellen aen gemelte Heer de Sandra.« Begriffserklärung: »requirant« bedeutet Bittsteller; »deposante« bedeutet, dass es sich um eine vereidigte Person handelt, die vor Gericht eine Erklärung oder Aussage abgibt. Vgl. Historische Woordenboeken, http://gtb.inl.nl/iWDB/search?actie=article&wdb=WNT&id=M059167&lemma=requirant &domein=0&conc=trueundA004146&lemma=deposant&domein=0&conc=true (19.12.2019).

95   NA, 3.03.01.01, 10076, 11. Junij 1713; 2. Junij 1713; 5. Junij 1713.

daher denkbar, dass de Sandra tatsächlich in der Absicht, eine Altersversorgung für van Bengalen anzulegen, handelte, als er dessen Lohn einbehielt.[96]

Die Dienstbot*innen Moeshart und Stols sagten zudem aus, sie hätten beim Tod de Sandras gehört, dass dieser ein Testament gemacht und dabei alle Dienstbot*innen und ganz besonders van Bengalen bedacht habe:

> Des Sandra hatte ein »Testament gemacht und dabei alle seine Dienstboten bedacht oder an jeden von ihnen Geschenke gemacht [...], und insbesondere an den Bittsteller [Anthonij van Bengalen], doch dass da nicht das Mindeste an Auszahlung getan wurde.«[97]

Die Betonung der Augen- und Ohrenzeugenschaft und die Erwähnung des von de Sandra zu van Bengalen Gesagten dienten der Verifikation der Narration. Im frühneuzeitlichen Verständnis wurden die Worte eines kranken oder sterbenden Menschen als wahr angenommen, da dieser sich sonst durch eine Lüge mit Sünde belastet und so sein Seelenheil gefährdet hätte.[98] Vor diesem Hintergrund konnten die Zeug*innen ihre Glaubwürdigkeit erhöhen und womöglich auch herausstellen, dass auch sie Anrecht auf ein Erbe hätten. Im Archiv Delft sind zwei Testamente von 1695 und 1696 von Hendrick de Sandra überliefert. In keinem davon wird ein*e Dienstbot*in oder speziell Anthonij van Bengalen erwähnt.[99] Es ist möglich, dass de Sandra, der 1707 starb, ein weiteres, bisher unbekanntes Testament aufsetzen ließ, ein unbeglaubigtes Schriftstück ausstellte, dass nicht tradiert wurde, in dem er Geschenke versprach, oder dass er dies mündlich getan hatte.

Van Bengalens Anwalt Victor Breij fasste dessen und die Aussage der Zeug*innen zusammen und argumentierte, dass

> »der Kläger mit feierlichem Eid erklärt, nicht allein, dass er nie [etwas] von seiner Miete oder [seinem] Dienstbotenlohn von dem gemeldeten Hendrick de Sandra oder seiner Ehefrau oder nachgelassenen Witwe [...] ausbezahlt bekam [...], noch die Jahrgelder und andere Profite und Vorteile. [...] Von seinem Anteil [wurde] von genanntem de Sandra und seiner Ehefrau und Witwe [alles] zurückbehalten [...] und für ihn bewahrt, ebenso sein Sold als Trompeter und sein Vertrag als Matrose, mit entsprechendem Verdienst, aber auch, dass der gemeldete de Sandra ihm sehr mehrmals mit sachten und freundlichen Worten hatte versprochen, ihn gut

---

96 Vgl. Ahrens, Fiktion und Realität, S. 243-244. Auch Silke Wenzel weist darauf hin, dass es für Feldmusiker keine Absicherung gab. Wenzel, Lieder, Lärmen, S. 79-83.

97 NA, 3.03.01.01, 10076, Verclaringe 5 Junij 1713. »Testament gemackt, en daer bij, alle sijne dienstboodens bedaght, off aen jeder van dien legaten gemaeckt hadde, en insonderhijt aenden reqt, dogh dat daer geen de minste uijtkeringe van was gedaen.«

98 Heike Düselder, Ars Moriendi, in: Enzyklopädie der Neuzeit Online, doi: http://dx.doi.org/10 .1163/2352-0248_edn_COM_241761.

99 SAD, Oud Notarieel Archief, 2237, Notar Paulus Durven, 21.5.1695 und 03.7.1696.

belohnen zu wollen und gute Sorge für ihn in seinen alten Tagen zu tragen, und ihm speziell noch auf seinem Totenbett versicherte, dass er nicht allein Sorge getragen hat für desselben Gelder, die er bei ihm verdient und an ihn in Verwahrung gegeben, sondern auch, dass er ihn in seinem Testament bedacht und für ihn gesorgt hatte.«[100]

Diese Schilderungen und Praktiken deuten auf ein paternalistisches Verhältnis zwischen dem Dienstherrn und seinen Dienstbot*innen hin, das zugleich von Abhängigkeit wie von Nähe und Vertrauen geprägt war. Es scheint jedoch, als hätte de Sandra nicht konsequent Buch geführt über die ihm anvertrauten Gelder. Die vor Gericht eingereichten Beweise umfassen nicht die gesamte Zeitspanne von 30 Jahren Dienst und auch nicht alle Verdienstposten.

Neben van Bengalen war nur Chatarina Claesse de Jong, die 32 Jahre als Reinigungskraft im Haushalt des Majors gearbeitet hatte, über einen so langen Zeitraum als dessen Dienstbotin tätig gewesen.[101] Claesse de Jongs Aussage weicht inhaltlich von den anderen Aussagen ab, denn sie erklärte, dass es wegen des einbehaltenen Lohns zwischen van Bengalen und den anderen Dienstbot*innen öfter Streit gab. Maria Lenarts habe in diesen Situationen häufig überlegt, ob es nicht besser sei, van Bengalen in Deventer oder anderswo unterzubringen. Allerdings bestätigte Claesse de Jong, dass sie gehört habe, dass für van Bengalens Leben gesorgt sei:

»[D]ass sie, die Zeugin, [...] ungefähr 32 Jahre als Reinigungskraft gearbeitet hat im Hause des verstorbenen Herrn und der Frau de Sandra, sehr genau wissend, dass der Bittsteller bei genanntem Herrn und Frau de Sandra als Knecht gewohnt hat und dass sie [...] viele Male gehört hat, dass des Bittstellers Miete ausblieb und in Verwahrung blieb von genanntem Herrn und Frau de Sandra, ebenso seine Anteile

---

100   NA, 3.03.01.01, 10076, Acte van Eisch, 22. Junij 1713. »[D]en jmpetrant met solemnele eede te verclaeren, niet alleen, dat hij nojjt van sijn huer of dienst bode loon van de gemelte hendrik de Sandra of sijn huijsvrouw of nagelatene Weduwe eenige voldoeninge hadde gekregen of becomen, nogh de jaargelden en andere profijten en voordelen, Waar van sijn portie bij gemelte de Sandra en sijne huijsvrouw en Weduwe wiert ingehouden, en voor hem bewaart, so wel als sijn soldie als Trompetter en tractement als matroos, in Voegen voorschreve verdient, maar ook dat de gemelte hendriek de Sandra hem seer menigmalen met sagte en Vriendelijke Woorden hadde belooft hem wel te sullen beloonen, en goede sorge voor hem in sijnen oude dag te dragen en specialijk nog op sijn dootbedde aan hem verseekert, dat hij niet alleen sorg hat gedragen voor desselfs gelden bij hem verdient, en aam hem te bewaren gegeven, maar ook dat hij hem bij sijn testament hadde bedagt en voor hem gesorght.«

101   Jan Claesse van Slingerland sagte am 2. Juni 1713 aus, er habe als Gärtner 10-12 Jahre in De Sandras Dienst gestanden. Das Ehepaar Johannes Moeshart und Anna Chaterina Stols gab am 5. Juni 1713 an, dass Moeshart vier Jahre als Knecht und Stols ein Jahr als Dienstmagd bei de Sandra gewesen waren. Maghdalena Godders sagte am 20. Juni 1713 aus, dass sie 14 Jahre zuvor (ca. 1699) für zwei Jahre als Dienstmagd in De Sandras Haushalt gedient habe. NA, 3.03.01.01, 10076 E ii, E iii, E v.

an den Profiten, [die] unter den Dienstboten verteilt, durch Frau de Sandra auch in Verwahrung genommen wurden. Weiter erklärte sie [...] auch verschiedene Male gehört zu haben, dass wenn es Streit unter den Dienstboten und dem Bittsteller gab (:welchen sie oft pflegten:), dass Frau de Sandra dann sagte, den Bittsteller nach Deventer oder anders in die Kost geben zu wollen und zu versorgen; Letztlich erklärte sie [...] viele Male gehört zu haben, dass Herr und Frau de Sandra den Bittsteller für sein Leben versorgt hatten«.[102]

Durch Claesse de Jongs Aussage wird deutlich, dass es verschiedene Konfliktfelder im Haushalt de Sandras in Bezug auf van Bengalen gab. Ihre Aussage wurde wiederum bestätigt durch die Zeugin Maghdalena Godders. Diese lässt zudem vermuten, dass es im Haushalt de Sandras erklärungsbedürftig war und es immer wieder Nachfragen gab, weshalb van Bengalens Lohn einbehalten wurde, während der Lohn der anderen Bediensteten scheinbar ausbezahlt wurde.

»[D]ass sie, die Zeugin, ungefähr vor 14 Jahren [1699], ohne die genaue Zeit angeben zu können, als Dienstmagd zu wohnen kam im Hause des verstorbenen Herrn Hendrick de Sandra und Frau Maria Lenarts [...], dass sie [...] dort zwei Jahre gewohnt hat [und] bei dieser Gelegenheit gesehen, gehört und festgestellt hat, dass der Bittsteller des Winters als Knecht bei oben gemeldetem Herrn de Sandra gedient hat und dass er des Sommers als Matrose gedient hat auf einem Auslieger in Vriesland, dass er gegen den Winter nach Hause kam, seine verdiente Gage versiegelt war, hat [diese] gebracht ins Haus von gemeldetem Herrn de Sandra, und dass sie, die Zeugin, selbst gesehen hat, wie der Bittsteller diese [Gage] dem genannten Herrn de Sandra übergeben und anvertraut hat, dass sie [...] alsdann und im Verlauf der Zeit verschiedene Male den Herrn de Sandra hat hören sagen, dass er die Gelder bewahre für den Bittsteller und dass er zudem für ihn gesorgt hatte, dass er beschützt sein sollte und sicher in seine alten Tage komme[.]

---

102 NA, 3.03.01.01, 10076, Eiiii, 11. Juni 1713. »[D]at sij deposante [...] ontrent tweeen dertigh jaeren, als Schoonmaechster, heeft gewerckt, ten huijse van wijlen de Heer, en Mevrouw de Sandra, seer wel weet, dat den regt bij gemelte Heer, en Meve de Sandra, ale knegt heeft gewoont, en dat sij deposante veelmalen heeft gehoort, dat des requirants huur op Liep, en in bewaringe bleeff, van gemelte Heer, en Mevrouw de Sandra gelijck ook Sijn portien in de proffijten, tusschen dienstbodens verdeelt, door Mevrouw de Sandra mede in bewaringe genomen sijn; Wijders verclarden sij deposante, meede verschijde malen gehoort te hebben, dat als er twist tusschen de verdere dienstboodens en den requirant was, (: die sij veeltijts plaeghden:) dat Mevrouwe de Sandra dan sijde, den reqt tot Deventer, off Elders in de Cost te willen besteeden, en besorgen; Laestelijk verclaerden sij desposante veelmalen te hebben gehoort, dat mijn Heer, en Mevrouw Sandra den requirant voor sijn Leeven besorght hadden.«

> Weiter erklärte sie [...], dass, als die Profite unter den Dienstboten verteilt wur-
> den, der Anteil für den Bittsteller als ein Mitdienstbote [von] den anderen Mit-
> dienstboten abgezogen wurde durch Frau de Sandra.«[103]

Es macht den Anschein, als sei die Entscheidung, van Bengalens Lohn einzubehalten, nicht einvernehmlich getroffen worden. Dieser Eindruck entsteht, weil offenbar immer wieder erklärt werden musste, weshalb van Bengalens Geld nicht
ausbezahlt und sogar von ihm abgegeben wurden. In Hinblick auf die Gratifikationen scheint das Einbehalten von van Bengalens Anteil zu Streit geführt zu haben. Vermutlich führte dies zu Konflikten, weil die Berechnung des jeweiligen An-
teils für das Dienstpersonal nicht nachvollziehbar und transparent war. So konnte
möglicherweise nicht geprüft werden, ob van Bengalens Anteil auch gerechtfertigt war. Auch scheint es, als sei van Bengalen der einzige Dienstbote im Haushalt
gewesen, dessen Geld verwahrt wurde. Godders hatte das Prozedere der Geldüber-
gabe offenbar mit Interesse verfolgt und es scheint sie irritiert zu haben, dass van
Bengalens Gratifikationen abgezogen und einbehalten wurden, während die anderen Dienstbot*innen ausbezahlt wurden. In den Aussagen der anderen bereits genannten Zeug*innen ist von Konflikten van Bengalens mit anderen Dienstbot*innen nicht die Rede. Vermutlich bildeten sich Allianzen unter den Bediensteten, die
entweder freundschaftlich mit van Bengalen verbunden waren oder in einem eher
konfliktträchtigen Verhältnis zu ihm standen. Des Weiteren scheint Maria Lenarts
häufiger angekündigt zu haben, van Bengalen andernorts unterbringen zu wollen. Versuchte sie van Bengalen vor den Grobheiten der Dienstbot*innen in Schutz
zu nehmen, mit denen er häufiger in Streit geriet oder sollte die Androhung der
Ausquartierung eine Strafe für die Streitereien sein? Die Beziehung zwischen de
Sandra und van Bengalen scheint sie als nicht auflösbar wahrgenommen zu haben, andernfalls hätte sie van Bengalen entlassen können. Es muss sich um ein

---

103   NA, 3.03.01.01, 10076, 26. Juni 1713, E v. »[D]at sij deposante ontrent veertien jaeren geldee-
       den [1699], Sonder in den justen tijt behaelt te willen Sijn, als Dienstmaeght is comen woo-
       nen, ten huijse van wijlen de Heer Hendrick de Sandra en vrouwe Maria Lenarts Eghteluij-
       den dat sij deposante aldaer twee jaeren gewoont hebbende bij die Occasie heeft gesien,
       gehoort, en ondervonden dat den requirant, des winters als kneght, bij opgemelte Heer de
       Sandra heeft gedient, en dat hij des Soomers voor Matroos heeft gedient, op een uijtlegger
       in Vriesland, dat hij tegens de Winter thuijs comende Sijn verdiende gagie &segelt [verse-
       gelt] sijnde, heeft gebraght ten huijse van opgemelte Heer de Sandra, en dat sij deposante
       t`selve den requirant heeft sien overgeven, en ter hant Stellen aen gemelte Heer de Sandra,
       dat sij deposante alsdoen en in vervolg van tijden verschijde malen d` Heer de Sandra heeft
       horen Seggen, dat hij die Gelden bewaerden voor den requirant en dat hij verders voor hem
       gesorght hadde, dat hij bewaert soude sijn, en Seecker comen in sijn ouden dagh, Nogh ver-
       claerden sij deposante, dat als de proffijten onder de dienstbodens, als doen sijn verdeelt
       gewerden, dat de portie voor den requirant, als een Meede dienstboode de andere meede
       dienstboden sijn affgetrocken, door Mevrouw de Sandra.«

Verhältnis gehandelt haben, das über das übliche Maß an Verbundenheit zwischen Dienstherr*innen und Dienstbot*innen hinausging und quasi unkündbar war, solange de Sandra lebte. Nach de Sandras Tod führte Lenarts das Dienstverhältnis weiter, vielleicht um ihm weiterhin Schutz gewähren zu können.

3.1.7 Die Narration der Erb*innen

Im Zuge des Gerichtsprozesses um van Bengalens Geld erhielten die Erb*innen die Gelegenheit, zu den Anschuldigungen und Forderungen Stellung zu nehmen. Sie versuchten, die Forderungen kleinzureden, und deuteten an, dass van Bengalen ihnen seinerseits noch Geld schulden würde. Ihre Erwiderung war sehr umfangreich. Von Interesse ist an dieser Stelle, wie die Erb*innen van Bengalen bei dieser Gelegenheit beschrieben bzw. welchen Blick sie auf ihn warfen. Auslöser des Konflikts war wie schon beschrieben die Botschaft, die der Notar und Nachlassverwalter der Erb*innen an van Bengalen und Jan van der Hagen weitergab. Van der Hagen schilderte das Gespräch:

> »[V]an der Sleijden [hatte] im Auftrag der [...] Erben den Kläger gefragt, ob er nun gewillt war, nach Ostindien zu fahren, dass die zuvor genannten Erben ihn dann schon noch ausrüsten würden, unter der Bedingung, dass der Kläger im Dienst der Ostindischen Kompanie fahren müsste; dass der Kläger antwortete, Nein, mein Herr, ich bin nicht gewillt zu fahren, ich muss hierbleiben[.] [D]ass darauf der zuvor genannte van der Sleijden sagte, dann müsst Ihr betteln gehen[.] [...] [A]n den Zeugen gewandt [sagte er], wegen der Angelegenheit oder wegen weiterer Alimentation für die Zahlungen durch zuvor genannte Erben an den Bittsteller [...], wegen der Bemühung, dass er seine Rechnungen ausschreiben solle und am anderen Tag wegen seines Geldes kommen, und unter weiteren Erläuterungen mehr [...], nach diesem Tag, würden die Freunde keinen Deut mehr für ihn [van Bengalen] bezahlen«.[104]

---

104 NA, 3.03.01.01, 10076, Verclaringe, 31. Meij 1713. »[V]an der Sleijden, als doen uijt namen van respec. [...] erffgenamen, aen den requirant heeft gevraegt off sij nu geresolv:^{t} was, te varen naer Oostindien, dat de voorse erff genamen, hem dan nogh wel Soude willen uijtrusten, onder Conditie, en beding, dat regt in dienst van de Oostindische Compagnie, Soude moeten varen, dat daer op, den requirant anwoordende Seijde [›]neen, mijn heer, ik ben geresolvt, niet te varen, ik moet hier blijven[‹], dat daer op den voorn:^{e} van der Sleijden Seijde, [›]dan moet gij gaen Bedelen[‹.] [...] Seggende met eenen, aen hem deposant, t` gelagh, off verdere alimenatatie, voor reeck:^{e} van de voors:^{e} erffgenamen, aen den requirant te daen, op, met belastingh, dat hij Sijn reeck:^{e} Soude uijt Schrijven, en des anderen daags, om Sijn gelt comen, onder dese expressien meer [...], naer desen dagh, Sullen de vrinden geen duijt, meer voor hem [Van Bangalen] betalen.«

Die Erb*innen waren weder bereit, van Bengalen das ihm seiner Ansicht nach zustehende Geld auszubezahlen, noch, ihn weiterhin zu unterstützen und für Kost und Logis aufzukommen. Im Gegenteil: Sie forderten van Bengalen seinerseits auf, nach Ostindien auszureisen. Sie seien bereit, ihn hierfür auszurüsten, vorausgesetzt er würde in den Dienst der VOC treten.[105] Als Alternative ließen die Erb*innen ausrichten, müsse van Bengalen betteln gehen, da sie nicht bereit seien, weiterhin die Kosten für seinen Unterhalt zu tragen.

Im Vergleich mit den Optionen, die einigen anderen Schwarzen Menschen oder People of Colour geboten wurden, die lange in der Republik als Dienstbot*innen gearbeitet hatten, zeigt sich, wie grob und abwertend der Umgang der Erb*innen mit van Bengalen war. Tabo Jansz etwa erbte 1728 12 000 Gulden von seinem Patron Adriaan van Bredehoff, damit er einen kleinen Laden eröffnen und heiraten konnte.[106] Jan Christiaen, der »Dienstknecht« von Jacob Appius, der mit diesem in Hoogezand-Sappemeer wohnte, erbte nach Appius' Tod eine Leibrente von jährlich 104 Gulden und die Ausstattung einer kleinen Wohnung mit Möbeln, Textilien und Kleidung.[107] Die ehemals versklavten Dienstbotinnen Susanna Dumion, Charlotte Magdalena Reda und Elisabeth Maria Antonia Aspasia wurden von den Angehörigen ihrer verstorbenen Dienstherrinnen im Alter versorgt, indem man ihnen ein Zimmer im *beesjeshuis* (Altenheim) finanzierte oder sie weiterhin im Haushalt wohnen ließ.[108]

In den Augen der Erb*innen, das wird deutlich, war van Bengalen in den Niederlanden nicht mehr erwünscht. Warum van Bengalen in die Dienste der VOC treten sollte, wurde nicht weiter erläutert. Aber aus den notariellen Unterlagen des Archivs Breda geht hervor, dass einer der Erben, Johannes Junius, ein Sohn Maria Lenarts', Anteile an der VOC besaß.[109] Vermutlich versprachen sich die Erb*innen einen Vorteil davon, wenn van Bengalen während seiner Überfahrt als Matrose gearbeitet hätte. Die Erb*innen versuchten über den Notar Druck auf van Bengalen aufzubauen und ihn zur Migration und zur Überfahrt mit der VOC zu nötigen. Doch Anthonij van Bengalen widersetzte sich und bestand darauf, in der Republik zu bleiben.[110] Als Konsequenz aus diesem Gespräch reichte van Bengalen

---

105   Einen Matrosen auszurüsten bedeutet, dass eine Seemannskiste in Form einer großen Holzbox mit Kleidung zum Wechseln und einigen Gegenständen, die auf einem Schiff nötig waren, zusammengestellt wurde.

106   AH, 1685 Notarielle Archief Westfriesland, Inv. 2339, Notar Benningbroeck, 13. Nov. 1728, fol. 324f.

107   HAMG, Verz. familiepapieren, 601, 4, Slochteren 5.6.1783.

108   Vrij, Susanna Dumion.

109   SB, Notariële archieven Breda, 0480, Notar F. van Gils, 1701, Nr. 62, Scan ARC0197.1_0480_0080, https://stadsarchief breda nl/collectie/archief/genealogische-bronnen/persons?ss=%7B%22q%22:%22Johannes%20Junius%22%7D (14.04.2020).

110   NA, 3.03.01.01, 10076, Verclaringe, 31. Meij 1713.

Klage gegen die Erb*innen ein. Das Gericht beschlagnahmte daraufhin einen Teil von deren Eigentum und zwang sie dazu, sich vor dem Gericht zu verantworten. Auch mussten die Erb*innen durch Eid versichern, dass alle ihre Angaben über die eingereichten Unterlagen richtig waren und sie keine Beweise vernichtet hatten. Schlussendlich legte das Gericht fest, dass van Bengalen noch knapp 5 550 Gulden von den Erb*innen erhalten sollte.[111] Diese empfanden den Prozess und das Urteil als »jmpertinentie en irrlevantie« und als »exorbitant en Arrogant«, also als enorme Anmaßung ihres früheren Dienstboten und des Gerichts.[112] In ihrer schriftlich vorgebrachten Erwiderung griffen sie die Zeug*innen an und setzten van Bengalen massiv herab. Über die Zeug*innen schrieben sie, dass die »Erklärungen gegeben sind von Menschen, die den Beklagten unbekannt sind, doch die, nach der [...] Erklärung selbst, von der geringsten Sorte [sind]«.[113] Zudem seien die Zeug*innen nicht einmal vereidigt, sodass ihren Aussagen nicht »der mindeste Glaube geschenkt werden könnte oder sollte«.[114] In allen Aussagen der Dienstbot*innen hingegen ist zu lesen, dass diese bei Bedarf bereit gewesen wären, einen Eid auf ihre Angaben zu schwören. Die Bereitschaft zum Eid war ohnehin die Voraussetzung für eine Aussage vor dem *Hof van Holland*. Auch behaupteten die Erb*innen, die Zeug*innen hätten van Bengalen zu der Klage angestiftet, um selbst daraus Profit zu schlagen.[115] Zugleich stellten sie sich über das Gericht, indem sie die Juristen des *Hof van Holland* über Funktion und Form eines Eides belehrten und dem gerichtlichen Personal erläuterten, wie es verschiedene Zusammenhänge zu

---

111 NA, 3.03.01.01, 10955, Advertisement, 3-4; 914 Sententies 27. Juni 1715-17.10.1715; 10955, H1-8 loco, D, Ei loco. Das Gericht hat in seinem Urteil (Sententie) aufgelistet, welche Posten in welcher Höhe zu begleichen waren und was davon abzuziehen war. Leider wurde der auszuzahlende Betrag nicht beziffert und die Rechnungen sind wenig übersichtlich. Nach meiner Kalkulation ergab der von den Erb*innen zu bezahlende Betrag 5547 Gld. 73 Stuver. Aufgrund der Ungenauigkeit der Angaben sollte dieser nur als Richtwert gelesen werden, um die Dimension der vorenthaltenen Gelder zu erfassen.

112 NA, 3.03.01.01, 10076 Acte jud van antwoort, 24. Juli 1713, Fii; 10955, Advertisement, K, 333.

113 NA, 3.03.01.01, 10955, Advertisement, 152. »Dat deselve verclaringen gegeven zijn bij menschen, die aan de ged:ns in deesen onbekent zijn, dogh die, volgens de voorsz: verclaringen selft, soude zijn van de geringste soorte.«

114 Ebd., 90. »Dat daar eenig 't minste geloof gedefereert soude kunnen, off ook [...] soude behooren gedefereert te werden.«

115 Ebd., 374. Es war in der Frühen Neuzeit nicht unüblich, dass es zu Gerichtsverfahren zwischen Dienstbot*innen und Dienstherr*innen kam, weil der Lohn erst nach dem Tod des/r Dienstherren*in ausbezahlt werden sollte. Vgl. Katharina Simon-Muscheid, »Und ob sie schon einen dienst finden, so sind sie nit bekleidet dernoch«: Die Kleidung städtischer Unterschichten zwischen Projektionen und Realität im Spätmittelalter und in der frühen Neuzeit, in: Neithard Bulst, Robert Jütte (Hg.), Zwischen Sein und Schein. Kleidung und Identität in der ständischen Gesellschaft, in: Saeculum, 44 (1993) 1, S. 47-64, hier: S. 58.

verstehen oder zu bewerten habe.[116] Besonders heftig erfolgte jedoch die Attacke gegen van Bengalen.

> »Wie er, der Bittsteller, der Einzige ist von jenen, die jemals das Haus des zuvor ge-
> nannten de Sandra und seiner Witwe frequentiert haben, welcher sich unterstan-
> den hat, solch unwürdige Behauptungen, die obendrein noch so verletzend sind
> für das Andenken an die zuvor genannte Witwe de Sandra und für die Erinnerung
> an diese, zu fingieren und sich damit (nicht ohne die äußerste Bösartigkeit und
> Undankbarkeit) in diesem Prozess gegen die Angeklagten zu behelfen, [...] und
> nämlich, nicht allein weil anzunehmen ist, dass der Bittsteller nicht einmal weiß,
> nicht richtig weiß, was bei einem Eid zu sagen ist, [...] aber auch weil der zuvor
> genannte präsentierte Eid [...] bereits als notorische Unwahrheit und Falschheit
> entlarvt wurde.«[117]

Van Bengalen wurde von den Erb*innen als bösartig und undankbar auch gegenüber de Sandra und Lenarts diffamiert. Sogar einen Meineid unterstellten die sie
ihm, um seine Angaben als unwahr darzustellen.[118] Sie behaupteten, van Bengalen
hätte beim Militär sein gesamtes Geld vertrunken, verspielt und für unnütze Dinge
ausgegeben, was letzten Endes zu seiner Entlassung aus dem Militärdienst geführt
habe.[119] Diese Vorwürfe zielten darauf ab, van Bengalen als ehrlos und verschwen-
derisch und damit als unmündig und nicht geschäftsfähig darzustellen. Es handelt
sich daher um sehr ernst zu nehmende und für van Bengalen sehr gefährliche Vorwürfe.[120] In anderen historischen Dokumenten finden sich keine Anhaltspunkte,
dass van Bengalen spiel- oder alkoholsüchtig gewesen wäre. Dort wird er immer
nur als *onnosel* bezeichnet. Van Bengalens Anwalt deutete an einer Stelle an, sein
Mandant sei während seines Dienstes und wegen seines Alters versehrt oder krank
geworden

Van Bengalens Anwalt Breij brachte noch einen anderen Aspekt ins Spiel:

---

116   NA, 3.03.01.01, 10955, Advertissment, K.

117   Ebd., 361-376. »Gelijck als hij[,]]mp:t[,] de allereenigste is van alle die Geene, die ooijt het
         huijs van den voorn: de Sandra en zijne Weduwe hebben gefrequenteert, Dewelke onder-
         staan heeft sulke onwaragtige voorgevens, en die bovendien soo injuriens zijn voor de ge-
         dagtenissen van de voorn: Wed:e de Sandra, en voor de Gedaagdens in deesen, te fingieren,
         Ende sigh daar mede (niet sonder de uijtterste quaadaer-digheijt en ondankbaarheijt) in
         deesen processe tegens de Ged:ns te behelpen; [...] En namentlijck, niet alleen, om dat 't te
         geloven is, dat den]mp:t niet eens weet, immers niet regt weet, wat een eedt te seggen is,[...]
         Maar ook, om dat de voorsz: presentatie van Eede [...] bereits van notoire onwaarheijt en
         Valsheijt is geconvinceert gewerden.«

118   Ebd., 335-338.

119   NA, 3.03.01.01, 914 Sententies 27. Juni 1715-17. Oktober 1715.

120   Besten Dank an Sebastian Kühn für diesen Hinweis.

»Diejenigen [die Erb*innen], nun, da der Bittsteller im Dienst von gemeldetem Herrn und Frau Sandra alt geworden und außer Stande ist, etwas zu tun oder zu arbeiten, kommen und vorenthalten dasjenige, wofür der Bittsteller sein Leben lang gedient und sich geplackt hat.«[121]

Nach den Angaben des Anwalts war van Bengalen also 1714 aus gesundheitlichen Gründen nicht mehr in der Lage, noch einer Arbeit nachzugehen und hatte damit keine Verdienstmöglichkeit mehr.

Die Erb*innen versuchten unterdessen eine Schwäche van Bengalens zu dessen Schaden umzudeuten und ihn als unfähig darzustellen. Ihren Höhepunkt finden die Verleumdungen in der Verknüpfung von van Bengalens angeblicher Unwissenheit und Eidunfähigkeit mit dessen Herkunft, Hautfarbe, Religion und der von den Erb*innen bereits zuvor betonten *onnoselheid*:

»So kann sich auch aus der angeblichen Darstellung nicht der geringste Vorteil für den Kläger, noch ein Nachteil für die Beklagten ergeben; Denn, außer dass der Kläger ein indianischer Schwarzer und ein Heide von Geburt und zudem durch sich selbst oder seine Bediensteten, wie im Mandement [Befehlsschrift des Gerichts] beschrieben wird, als ein sehr onnosel Mann und es infolge dessen festzustellen ist, dass er in Gänze oder zumindest für einen großen Teil unwissend ist, was eigentlich eine Aussage oder [ein] Eid bedeutet oder [was] zu sagen ist, und dass daher auch darauf nicht das mindeste Vertrauen oder Sicherheit zu machen sein sollte, so ist es im Recht bekannt, dass niemand für sich selbst aussagen kann.«[122]

In diesem Zitat treten verschiedene Marker in den Vordergrund, die bei Versklavungen eine bedeutende Rolle spielen konnten: Van Bengalens Herkunft aus Indien und sein Schwarzsein wird durch die Bezeichnung »ein indianischer Schwarzer« (»een Indiaanse Swaart«) benannt. Die religiöse Einordnung als nicht-christlich

---

121 NA, 3.03.01.01, 10076, Advertisement 1714, H, 253-254. »Dewelke nu den Jmpt: in dienst van gemelte Hr en Mevrouw Sandra oud geworden, en buijten staet geraekt sijnde om iets te doen off te wercken, Coomen te onthouden dat gunt waer voorden Jmpt: sijn leven lang heeft gedient en geslaeft.« Die Vokabel »geslaeft«–»geslaaft«, bedeutet hier nicht *versklavt*, sondern steht für ein umgangssprachliches *sich geplackt* oder *geschuftet* haben. Historisch Woordenboeken, http://gtb.inl.nl/iWDB/search?actie=article&wdb=WNT&id=M019494&lem ma=geslaaf&domein=0&conc=true (02.01.2020).

122 NA, 3.03.01.01, 10076, Advertisement 1714, H, 206-211, 216-217. »Soo can ook die pretense presentatie geen het minste voordeel voor den Jmp:t, nogh eenig nadeel voor de Ged:ns ten deesen uijtleveren; Want behalven dat den Jmp:t is een Indiaanse Swaart, en een heijden van geboorte, En hij bovendien door hem Selfs, off zijne Bediendens, bij 't mand:ᵗ: werd beschreeven, als een seer onnosel man, En het vervolgens vast te stellen is, dat hij off in 't geheel, off ten minsten voor een groot gedeelte onkundig is, wat eijgentli: een verclaringe onder Eede in heeft, ofte te seggen is, Ende dat mitsdien ook daar op geen de minste Staat ofte Seeckerheijt te maken soude zijn, Soo is het in regten bekend, quod nemo sit in proproa Causa.«

wird durch die Zuschreibung »ein Heide von Geburt« (»een heijden van geboorte«) vorgenommen. Hinzu kommt noch eine angebliche mentale Retardierung, die
durch »ein sehr onnosel Mann« (»een seer onnosel man«) ausgedrückt wird.[123] Die
Erb*innen verwendeten diese Marker, um van Bengalens angebliche Fremdheit und
Nicht-Zugehörigkeit in der Republik zu kennzeichnen. Offenbar hofften sie, auf
diese Weise dessen Aussage vor Gericht unglaubwürdig machen zu können. Mit
dieser narrativen Strategie glaubten die Erb*innen, van Bengalen als fremd, unvernünftig und unfähig zu markieren. Diese Narration zielt darauf, van Bengalen
die Fähigkeit, einen Eid zu schwören oder auch nur dessen Funktion zu verstehen,
abzusprechen. Van Bengalen sollte damit als Rechtsperson diskreditiert werden.
Die Argumentation der Erb*innen hat an diesem Punkt kaum noch etwas mit dem
ursprünglichen Konflikt um van Bengalens Anspruch auf sein Geld zu tun. Sie fokussiert nun auf die Aspekte Hautfarbe, Religion, Herkunft, die für die Befähigung
zum Dienst eines Dienstboten irrelevant hätten sein können. Zugleich zeigt diese Argumentation, dass van Bengalen zumindest von den Erb*innen aufgrund der
genannten Marker eine Sonderstellung im Hause de Sandra zugewiesen wurde.
Gegenüber keiner anderen bediensteten Person hätten diese Anwürfe Wirkung entfalten können. Alle anderen Dienstbot*innen scheinen *weiß* gewesen zu sein und
einen christlichen Glauben und eine niederländische Herkunft gehabt zu haben,
so dass sie nicht als fremd markiert und damit nicht auf diese Weise herabgesetzt
werden konnten. Ihnen warfen die Erb*innen vor, sie seien ihnen unbekannt, von
niedrigem Stand und hätten ihre Aussage nicht unter Eid gemacht.[124] Van Bengalen hingegen unterstellen die Erb*innen einen Meineid. Vom Gericht auf eine Stufe
mit van Bengalen gestellt zu werden, löste bei den Erb*innen diese harsche Abwer-
tungsreaktion aus. Das Gericht zwang sie, auf van Bengalens Initiative hin, vor
Gericht zu erscheinen, sich zu rechtfertigen, Beweise vorzulegen und einen Eid zu
schwören. Zudem behaupteten die Erb*innen wiederholt, dass van Bengalen immer nur für Kost und Logis gearbeitet hätte. Damit rückten sie seinen Status in
die Nähe der Sklaverei, wie Hugo Grotius diese in seiner völkerrechtlichen Schrift
De iure belli ac pacis definierte.[125]

---

123   Vgl. Fynn-Paul, Slaving Zones in Global History, S. 1-19. Ders., Empire, Monotheism and Slav-
      ery, S. 3-40.

124   Vgl. Anm. 113-114, S. 199.

125   Übersetzung: Grotius, De iure belli ac pacis (1950), II., V., § 27,2. »Eine vollständige Sklaverei
      ist die, wo für die Ernährung und den anderen Lebensunterhalt alle Arbeit zu leisten ist. Nach
      der natürlichen Auffassung bedeutet das keine Härte, denn jene dauernde Verbindlichkeit
      wird durch die dauernde Ernährung ausgeglichen, die oft den Tagelöhnern abgeht.« Grotius,
      De iure bellis ac pacis (1732), II., V., §27, 2. »Een volkomen slaverny nu is, wanneer men altoos
      moet arbeiden voor de kost en levens nooddruft: welke zaak alzoo ingezien zijnde in zijn
      natuurlijke einden, gansch niets en heeft, dat de straf is; vermits die geduuringe verpligting

Zudem behaupteten die Erb*innen, dass van Bengalen mit den von ihm abgege-
benen Einkünften lediglich die Kosten ausgeglichen hätte, die de Sandra durch die
Sicherstellung seiner Versorgung und seiner Ausbildung entstanden wären. Diese
Logik entspricht dem Rechtsprinzip der *inschuld*, nach dem jemand einen Anspruch
auf die Arbeitskraft eines*einer anderen hatte, weil diese Person Schulden zu tilgen hatte.[126] Grotius sah diesen Sachverhalt gegeben, wenn ein versklavtes Kind
von seiner*seinem Eigner*in in ein anderes Territorium verschleppt und dort dessen Unterhalt und Ausbildung von dem*der Eigner*in sichergestellt wurde. Nach
Grotius war das Kind dann verpflichtet, die Kosten für seine Ausbildung zurückzu-
zahlen.[127] Bei einem gewöhnlichen Ausbildungsverhältnis oder dem Anstellungsverhältnis als Dienstbote in einem städtischen Haushalt hätte van Bengalen jedoch
neben der Bezahlung durch Naturalien und Kleidung auch ein Lohnanteil in Geld-
form zugestanden.[128] Wäre de Sandra van Bengalens offizieller, also obrigkeitlich
bestellter *voogd* gewesen, wäre es sogar seine Aufgabe gewesen, für eine angemessene Ausbildung und Unterbringung seines Mündels zu sorgen.[129]

Die bisherigen Ausführungen werfen die Frage nach dem Motiv der Erb*innen
in dem betrachteten Fall auf. Was waren die Gründe für die diffamierende Herabsetzung van Bengalens? Mit Blick auf die Argumentation der Erb*innen scheint es
naheliegend, dass sie den Verlust eines Teils des Erbes befürchteten und van Bengalen als Konkurrenz daher loswerden wollten. Sie schreiben im Schlussplädoyer
(*Advertisement K*), in dem die Erb*innen alle ihre Argumente gegen van Bengalen
vorbrachten:

>»Dass es demnach auch keine Wahrscheinlichkeit der Welt hat, dass der zuvor
>genannte de Sandra und seine Witwe mit Kürzungen für ihrer Kindeskinder Erben
>den Kläger als solchen mit einem Teil ihrer Güter hätten beglücken sollen.«[130]

Konkurrenzdenken war also offenbar ein Katalysator, der die Erb*innen dazu trieb,
sich einer kolonialen und rassifizierenden Narration als Strategie vor Gericht gegen
van Bengalen zu bedienen. Indem sie die Marker Hautfarbe, Religion und Herkunft

---

wederom vergoed word door de zekerheid van een vast onderhoud, die veeltijds de geenen,
die om een dag huur werken, niet en habbn.«

126 Grotius, Inleydinge, II., I., § 59.

127 Vgl. Nifterik, Grotius, S. 240-241. Siehe in der vorliegenden Untersuchung 2.1.3.1 *Völkerrecht*,
2.1.3.2 *Gewohnheitsrecht* und 2.1.3.3 *Die Versklavung von Kindern*.

128 Vgl. Antje Flüchter, Sibylle Hofer, Jan Klußmann, »Gesinde«, in: Enzyklopädie der Neuzeit
Online, doi: http://dx.doi.org/10.1163/2352-0248_edn_COM_273123.

129 Vgl. Grotius, Inleydinge, I., IX., § 8.

130 NA, 3.03.01.01, 10955, Advertisement, K, 339-340. »[D]at het vervolgens ook geen waarschijn-
lijckheijt ter weerelt heeft, [...] Dat den voorn:, de Sandra en zijne Wed:e, met vercortinge van
haare kinds.kinderen Erffgenamen, den Jmp:t in deesen met een gedeelte van hare goederen
soude hebben willen beneficeren.«

mittels Chiffren eines kulturellen Codes verwendeten, versuchten sie van Bengalen verächtlich zu machen. Außerdem wollten sie sich in jeglicher Form der Verantwortung gegenüber dem vermutlich kranken und/oder versehrten Diener ihrer Eltern und Großeltern entziehen.

Doch die Strategie der Erb*innen verfing nicht vor Gericht. Sie wurden vom Gericht dazu verurteilt, die ausstehenden Gelder zu bezahlen. Die Erb*innen legten Berufung ein und das Verfahren ging in die nächste Instanz, nämlich vor den *Hooge Rad van Holland en Zeeland* und damit eines der höchsten Gerichte des Landes. Zu einem erneuten Urteil kam es allerdings nicht mehr. Es ist zu vermuten, dass van Bengalen mit den Erb*innen eine außergerichtliche Lösung für den Konflikt aushandelte, was in der Frühen Neuzeit in den Niederlanden oft der Fall war.[131] Wie er sein weiteres Leben gestaltete, ist bisher nicht bekannt.

3.1.8   Die Befunde

Anthonij van Bengalen kam mit dem VOC-Funktionär Rijckloff van Goens aus Niederländisch-Indien in die Republik und dort in den Haushalt des Majors Hendrick de Sandra. De Sandra, der in den Jahren zuvor seine Frau* und mehrere Kinder verloren hatte, widmete dem damals sechs- oder siebenjährigen Jungen* viel Aufmerksamkeit und investierte mindestens 1 000 Gulden Lehrgeld in dessen Berufsausbildung als Feldtrompeter. Damit sicherte er van Bengalen eine gute und ehrenvolle Arbeit und Position in de Sandras eigener Kompanie, wobei der Junge* zugleich die repräsentative Funktion erfüllte, als Schwarzer Diener die Vorstellung von de Sandra als eines wohlhabenden, im Luxus lebenden Adligen zu verkörpern und somit *Repräsentationsarbeit* (Josef Köstlbauer) zu leisten. Dieses Setting lässt den Schluss zu, dass Hendrick de Sandra sich eine langjährige oder lebenslange Beziehung erhoffte, als er van Bengalen zu sich nahm. Van Bengalen war zu jenem Zeitpunkt ohne familiäres oder soziales Netzwerk, da er durch die Versklavung und Verschleppung elternlos geworden war. Die Aussagen der anderen Dienstbot*innen im hier untersuchten Gerichtsprozess haben gezeigt, dass einige von ihnen über sehr lange Zeiträume in de Sandras Haushalt tätig waren, doch in keine*n von ihnen scheint de Sandra so viel investiert zu haben. De Sandra war van Bengalens erste Bezugsperson. Die Rolle eines Ersatzsohns scheint van Bengalen für de Sandra aber nicht eingenommen zu haben. Mit der Heirat de Sandras und Maria Lenarts scheint auch diese zu einer wichtigen Bezugsperson geworden zu sein. In den Aussagen der Zeug*innen vor Gericht wird Lenarts ambivalenter beschrieben als de Sandra. Durch das dauerhafte Einbehalten von van Bengalens Lohn traten Spannungen auf, die die Dienstbotin Chatarina Claesse de Jong in ihrer Zeug*innenaussage am Verhältnis zwischen einigen der anderen

---

131   Vgl. Vermeesch, Een achttiende-eeuws pro deo rechtspraak, S. 131.

Dienstbot*innen und van Bengalen und zwischen diesem und Lenarts aufzeigte. Einerseits scheint van Bengalens Sonderstellung im Haushalt seine Position geschwächt zu haben: Sein Geld wurde einbehalten bzw. musste von ihm abgegeben werden und Lenarts spielte zumindest in Konfliktsituationen mit dem Gedanken, van Bengalen in einem anderen Haushalt unterzubringen. Andererseits wurde van Bengalens Position durch seine Beziehung zu de Sandra und Lenarts gestärkt, da es für sie zu ihren Lebzeiten undenkbar gewesen zu sein schien, das persönliche und das Arbeitsverhältnis zwischen beiden Seiten aufzulösen.

Durch die starke Bindung und das stabile Patronage-Verhältnis oder die *mond-borgschap* zwischen den dreien gelang es van Bengalen noch als Kind innerhalb eines feinen und verzweigten Beziehungsgeflechts aufzuwachsen und selbst feste Beziehungen zu anderen Dienstbot*innen des Haushalts zu knüpfen. Zuerst gilt es, die Beziehung zwischen den *voogden* de Sandra und Lenarts gegenüber van Bengalen zu betrachten. Sie schützten das Kind und auch später den erwachsenen van Bengalen, indem sie ihm eine gute Ausbildung ermöglichten, ihm Stellen vermittelten, ihn aber auch gegenüber Anfeindungen etwa durch andere Dienstbot*innen zu verteidigen versuchten und sein Geld für ihn verwalteten. Zugleich war van Bengalen von dem Ehepaar sehr abhängig. Sie waren zugleich *voogden*, Bezugspersonen, Dienstherr*innen, Arbeitsvermittler*innen, Beschützer*innen und – wenngleich dies nicht offiziell – Treuhänder*innen für seine Einkünfte. Ihr Haus war auch van Bengalens Zuhause. Van Bengalen war Mündel, ehemaliger Sklave, Migrant, Person of Color, Lehrjunge, Trompeter, Dienstbote und Knecht, Matrose und angeblich *onnosel*. Er wurde sehr stark bevormundet und hat zu Lebzeiten de Sandras offenbar keine wichtige Entscheidung selbst und unabhängig getroffen, möglicherweise stand er unter de Sandras *mond-borgschap*. Zugleich war van Bengalen aber auch in einer hierarchischen Ausbildungs-Beziehung mit seinem Lehrmeister. Es ist anzunehmen, dass dieser ein Trompeter in de Sandras Kompanie in Deventer war. Van Bengalen war in seiner Funktion als Trompeter auch lange Jahre Angehöriger der Kompanie. In der Kaserne und während des Feldzugs Willems III. von Oranien in England und Irland muss er sehr viele Bekanntschaften gemacht und vermutlich auch Freundschaften geschlossen haben. Dasselbe gilt für seine Zeit als Matrose. Durch die Zeug*innenaussagen aus dem betrachteten Prozess ist jedenfalls bekannt, dass van Bengalen mit den Dienstbot*innen sehr enge Beziehungen geknüpft hatte und seine Kolleg*innen ihn als ihresgleichen ansahen. Diese freundschaftlichen Beziehungen dauerten über die Dienstzeit hinaus an und brachten ihm auch Unterstützung bei seiner Klage gegen die Erb*innen bzw. die ehemaligen gemeinsamen Dienstherr*innen. Die Aussagen zeigen aber auch, dass van Bengalen immer wieder angefeindet wurde. Dies geschah möglicherweise auch, weil er von de Sandra und Lenarts in so außergewöhnlicher Weise geschützt und zugleich bevormundet wurde.

Die Erb*innen, de Sandras und Lenarts' Kinder und Enkelkinder, lösten sich aus jeglicher Form der Verantwortung gegenüber dem langjährigen und inzwischen arbeitsunfähig gewordenen Dienstboten. Sie versuchten sich an ihm zu bereichern, indem sie sich weigerten, sein Geld auszuzahlen, und drängten ihn dazu, die Republik zu verlassen und nach Ostindien überzusiedeln, wo er – ohne bestehendes soziales Netzwerk – auf sich gestellt gewesen wäre. Van Bengalen verortete sich eindeutig in der Republik und innerhalb seines Beziehungsnetzes. Der Grund für das verantwortungs- und rücksichtslose Handeln der Erb*innen scheint im Konkurrenzdenken und der Angst, einen Teil des Erbes abgeben zu müssen, gelegen zu haben. Indem van Bengalen vor Gericht zog, versuchte er somit auch zu verhindern, dass sich die Erb*innen solchermaßen aus ihrer Verantwortung zögen. Das Gericht erkannte van Bengalen eindeutig als rechtsfähige und damit freie Person an und eröffnete den Prozess. Die Erb*innen rechtfertigten ihr Verhalten mit Scheinargumenten und einer mehrgleisigen Strategie. Sie unterstellten, van Bengalen hätte sein Geld vertrunken und verspielt und führe, wenn sein Geld nicht in Verwahrung genommen würde, ein ausschweifendes Leben, zeige also unzivilisiertes Verhalten. Zugleich behaupteten sie, van Bengalen habe nie für Lohn gearbeitet und de Sandra habe seine Ausbildung und seinen Unterhalt finanziert, weshalb er sogar noch einen geringen Betrag für die Deckung der Kosten bezahlen müsse. Dass er einen Anteil des Erbes erhalten sollte, sei daher vollkommen undenkbar. Beiden Strategien lag zugrunde, dass van Bengalen als unglaubwürdig dargestellt wurde, wodurch seine Person diskreditiert und seine Forderungen delegitimiert würden.

Die Unterstellung, van Bengalen trinke und spiele, sei *onnosel* etc., funktionierte auf zwei Ebenen: erstens war es der Versuch der Entmündigung van Bengalens – ein Szenario, von dem auch andere als unangepasst wahrgenommene Menschen bedroht waren. Eine solche Entmündigung wäre mit einer gewöhnlichen *mondborgschap* und der Verwaltung der Güter »zum Wohle« des*der Betroffenen einhergegangen. Die Erb*innen dockten diese Narration jedoch an den rassistischen kulturellen Code aus der Kolonie an. Sklaverei war in diesem kulturellen Code an Hautfarbe gekoppelt. Die Beherrschung und Versklavung Nicht-*Weißer* durch *Weiße* wurde durch angeblich unzivilisiertes Verhalten gerechtfertigt. Die Erb*innen bedienten sich eines kulturellen Codes mit Chiffren und deuteten durch den Verweis auf angebliche Trunk- und Spielsucht an, dass van Bengalen tugendlos sei und an mangelnder Affektkontrolle leide.[132] Sie unterstellten ihm Unmündigkeit, Unvernunft, Inkompetenz und dass er von anderen Dienstbot*innen, die sich Profite erhofften, instrumentalisiert würde. Van Bengalen war nach ihrer Behauptung

---

132   Zur Codebildung vgl. Paul Gilroy, Against race. Imagining political culture beyond the color line, Cambridge: Harvard Univ. Press, 2000, S. 30-31. Zur Funktion von kulturellen Codes bei der Subjektbildung vgl. Alkemeyer u.a., Selbst-Bildungen, S. 20-21.

nicht in der Lage, den Sinn eines Eides und dessen Formulierung zu erfassen.[133] Diese Zuschreibungen der Erb*innen gegen van Bengalen waren dabei rassifizierend und gekoppelt an sein Schwarzsein, seine Herkunft aus Indien und den Hinweis, er sei ein »Heide von Geburt«. Diese Eigenschaften waren Merkmale, die einem Menschen in den Körper »eingeschrieben« und nicht von der Person zu trennen waren. Jeff Fynn-Paul nennt dies *Marker* der Versklavung, die in einer *slavingzone* dazu dienen konnten, einen Menschen als versklavbar zu markieren.[134] Mit dieser Narration der Erb*innen wurde van Bengalen (narrativ) erneut in die Nähe der Sklaverei gerückt, in die er einst geboren worden war. Trotz der 33 Jahre, die er in der Republik gelebt und gearbeitet hatte, wurde er von den Erb*innen auf seine Herkunft und sein Aussehen reduziert.

Die Erb*innen stellten der negativen Argumentation über van Bengalen eine positive Narration über die Mildtätigkeit, Großzügigkeit und Tugendhaftigkeit ihrer eigenen adligen Familie gegenüber. Die komplexe Argumentation der Erb*innen, die Erläuterungen der Sachverhalte und die Belehrungsversuche gegenüber dem Gericht machen deutlich, dass sie sich selbst als vernünftig denkend und vorausschauend handelnd wahrnahmen. Dieses Selbstbild versuchten sie auch in ihrer Narration zum Ausdruck zu bringen. Sie versuchten sich als das Gegenteil von van Bengalen zu inszenieren. Doch während sie sich des Habitus und der Sprache kolonialer Sklav*inneneigner*innen bedienten, verhielt van Bengalen sich wie ein Trompeter, Matrose und Knecht aus der Metropole und nicht wie ein Sklave. Die Erb*innen kannten den rassistischen Versklavungsdiskurs der Kolonien und das daran gekoppelte europäische rassistische Denken. Sie konnten diese Logiken und Chiffren des kulturellen Codes reproduzieren. Ihre Narration über und gegen van Bengalen und die Betonung seiner Mängel sowie seiner angeblichen *onnoselheid*, die van Bengalen als Schwarz und potenziell versklavbar makierten, erinnerten stark an die antike Rechtfertigung der Sklaverei. In der Antike wurde Sklaverei damit gerechtfertigt, dass die Seele bestimmter Menschen einen Mangel aufweise. Dieser Mangel mache unvernünftig, weshalb vernünftige Menschen diese »Barbaren« zu deren eigenem Wohl versklaven müssten. Im antiken Griechenland spielte allerdings die Hautfarbe keine Rolle für diese Rechtfertigung. Die rassistische Verknüp-

---

133   Immanuel Kant, Beobachtungen über das Gefühl des Schönen und Erhabenen, Leipzig: Insel-Verlag, 1924, S. 76. Vgl. auch Donald E. Hall, Slavery and Subjectivities, in: Ders. (Hg.), Subjectivity, New York, London: Routledge, 2004, S. 32-39, hier: S. 34. Gegen van Bengalen wurde diese herabsetzende Narration individuell vorgetragen. 1764 hatte Immanuel Kant dieses Denken bereits in eine Theorie umgesetzt. Bei ihm ist u.a. in einer Anekdote zu lesen, die er nutzte, um seine frauenfeindliche und rassistische Position zu verdeutlichen: »[…] allein kurzum, dieser Kerl war vom Kopf bis auf die Füße ganz schwarz, ein deutlicher Beweis, daß das, was er sagte, dumm war«.

134   Vgl. Fynn-Paul, Slaving Zones in Global History, S. 1-19. Ders., Empire, Monotheism and Slavery, S. 3-40.

fung von Sklaverei mit Hautfarbe wurde erst im Zuge des europäischen Kolonialismus und des Versklavungshandels entwickelt. Dies führte zur Herabsetzung und Versklavung Schwarzer Menschen und People of Color in den Kolonien.[135] Indem die Erb*innen sich im Prozess dieser Logik bedienten, banden sie van Bengalen erneut an Praktiken der Sklaverei: In *De iure belli ac pacis* beschreibt Grotius *vollständige Sklaverei* als das Arbeiten für Kost und Logis. Er ergänzt an anderer Stelle, dass hierfür auch die Verfügungsgewalt über das Leben und den Körper der Person notwendig seien. Ebenfalls in *De iure belli ac pacis* erläutert Grotius die *min volkomen salverny* unter anderem der *vrylinge* und der *verbondenen*, die zwar freiheitliche Privilegien hätten, aber gebunden seien, eine Schuld abzuarbeiten. Im holländischen Gewohnheitsrecht (*Inleydinge*) erklärt Grotius das Pendant hierzu: die *inschuld*.[136] Die Erb*innen versuchten rückwirkend eine Mischung aus Versklavungspraktiken in Bezug auf van Bengalen zur Anwendung zu bringen, um sich an ihm zu bereichern. Dies lässt den Schluss zu, dass sie die oben dargestellte Narration als Strategie wählten, weil van Bengalen Schwarz bzw. Person of Color war, weil er als Sklave in Indien geboren war und weil er deshalb als nicht-christlich markiert werden konnte. Diese van Bengalen zugewiesene *Subjektform* scheiterte jedoch an seinem Widerstand. Van Bengalen scheint überhaupt nicht in Betracht gezogen zu haben, dass er in der Republik als versklavte Person angesehen und behandelt werden könnte. Er weigerte sich trotz Druck und Drohungen, das Land zu verlassen, und zog den Gang vor Gericht vor. Vor Gericht überzeugte er mit seiner – dem Ausgang des Prozesses nach zu urteilen – glaubwürdigen Performanz als Dienstbote, Trompeter und Knecht. Diese Performanz wurde von seinem sozialen Umfeld mitgetragen, das mit der rassistischen Denkweise der Erb*innen nicht vertraut gewesen zu sein schien oder es ablehnte.[137] Die von den verschiedenen Parteien genannte *onnoselheid* van Bengalens sahen die Erb*innen als negatives Merkmal ihres Gegenübers, das sie für ihre abwertende Argumentation nutzten. Das Gericht hingegen erkannte darin, ebenso wie van Bengalens Anwalt, einen Grund für besondere Fürsorge. Dieselbe Wertung erfuhren die als Legende geschilderten Umstände der Ankunft Anthonij van Bengalens in den Niederlanden. 1715, als das Gericht sein Urteil verkündete, gab es die Rechtsfigur und den Status der Freigelassenen noch nicht.[138] Das Ansinnen der Erb*innen, sich van Bengalens Geld und seinen Erbanteil anzueignen und den kranken Diener sich selbst und der Armut zu überlassen, war mit der Rechtsordnung der Republik, in der zu jenem Zeitpunkt

---

135   Vgl. in dieser Studie 2.4.4 *Rassifizierung als kultureller Code.*

136   Vgl. in dieser Studie 2.1.3 *Sklaverei im niederländischen Recht.*

137   Vgl. Alkemeyer u.a., Selbst-Bildungen, S. 16-22.

138   Vgl. in dieser Studie2.3 »*Plakaat, concerneerde de vryheid der Slaaven*« von 1776 und 2.4 *Manumission in der niederländischen Republik.*

eine Rechtsperson zugleich notwendigerweise eine freie Person war, nicht verein-
bar. Die vielfachen Abhängigkeiten und Beziehungen van Bengalens zeigen aber
auch, dass sich seine freiheitlichen Privilegien in Umfang und Wirkmächtigkeit
maßgeblich von jenen de Sandras oder die der Erb*innen unterschieden haben.

3.2 Christina

Die Erhaltung von freiheitlichen Privilegien und auch von Gerechtigkeit war in hohem Maße abhängig von der sozialen Bindung und dem Verhandlungsgeschick
der versklavten Personen. Dies haben die Analysen der Manumissionen und des
Prozesses von Anthonij van Bengalen gezeigt. Die nun folgende biografische Mikrostudie über Christina, die wie van Bengalen als Kind einer versklavten Frau* in
den Sklavenstand geboren und in die Republik verschleppt wurde, macht sichtbar,
was geschehen konnte, wenn die Handlungsmöglichkeiten einer Person aufgrund
der sozialen, rechtlichen und gesellschaftlichen Verhältnisse stark eingeschränkt
waren. Christinas Agency war stark begrenzt, wie die anderen biografischen Mikrostudien im Vergleich deutlich machen. Sowohl Anthonij van Bengalen als auch
Marijtje Criool und Jacoba Leiland verfügten über funktionierende, relativ macht-
volle soziale Netzwerke und das nötige Wissen über das Rechtssystem der Niederlande. Beides war bei Christina kaum oder gar nicht vorhanden. Ihre Strategie, um
sich dem Zwang zu Arbeit, Dienstbarkeit und der Kontrolle zu entziehen, waren
Arbeitsverweigerung und Flucht. Sie nutzte hierfür die Unübersichtlichkeit und
die soziale Offenheit der Armenviertel Amsterdams und die Überlebenspraktiken
der dort lebenden armen Bevölkerung.

Durch die Einordnung in die bisherigen und noch ausstehenden Befunde dieser Studie und über die Mikrostudie selbst können wichtige Erkenntnisse gewonnen werden. Sichtbar wird etwa, welche Auswirkungen extreme Abhängigkeit und
Kontrolle auf die Agency einer minderjährigen Schwarzen Frau* in der Republik
haben konnte. Auch wird deutlich, welche Möglichkeiten das Rechtssystem und
die gesellschaftlichen Strukturen bereithielten, um privat verhängte Strafen obrigkeitlich gestützt in städtischen Zuchthäusern durchzusetzen. Zudem wird nachvollziehbar, welche Bedeutung und Konsequenzen es für eine Person wie Christina
hatte, zur Strafe in ein Zucht- und Arbeitshaus zu kommen.

3.2.1 Das historische Material

Die Untersuchung über Christinas (ca. 1749-1780) Leben und ihre Inhaftierung im
Nieuwe Werkhuis von Amsterdam 1768 basiert auf ähnlichem historischen Material
wie jene über Anthonij van Bengalen, der etwa 75 Jahre vor Christina in die Repu-

blik kam.[139] Die Quellen sind Dokumente, die im Kontext eines Gerichtsverfahrens verfasst wurden, welches einen Konflikt zwischen Christina als Dienstbotin und ihren Dienstherr*innen klären sollte. Christina wurde als Tochter einer versklavten Frau* geboren, die im Haushalt des adligen Ehepaars Andrianus van der Geugten und Christina Hendricks van Suchtelen auf der zu Indonesien gehörenden Insel Java lebte.[140] 1754 siedelte das Paar aus Ostindien, dem Territorium der VOC, in die Republik über und nahm das versklavte Kind mit. Christina war etwa fünf Jahre alt, als sie von ihrer Mutter getrennt und verschleppt wurde.[141] Die Informationen über ihr Leben in der Republik sind rar. Bisher war ein Eintrag über die Verurteilung Christinas im Protokollbuch des Schöffengerichts von Amsterdam bekannt.[142] Eine

---

139   Christina hatte keinen Nachnamen und wird in der Forschung mit dem Zusatz »uit Indië« (»aus Indien«) besprochen. Wenn in dieser Untersuchung nur ihr Vorname genannt wird, geschieht dies, weil diese Person keinen Nachnamen gehabt hat, der überliefert worden ist, und nicht, um sie zu infantilisieren. Mit dem Zusatz »uit Indië« möchte ich sie nicht betiteln, weil dies keine historische Namensgebung ist. Anthonij van Bengalen wurde in sämtlichen Quellen mit diesem Namen benannt. Es zeigt den Ort an, wo er versklavt wurde. Diese frühneuzeitliche Praktik der Namensgebung möchte ich nicht fortführen, indem ich Christinas Namen durch einen heute zugeschriebenen Sklav*innennamen »ergänze«. Über die Benennung des analysierten Archivmaterials und die Literatur ist die Person zuordenbar. Vgl. Henry G. Doors, De kleine Geschiedenis van de Slavernij: Sporen in Amsterdam, Amsterdam: KIT Publishers, 2002, S. 43.

140   SAA, 347, Inv. 237; 5075, Inv. 13696 Dominicus Geniets, Akte 1162; 14. August 1772, Scans KLAB04621000303-5. Die zweite hier aufgeführte Quelle ist ein Protokoll über die Vollstreckung eines Testaments, bei dem u.a. Adrianus van der Geugten von dem Leutnant E. Leendert Gerrits van Muyen 600 Gulden. erbte. Eine Verbindung nach Indonesien ist damit sicher nachgewiesen. Das Testament wurde in Semarang, einer Stadt in Java, ausgestellt. Mark Ponte geht davon aus, dass Adrianus van der Geugten und seine Frau Christina Hendricks van Suchtelen in Batavia gelebt haben, bevor sie nach Amsterdam migrierten. Vgl. Ponte, Geweesene Slaavinnen, S. 43. Besten Dank für den Hinweis an Mark Ponte. Willem J. J. C. Bijleveld, Opmerkingen over de geslachten, behandelt in het Nederland's Adelsboek, 's-Gravehage: W.P. van Stockum & Zoon, 1946, S. 166.

141   Vgl. Ponte, Geweesene Slaavinnen, S. 43. Ob van der Geugten möglicherweise der leibliche Vater war, ist unklar. Mark Ponte gibt an, Christina sei von van der Geugten vor der Repatriierung adoptiert worden. Ich konnte keinen Hinweis auf eine Adoption im historischen Material finden. Laut Grotius waren Adoptionen in der Republik unüblich. Bei einer natürlichen, also außerehelichen Vaterschaft hätte van der Geugten offiziell bei der zuständigen Obrigkeit die Mond-Borgschap bzw. Voogdy für Christina beantragen können. Damit hätte er nach unserem heutigen Verständnis das Sorgerecht für Christina erhalten. Dies wäre ein rechtssicheres und obrigkeitlich abgesichertes Beziehungsverhältnis gewesen, das mit Sicherheit bei der Argumentation vor dem Schöffengericht vorgetragen worden wäre, weil es van der Geugtens Position gestärkt hätte. Vgl. Grotius, Inleydinge, I., VI., § 3. Und in dieser Studie 3.1.3 Das Leben im Hause De Sandra, S. 121.

142   SAA, 5061, 1276, 16. Sept. 1768-03. Okt. 1775, 14. Sept. 1768, 11. Okt. 1768. Vgl. Doors, De kleine Geschiedenis van de Slavernij, S. 43.

vertiefte Recherche förderte zudem eine notariell beglaubigte Zeug*innenaussage von vier Personen gegen Christina und die Eintragungen im Rechnungsbuch des *Nieuwe Werkhuis* zu Tage. Diese Dokumente belegen, dass Christina von Oktober 1768 bis Oktober 1770 im *Nieuwe Werkhuis* inhaftiert war und Zwangsarbeit verrichten musste.[143] Der Materialbestand umfasst nur wenige handschriftliche Seiten, liefert bei genauem Hinsehen allerdings sehr viele Informationen. Diese biografische Mikrostudie über das Leben bzw. die Inhaftierung Christinas zwischen 1768 und 1770 vermittelt eine Vorstellung von ihren Lebensumständen, ihrem sozialen Umfeld, ihren Problemen, den Zwängen und der Unfreiheit, denen sie unterworfen war, sowie den von ihr genutzten und denkbaren Handlungsmöglichkeiten. Die Untersuchung zeigt, wie das Leben einer jungen, in extremer Abhängigkeit stehenden Schwarzen Frau* in Amsterdam Mitte des 18. Jahrhunderts aussehen konnte.

3.2.2 Ausbildung und Tätigkeiten

Welche Ausbildung Christina erhielt, wird in den Quellen implizit behandelt. Während wir aus den Akten zu van Bengalens Prozess eine Aufzählung der erlernten Fertigkeiten und Tätigkeitsfelder erhielten, müssen wir uns in diesem Fall mit beiläufig erwähnten Praktiken, die Christina ausübte, begnügen. Auf dieser Grundlage ist anzunehmen, dass Christina in die Verrichtung hauswirtschaftlicher Aufgaben eingeführt und eventuell als Näherin ausgebildet oder zumindest angelernt wurde, was eine übliche Ausbildung für Mädchen* und Frauen* in dieser Zeit war.[144] Gesichert ist, dass sie als Magd im Hause van der Geugtens und Hendricks van Suchtelens arbeitete und nähen konnte. Die Praktik, stark abhängiges Dienstpersonal für bestimmte Arbeiten auszuleihen oder saisonal zu vermieten, konnten wir bereits bei Anthonij van Bengalen sehen. Er war wie Christina im Territorium der VOC als Kind einer versklavten Frau* geboren worden und damit selbst versklavt gewesen. Christina wurde von Hendricks van Suchtelen

---

143   SAA, 5075, 13649 Dominicus Geniets, Nr. 1112, https://archief.amsterdam/inventarissen/scans /5075/382.1.110/start/140/limit/10/highlight/7 (23.10.2021); 347 Archief van het Spin- en Nieuwe Werkhuis, Inv. 237, Okt. 1768–Okt. 1770. Die Zeugen, die gegen Christina aussagten, waren »Jan Gobbert, wohnhaft in der Middelstraat bei der Vijselgragt[,] Jan van den Bogdaard, wohnhaft auf der Keizersgragt bei der Vijselstraat[,] Jacobus Moyet, wohnhaft in der Noorderdwaarstraat und Nicolaas Swenskwij[,] wohnhaft an dem unteren Süd-Agterburgwal bei dem Stoofsteeg«. Für September/Oktober 1769 ist Christina als »Christina de Swartin« im Rechnungsbuch des *Nieuwe Werkhuis* eingetragen, in allen anderen Einträgen wird nur ihr Vorname und kein Nachname verwendet. Die Daten korrespondieren mit jenen aus dem Protokollbuch des Schöffengerichts.

144   Vgl. Lotte van de Pol, »Frauenarbeit«, in: Enzyklopädie der Neuzeit Online, doi: http://dx.doi. org/10.1163/2352-0248_edn_COM_265857.

damit beauftragt, im Laden der Ehefrau eines später im Prozess auftretenden Zeugen namens Jan van den Bogdaard Leinenstoffe zu nähen. Doch Christina lief mehrfach von ihrer Arbeit im Laden davon. Zudem war sie, laut der notariell beglaubigten und vom Gericht anerkannten Aussage Jan van den Bogdaards, dermaßen renitent, aufsässig und garstig, dass dieser van den Geugten etwa 1763 bat, Christina nicht länger zum Arbeiten zu schicken.[145]

> »[W]ie nun der zweite Zeuge [Jan van den Bogdaard] sehr gut zu wissen erklärt, dass zuvor genannte Schwarze, Christina genannt, durch die Frau Bittstellerin [Hendricks van Suchtelen] vor circa fünf Jahren bei des zweiten Zeugen Hausfrau zum Leinen-Nähen bestellt war, dass sie, Christina, [sich] damals sehr frech und unwillig gegen des zweiten Zeugen Hausfrau betragen hat, dass sie auch jedes Mal sowohl aus dem Laden als aus dem Haus von den Bittstellern weggelaufen ist und außerdem noch so eine unfügsame Lebensweise gehalten hat, dass er, zweiter Zeuge, die Bittsteller gebeten hat[, die] zuvor genannte Schwarze Christina aus dem Nähladen seiner [...] Ehefrau zu nehmen.«[146]

Christina war es gelungen, aufgrund von besonders aufsässigem Verhalten nicht länger zum Arbeiten in den Laden der Bogdaards geschickt zu werden. Zu diesem Zeitpunkt war sie ca. 14 Jahre alt. Vielleicht kümmerte Christina sich auch um die Kinder der Familie van der Geugten, die kleine Margareta (25.2.1764–?), deren großen Bruder Willem Hendrik (15.3.1761–?) und die 1768 erneut schwangere Christina Hendricks van Suchtelen.[147] Es ist nicht möglich, mit Sicherheit zu rekonstruieren, welche Aufgaben Christina im Einzelnen ausüben musste. Gewiss ist jedoch, dass sie das Leben im Haus ihrer Dienstherr*innen verabscheute und immer wieder durch Flucht zu entkommen versuchte. Die Beschreibungen des Verhaltens Christinas durch ihre Dienstherr*innen und deren Freunde, die als Zeugen vor dem Schöffengericht erschienen sind Aufzählungen von Widerstandshandlungen. Van

145   SAA, 5075, 13649 Dominicus Geniets, 09.09.1768, Nr. 1112, Scan A35357000146-8.

146   SAA, 5075, 13649 Dominicus Geniets, 09.09.1768. »[V]erklaard als nu de tweede getuygen [Jan van den Bogdaard] seer wel te weeten dat voornaemd Swarten Christina genaamt, door de Vrouw requirante voor circa vyff Jaaren Geleden by syn tweede getuygen huysvrouw op het linne nayen is bestelt geweest, dat sy Christina als toen haar seer brutaal en onwillig tegens syn tweede getuygen huysvrouw heeft gedragen, dat sy ook telkens soo van de winkel als uyt het huys van de requiranten is weggeloopen, en bovendien nog soo een onbetamelyke levenswyse heeft gehouden, dat hy Tweede der de getuygen aan de requiranten heeft versogt voornoemde Swarten Christina van den naaywinkel van syn [...] huysvrouw teneemen.«

147   SAA, DTB 102, p. 213, Nr. 12; DTB 27, p. 182, Nr. 2. Das dritte Kind des Ehepaares Van der Geugten/Hendricks van Suchtelen, Benjamin, wurde am 25.9.1768 in der *Amstelkerk* von Amsterdam getauft. Die Kirche liegt nur etwa 600 Meter vom Haus der Familie *Amstel/Nieuwe Prinsengracht* entfernt. SAA, DTB 126, p. 386, Nr. 1. Bezüglich der Adresse vgl. SAA, 5075, 13749, Nr. 37, Scan KLAB08951000180-2.

der Geugten suchte und fand Christina jedes Mal aufs Neue, wenn sie weggelaufen war. Er zwang sie dann, erneut in seinem Haus zu leben und zu arbeiten, oder schickte sie zum Arbeiten in andere Häuser.[148]

3.2.3   Christinas Flucht aus der Perspektive der Zeugen

Ende August 1768 eskalierte die Situation. Christina war wieder davongelaufen und hatte sich in die Armenviertel Amsterdams geflüchtet.

»[So erklärte] nun der vierte Zeuge [Nicolaas Swenskwij], dass zuvor genannte Schwarze, Christina genannt, circa drei Wochen zuvor aus dem Haus der Bittsteller weggelaufen ist, er [...] sie zwei Tage danach getroffen hat, bei sich habend eine schlechte Frauensperson, die mit ihr aus dem duyvelshoek[149] gekommen war und sie in die Jonkerstraat bringen wollte, dabei hat der vierte Zeuge gesehen, dass sie, Christina, ohne ihren silbernen Taschenbügel, dito punthaaken[150], dito Schnalle und andere Dinge [war], die sie gewöhnlich getragen hat, und dass sie hinreichend keine Kleider an ihrem Leib hatte, dass er [...] von ihr [...] erfragt hat, wo ihr silberner Taschenbügel, punthaaken, Schnalle, Kleider, wo dergleichen waren, sie, [...] endlich, weil er [...] sehr stark drängte dieses wissen zu wollen und [zu] müssen, hat gesagt, [›]das habe ich in meiner Schlafstatt in dem duyvelshoek gelassen[‹], dass er [...] in der Zeit zuvor genannte Schwarze zu mehreren Malen gesehen hat, hinreichend ohne Kleider an, und [wie] sie auf [der] Straße und [bei den] kleinen Booten bettelte.«[151]

---

148   SAA, 5075, 13649 Dominicus Geniets, 09.09.1768, Nr. 1112.

149   Das »duyvelshoek« (Teufelseck) war ein ärmliches, jüdisch geprägtes Viertel in Amsterdam in der Gegend zwischen Reguliersdwarsstraat und Regulierbreestraat. Weitere Ausführungen folgen.

150   Vgl. Ingrid Loschek, Accessoires. Symbolik und Geschichte, München: Bruckmann, 1993, S. 64, 260. Ein Punthaak ist ein metallener Haken, der in den Saum oder Gürtel von Kleidern eingenäht wurde, um daran den Geldbeutel oder einen Beutel mit Arbeitsmaterialien etc., der mit einem metallenen Taschenbügel versehen war, einzuhaken.

151   SAA, 5057, 13649 Dominicus Geniets, 09.09.1768. »[V]erklaarde als nu de vierde getuygen [Nicolaas Swenskwij] dat voornoemde Swartin Christina genaamte circa drie weeken geleden uyt het huys van de requiranten weggelopen synde, hy [...] haar twee daagen daar na heeft ontmoet by haar hebbende een slegt vrouwspersoon, die met haar uyt de duyvelshoek was gekomen, en haar wilde brengen in de Jonkerstraat, darby vierde getuygen als toen heeft gesien dat sy Christina ontblood was van haar Silvere tasbeugel dito punthaaken, dito gespens en andere dingen die sy gewoon was te dragen, en dat sy genoegsaam geen kleederen aan haar lyff had, dat hy [...] van haar Swartin Christina genaamt heeft gevraagd waar haar Silvere tasbeugel, gespen kleederen als andersints waaren, Sy Swartin Christina eyndelyk, vermits hy [...] seersterk aandrong sulks te moeten en willen weten, heeft gesegt[, ›]dat heb ik in myn slaapsteede in de duyvelshoek gelaten [‹] dat hy [...] na die tyd voornaemd Swartin temeer-

Nicolaas Swenskwijs Aussage vom 9. September 1768 zeigt, dass er bestens informiert war über den Zeitraum von Christinas Abwesenheit. »Zwei Tage nach ihrer Flucht aus dem Haus des Bittstellers« ist eine sehr präzise Angabe. Swenskwij stand demnach in engem Kontakt mit van der Geugten und Hendricks van Suchtelen und kannte Christina offenbar so gut, dass er sie während einer Zeitspanne von mehreren Wochen zu verschiedenen Gelegenheiten ohne ihre gewöhnliche Kleidung jedes Mal sofort erkannte. Auch wusste er genau, welche Gegenstände und Kleidungsstücke Christina gewöhnlich bei sich trug und aus welchem Material sie waren. Christinas Kleidung und ihre Accessoires waren teuer und vornehm. Dies deutet darauf hin, dass sie auch in der Republik *Repräsentationsarbeit* leisten und als Luxus- und Statussymbol für den Reichtum und die Macht ihrer Dienstherr*innen fungieren sollte. Diese Art der Sklav*innenarbeit war im Rahmen der sogenannten Hausssklaverei in den East Indies üblich, von wo van der Geugten Christina mitgeführt hatte.[152] In den East Indies wurde das versklavte Personal kostbar gekleidet, denn über die Anzahl der versklavten Personen im Haushalt und deren Ausstattung mit Kostbarkeiten zeigten europäische Kolonist*innen, wie viel Macht und Reichtum sie besaßen.[153] Dieses Element war auch bei Anthonij van Bengalen zu beobachten, der als Trompeter mit einer repräsentativen Uniform ausgestattet worden war. Durch das Ablegen der kostbaren Kleidung und des Schmucks passte sich Christina optisch der Bevölkerung der ärmeren Stadtteile an, die sie nun umgab. Vermutlich war der üppig verarbeitete, kostbare Stoff ihrer Kleidung hinderlich beim Ausführen von Arbeiten oder beim Betteln, denn die kostbare Kleidung hätte verhindert, dass Christina als bedürftig und bemitleidenswert angesehen worden wäre, weshalb man ihr Spenden verweigert hätte.[154] Zudem wäre es auch eine Möglichkeit gewesen, Kleidung und Accessoires zu verkaufen, um an Geld zu kommen. Zugleich distanzierte sich Christina durch den Kleiderwechsel symbolisch von ihren Dienstherr*innen und wählte die Zugehörigkeit zur Amsterdamer Unterschicht.

Swenskwij war vertraut mit den verwinkelten, unübersichtlichen Orten, an denen Christina sich aufhielt. Ihr selbstgewähltes soziales Umfeld hielt er offenbar für einen schlechten Einfluss, für unehrenhaft, anrüchig und verächtlich.[155] Dieses

---

malen heeft gesien genoegsaam sonder kleederen aan, en haar op straat en sloepen sien bedelen.«

152 Vgl. Köstlbauer, Ambiguous Passages, S. 234-235. Auch Anthonij van Bengalen leistete als Trompeter in schmucker Uniform, zugehörig zu einem adligen Haushalt, *Repräsentationsarbeit*. Vgl. in dieser Studie 3.1.3 *Das Leben im Hause De Sandra*, S. 122, Anm. 58, S. 185 und 3.1.8 *Die Befunde*, S. 139.

153 Vgl. Baay, Daar werd wat gruwelijks verricht, S. 64, 66-68.

154 Vgl. Simon-Muscheid, Und ob sie schon einen dienst finden, S. 48-54.

155 Zu den Begriffen *Unehre*, *Anrüchigkeit* und *Verächtlichkeit* und dem jeweils damit einhergehenden Rechtsstatus vgl. Sibylle Hofer, »Ehrverlust«, in: Friedrich Jaeger (Hg.), Enzyklopädie der Neuzeit, Bd. 3, Stuttgart, Weimar: Metzler, 2006, S. 88-90.

Umfeld warf aus seiner Sicht ein schlechtes Licht auf Christina und damit auch auf die Familie van der Geugtens. Swenskwij wohnte am Stoofsteeg nahe dem Achterburgwal, was zwar der älteste Teil der Stadt, aber durch seine Nähe zum Hafen und den Bordellen in der Jonker- und Ridderstraat nicht als gute Wohngegend galt. Wie aus dem abgebildeten historischen Stadtplan Amsterdams ersichtlich ist (Abb. 1), handelt es sich bei allen Quartieren der ärmeren Bevölkerung um ein unübersichtliches Gewirr aus gewundenen, schmalen Gassen. Dies steht in starkem Kontrast zu den offen strukturierten, gut einsehbaren Straßen entlang der Grachten in der Gegend um die Herengracht. Besonders die Straßen im Hafenviertel waren von Armut, Elend, Kriminalität und Gewalt geprägt. In Bordellen versuchten unter anderem Tagelöhner*innen, die während des Tages »einfachen« Arbeiten nachgingen, nachts mit Sexarbeit zusätzliches Geld zu verdienen.[156]

Christina kam aus dem sogenannten Duyvelshoek. Das Duyvelshoek war ein jüdisch geprägtes Viertel der Unterschicht in der Gegend zwischen Reguliersdwarsstraat und Regulierbreestraat. Einige der dort ansässigen jüdischen Geschäftsleute waren unter anderem spezialisiert auf den Handel und die Verarbeitung von Diamanten.[157] Die Schleifmaschinen zur Bearbeitung der Diamanten wurden mehrheitlich von Frauen*, die für einen sehr geringen Lohn arbeiteten, über Tretmühlen angetrieben.[158] Christina soll ebenfalls dieser Arbeit nachgegangen sein.[159] Möglicherweise kam sie gerade von dieser Arbeit, als Swenskwij sie auf dem Weg in die von Armut und Prostitution geprägte Jonkerstraat im Hafenviertel abpasste, unter Druck setzte und bedrängte, um von ihr Auskunft über ihren Verbleib und ihre Kleidung zu erhalten.[160] Offenbar glaubte Swenskwij, dass ein derart grenzüber-

---

156 Vgl. Lotte van de Pol, The Burgher and the Whore. Prostitution in Early Modern Amsterdam. Übers. v. Liz Waters, Oxford: University Press, 2011, S. 64-66.

157 Vgl. Mark Häberlein, »Edelsteine«, in: Enzyklopädie der Neuzeit Online, doi: http://dx.doi.org /10.1163/2352-0248_edn_SIM_255790. Simone Lipschitz, De Amsterdamse Diamantbeurs/The Amsterdam Diamond Exchange, Amsterdam: Stadsuitgeverej Amsterdam, 1990.

158 Vgl. ebd., S. 30.

159 Vgl. Ponte, Geweesene Slaavinnen, S. 43.

160 Vgl. www.joodsamsterdam.nl/duvelshoek/(15.04.2020). Es scheint mir kein Zufall zu sein, dass ein von jüdischen Einwohner*innen geprägtes Viertel als *Duyvelshoek* (Teufelseck) bezeichnet wurde. Die Dämonisierung jüdischer Menschen als Teufel ist ein altes und weitverbreitetes Vorurteil, das sich einfügt in ein manichäisches antijüdisches Weltbild, das nur zwischen Gut und Böse unterscheidet. Wulf D. Hund sieht die Anfänge dieses Vorurteils bereits bei den Kirchenvätern in der Spätantike. Der dämonische Rassismus wurde im Verlauf der Frühen Neuzeit auch auf Frauen* und Mädchen* ausgeweitet, die als Hexen verfolgt wurden. Aufgrund der narrativen Verknüpfung der biblischen Geschichte der Verfluchung Hams mit dunkler Hautfarbe wurden Schwarze Menschen als auf ewig verflucht und zu Sklaverei verdammt imaginiert. Im Kontext der osmanischen Machtentfaltung und der sogenannten *Türkenkriege* wurden auch Muslim*innen dämonisiert. Vgl. Wulf D. Hund, Rassismus, Bielefeld: transcript, 2007, S. 53-61.

schreitendes, gewalttätiges und respektloses Verhalten angemessen im Umgang mit der jungen Schwarzen Frau* sei.

Die Zeugen Jan Gobbert und Jacobus Moyet wohnten in der Middelstraat nahe der Vijzelstraat bzw. in der Noorderdwarstraat, die an die Prinsengracht anschließt und damit nur wenige Gehminuten entfernt von van der Geugtens Haus auf der Amstel an der Nieuwe Prinsengracht.[161] Es handelte sich hierbei um die beste Gegend der Stadt.

> »[Z]uerst erklärten der erste [Jan Gobbert] und dritte [Jacobus Moyet] Zeuge, dass sie sehr genau wissen, dass die Schwarze, Christina genannt, die bei den Bittstellern [van der Geugten und Hendricks van Suchtelen] als Magd gedient hat, diverse Male und nun unlängst von den Bittstellern weggelaufen ist und dann wieder durch den Bittsteller gefunden und wieder entblößt von ihrem Gold, Silber und ihren vornehmen Kleidern durch den Bittsteller nach Hause gekommen oder gebracht wurde, dass die zuvor genannte Schwarze, Christina genannt, nun vor einiger kürzerer Zeit wieder aus dem Haus des Bittstellers davongelaufen ist, durch den Bittsteller entdeckt und geholt wurde aus einem gewissen schlechten Haus auf dem Fransepad und dass sie […] seit einigen Jahren sich sehr frech und unwillig gegen die Bittsteller betragen hat und noch beträgt.«[162]

---

161   SAA, 5075, 13749 Dominicus Geniets, Dokument 37. 1777 wurde die Familie van der Geugten informiert, dass ein Sohn, der mit der VOC zur See gefahren war, verstorben sei. In dem notariellen Dokument ist die Adresse angegeben. Der Notar Dominicus Geniets scheint der Notar der Familie gewesen zu sein. In seinem Archiv sind einige Abschriften von Dokumenten erhalten, die die Familie van der Geugten betreffen. Im System des Stadsarchief Amsterdam wurde Geniets die Nummer 382 zugewiesen. Vgl. Abb. 1. Die archivalischen Angaben der eingezeichneten Adressen in der historischen Karte sind hier auffindbar: SAA, 5075, 13649 Dominicus Geniets, Nr. 1112. SAA, 347, Nieuwe Werkhuis Amsterdam. Register v. ontvangsten en uitgaven, Inv. 237, 1768-1783. Vrij, Susanna Dumion, S. 18-31.

162   SAA, 5075, 13649 Dominicus Geniets, Nr. 1112. »[E]erstelyk verklaarde de eersten [Jan Gobbert] en derden [Jacobus Moyet] getuygen dat sy seer wel weeten dat de Swarten Christina genaamt die by de requiranten als meyd heeft gediend diverse malen, en nu onlangs van de requiranten is weggeloopen, en als dan telkens door den requirant weder is opgesogt en als den telkens ontbloot van haar goud, silveren voornaamite kleederen by de requiranten weder thuis gekomen off gebragt, dat voornoemde Swartin Christina genaamt nu voor eenige korten tyd geleden weder thuis van de requiranten uytgelopen synde door den requirant is ontdekt en gehaalt uyt seeker slegt huys op het fransepad, en dat sy Christina Sedert eenige Jaaren haar seer brutaal en onwillig tegens de requiranten heeft gedragen en nog gedraagt.« Der *Fransepad* ist heute die *Willemstraat* in *Jordaan*, zwischen *Lijnbaansgracht* und *Brouwersgracht*, damals ein Unterschichten- und Armenviertel. Geprägt war die Gegend durch Handwerksbetriebe wie Färber und landwirtschaftliche Nutzung. Der *Fransepad* lag am Rand der Stadt. Homepage: Alles familie: Jordaan, 't Franse Pad, www.allesfamilie.nl/FamLampe/DetailsLampe/BuurtenAmsterdam.html (15.04.2020).

Gobbert und Moyet waren demnach wie Swenskwij bestens über Christinas Verhalten, ihre An- bzw. Abwesenheit, ihren Aufenthaltsort und ihre Kleidung inklusive Accessoires unterrichtet. Ihre Aussage lässt den Eindruck entstehen, van der Geugten habe viel Zeit damit zugebracht, Christina aufzuspüren und nach Hause zu bringen, wenn sie erneut davongelaufen war. Das Verhältnis zwischen van der Geugten, Hendricks van Suchtelen und Christina scheint verheerend schlecht gewesen zu sein. Mark Ponte, der zu People of Color in Amsterdam geforscht hat, schreibt, Christina hätte sich über Misshandlungen durch van der Geugten beklagt.[163] Die Wortwahl, mit der die Zeugen Christina und das Verhältnis zu ihrer »Familie« beschrieben, lässt auf einen rauen und rohen Umgang schließen. Christina »läuft verschiedene Male aus dem Haus davon«, sie wird »aufgespürt« und vom Hausherren eigenhändig »zurück ins Haus gebracht«, sie ist »entblößt« »von Gold, Silber und vornehmer Kleidung.« Es wird angedeutet, dass sie sich prostituiert habe, und sie soll sich angeblich »unwillig« und »frech« verhalten haben. Letzteres könnte geheißen haben, dass sie ungehorsam war, sich gegen physische wie verbale Angriffe verteidigt und gegen eine Verfügung über ihre Person, die beschriebene Einschränkung ihrer Bewegungsfreiheit und den Zwang zur Arbeit zur Wehr gesetzt hat. Christina wurde zuerst als »Schwarze« und dann erst namentlich genannt. Dass eine explizite Betonung des Schwarzseins einer Person im Kontext von Sklaverei bzw. im Kontext eines Zwangs- und Abhängigkeitsverhältnisses nicht als neutrale Personenbeschreibung gewertet werden kann, wurde in der bisherigen Untersuchung bereits aufgezeigt. Vielmehr ist auch in Christinas Fall, der im kolonialen Sklavereikontext seinen Ausgang nahm, von einer Verknüpfung zwischen dem Marker dunkle Hautfarbe und Versklavung auszugehen. Für die Zeugen war demnach die Rassifizierung und die damit vermeintlich legitimierte Ausbeutung sowie die Verfügung über Christinas Person und ihren Körper zentral. Das Wohl oder die Wünsche der jungen Frau* werden in den Zeugenaussagen hingegen nicht thematisiert.

3.2.4   Mehrfachdiskriminierung in den Zeugenaussagen über Christina

Die frühneuzeitliche Gesellschaft kommunizierte soziale Positionen unter anderem durch Kleidung. Entsprechend waren auch Dienstbot*innen und Angehörige der Unterschicht üblicherweise mit Zuschreibungen und Einschätzungen ihrer Kleidung konfrontiert. Diese Bevölkerungsgruppe wurde über den Zustand ihrer Kleidung, ob gut oder schlecht, vollständig und standesgemäß bewertet und bei einem negativ wahrgenommenen Äußeren als tugendlos angesehen.[164]

---

163   Vgl. Ponte, Geweesene Slaavinnen, S. 43.

164   Vgl. Simon-Muscheid, Und ob sie schon einen dienst finden, S. 47-64, hier: S. 47-52.

Abb. 1, John Senex, A New Map of the City of Amsterdam Most Humbly Inscrib'd to John Hedworth Esqr. London, 1720.

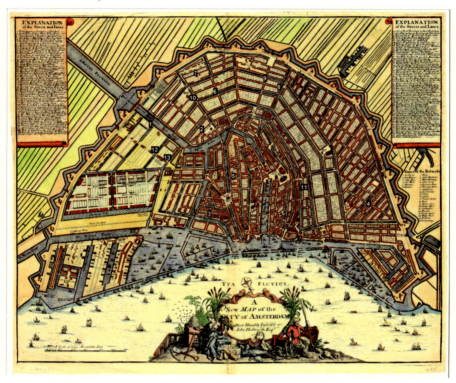

Legende: **1** │ Haus von Adrianus van de Geugten und Christina Hendricks van Suchtelen; **2** │ Duyvelshoek zwischen Regulierdwarsstraat und Regulierbreestraat; **3** │ Jonker- und Ridderstraat (Bordelle im Hafenviertel); **4** │ Fransepad, heute Willemstraat in Jordaan; **5** │ Haus von Nicolaas Swenskwij am Stoofsteeg; **6** │ Haus von Jan van de Boogdaard an der Keizersgragt/Vijzelgragt (die Vijzelgragt wurde zugeschüttet und ist heute die Vijzelstraat); **7** │ Haus von Jacobus Moyet, Norderdwarstraat/Prinsengragt; **8** │ Haus von Madelaine Sophia Fizeaux, Witwe Vernezobre, Herengracht/Leidsegracht. Hier lebte am 1767 Charlotte Magdalena Reda, 1797 zog Reda ins Besjeshuis **(13)**, ein Altenheim für arme Frauen*. Heute befindet sich in dem Gebäude die Hermitage. **9** │ Elisabeth Maria Antonia Aspasia aus dem Kongo lebte ab 1771 in der Kerkstraat/Prinsegracht bei Elisabeth Geertuij Smit. 1781 zog sie in das Van Brants Rus-hofje, ein Besjeshuis **(12)**. **10** │ Haus von Susanna Lespinasse. Hier lebte ab 1753 Susanna Dumion und möglicherweise auch Sara Francina Piek, Herengracht/Reguliersgracht. 1778 erlangte Dumion ihre Freiheit durch das Inkrafttreten des Testaments von Susanna Lespinasse. 1784 zog Dumion mit Sara Lespinasse in ein Haus an der Herengracht/Bergstraat **(11)** ein.

Daher liegt es nahe, dass die oben beschriebene Denkungsart der Zeugen mit der Hervorhebung kleidungsspezifischer Aspekte einherging und zugleich mit den zeitgenössischen Vorstellungen von Schwarzen versklavten Personen und Weiblichkeit verflochten war. Es wurde in allen Aussagen betont, dass Christina ihre Kleidung verkauft habe, fast unbekleidet herumgelaufen sei und gebettelt habe. Es wurde sogar angedeutet, dass sie sich prostituiert habe. Damit wurde implizit auf negativ konnotierte Bilder angespielt, die dem frühen kolonialrassistischen kulturellen Code zugeordnet werden müssen (vgl. Kap. 2.4.4). Zum einen ist hier die negativ bewertete Nacktheit des biblischen Sündenfalls zu nennen. Zum anderen die, in europäischen Augen, Wildheit und Unzivilisiertheit repräsentierende ikonografische (Beinahe-)Nacktheit der weiblichen Personifizierungen (Allegorien) der von den europäischen Mächten zum Teil beherrschten Kontinenten *India*, *America* und *Africa*.[165] Schwarze Frauen* und Women* of Colour wurden bereits im Hohen Mittelalter in besonderem Maße mit sexualisierenden Zuschreibungen konfrontiert.[166] Die Betonung einer unzureichenden Bekleidung und das Erwähnen der Jonkerstraat waren damit ein deutlicher Hinweis auf vermeintliche sexuelle Verfügbarkeit, Zügellosigkeit, Tugendlosigkeit, Prostitution und Unzivilisiertheit. Von ihrer äußeren Erscheinung wurde also auf Christinas Charakter geschlossen.[167] Das Ablegen der Kleidung konnte zudem als indirekte Entehrung von van der Geugtens Familie wahrgenommen werden, die bzw. deren soziale Position in der Gesellschaft Christina als Dienstpersonal repräsentieren sollte.[168] Angedeutet wurde auch eine unerlaubte Bereicherung durch den Verkauf der kostbaren Kleidung und des Schmucks. Beides wurde Christina als Angestellte eines reichen Haushalts zur Verfügung gestellt, wird aber sicher nicht ihr Eigentum gewesen sein, wodurch der unterstellte Verkauf einem Diebstahl gleichgekommen wäre.[169] Erwähnt wurde außerdem unangepasstes Verhalten im Umgang mit sozial höhergestellten Personen und ein Unwille zur Arbeit, bis hin zur vollständigen Arbeitsverweigerung. Die Betonung der wiederholten Flucht und des anhaltend devian-

---

165   Nacktheit wird zwar in der christlichen Ikonografie meist mit Reinheit assoziiert, sie kann jedoch auch mit dem Sündenfall in Verbindung gebracht werden. Durch den Kolonialismus wurde in Europa zudem die Ikonographie der nackt dargestellten Personifikationen der kolonialisierten Kontinente *Afrika*, *America* und *India* zum Sinnbild, bzw. zu einer Chiffre für Wildheit. Die Beschreibung der unvollständig bekleideten jungen Frau* Christina, ihrer dunklen Hautfarbe und die Nennung der räumlichen Nähe der stadtbekannten Bordelle ist daher eindeutig ein Verweis auf Prostitution. Vgl. Hans-Joachim König, Stefan Rinke, »Neue Welt«, in: Enzyklopädie der Neuzeit Online, doi: http://dx.doi.org/10.1163/2352-0248_edn_COM_318175. Siehe auch Donat de Chapeaurouge, Einführung in die Geschichte der christlichen Symbole, Darmstadt: WGB, 2001, S. 102-104.

166   Vgl. Heng, Invention, S. 210-222.

167   Vgl. Simon-Muscheid, Und ob sie schon einen dienst finden, S. 48. Für diesen Hinweis und den Verweis auf den Aufsatz von Katharina Simon-Muscheid, Und ob sie schon einen dienst finden, danke ich der Historikerin Eva Marie Lehner, Universität Bonn.

168   Vgl. ebd., S. 54.

169   Vgl. ebd., S. 61.

ten Verhaltens kann als Beweis für eine vermeintliche Unverbesserlichkeit und die scheinbare Unfähigkeit dazuzulernen verstanden werden. Durch die Zeugenaussagen wurde ein Bild des Unvermögens Christinas konstruiert, das sie – gemäß dem zeitgenössischen Tugendkatalog für Frauen* – als hoffnungslosen Fall, als unvernünftig und als unfähig zu einem angemessenen Verhalten zeigte.[170] Diese umfassende, komplexe Abwertung geht deutlich über die Zuschreibungen und Assoziationen hinaus, mit denen Dienstbot*innen und Angehörige* der Unterschicht üblicherweise in der Frühen Neuzeit konfrontiert wurden.[171]

Die somit den Zeugenaussagen unterliegende Narration zielte auf die Betonung vermeintlicher Mängel der abgewerteten Person ab und griff eine von Aristoteles stammende, in verschiedenen Sklaverei-Zusammenhängen über die Jahrhunderte immer wieder bemühte und an die jeweiligen Verhältnisse adaptierte Argumentation auf. Nach Aristoteles war die Natur bestrebt, »die Leiber der Freien und Sklaven verschieden zu bilden«, was sich bei den Sklav*innen durch einen Mangel an Vernunft zeige.[172] Durch eine solche undifferenzierte und homogenisierende Argumentation wurde ein *historisches Subjekt* entworfen, das keine reale, also individuelle und differenzierte Entsprechung benötigte.[173] Die junge Frau* Christina wurde durch diese vorurteilsbehafteten und rassifizierenden Zuschreibungen zur *Schwarzen* gemacht. Diese Schwarze Frau* entsprach in der zuschreibenden Narration den vorurteilsbehafteten Merkmalen einer rassistisch konstruierten Figur, die keine Ähnlichkeit aufwies mit einem vernunftbegabten, lern- und entwicklungsfähigen Menschen. Bei dieser Argumentationsstruktur handelt es sich um *Umwegkommunikation* (Paul Gilroy), bei der der*die Sender*in davon ausgeht, dass die*der Empfänger*in in dasselbe Wissen, denselben kulturellen Code eingeweiht ist und diesem zustimmt. Es genügt, Anspielungen in Form von Chiffren zu verwenden, um verstanden zu werden.[174] Vor diesem diskursiven Hintergrund können die Zeugenaussagen aus dem Prozess gegen Christina als ein Versuch gelesen werden, Christina als unfähig zu einem Leben in Freiheit darzustellen. Die Dominanz über Christina und ihre Disziplinierung durch die sich selbst vernünftig

---

170 Für eine Übersicht über das ideale Weiblichkeitsbild des 18. Jahrhunderts vgl. Barbara Stollberg Rilinger, Europa im Jahrhundert der Aufklärung, Stuttgart: Reclam, 2000, S. 151-160. Der Tugendroman für Frauen von Elisabeth Wolff-Bekker, Agatha Deken, Historie van mejuffrouw Sara Burgerhart, 's Gravenhage: Isaac van Cleef, 1782 verhandelt das weibliche Idealbild und davon abweichendes Verhalten.

171 Vgl. Simon-Muscheid, Und ob sie schon einen dienst finden, S. 47-50.

172 Wulf D. Hund, Negative Vergesellschaftung. Die Dimensionen der Rassismusanalyse, 2. Aufl., Münster: Westfälisches Dampfboot, 2014, S. 20-21.

173 Vgl. Stuart Hall, »Rasse«, Artikulation und Gesellschaften mit struktureller Dominante, in: Ulrich Mehlem u.a. (Hg.), Rassismus und kulturelle Identität, Ausgewählte Schriften 2, 2. Aufl., Hamburg: Argument, 2012, S. 89-163, hier: S. 135-136.

174 Vgl. Gilroy, Against Race, S. 30-31, und auch Alkemeyer u.a., Selbst-Bildungen, S. 20-21.

und zivilisiert wähnenden *weißen* Personen sollten auf diese Weise als gerechtfertigt und notwendig erscheinen.[175] Die gleiche Logik oder Strategie konnte bereits Anfang des 18. Jahrhunderts in der Argumentation der Erb*innen im Gerichtsprozess gegen Anthonij van Bengalen beobachtet werden. Hier verweigerte das Gericht jedoch die Zustimmung zu einer solchen auf dem rassifizierenden Code aufruhenden Narration. Van Bengalen konnte vor Gericht seine Subjektposition als niederländischer Trompeter, Matrose und Knecht durch eine überzeugende Performanz und unterstützt durch Zeug*innenaussagen glaubhaft vermitteln. Christina hingegen gelang es nicht, ein anderes Bild von sich zu erzeugen – was sicher nicht zuletzt daran lag, dass das Schöffengericht sie gar nicht anhörte.

Aus dem Duyvelshoek kommend wollte Christina in Begleitung einer »schlechten Frausperson« in die Jonkerstraat, wo sich die Bordelle befanden.[176] Die Person, in deren Begleitung sich Christina befand, als Swenskwij sie bedrängte, war in der Situation und Position, in der Christina sich später vor dem Schöffengericht wiederfand, keine Hilfe. Swenskwij bezeichnete sie als »schlechte Frauensperson«. Da er diese Frau* nicht als »Schwarze« bezeichnete, wie er es in seiner Aussage in Bezug auf Christina wiederholt tat, kann davon ausgegangen werden, dass diese Frau* eine helle Hautfarbe hatte und Swenskwij sie somit nicht rassifizieren konnte. Stattdessen griff er sie auf der Basis der Vorstellung »weiblicher Ehre« an, indem er betonte, dass sie eine »schlechte Frauensperson« sei, also einen zweifelhaften Ruf habe. Zusammen mit der Nennung der Jonkerstraat, die als Chiffre für die dort ansässigen Bordelle gelesen werden kann, implizierte er auch auf diese Weise, dass Christina und ihre Begleiterin als Sexarbeiterinnen tätig gewesen sein könnten.

3.2.5   Das selbstgewählte soziale Umfeld Christinas

Für Christina scheint der Marker Hautfarbe kein Kriterium für die Auswahl ihres selbstgewählten sozialen Umfelds gewesen zu sein.[177] In der Nachbarschaft von van der Geugten lebten neben Moyet und Gobbert ab 1753 am Kloveniersburgwal (ca. 1 km entfernt) auch Abraham Vernezobre und dessen Familie. Sie waren aus der Kolonie Berbice übergesiedelt und wurden von Charlotte Magdalena Reda begleitet. Reda war eine freie Schwarze Frau*, die in Berbice von der Familie Vernezobre

---

175   Hund, Negative Vergesellschaftung, S. 19-27, 32-34. Gilroy, Against Race, S. 30.

176   SAA, 5075, 13649, Dominicus Geniets, 09.09.1768, Nr. 1112.

177   Was sich im Übrigen mit den Aussagen im Selbstzeugnis von Olaudah Equiano deckt. Vgl. Olaudah Equiano, The Interesting Narrative of the Life of Olaudah Equiano or Gustavus Vassa the African. Written by Himself, London: printed for, and sold by the author, 1789. Vgl. James H. Sweet, Mistaken Identities? Olaudah Equiano, Domingos Álvares, and the Methodological Challenges of Studying the African Diaspora, in: American Historical Review, 114 (2009) 2, S. 279-306.

versklavt und 1752 für frei erklärt worden war und nun als Dienstmädchen für die Familie arbeitete. Um 1767, nach dem Tod des Hausherrn, zog die Witwe von Vernezobre mit Charlotte Magdalena Reda in die Leidsegracht, die etwa anderthalb Kilometer von van der Geugtens Haus entfernt lag.[178] Zudem lebten ab ca. 1753 an der Keizersgracht, nahe der Reguliersgracht (ca. 650m entfernt), Susanna Dumion und Sara Francina Piek im Haus der Familie Lespinasse.[179] Dumion erlangte erst 1778 durch die Vollstreckung eines Testaments ihre Freiheit, zuvor wurde sie 35 Jahre lang in den Niederlanden als *Sklavin* bezeichnet. Über Piek ist nur bekannt, dass sie 1759 zusammen mit Dumion in Amsterdam getauft wurde.[180] Somit gab es mindestens drei unweit von Christina lebende Frauen* (Abb. 1), die im historischen Material als Schwarz bezeichnet wurden und die vertraut waren mit einem Leben in Sklaverei in den Kolonien. Christina wird mit diesen Frauen* sehr wahrscheinlich bekannt gewesen sein. Sie müssen sich aufgrund der räumlichen Nähe und sich überschneidender Tätigkeitsprofile immer wieder über den Weg gelaufen sein. Ein familiäres Netz, das sie hätte unterstützen können, hatte Christina nicht. Die drei genannten Frauen*, die aufgrund ihrer Hautfarbe, durch ihre Versklavung und Verschleppung einen ähnlichen Erfahrungshorizont wie Christina hatten, scheint sie jedoch nicht als mögliche Unterstützerinnen wahrgenommen zu haben, denn sie flüchtete nicht zu ihnen, sondern suchte Schutz bei der armen heterogenen Unterschicht in den Elendsvierteln von Amsterdam. Der Schilderung Jean Jaques Vrijs zufolge scheint es zwischen Dumion, Piek, Reda und deren Dienstherr*innen bzw. Eigner*innen keine schwerwiegenden Konflikte gegeben zu haben, was auf eine Akzeptanz der Lebenssituation hindeutet.[181] Christina zog es möglicherweise deshalb vor, sich die benötigte Unterstützung in »schlechten Häusern« zu suchen. James Sweet weist auch darauf hin, dass das Selbstbild und die Selbstkonzeption von verschleppten Schwarzen Personen oder solchen Personen, die als Schwarz wahrgenommen wurden, nicht mit dem vereinfachenden rassistischen Blick und der Dichotomie Schwarz/*weiß* gleichgesetzt werden dürfen. Es gilt bei dieser Personengruppe wie bei jeder anderen auch, dass je nach sozialer Position und den jeweiligen Lebensumständen Verhaltensstrategien, Allianzen und Freundschaften eingegangen wurden.[182] Eine vorschnelle und undifferenzierte Annahme,

---

178   Vgl. Vrij, Susanna Dumion, S. 20-22.

179   Vgl. ebd., S. 25-29. 1759 wurden die beiden in der *Zuiderkerk* getauft. Vrij ist sich nicht sicher ob Piek auch im Haus Lespinasse gelebt hat. Im Kirchenbuch ist für Dumion und Piek dieselbe Adresse angegeben.

180   Vgl. ebd., S. 27.

181   Vgl. ebd., S. 18-31. Vrij beschreibt, in welcher Weise für die Altersversorgung der drei Frauen* gesorgt worden war, dass sie in Testamenten bedacht wurden und auch selbst Familienangehörige ihrer Dienstfamilien in ihren eigenen Testamenten bedachten.

182   Vgl. Sweet, Mistaken Identities?, S. 279-306.

dass Gruppen (z.B. eine *Black community*) sich auf der Basis der gleichen Hautfarbe gebildet hätten, ist selbst eine rassistische Projektion. Es ist selbstverständlich denkbar, dass es eine solche *community* gegeben hat, es ist aber nicht zwingend, dass Christina oder eine andere Schwarze Person oder Person of Color sich dieser zugehörig fühlte. Die Aussagen über Christina legen jedenfalls den Schluss nahe, dass sie das sozial heterogene Hafenviertel als relativ sicheren und attraktiven Zufluchtsort ansah und dass die Hautfarbe der sich dort versammelnden Menschen für sie dabei keine oder zumindest keine maßgebliche Rolle spielte.[183]

In den noblen, breiten und gut einsehbaren Straßen im Stadtgebiet um die Herengracht lebten Menschen der wohlhabenden Schichten, reiche Bürger*innen, Patrizier*innen und Adlige. Diese waren zum Teil geschäftlich in den Versklavungshandel und die Plantagenwirtschaft der Kolonien involviert oder hatten, wie van der Geugten und Hendricks van Suchtelen, sogar versklavte Menschen aus den Kolonien verschleppt. Diese Kolonisator*innen und Händler*innen waren mit dem in den Kolonien verbreiteten rassifizierenden Denken und den negativen Stereotypisierungen in Berührung gekommen. Das körperliche Merkmal einer dunklen Hautfarbe setzten sie mit dem Sklav*innenstatus und Ausbeutung gleich.[184]

Die Auswertung der Manumissionen in Teil I dieser Studie hat gezeigt, dass Sklaverei ein Elitenphänomen war, das mit dem rassifizierenden Denken der Kolonien oder zumindest der Akzeptanz dieses Denkens einherging. Die Verbreitung und Reproduktion von kolonialen Rassifizierungen in einigen Teilen und durch einige Teile der elitären Bevölkerungsschicht war möglicherweise einer der Gründe, weshalb Christina in die Armenviertel Amsterdams floh. Dies bedeutet, dass mit dem Aufenthalt in der gut einsehbaren, besten Wohngegend der Stadt um die Herengracht die Gefahr für Schwarze Menschen und People of Color wuchs, Abwertung aufgrund der rassistischen Perspektive auf dunkle bzw. nicht-*weiße* Hautfarbe und der Rassifizierungen zu erfahren. Christina jedenfalls zog die schmalen, unübersichtlichen Straßen der Armenviertel mit ihrer heterogeneren Bevölkerungsstruktur als Unterschlupf vor.

---

183 Dieser Aspekt wird an dieser Stelle so stark betont, weil sich in den Diskussionen bei Konferenzen und in Einzelgesprächen gezeigt hat, dass die Schlussfolgerung, Schwarze Menschen würden grundsätzlich soziale Bindungen zu anderen Schwarzen Menschen eingehen, fast immer gezogen wird. Eine Gegenargumentation gegen diese generalisierende Schlussfolgerung stößt mitunter auf heftige Ablehnung, ohne dass eine Überprüfung der Quellen und der darin beschriebenen Praktiken diesbezüglich vorgenommen worden wäre.

184 Vgl. Hondius, Access, S. 378. »But ›at some point during the sixteenth century the term negro took on a second meaning of ›slave‹ when referring to people that might even be independent of skin color‹. […] In the Netherlands, black Africans were named by direct indications of their dark Color: swarten and swartinnen, and negros.« Zur Etymologie der Worte siehe ebd.

3.2.6   Erscheinungsformen und Inhalte rassifizierenden Denkens

Zunehmende Verbreitung fanden die oben dargestellten und ähnliche rassistische Vorstellungen etwa ab der Mitte des 18. Jahrhunderts (1.) in Form von wissenschaftlichen, philosophischen und sonstigen Texten, die von gelehrten *weißen* europäischen Männern* verfasst, in Zeitschriften oder in Buchform publiziert und in Lesezirkeln besprochen wurden. Verstärkt publiziert wurden diese Schriften ab der Mitte des 18. Jahrhunderts. Die gelehrten Autoren*innen bezogen einen Teil ihres Wissens aus (2.) Reiseberichten, die in verschiedenen europäischen Sprachen herausgegeben wurden und zu der Zeit ein äußerst beliebtes Genre darstellten. Das Thema Sklaverei wurde darin ambivalent verhandelt.[185] Zuletzt verbreiteten sich rassistische Vorstellung über (3.) persönliche Briefkorrespondenzen mit zum Teil geschäftlichem Charakter, die zwischen den Kolonien und der Metropole versandt wurden. Geschäftspartner*innen, Plantagenverwalter und Plantageneigner*innen sowie Familienangehörige und Freund*innen tauschten sich auf diese Weise aus.

(1.) Europäische Gelehrte versuchten in ihren Werken bestehende Annahmen und Wissen über die Welt, die göttliche Schöpfung und die Menschheit in Kategorien zu ordnen und diese zu hierarchisieren. Dabei entwickelten sie zum Teil abstrakt-philosophische Annahmen über den Menschen, die sie empirisch zu belegen suchten. Aus solchen Schriften entstand eine Form des Rassismus, die als anthropologischer Rassismus bezeichnet wird. Auf diesem Weg wurde eine imaginierte *weiße* nord- und mitteleuropäische Superiorität innerhalb der Hierarchie von konstruierten »Rassen« argumentativ untermauert und wurden neueste Ideen hierüber verbreitet und ausgetauscht. Bekannte Autoren* waren unter anderem Carl von Linné (1707-1778) und Georges-Louis LeClerc Comte de Buffon (1707-1788), die mit ihren Natur-Systemen und Klassifizierungen den Grundstein für den anthropologischen Rassismus legten.[186] Autoren* wie Immanuel Kant (1724-1804),

---

185   Bei Reisejournalen wird unterschieden zwischen fiktiven Erzählungen wie Thomas Mores »Utopia« oder Daniel Defoes »Robinson Crusoe« und Reisejournalen, die von Reisenden mit unterschiedlichen Bildungshintergründen, in der Regel jedoch *weißen* europäischen Männern*, verfasst wurden. Daniel Defoe, The Life and Strange Surprizing Adventures of Robinson Crusoe of York, Mariner [...]: With an Account how he was at last as strangely delivered by Pyrates, 4. Aufl., London: Taylor, 1719. Thomas More, Ordentliche und Außführliche Beschreibung Der überaus herrlichen, und gantz wunderbahrlichen, doch wenigen Bißhero bekandten Insul Utopia, Frankfurt a.M.: Grosse, 1704. Die Erstausgabe von Utopia erschien 1516.

186   Das wohl berühmteste Werk von Carl von Linné ist Systema naturae: sive regna tria naturae systematice proposita per classes, ordines, genera & species, Lugduni Batavorum [Leiden]: Apud Theodorum Haak: Ex Typographia Joannis Wilhelmi de Groot, 1735. Das Werk wurde etliche Male neu aufgelegt, war sehr bekannt und wurde gerne als Referenz von anderen Autor*innen angegeben. Buffon war Naturforscher und Autor* diverser Abhandlungen u.a. über Orang-Utans, Tiere im Allgemeinen und über die Naturgeschichte des Menschen. Letzteres erschien unter dem Titel George-Louis LeClerk, Comte de Buffon, Histoire naturelle de l'hom-

Jean-Jacques Rousseau (1712-1778), Johann Gottfried Herder (1744-1803), Christoph Meiners (1747-1810), Johann Friedrich Blumenbach (1752-1840), Samuel Thomas von Soemmering (1755-1830) und andere entwickelten diesen anthropologischen Rassismus weiter, vermengten ihn mit älteren Ideen der Stufen- und Klimatheorien sowie der Poly- und Monogenese und dem Wissen aus Reiseberichten und verfestigten ihn so immer mehr.[187] Zugleich gab es aber auch jene, die dem *weißen* Superioritätsanspruch argumentativ entgegenzusteuern versuchten, wie Georg Forster (1754-1794) oder Petrus Camper (1722-1789). Sie argumentierten jedoch ebenfalls rassifizierend oder vermaßen wie Camper Schädel und Gehirne.[188] Zentrum die-

me, in: Ders., Louis Jean-Marie Daubenton (Hg.), Histoire naturelle, Bd. 3, Paris: Imprimerie Royale, 1749, S. 305-370. Auch dieser Text erfuhr mehrfache Neuauflagen und Übersetzungen.

187   Vgl. Immanuel Kant, Idee zu einer allgemeinen Geschichte in weltbürgerlicher Absicht, 1784, in: Julius H. Kirchmann (Hg.), Immanuel Kant's kleinere Schriften zur Ethik und Religionsphilosophie (= Philosophische Bibliothek), Hamburg: Felix Meiner, 1868, S. 3-19, insb.: siebter Satz, S. 11-14. Ders., Beobachtungen über das Gefühl des Schönen und Erhabenen, Königsberg: J. J. Kanter, 1764. Ders., Von den verschiedenen Racen der Menschen: zur Ankündigung der Vorlesungen der physischen Geographie im Sommerhalbenjahre 1775, Königsberg: Hartung, 1775. Johann Gottfried Herder, Ideen zur Philosophie der Geschichte der Menschheit, Bd. 1-4, Riga, Leipzig: Johann Friedrich Hartknoch, 1784-1791. Christoph Meiners, Grundriß der Geschichte der Menschheit, 2. Aufl., Lemgo: Meyer, 1785. Ders., Untersuchungen über die Verschiedenheit der Menschennaturen (die verschiedenen Menschenarten) in Asien und den Südländern, in den ostindischen und Südseeinseln, nebst einer historischen Vergleichung der vormaligen und gegenwärtigen Bewohner dieser Continente und Eylande, 3. Bde., Tübingen: Cotta'sche, 1811-1815. Johann Friedrich Blumenbach, Ueber die natürlichen Verschiedenheiten im Menschengeschlechte [...], Leipzig: Breitkopf u. Härtel, 1798. Samuel Thomas Soemmering, Ueber die körperliche Verschiedenheit des Negers vom Europäer, 2. Aufl., Frankfurt a.M., Mainz: Barrentrapp u. Wenner, 1785. Einen sehr guten Einstieg in diese sehr komplexen Zusammenhänge der Entstehung und Entwicklung des anthropologischen Rassismus bietet die Studie von Thomas Nutz, »Varietäten des Menschengeschlechts«. Nutz erläutert Begrifflichkeiten und deren Hintergründe, geht auf die verschiedenen Ordnungssysteme, Theorien (Stufen- u. Klimatheorie), Ursprungsmythen (Mono- u. Polygenese), Nationalcharaktere und die Autoren* ein, die diese Welterklärungen und Zuschreibungen hervorgebracht haben. Siehe auch Sarah Reimann, Die Entstehung des wissenschaftlichen Rassismus im 18. Jahrhundert (= Beiträge zur europäischen Überseegeschichte, Bd. 104), Stuttgart: Franz Steiner, 2017, S. 53-263. Meinen Dank an dieser Stelle an Wulf D. Hund, der so freundlich war, mir sein Aufsatzmanuskript in Form eines Kapitels zur Verfügung zu stellen. Wulf D. Hund, Dehumanization and Social Death: Fundamentals of Racism, [work in progress, first draft, unpublished], 2020, S. 1-40, hier: S. 22-26. Hund geht detailliert auf die Formen der Entmenschlichung und die Argumentation der späten Aufklärer* u.a. Kant, Voltaire und Hegel ein. Stuart Hall, Der Westen und der Rest: Diskurs und Macht, in: Ulrich Mehlem u.a. (Hg.), Rassismus und kulturelle Identität, Ausgewählte Schriften 2, Hamburg: Argument, 2012, S. 137-179, hier: S. 172-174.

188   Vgl. Georg Forster, Noch etwas über die Menschenraßen, in: Der Teutsche Merkur vom Jahre 1786, Viertes Vierteljahr, 10 (1786), S. 57-86. Forster reagierte mit dieser Schrift auf die von

ser anthropologischen Studien war die Universität Göttingen, deren Netzwerk aus Gelehrten und Gehilf*innen europaweit und bis nach Amerika ausstrahlte.

(2.) Reiseberichte lieferten das Basiswissen für die in gelehrten Schriften vorgebrachten Rassentheorien. Berichte von realen Reisen sind z.B. die Journale von William Dampier, Martin Wintergerst, Louis-Antoine de Bougainville oder Georg Forster.[189] Hierin wurden Weltregionen und Menschen beschrieben, miteinander verglichen und hierarchisiert. Im Verlauf des 18. Jahrhunderts bildete sich ein eigenes Genre heraus, wodurch eine spezifische Art des Wahrnehmens und Beschreibens von Menschen bereits vorgeformt wurde. Rassifizierende Hierarchien, Geschlechtstypologien, ästhetische Vorstellungen und Wertungen waren den Texten somit immer schon eingeschrieben. Dem Lesepublikum wurden diese wertenden Beschreibungen jedoch als neue, authentische Erfahrung vermittelt und von ihm auch so rezipiert. Sklaverei erscheint in diesen Texten im Kontext der Beschreibung der vorgefundenen Herrschaftsformen oder in der Beschreibung von versklavten Menschen. Je nach politischer Position des Autors* konnte hier für oder gegen

---

Kant verbreiteten rassistischen Ideen. Petrus Camper, Redevoering over den Oorsprong en de Kleur der Zwarten, S. 373-394. Der Text von Camper ist eine Publikation einer öffentlichen Vorlesung, die er 1764 in Groningen gehalten hat. Er versucht darin zu argumentieren, dass es keinen Grund gibt, Schwarze Menschen in irgendeiner Weise herabzusetzen oder gar zu versklaven. Die Mittel, die ihn zu dieser Erkenntnis brachten, sind jedoch kritisch zu betrachten, da er Versuche an den Leichen Schwarzer Menschen und *weißer* Frauen* aus der Unterschicht vornahm. Die Wahl seiner »Untersuchungsobjekte« spiegelt das Herrschaftsverhältnis wider. Der *weiße* gelehrte Mann* erforschte und bewertete Schwarze Menschen und arme *weiße* Frauen*. Zur Bedeutung, Rezeption und Vernetzung Campers siehe Robert Visser, Die Rezeption der Anthropologie Petrus Campers (1770-1850), in: Gunter Mann, Franz Dumont (Hg.), Die Natur des Menschen. Probleme der Physischen Anthropologie und Rassenkunde (1750-1850) (= Soemmering-Forschungen. Beiträge zur Naturwissenschaft und Medizin der Neuzeit, Bd. VI), Stuttgart, New York: Gustav Fischer, 1990, S. 325-335. Reinhard Hildebrand, Petrus Camper in his Relationship to Samuel Thomas Soemmering and Other German Scientists of the Goethezeit, in: Klaas van Berkel, Bart Ramakers (Hg.), Petrus Camper in Context. Science, the Arts, and Society in the Eighteenth-Century Dutch Republic, Hilversum: Verloren, 2015, S. 129-152. Der Niederländer Camper stand u.a. in regem Austausch mit Soemmering, Georg Forster, Blumenbach und Lichtenberg. Die Gelehrten statteten sich bei ihren Reisen gegenseitig Besuche ab und korrespondierten per Brief. Hering Torres, Rassimus, S. 217-218.

189　Vgl. William Dampier, A New Voyage Around the World, London: James Knapton, 1697. Martin Wintergerst, Zwischen Nordmeer und Indischem Ozean. Meine Reisen und Kriegszüge in den Jahren 1688 bis 1710, Hg. v. Rainer Redies, Stuttgart, Wien: Verlag Neues Leben Berlin, 1988. Louis-Antoine de Bougainville, Reise um die Welt, Hg. v. Klaus-Georg Popp, Stuttgart, o.J. Georg Forster, Reise um die Welt. Sämtliche Schriften, Tagebücher, Briefe, Bd. 2 u. 3, Teil 1 u. 2, Hg. v. Gerhard Steiner, Berlin: Akademie, 1965-66.

Sklaverei argumentiert werden.[190] Bekannte Beispiele hierfür sind der Bericht des Soldaten John Stedman, der ein schauderhaftes Bild über die gesellschaftlichen Zustände in Suriname im späten 18. Jahrhundert zeichnete und der Pro-Sklaverei-Bericht des britischen Kolonialbeamten, Friedensrichters und Plantagenbesitzers Edward Long aus Jamaika.[191]

(3.) Hiervon heben sich die persönlichen oder halbpersönlich-geschäftlichen Korrespondenzen zwischen Einzelpersonen oder kleinen Gruppen (Freund*innen, Familie) ab. Diese Texte wurden seit Beginn der Kolonisierung geschrieben, sie hatten überwiegend eine informierende, nicht belehrende Funktion und vermittelten unmittelbare Eindrücke über alltägliche familiäre oder geschäftliche Geschehnisse. In ihnen werden erlebte Ereignisse, Gerüchte, Konflikte, soziale Beziehungen und Verhältnisse, Geburten und Todesfälle geschildert. Thematisiert wurde hierin mitunter auch der Umgang mit versklavten Menschen, welcher die lokalen Herrschaftsverhältnisse direkt spiegelte. Hier wurde eine Sprache verwendet, wie sie alltäglich in den Kolonien benutzt wurde. Implizit und explizit wurden gegebenenfalls Argumente vorgebracht, die die Versklavung von Menschen rechtfertigen sollten. Sklaverei und nicht-*weiße* Haut wurden hier, wie in den Kolonien üblich, direkt miteinander verknüpft. Ebenso wurden über solche Korrespondenzen weitere Informationen über rassifizierende Abstufungen (z.B. *mulatto*), die als Kategorien der Hierarchisierung der versklavten Menschen innerhalb der Plantagengesellschaft relevant waren, in die Metropole weitergegeben.[192]

---

190   Vgl. Hans-Jürgen Lüsebrink, Wissen und außereuropäische Erfahrung im 18. Jahrhundert, in: Richard van Dülmen, Sina Rauschenbach (Hg.), Macht des Wissens. Die Entstehung der modernen Wissensgesellschaft, Köln, Weimar, Wien: Böhlau, 2004, S. 629-654.

191   Vgl. Stedman, Narrative of a five years' expedition. Es gibt von diesem Journal eine ganze Reihe von Auflagen und zum Teil stark gekürzte Textausgaben. Stedmans Journal wurde in diverse europäische Sprachen übersetzt. Heng beschreibt im letzten Kapitel von The Invention of Race über die Versklavung von Rom*nija im frühneuzeitlichen Rumänien Praktiken der Versklavung und der Leibesstrafen, die sehr stark an Stedmans Bericht erinnern. Leider ist bei Heng aufgrund des literaturwissenschaftlichen Zugangs kaum Quellenkritik erkennbar und die Einordnung der Zitate in den historisch-politischen Kontext ist schwer oder gar nicht nachvollziehbar. Es ist jedoch durchaus denkbar, dass ein so berühmter Anti-Sklavereibericht, wie es Stedmans war, auch als Vorlage für Berichte über die Versklavungspraktiken in Rumänien diente. Hier wäre eine systematische Überprüfung einer möglichen Beeinflussung sinnvoll für das Verständnis. Vgl. Heng, The Invention of Race, S. 440-447. Edward Long, The History of Jamaica or General Survey of the Ancient and Modern State of that Island with Reflections on its Situation, Settlements, Inhabitants, Climate, Products, Commerce, Laws, and Government, 3 Bde., London, 1774. Für eine kurze Besprechung von Longs Schrift siehe Pečar, Tricoire, Falsche Freunde, S. 87-90.

192   Vgl. hierfür bspw. die tradierten Briefkorrespondenzen in Familienarchiven der niederländischen Eliten im ZAM, 87 Verz. Verheye van Citters, 145.1, 21.12.1779 oder 471 Van Doorn.

Auch repatriierte Kolonist*innen wie van der Geugten und Hendricks van Suchtelen trugen dazu bei, dass diese Art von Denken die Metropole erreichte. Sie hatten dieses Denken in der Kolonie performativ in ein gesellschaftliches Verhältnis umgesetzt und tatsächlich Schwarze Menschen und People of Color versklavt. Auch die Arbeit der *Staten-Generaal*, die mit den Belangen der westindischen Kolonien betraut und an deren Gesetzgebung beteiligt war, sorgte für eine Verbreitung dieser Ideen. Wie die Analyse des Gesetzgebungsprozesses am *Plakaat 1776* gezeigt hat, waren an der Entschlussfassung der *Staten-Generaal* auch die Eliten der Stadt- und Landstände, deren Deputierte und Räte beteiligt, sodass das rassifizierende und vorurteilsbeladene Denken der Kolonie auf diesem Weg zuerst die politische und soziale Elite der Republik erreichte, die an diesem Entscheidungsprozess teilhatte.[193]

Die Funktion und Form der kolonialen Rassifizierungen war auf die alltägliche Unterdrückung und Ausbeutung der versklavten Menschen sowie die Sicherung der Herrschaft durch *weiße* Kolonist*innen ausgelegt. In den tradierten Briefen finden sich Andeutungen durch Chiffren, Abwertungen von Schwarzen Menschen und People of Color und Vorstellungen, die auf einen zum Teil ins Wahnhafte gesteigerten Superioritätsanspruch einzelner Kolonist*innen hindeuten. Nicht anzutreffen sind hingegen zusammenhängende, sprachlich versiert vorgebrachte philosophische oder empirische Argumentationen. Diese elaborierte Form der Rassentheorie ist in den Schriften der Gelehrten des späten 18. Jahrhunderts zu finden, in deren Schriften die Hierarchisierung der Menschen und die Überhöhung *weißer* Nord- und Mitteleuropäer*innen auf Kosten aller anderen rassifizierten Gruppen der Weltbevölkerung einen wichtigen Bestandteil ausmacht. Von diesen ausgearbeiteten Theorien unterscheiden sich die hier interessierenden Briefe deutlich in Form und Funktion, in der Sprache, den verwendeten Chiffren, den rassifizierenden Zuschreibungen und dem zeitlichen Auftreten.

3.2.7   Navigieren im schichtspezifischen Wissens-Raum

In dem von den sozialen und politischen Eliten bewohnten, leicht überschaubaren städtischen Raum um die Herengracht wurde Christina vermutlich immer wieder mit der Vorstellung konfrontiert, dass ihr nicht-*Weißsein* *weiße* Menschen dazu berechtige, sie auszubeuten, zu unterwerfen und zu kontrollieren. Und dass sie eine junge Frau* war, dürfte diese Vorstellung nur noch weiter verstärkt haben.

---

193   Vgl. in dieser Untersuchung 2.3 »*Plakaat, concerneerde de vryheid der Slaaven*« von 1776 (*Plakaat 1776*).

In den sozial heterogenen, unübersichtlichen Armenvierteln der Stadt war hingegen kaum eine wirtschaftliche Verbindung zu den Kolonien zu erwarten.[194] Die Rezeption von zeitgenössischer gelehrter Literatur und Reiseberichten, in denen die rassifizierenden Vorstellungen transportiert wurden, dürfte unter den hier lebenden Menschen gering gewesen sein. Zum einen, weil die Alphabetisierungsquote unter den einfachen Arbeiter*innen, den Armen und Marginalisierten niedrig war und auch diejenigen, die lesen konnten, nicht viel Geld für Bücher ausgeben konnten. Zum anderen, weil die Schriften zur *Volksaufklärung*, die auch von weniger gebildeten und weniger betuchten Menschen gekauft und gelesen wurden, sich um die Mitte des 18. Jahrhunderts vor allem mit landwirtschaftlichen Verbesserungen und der Verbreitung medizinischen Wissens beschäftigten.[195] Daher

---

194   Es ist anzunehmen, dass gerade in den Armenvierteln und im Bereich des Hafens Seeleute verkehrten, die Erfahrungen in den Kolonien gesammelt haben. Sie könnten durchaus mit dem Gedankengut in Berührung gekommen sein. Matthias van Rossum führt jedoch überzeugend aus, dass gerade auf den Schiffen der VOC eine kulturell und ethnisch sehr heterogene Zusammensetzung der Schiffsmannschaften anzutreffen war. Van Rossum geht es vorrangig um den intra-asiatischen Schiffsverkehr. Er stellt jedoch heraus, dass die freie Besatzung der Schiffe sehr heterogen war und der Drehplatz in Batavia lag, von wo die jährliche Retourflotte nach Europa ablegte und dort auch ihre Bemannung an Bord nahm. Rassismus scheint erst im 19. und 20. Jahrhundert in diesem Zusammenhang zu einem Problem geworden zu sein. Vgl. Matthias van Rossum, Werkers van de wereld. Globalisering, arbeid en interculturele ontmoetingen tussen Aziatische en Europese zeelieden in dienst van de VOC, 1600-1800, Hilversum: Verloren, 2014, S. 115-171, 379-382. Von der gesellschaftlichen Elite wurden sie als Angehörige der Unterschicht jedoch selbst diskriminiert. Bei Wulf D. Hund, Wie die Deutschen weiss wurden. Kleine (Heimat)Geschichte des Rassismus, Stuttgart: Metzler, 2017, S. 95-95 ist zu lesen: »Auf die gesamte Menschheit bezogen, wurde Weißsein zum Fokus eines ebenso borierten wie zwiespältigen Selbstbewusstseins. Das gestaltete sich einerseits gegenüber den nun als ›farbig‹ zusammengefassten Rassen zunehmend arroganter und brutaler. Andererseits blieb es dadurch gezeichnet, dass die weiße Rasse von Anfang an nicht als Einheit gedacht werden konnte, weil rassistische Diskriminierungen sich auch auf Weiße bezogen. Außerdem war Weißsein immer noch keine Qualität, die den unteren sozialen Schichten ohne Zögern zugesprochen worden wäre. In einem Bericht aus London wurden die ›Wasserarbeiter auf der Themse‹ als eine ›entartete, freche und habsüchtige Race‹ bezeichnet. […] Die klassenübergreifende Verallgemeinerung des Weißseins stand deswegen noch aus. Zwar hatte sie in den Kolonien schon längst praktisch stattgefunden. Aber für die Theoretiker in den Metropolen erwies sie sich angesichts der mit der Industrialisierung wachsenden neuen Unterschichten des Proletariats durchaus als Problem.«

195   Die Signierfähigkeit, die anhand der Auswertung der Aufgebotsregister in Amsterdam festgestellt wurde, war um 1730 bei 76 % der Bräutigame und bei 51 % der Bräute vorhanden. Zugleich muss festgehalten werden, dass in Kreisen des sozialen Abstiegs, der ungelernten Handarbeiter in den Städten, der Landbevölkerung und bei Frauen*, die Signierfähigkeit allgemein geringer ausfiel. Zumal Signierfähigkeit und Lese- und Schreibfähigkeit nicht gleichzusetzen sind. Vgl. Hofmeister, Ik will mijn handtekening leren zetten, S. 69-90. Holger Böning, Populäraufklärung – Volksaufklärung, in: Richard van Dülmen, Sina Rauschenbach

ist anzunehmen, dass in der heterogenen Bevölkerung der verwinkelten Armenviertel, zu der ohnehin viele Reisende und Migrant*innen zählten, eine Schwarze Frau* deutlich weniger Aufsehen erregte als in den homogeneren, gut einsehbaren Quartieren der *weißen* Oberschicht.[196] Zumal innerhalb des Eliten-Denkens, auch die Unterschicht als nicht-*weiße* »Rasse« angesehen und kollektiv abgewertet wurde.[197] In den Armenvierteln wurde Christina daher vermutlich vorrangig als arme junge Frau* unter vielen und weniger als Schwarze und/oder Sklavin angesehen.

Ein möglicher weiterer Aspekt, weshalb Christina den Armenvierteln Amsterdams den Vorzug gab, könnte die Raumwahrnehmung und -nutzung gewesen sein. Denn in der Gegend um die Herengracht wurde das Herrschaftsverhältnis zwischen Dienstbot*innen und Herrschaft auch in der Raumnutzung klar zum Ausdruck gebracht. Dienstbot*innen mussten versteckte Türen und Treppen nutzen, ihre Schlafquartiere waren oft direkt unter dem Dach, Aufenthaltsräume und Küche im Keller. In den Häusern und Wohnungen der ärmeren Schichten war eine derartige Raumnutzung und Aufteilung nicht vorzufinden.

Im Gerichtsprozess wurde von den Zeugen Gobbert und Moyet angegeben, Christina sei aus einem *schlechten Haus* am Fransepad gekommen. Der Fransepad ist heute die Willemstraat in Jordaan, zwischen Lijnbaansgracht und Brouwersgracht. Im 18. Jahrhundert war dieses Viertel eine ärmliche Gegend am Rand der Stadt. Sie war geprägt von Handwerksbetrieben wie geruchsintensiven Färbereien und landwirtschaftlichen Betrieben, deren Tierhaltung ebenfalls strenge Gerüche verbreitete.[198] Wohnen und arbeiten fand hier häufig im selben Raum oder auf derselben Etage statt und alle Personen hatten die gleichen Wege und Eingänge.[199] Die Raumnutzung war dort erheblich egalitärer als in der Gegend um die Herengracht. Das soziale Umfeld van der Geugtens und Hendricks van Suchtelen lebte überwiegend in den gehobenen, durch offene Straßen und flächig einsehbare Grachten strukturierte Wohngegenden. Die Zeugenaussagen haben gezeigt, dass die Freunde van der Geugtens Christina sehr gut (er)kannten, ihr im Zweifelsfall nachstellten und ihr gegenüber übergriffig wurden. Um dieser sozialen Kontrolle

---

(Hg.), Macht des Wissens. Die Entstehung der modernen Wissensgesellschaft, Köln, Weimar, Wien: Böhlau, 2004, S. 365-390. Hund, Wie die Deutschen weiss wurden, S. 91-96.

196 Erika Kuijpers hat nachgewiesen, dass auch in den reicheren Gegenden viele alleinstehende Frauen* lebten, die den unteren Bevölkerungsschichten angehörten. Sie vermutet, dass sie als Bedienstete in den wohlhabenden Haushalten arbeiteten und auch dort wohnten. Kuijpers, Migrantenstad, S. 167-169.

197 Vgl. Hund, Wie die Deutschen weiss wurden, S. 95-96.

198 Vgl. 3.2.3 *Christinas Flucht aus der Perspektive der Zeugen*, S. 148 und Anm. 177, S. 221.

199 Vgl. Kerstin Dörhöfer, Ulla Terlinden, Verortungen. Geschlechterverhältnisse und Raumstrukturen, Basel, Boston, Berlin: Birkhäuser, 1998, S. 65-70. Für den Hinweis auf Aspekte der schicht- und geschlechterspezifischen Raumnutzung danke ich der Sozialwissenschaftlerin Esther Mader, Universität Köln.

und Gewalt zu entgehen, war es sicher hilfreich, sich nicht in der Nähe der Wohnorte dieser Menschen aufzuhalten.

3.2.8   Die Kontrolle der Armen

In den Aussagen der Zeugen gegen Christina ist wiederholt zu lesen, dass sie die Arbeit verweigerte, *unwillig* war oder ganz davonlief. Zudem soll sie gebettelt haben. Arbeitsverweigerung und öffentliches Betteln lagen seit dem Edikt von Gent (1531) in der Zuständigkeit der städtischen Behörden oder der Kirchen.[200] Seit einer Armenverordnung der Stadt Haarlem von 1670 war die städtische Verwaltung mit der Kontrolle der Bettler*innen beauftragt. Die städtische Verwaltung kontrollierte alle Bettler*innen auf ihre tatsächliche Armut, stellte ihren Wohnsitz fest und registrierte sie. Zweimal im Jahr wurden die registrierten Haushalte überprüft. Zum Nachweis ihrer Bedürftigkeit stellte die Stadt eine Armenplakette aus. Die Ausgabe von Torf zum Heizen, Brot und Kleidung unterlag sehr strengen Kontrollen und erfolgte nur nach dem Vorweisen dieser Plakette.[201] Auch in Amsterdam wurde die Vergabe von Hilfsgütern streng geregelt und kontrolliert, so sollten z.B. die mindestens zweijährige Zugehörigkeit zu einer Kirchengemeinde oder ein fester Wohnort nachgewiesen werden. Allerdings scheint es auch einen regen Handel mit gefälschten kirchlichen Attesten und bezahlten Zeug*innen gegeben zu haben, die die Nachweise erbrachten und damit für einen bestimmten Zeitraum einen Ausweg aus der Not ermöglichten.[202]

1759 erließ die Stadtverwaltung von Amsterdam ein grundsätzliches Bettelverbot. Als Strafe bei Zuwiderhandlung drohten die Konfiszierung des Erbettelten sowie eine Zuchthausstrafe von mindestens sechs Monaten.[203] Da Christina zum Haushalt der van der Geugtens gehörte und diese nicht arm waren, hatte sie legal kein Anrecht auf die Armenversorgung. Zudem standen Müßiggang und Arbeitsverweigerung unter Strafe und die Betreffenden mussten mit einer Inhaftierung im Arbeits- und Zuchthaus als Strafe rechnen. Auch war Dienstbot*innen die Flucht aus einem Dienstverhältnis verboten, wie auch bestraft werden konnte, wer Flüchtigen half oder Obdach gewährte.[204] Christinas Handlungsmöglichkei-

---

200 Vgl. Ludyga, Obrigkeitliche Armenfürsorge, S. 147, 209-225. Kuijpers, Migrantenstad, S. 293-309.

201 Staatsbibliothek Berlin (SBB), Hm 28980. O.A., Keure en Ordonnantie Op 't stuck van de Erf-Scheydingen en Servituten binnen de Stad Haarlem, Haerlem: Kessel, 1708. Die Verordnung wurde am 12.12.1670 erstmals veröffentlicht.

202 Kuijpers, Migrantenstad, S. 293-298.

203 SAA, 5061, 3153, 15.5.1759. Simon-Muscheid konnte dieselbe Praktik für Nürnberg in der Frühen Neuzeit nachweisen. Vgl. Simon-Muscheid, Und ob sie schon, S. 50-51.

204 ZAM, Verz. Verheye van Citters 58. In der an dieser Stelle archivierten Dienstbotenverordnung ist der § XIV der Flucht aus dem Dienstverhältnis, etwaiger Unterstützung und der Ge-

ten waren aufgrund dieser von der städtischen Obrigkeit praktizierten Kontrollen und verhängten Verbote stark eingeschränkt.

Es drängt sich die Frage auf, weshalb van der Geugten, der so viel Ärger mit Christina hatte, seinem Dienstmädchen nicht kündigte. Oder andersherum: warum Christina, die ganz offensichtlich nicht bei van der Geugtens arbeiten wollte, nicht kündigte und sich eine neue Anstellung suchte? Als gewöhnliches, freies Dienstmädchen hätte Christina nach einem Jahr Dienstzeit ihre Stelle, wenn es ihr dort nicht gefiel, in gegenseitigem Einvernehmen aufkündigen und sich eine andere Stelle suchen können. In frühneuzeitlichen niederländischen Dienstbot*innenverordnungen, bspw. in einer Verordnung für Amsterdam von 1758 wurde erläutert, wie ein Dienstverhältnis regulär zu kündigen sei. Dienstbot*innenverordnungen bezogen sich nur auf freies Dienstpersonal. Menschen die als Haushaltssklav*innen dienen mussten, wurden aufgrund des *free-soil principle* in der Republik nicht mitgedacht und daher auch rechtlich nicht einbezogen. Als freies Dienstmädchen hätte Christina entsprechend der Verordnung zum 1. Mai oder 1. November eines Jahres aus einem normalen Dienstverhältnis ausscheiden können, wenn sie dies drei Monate zuvor angemeldet hätte. Christina hätte in diesem Fall sogar Anrecht auf ein mündliches Zeugnis gehabt.[205] Mit der Zustimmung van der Geugtens als letztem Dienstherrn hätte sich Christina eine neue Stelle als Magd oder Dienstmädchen suchen können. Ohne seine Zustimmung hätte sie einen Geburtsnachweis und einen Nachweis über ihre Identität und die Ehrlichkeit ihrer Eltern vorweisen müssen.[206] Als Kind versklavter Eltern, die aufgrund ihrer Versklavung als ehrlos galten, hätte Christina einen solchen Nachweis nicht erhalten. Diese Option konnte sie also nicht nutzen. Van der Geugten wiederum hätte Christina von der Obrigkeit zurückbringen lassen können und hätte sie nicht ständig selbst suchen und holen müssen. Zudem hätte er sie disziplinarisch zur Verantwortung ziehen und dafür sorgen können, dass sie eine Strafe im »Spin- oder Zuchthaus oder anders nach Gelegenheit« erhielt.[207] Da aber bekannt ist, dass Christina sich schon seit Jahren im Dienst von van der Geugten befand und sie immer wieder davongelaufen sein soll, muss davon ausgegangen werden, dass sie sich nicht in einem regulären Anstellungsverhältnis für Dienstpersonal befand. Van der Geugten wollte oder konnte sich nicht auf die obrigkeitlich vorgesehene Weise von seinem devianten Dienstmädchen trennen. Van der Geugten wäre es möglich gewesen, wenn er Christina vor Ablauf der Frist eines Jahres hätte kündigen wollen, den Lohn für

---

währung von Obdach gewidmet. Unterstützung der Flucht und das Gewähren von Obdach wurden mit einer Strafe von 20 Caroli Gulden geahndet.

205   SAA, 5061, 3153, 28.1.1758, § 6 und 10.

206   Vgl. Schwerhoff, Gerd, »Unehrlichkeit«, in: Enzyklopädie der Neuzeit Online, doi: http://dx.do i.org/10.1163/2352-0248_edn_COM_369360. Weber, Ehre, S. 77-83. Hofer, Ehrverlust, S. 88-90.

207   SAA, 5061, 3153, 28.1.1758, § 3 und 10.

den noch offenen Zeitraum einzubehalten. Bei Protest dagegen hätte er Christina für ihr Verhalten mit einer regulären Strafe im Arbeitshaus von den städtischen Behörden strafen lassen können.[208] Hierfür hätten sich ihre Dienstherr*innen an das städtische Schöffengericht wenden müssen, um eine offizielle Inhaftierung zu erreichen und danach mit der Leitung des Arbeits- und Zuchthauses die Festsetzung der Höhe der Unterhaltszahlung festzulegen.[209]

Christina und die van der Geugtens standen offenbar in einem starken Abhängigkeitsverhältnis zueinander; Christina konnte ohne die Erlaubnis van der Geugtens keine »ehrenhafte« Anstellung finden und van der Geugten sah sich offenbar nicht in der Lage, Christina gehen zu lassen, oder wollte dies aus unbekannten Gründen nicht. Eine ähnliche, scheinbar unauflösbare Beziehung pflegten, wie in der ersten Mikrostudie ausgeführt, Anthonij van Bengalen, Hendrick de Sandra und dessen Frau* Maria Lenarts.[210] Christinas einzige mögliche Option wäre gewesen, wie Anthonij van Bengalen vor Gericht zu ziehen, um sich auf legale Weise aus diesem Abhängigkeitsverhältnis zu befreien. Sie hätte sich auf das Stadtrecht von Amsterdam berufen können, das es verbot, Menschen wie Sklav*innen zu behandeln.[211] Allerdings hätte sie als unmündige Frau* und Waise zumindest einen männlichen *voogd* benötigt, der ihre Angaben vor Gericht bestätigt hätte.[212]

3.2.9 Das Dienstbot*innenrecht

Deviantes Sozialverhalten von Dienstbot*innen, von Arbeitsverweigerung und Impertinenz, der Umgang mit den »falschen« Leuten und Betteln sowie Prostitution, fiel negativ auf die Dienstherr*innen zurück und wurde auch deshalb von der Obrigkeit ins Visier genommen. Als Hausvater und Hausmutter oblag van der Geugten und Hendricks van Suchtelen die Kontrolle des Verhaltens der Familienmitglieder wie ihrer Bediensteten.[213] Im Einklang mit dieser herrschaftlichen Verantwor-

---

208   Ebd., § 8.

209   Vgl. Judith Pollmann, Het Utrechtse tuchthuis, S. 96. Joachim Eibach, »Strafe«, in: Enzyklopädie der Neuzeit Online, doi: http://dx.doi.org/10.1163/2352-0248_edn_COM_359099.

210   Vgl. in der vorliegenden Studie 3.1 *Anthonij van Bengalen*.

211   Vgl. Grotius, De iure belli ac pacis (1732), I., V., § 2, Anm. C. In der vorliegenden Studie 2.1.3.5 *Free-Soil Principle*, S. 54, Anm. 83, S. 82 und 2.2 *Tradierte Auseinandersetzungen mit Sklaverei im praktizierten Recht der sieben vereinigten Provinzen*, S. 73, Anm. 115, S. 91.

212   Grotius, Inleydinge, I., IV., § 7 und ebd., I., VII.

213   Verordnung aus Vlissingen in Seeland aus dem Jahr 1738. ZAM, Verz. Verheye van Citters 58. Seeland hatte sich, wie Holland mit Amsterdam, dem *Hooge Raad van Holland* in Den Haag als höchstem Appellationsgericht unterworfen. Vgl. bezüglich der rechtlichen Zuständigkeiten und zur Entwicklung des Rechtssystems in den sieben Provinzen Dolezalek, Das Zivilprozessrecht, S. 65. Die Gesetze und Normen können daher nur in Details, aber nicht in ihrer grundsätzlichen Struktur von Verordnung in Amsterdam bzw. Holland abweichen. Eine Überblicksdarstellung über die Zuständigkeiten in einem Haushalt findet sich bei Stollberg

tung zeigten sie Christina beim Schöffengericht an, da die Obrigkeit für die Feststellung und Bestrafung entsprechender Vergehen zuständig war. Sie beschrieben
ihre Herkunft, ihr Aussehen, ihre Aufgabe im Haus und ihr Verhalten unter Zuhilfenahme rassifizierender Chiffren, wobei ihre Aussagen von denen der Zeugen
gedeckt wurden. Gemeinsam mit den Zeugen hatten van der Geugten und Hendricks van Suchtelen beschlossen, dass möglichst zeitnah ein Ort gefunden werden
sollte, um Christina einzusperren, bzw. wie es in den Gerichtsakten heißt, dass

> »im Fall der mehrmals genannten Schwarzen, Christina genannt, mit Eile nach
> einem sicheren Ort gesucht werde, [da] sie von Mal zu Mal schlimmer werde.«[214]

Im Protokoll des Gerichtsschreibers ist zu lesen, dass das Ehepaar sich an das
Schöffengericht wandte und darum bat, dass Christina im *Nieuwe Werkhuis* eingesperrt werde. Man sei diesbezüglich auch bereit, sich mit der Leitung (Regenten)
des Arbeitshauses über die Kosten der Unterbringung zu verständigen.

> »[D]ass Ihre Edlen Achtbaren [Schöffenrichter] die genannte Schwarze Christina
> auf bestimmte Zeit, die Ihre Edlen Achtbaren zu bestimmen haben, in das Neue
> Arbeitshaus hier in der Stadt belieben einzusperren, denn die Bittsteller [werden
> sich] wegen ihres Unterhalts mit den Regenten des genannten Arbeitshauses zu
> einigen wissen [...].«[215]

Van der Geugten, Hendricks van Suchtelen und deren Freunde hatten offenbar
genug von Christina. Doch anstatt sie gehen zu lassen, zwangen sie ihr mit Hilfe der Obrigkeit nun wirklich ihren Willen auf und versperrten ihr jeglichen Aus-
und Fluchtweg. In Gesindeverordnungen wurde ein Verhalten, wie es Christina zugeschrieben wurde, kriminalisiert und Dienstpersonal wurden darin verschiedene
Strafen im Arbeitshaus angedroht. Um jemanden dorthin einweisen lassen zu können, musste das Schöffengericht über diesen Fall verhandeln und diese Strafe aus-
sprechen. Es wäre auch möglich gewesen, den Amsterdamer Bürgermeister darum
zu bitten oder direkt die Regenten des *werkhuis* anzusprechen.[216] Van der Geugten und Hendricks van Suchtelen war dieser Umstand bewusst, da sie das Gericht
explizit um diese Strafe baten. Auffällig ist nun, dass van der Geugten und Hendricks van Suchtelen anboten, die Kosten für den Unterhalt zu tragen, und dass das

---

Rilinger, Europa im Jahrhundert der Aufklärung, S. 145-151. Schmidt, Gelijk hebben, gelijk
krijgen?, S. 109-126.

214   SAA, 5075, 13649, Nr. 1112. »[D]at in gevalle meergemelde Swartin Christina genaamt met
spoedig op een verstekende plaats werd besorgt, sy van erger tot erger quaat sal vervallen.«

215   SAA, 5061, 1276. »[D]at U Ed[ele] achtb. de gemelde Swarte Christina voor Seekeren Com-
petente tyd U Ed. Achtbaren te bepaalen in het Nieuwe werkhuys hier der Steede gelieven
te Confirmieren, vermits den Supp. weegens haar onderhoud met den Regenten van het gemelde werkhuys accordeeren.«

216   Vgl. Ludyga, Obrigkeitliche Armenfürsorge, S. 313.

Gericht auch auf Unterhaltszahlungen für Christinas Inhaftierung bestand. Wäre Christina eine reguläre deviante Dienstmagd gewesen, hätte die Bestrafung keine Kosten für van der Geugten verursacht, weil es sich um eine reguläre städtisch verordnete Strafmaßnahme zur Disziplinierung gehandelt hätte, wie sie nach den Dienstbot*innen- und Armenverordnungen vorgesehen war.[217] Das Amsterdamer Zuchthaussystem beinhaltete demnach die Möglichkeit, private Strafen zu initiieren und die Art der Bestrafung durch soziale Beziehungen und Geldzahlungen zu steuern.

3.2.10 Das Recht zu disziplinieren

Das Schöffengericht behandelte Christinas Fall wie den Konflikt zwischen einer unmündigen Person oder einer Waise und ihrem *voogd*.[218] Für eine Einweisung in die seit 1603 existierende spezielle Besserungsanstalt für Kinder in Amsterdam war Christina vermutlich zu alt. Die Kinder blieben dort etwa zwei bis drei Jahre und die Eltern waren verpflichtet, Unterhaltszahlungen an die Anstalt zu leisten.[219] Christina war mit ca. 19 Jahren zwar kein Kind mehr, aber auch noch nicht mündig und unterstand daher als Angehörige des Haushalts van der Geugten.[220] Seit er Christina als kleines Mädchen* von ihrer Mutter getrennt und in die Republik verschleppt hatte, scheint er mehr oder weniger für sie gesorgt und sie ausgebildet zu haben.

---

217 Derartige Verordnungen gibt es in großer Menge. Einige davon sind online zugänglich und einfach über ihre Titel aufzufinden. Vgl. o.A., Nieuwe keure ende ordonnantie op de dienstboden; namentlyk koetsiers, knegts, dienst meysens, minnemoers, en bakermoers, mitsgaders arbeyders en ambagts-gesellen, binnen dese stad ende de vryheid van dien, haar in eenige dienst ofte huure verbonden hebbende, Leyden: J. van Groenendyck, 08. März 1703, https://www.google.de/books/edition/Nieuwe_keure_ende_ordonnantie_op_de_ dien/QsdkAAAAcAAJ (21.04.2020). O.A., Ordonnantie op het besteden van de dienstbooden, dienstmaagden en minnen, binnen deze stad Middelburg in Zeeland, mitsgaders tegens de groote insolentiën ende ongeregeldheden derselver boden, Middelburg: J. J. Callenfels, A. L. Zoon, 25. Jan. 1670, https://books.google.de/books?id=AAYgBmcrgt8C&printsec=frontcov er&hl=de&source=gbs_ge_summary_r&cad=0#v=onepage&q&f=false (21.04.2020). O.A., Ordonnantie en reglement tegens de ongeregeltheden van de dienstboden, Amsterdam: Pieter van den Berge, 1734, https://books.google.de/books?id=_SBZAAAAcAAJ&pg=PA3&lpg=PA 3&dq=#v=onepage&q&f=false (21.04.2020).
218 Vgl. Grotius, Inleydinge, I., VII., VIII., IX., X. Oder auch in dieser Studie 3.1.5 *Der finanzielle Konflikt*, S. 127-128.
219 Vgl. Ludyga, Obrigkeitliche Armenfürsorge, S. 312.
220 Mündig, also volljährig, wurde eine Person in der niederländischen Republik mit 25 Jahren oder wenn sie mit der Erlaubnis des *voogdes* (Vormundes) auszog, um auf eigenen Beinen zu stehen und den Lebensunterhalt selbst zu verdienen. Frauen* benötigten in der Republik nur bis zu ihrem 20. Lebensjahr die Zustimmung ihres *voogdes*, um eine Ehe einzugehen. Vgl. Grotius, Inleydinge, I., VII., § 3, Schmidt, Gelijk hebben, gelijk krijgen?, S. 110. Oder auch in dieser Studie S. 3.1.5 *Der finanzielle Konflikt*, S. 127-128.

Demnach war Christina ihm in *inschuld* verpflichtet. Oder anders ausgedrückt, sie war eine *verbondene*. Ein Status, den sowohl Grotius als auch Gronovius der *min volkomen slavernij* zuordneten.[221] Christina unterlag zweifach dem *ius in personam* (Recht über die Person) van der Geugtens: zum einen durch das Stehen in *inschuld*, was Grotius dem *Recht van Toebehooren* und damit dem Vertragsrecht zuordnete, und zum anderen durch das Recht des Hausvaters über sein unmündiges Mündel, was als *mond-borgschap* bezeichnet wurde.[222] Um bei Säumigkeit einen Vertrag wie den zwischen Dienstherr*in und Dienstbot*in oder zwischen Gläubiger*in und in *inschuld* stehender Person durchzusetzen, konnte das Gericht angerufen werden. Allerdings ist mir nicht bekannt, dass für die Durchsetzung der Bestrafung bei Vertragsbruch bezahlt werden musste. Zudem war die vorgebrachte Argumentation van der Geugtens, Hendricks van Suchtelen und der anderen Zeugen nicht dazu angetan, Dienstbarkeit oder allgemein Vertragstreue durchzusetzen. Vielmehr zielte die Argumentation darauf, Christinas vermeintliche grundsätzliche Unfähigkeit, sich in der niederländischen Gesellschaft angemessen zu verhalten, nachzuweisen und sie hierfür zu bestrafen.[223]

Das römische Recht setzt die Herrschaft des*der Eigner*in über seine*ihre Sklav*innen mit dem Recht des Vaters über sein unmündiges Kind gleich.[224] Hugo Grotius legt dar, dass nach dem römischen Recht Sklav*innen und Kinder der Herrschaft des Hausherrn unterstanden.[225] Der Hausvater war im Gegenzug dazu verpflichtet, für die Kleidung, die Unterkunft und die medizinische Versorgung der ihm Unterstellten aufzukommen.[226] In der Öffentlichkeit und bei Rechtsstreitigkeiten musste der Hausvater die versklavten Personen wie seine Kinder als *voogd* vertreten. Diese Pflicht oblag auch dem*der Sklav*inneneigner*in.[227] Sklav*innen wurde der Status als eigenständige Rechtspersonen nicht zugestanden. Demnach waren die Eigner*innen auch für die Bestrafung oder die Anordnung der Strafe bei deviantem Verhalten zuständig. Diese Strafbefugnis wurde nur durch Vorgaben

---

221   Vgl. Grotius, De iure belli ac pacis, 1732, II., V., § 30. In dieser Studie 2.1.3.1 *Völkerrecht*, 2.1.3.2 *Gewohnheitsrecht*, 2.1.3.3 *Die Versklavung von Kindern* und Anm. 50, S. 71.

222   Grotius, Inleydinge, I., IV., § 4, 5.

223   Vgl. Waal, Servitudes, S. 485-520.

224   Unterscheidungen treten erst im Erbrecht auf oder wenn die Kinder mündig geworden sind. Nach dem römischen Recht war es in Hinblick auf die *jure in personas*, die Verfügungsgewalt des (Haus-)Vaters* über seine *familia*, unerheblich, ob es sich um ein leibliches oder adoptiertes Kind oder eine versklavte Person handelte. Insbesondere dann, wenn die betreffende Person minderjährig war.

225   Vgl. Grotius, De iure belli ac pacis, II., V., VII., § 28.

226   Vgl. ebd., II., V., § 27; III., XIV., § 6.

227   Vgl. ebd., III., XIV., § 6.

des Staates eingeschränkt. All dies gilt auch für die *mond-borgschap* des *voogd*.[228] In diesem Sinne war es folgerichtig, dass van der Geugten und Hendricks van Suchtelen Christinas Verhalten anzeigten, um für ihre Bestrafung zu sorgen. Ebenso entsprach es der Rechtslogik, dass sie für Christinas Strafe im Arbeitshaus Unterhaltszahlungen leisten mussten wie für ein Kind. Zudem war es üblich, dass unangepasste und aufsässige Menschen gegebenenfalls von ihren Familien bzw. auf deren Initiative hin ins Arbeitshaus kamen. Erhofft wurde bei einem solchen Schritt die Anpassung des Verhaltens der devianten Person an die Normen der niederländischen Gesellschaft. In solchen Fällen mussten die Angehörigen dann grundsätzlich den Unterhalt bezahlen.[229] Dass van der Geugten die Kosten für Christinas Inhaftierung übernahm, verweist also deutlich auf einen privaten und nicht obrigkeitlichen Charakter der Bestrafung.

Christinas Fall wurde vor dem Schöffengericht verhandelt. Angehört wurden Adrianus van der Geugten und Christina Hendricks van Suchtelen. Die oben besprochene, notariell beglaubigte Aussage der Zeugen wird im Protokoll explizit erwähnt. Eine Befragung Christinas oder anderer Bewohner*innen oder Angestellter aus van der Geugtens und Hendricks van Suchtelens Haushalt ist im Protokollbuch des Schöffengerichts nicht vermerkt. Am 14. September 1768 verkündeten die Schöffen das Urteil:

> »Aufgrund der angefügten Anfrage von Adrianus van der Geugten und Christina Hendricks van Suchtelen, Eheleute, gestatten [wir] den Bittstellern[,] die Schwarze Christina wegen parasitären Verhaltens in zivile Haft zu verbringen.«[230]

Die Schöffen verfügen weiterhin am 11. Oktober 1768, dass Christina für zwei Jahre im *Nieuwe Werkhuis* eingesperrt werden sollte und van der Geugten und Hendricks van Suchtelen die Kosten dafür zu tragen hätten.

> Entsprechend »[] der angefügten Anfrage von Adrianus van der Geugten und Christina Hendricks van Suchtelen [...] [ist] ein[zu]sperren die Schwarze Christina für die Zeit von zwei Jahren in das Nieuwe Werkhuis dieser Stadt, unter der

---

228 Zur Rechtsposition von Frauen* in den Niederlanden des 18. Jahrhunderts vgl. Schmidt, Gelijk hebben, S. 109-126.

229 Pollmann, Het Utrechtse tuchthuis, S. 91-106.

230 SAA, 5061, 1276, 14 September 1768. De »Schepenen disponeerende op de annexe Req:e van Adrianus van der Geugten en Christina Hendricks van Suchtelen Egtlieden, Permitteren de Supp: om de Swarte Christina by paorisiete doen [te] brengen in Civile Gyseling.«

Bedingung, dass die Bittsteller bezüglich ihres Unterhalts mit den Regenten des gemeldeten Arbeitshauses übereinkommen.«[231]

Das Schöffengericht gab dem Antrag van der Geugtens und Hendricks van Suchtelens also statt, nannte eine Begründung für sein Urteil und setzte die Strafe fest: zwei Jahre im *Nieuwe Werkhuis*. Dabei handelte es sich um eine auffallend lange Strafe. In den erwähnten Dienstbotenverordnungen war eine maximale Strafdauer von einigen Monaten Zwangsarbeit im Arbeitshaus vorgesehen. Ob eine Aufrechnung aller kriminalisierten Handlungen Christinas, die zusammenfassend als »paorisiete doen« (*parasitäres Verhalten*) bezeichnet wurden, zu diesem Strafmaß führte oder ob ihre Rechtsposition als *verbondene* und somit in *inschuld* stehende, unmündige Frau* den Ausschlag gab oder ob das Strafmaß sich an den für Kinder üblichen Strafen orientierte, kann nicht eindeutig geklärt werden. Festgehalten werden kann, dass Christina als *verbondene*, die eine Schuld abzuarbeiten hatte, sowohl nach Grotius' als auch nach Gronovius' Definition im Status der *min volkomen slavernij* stand. Dieser Status wurde durch die Verurteilung zu einer Zuchthausstrafe im *Nieuwe Werkhuis* nur geringfügig geändert. Nach der Definition der genannten Rechtsgelehrten wurde Christina durch das Gerichtsurteil zur *toegewezenen*, also einer Person, die gerichtlich zu einer Freiheitsstrafe verurteilt worden war. Auch dieser Status wurde von Grotius und Gronovius als *min volkomen slavernij* bezeichnet.[232]

Das Gericht formulierte deutlich, dass die treibende Kraft hinter dem Urteil das Ehepaar van der Geugten und Hendricks van Suchtelen war. Wie bereits erwähnt, zeigen die notariell beglaubigten Zeugenaussagen zudem, dass ihrem Wunsch nach der spezifischen Bestrafung Christinas ein gemeinsamer Beschluss zugrunde lag.[233] Leider wird nicht erläutert, weshalb die Zeugen Moyet, Gobbert, van den Bogdaard und Swenskwij an dem Beschluss beteiligt waren. Wurde Christina von ihnen als Kollektiv versklavt? Teilten sie sich die Kosten für Christinas Unterhalt und glaubten deshalb, Verfügungsgewalt über die junge Frau* zu haben? Wie oben bereits beschrieben war der Gang zum Gericht ein notwendiges Prozedere, ohne dessen Beachtung niemand ins Arbeitshaus eingewiesen werden konnte. Die städtische Rechtsinstitution Schöffengericht diente dazu, der Bestrafung Christinas eine angemessene Form zu geben. Das Gericht machte das Opfer zur Täterin*. Dass der Wille zur Bestrafung stark war, zeigt die Bereitschaft van

---

231   Ebd. »[N]ader disponeerende op de annexe Requeste van Adrianus van der Geugten en Christina Hendricks van Suchtele Egtlieden Confenieren de Swarte Christian voor de Tijd van Twee Jaaren in het Nieuwe werkhuis deser Stad, mits de Supplicanten weegens haar onderhoud met de regenten van het gemelde Werkhuys accordeeren. Actum 11 October 1768.«

232   Vgl. Grotius, De iure belli ac pacis, 1732, II., V., § 30. In dieser Studie 2.1.3.1 *Völkerrecht*, S. 46-48, Anm. 50, S. 71 und 2.1.3.2 *Gewohnheitsrecht*.

233   SAA, 5075, 13649, Nr. 1112, Dominicus Geniets 382, 9. September 1768.

der Geugtens, hierfür vier Zeugen zur Aussage zu bewegen und für den Notar und das Gefängnis zu bezahlen. Auch die Tatsache, dass die Geburt des dritten Kindes von Hendricks van Suchtelen und van der Geugten in denselben Zeitraum fällt wie die Anzeige und Christinas Inhaftierung, macht deutlich, dass hier mit großer Entschlossenheit gehandelt wurde. Hendricks van Suchtelen muss hochschwanger oder kurz nach der Geburt des Kindes zum Gericht gegangen sein, um ihre Aussage gegen Christina zu machen. Am 9. September 1768 hatte das Ehepaar seine Freunde zu einer Aussage vor dem Notar gebeten. Am 14. September zeigte das Ehepaar Christina an. Elf Tage später, am 25. September, wurde Benjamin van der Geugten getauft und am 11. Oktober wurde Christina zu zwei Jahren *Werkhuis* verurteilt.[234] Die ersten Zahlungen an das *Werkhuis* sind für September/Oktober 1768 eingetragen. Sie wurden halbjährlich in Höhe von 40 Gulden getätigt und sind für März/April 1770 das letzte Mal verzeichnet.[235] Christina musste also tatsächlich von Oktober 1768 bis Oktober 1770 eine zweijährige Strafe im *Spinnhaus*, wie das *Werkhuis* für Frauen* genannt wurde, absitzen.

3.2.11   Das Spinhuis

Das *Spinhuis* diente der Armenfürsorge. Zugleich war es eine Besserungs- und Strafanstalt, in der Bettlerinnen, Vagabundinnen, deviantes Dienstpersonal, Diebinnen, »missratene« Töchter und Sexarbeiterinnen festgehalten wurden.[236] Es bestritt seinen Unterhalt nur zum Teil durch die zu leistende Zwangsarbeit der Insassinnen.[237] Die Frauen* im Amsterdamer *Nieuwe Spinhuis* mussten Textilarbeiten fertigen, spinnen, weben, nähen und stricken. Die Einkünfte aus diesen Arbeiten dienten dem Unterhalt der Insassinnen des Arbeitshauses (Lebensmittel, Kleidung) sowie der Anschaffung der zu verarbeitenden Werkstoffe. Die Insassinnen selbst erhielten nur einen geringen Teil der von ihnen erwirtschafteten Einkünfte und mussten diesen darauf verwenden, beschädigte Werkzeuge zu ersetzen. Ein weiterer Teil wurde, je nach Vereinbarung, bis zu ihrer Entlassung angespart und sollte als Startkapital für das neue Leben in Freiheit dienen. Im Arbeits- und Zuchthaus herrschte zudem ein rigides Strafsystem. *Verbrechen* und *Schelmerei* während der Haft wurden gewöhnlich mit Prügelstrafen, Kostschmälerung der ohnehin kargen

---

234 SAA, DTB 126, p. 386, Nr. 1.

235 SAA, 347, Inv. 237. Für September/Oktober 1769 ist Christina als »Christina de Swartin« eingetragen, in allen anderen Einträgen wird nur ihr Vorname verwendet.

236 Vgl. Ludyga, Obrigkeitliche Armenfürsorge, S. 330. Pollmann, Het Utrechtse Tuchthuis, S. 93-94, 96. Siehe auch MA, verz. Verheye van Citters 58.

237 In Europa ist kein Arbeits- und Zuchthaus bekannt, dem es gelang, seinen Unterhalt durch die Arbeit der Inhaftierten zu bestreiten. Spenden, »Lotterien«, Steuervergünstigungen etc. waren nötig, um den Unterhalt sicherzustellen. Vgl. Ludyga, Obrigkeitliche Armenfürsorge, S. 323.

Kost oder seltener Einzel-Arrest, Fesselung, In-Ketten-Legen oder eine Verlängerung des Aufenthalts geahndet. Abgerundet wurde dieses Erziehungsprogramm
durch häufige gemeinsame Gebete, die der religiösen und moralischen Erziehung
dienen sollten.[238] 1765, drei Jahre vor Christinas Inhaftierung, verbüßten 65 Frau-
en* im *Nieuwe Spinhuis* ihre Strafen.[239]

In verschiedenen frühneuzeitlichen Reiseberichten wird von Besuchen im Arbeitshaus und dem *Nieuwe Spinhuis* berichtet.[240] In den Reiseführern und sogar in
Zedlers Konversationslexikon wurde unter anderem ein Besuch im *Spinhuis* angera-
ten.[241] Empfohlen wurde hierfür, immer genug Münzgeld mitzuführen, »[d]enn
dort wirst du öfters mit großer Heftigkeit von solchen Leuten um eine Gabe an-
geschrien«.[242] Der Eintritt kostete zwei Stüver und war im September sogar kostenlos. Nicht nur Reisende aus anderen Provinzen oder Ländern, auch Amsterdamer*innen besuchten das *Spinhuis* zur Unterhaltung. Man erwartete, dort hübsche
junge Prostituierte zu sehen – eine Hoffnung, die gewöhnlich enttäuscht wurde.
Die Frauen* wurden beschimpft, ausgelacht und verhöhnt. Die Frauen* selbst po-
sierten, machten unflätige Witze auf Kosten der Besucher*innen und versuchten
Geld zu ergattern. Im *Spinhuis* inhaftiert zu werden, galt als entehrend.[243] Christinas Anwesenheit dort dürfte also schnell bekannt und auch der letzte Rest eines
guten Rufes dahin gewesen sein.

Wie bereits erwähnt, war die Zwangsarbeit im Arbeitshaus anspruchslos. Die
gesammelte Unterbringung von Armen und Kleinkriminellen und deren Segrega-
tion von der übrigen Gesellschaft sorgte für eine gewisse Stigmatisierung. Die Insassinnen* konnten daher kaum nach dem Ende ihrer Haft auf eine gute Anstellung
hoffen.[244] Eine Strafe im Arbeitshaus machte die Hoffnung auf eine gute, reguläre
und legale Anstellung zur Finanzierung des Lebensunterhalts nach der Entlassung
zunichte. Dies lag zum einen an dem Stigma des Ehrverlusts und zum anderen

---

238   Vgl. ebd., S. 312.

239   Van der Pol, The Burgher and the Whore, S. 99.

240   Vgl. bspw. Georg von Fürst, Herrn Georgen von Fürst, eines berühmten Cavaliers aus Schlesi-
       en, Curieuse Reisen durch Europa […], Sorau: Hebold, 1739, S. 79-85. Oder auch Johann Peter
       Willebrand, Des Johann Peter Willebrand historische Berichte […], Leipzig: Heinsius, 1769,
       S. 111-112.

241   Van de Pol, The Burgher and the Whore, S. 97-102.

242   Johann Heinrich Zedler, Reisen, in: Großes vollständiges Universal-Lexikon aller Wissen-
       schaften und Künste, Bd. 31, Halle, Leipzig: Zedler, 1742, S. 375. https://www.zedler-lexikon.
       de/index.html?c=blaettern&seitenzahl=201&bandnummer=31&view=100&l=de (10.01.2018).
       Vgl. auch Holger Th. Gräf, Ralf Pröve, Wege ins Ungewisse. Reisen in der Frühen Neuzeit 1500-
       1800, Frankfurt a.M.: S. Fischer, 1997, S. 49.

243   Van de Pol, The Burgher and the Whore, S. 97-102. Siehe auch Pieter Spierenburg, De verbro-
       ken betovering. Mentaliteitsgeschiedenis van preïndustrieel Europa, Hilversum: Verloren,
       1988, S. 249-251.

244   Vgl. Ludyga, Obrigkeitliche Armenfürsorge, S. 331-332.

an den geringen Qualifikationsmöglichkeiten während der Haftzeit. Den Entlassenen blieb häufig nur die Möglichkeit, die Stadt zu verlassen, um in der Fremde ein neues Leben zu beginnen, oder der Einstieg in die Kriminalität, um überleben zu können.[245] Durch diese Entehrung, Markierung und Stigmatisierung wurde Christina in Amsterdam von ihren Zeitgenoss*innen mit hoher Wahrscheinlichkeit nach ihrer Entlassung als arme, sich prostituierende und damit kriminelle Person angesehen. Es ist nicht bekannt, was Christina nach ihrer Entlassung tat. Vielleicht verließ sie zeitweise die Stadt. Wahrscheinlicher ist jedoch, dass sie wieder zu den van der Geugtens zurückkehren musste, dass sie erneut in einem unauflöslichen Abhängigkeitsverhältnis im Sinne einer *inschuld* bzw. als *verbondene* mit dem unklaren sozialen Status der *min volkomen slavernij* im Haushalt dienen musste. Laut Ponte starb Christina am 2. Februar 1780 im *Vrouwenpesthuis*, einem Krankenhaus für Frauen* außerhalb Amsterdams, mit etwa 31 Jahren.[246]

3.2.12 Die Befunde

Die biografische Mikrostudie über Christinas Leben und Inhaftierung hat gezeigt, dass bei ihr ein in hohem Maße asymmetrisches Beziehungsverhältnis mit extremer Abhängigkeit vorlag. Dies ging aus ihrer rechtlosen Position als versklavtes Kind hervor und setzte sich, wie im zuvor betrachteten Fall von Anthonij van Bengalen, in der Republik in einem diffusen Status der *min volkomen slavernij* fort. Die junge Frau* hatte immer wieder versucht, sich aus der Beziehung zu ihrer Dienstherrschaft unter van der Geugten und Hendricks van Suchtelen zu lösen, wurde aber stets gewaltsam zurückgeholt. Aus ihrer Ablehnung der Verhältnisse, aus denen sie sich aufgrund ihres jungen Alters und mangelnder Unterstützung nicht auf Dauer zu befreien vermochte, machte sie anscheinend keinen Hehl. Ihre Dienstherr*innen behandelten sie abfällig, abwertend und entmenschlichend. Sie setzten sie sozial und physisch unter Druck. Christina war in einem Abhängigkeits- und Gewaltverhältnis gefangen. Als Strategie, der Situation zu entkommen, verweigerte sie Arbeitsaufträge, boykottierte die Zusammenarbeit und flüchtete in die unübersichtlichen Armenviertel Amsterdams, was sie ins Elend abgleiten ließ. Während der Zeit der Flucht fand sie ohne familiären Rückhalt nur notdürftige Unterstützung und Obdach. Zugleich war sie gezwungen als Tagelöhnerin zu arbeiten und trotz Verbot zu betteln. Dafür legte sie die kostbaren Kleidungs- und Schmuckstücke ab, mit denen sie von ihren Dienstherr*innen ausgestattet wurde, die ihr aber nicht gehörten, möglicherweise versuchte sie auch sie zu verkaufen. Es scheint realistisch, dass sie sich durch Sexarbeit und durch die Arbeit in den Tretmühlen jüdischer Diamantschleifer*innen den Unterhalt finanzierte. Bei all diesen

---

245 Vgl. ebd.
246 Vgl. Ponte, Geweesene Slavinnen, S. 43.

Praktiken – Arbeitsverweigerung, Flucht aus einem Arbeitsverhältnis, Betteln und Prostitution – handelte es sich um Vergehen oder Straftaten, die von Gesetzes wegen unter Strafe standen.

Aus rechtlicher Perspektive war Christina schon aufgrund ihres Alters eine unmündige Person. Und als Dienstmädchen unterstand sie zudem zweifelsfrei der Gewalt (*potestas*) van der Geugtens und Hendricks van Suchtelens als Hausvater und Hausmutter. Diese Situation stellte eine zweifache Bindung zwischen Christina und dem Haus van der Geugten dar. Weiterhin ist anzunehmen, dass Christina in *inschuld* stand, was bedeutet, dass sie für ihren Unterhalt und ihre Ausbildung als Dienstmädchen zahlen musste. Als Person, die eine derartige Schuld abzuarbeiten hatte, galt Christina als *verbondene* und stand daher im Status der *min volkomen slavernij*. Dies könnte erklären, weshalb Christina ihr Dienstverhältnis nicht einfach kündigen konnte. Die Analyse der verwendeten Sprache in den Zeugenaussagen und im Protokoll des Schöffengerichts, vor dem Christinas Fall verhandelt wurde, hat zudem gezeigt, dass starke koloniale, rassifizierende und misogyne Vorurteile auf Christina projiziert bzw. gegen sie vorgebracht wurden, was den Konflikt zusätzlich verschärfte. Insbesondere wurden ihr grundlegende soziale Kompetenzen abgesprochen und ein triebhaftes, tugend- und zügelloses Verhalten, Inkompetenz sowie Unfähigkeit, sich in die niederländische Zivilisation zu integrieren, unterstellt. Eine Aussicht auf eine Verbesserung ihrer Lage bestand bei alledem nicht. Über die verschiedenen Arten der Zuschreibung und räumlicher Angaben, wie Straßen- und Quartiernamen, die mit Armut, Unehrlichkeit und Sexarbeit assoziiert wurden, wurden Chiffren bedient, die Teil eines kolonialen, rassifizierenden kulturellen Codes waren, der spezifisch auf den städtischen Raum Amsterdams zugeschnitten war. Hering Torres weist darauf hin, dass Rassismen, ähnlich einem Chamäleon, an die Gesellschaft angepasst werden, die sie hervorbringt.[247] Um einwandfrei abzuklären, inwieweit sich diese rassifizierende und abwertende Behandlung, die Christina erfahren musste, von der Behandlung *weißer*, niederländischer Dienstmädchen durch deren Dienstherr*innen unterschied, wäre der Vergleich mit einem entsprechenden Fall von großem Interesse. Hierbei sollte insbesondere die rechtliche Argumentation, wie auch eine Analyse der Sprache in Hinblick auf entwürdigende, herabsetzende Vorurteile und Rassifizierungen erfolgen.

Christina war es nicht gelungen, diese ihr zugewiesene unfreie und erniedrigende *Subjektposition* und die Zuschreibung als *historisches Subjekt*, als Schwarze versklavte junge Frau* aufzulösen und die einer freien jungen Schwarzen Frau* zu etablieren.[248] Van der Geugten und Hendricks van Suchtelen nutzten ihr Recht als

---

247   Vgl. Hering Torres, Rassismus, S. 248-250, oder auch Gilroy, Against Race, S. 31.

248   Das *historische Subjekt* (Stuart Hall) ist eine durch Vorurteile konstruierte Figur, wie bspw. *der Neger* oder *der Jude*. Vom realen Verhalten Schwarzer Menschen oder Juden* und Jüdinnen*

Hausvater und Hausmutter und leiteten durch ein Gesuch an das Schöffengericht mit der Bitte, ihr deviantes Dienstmädchen zu bestrafen und dem Versprechen für die entstehenden Kosten aufzukommen eine Disziplinierungsmaßnahme ein. Es folgte umgehend auf Anordnung des Gerichts Christinas Einweisung ins *Nieuwe Spinhuis*, das Arbeits- und Zuchthaus für Frauen*, in dem sie Zwangsarbeit leisten musste. Dies zeigt, dass es den Dienstherr*innen möglich war, durch direkte Einflussnahme und Geldzahlungen den Charakter einer obrigkeitlich legitimierten privaten Strafe zu steuern. Christina hingegen wurde vom Gericht nicht angehört, sondern vollständig aus ihrer Rechtsposition gedrängt und damit nicht als Rechtssubjekt wahrgenommen. Durch ihre Inhaftierung im *Nieuwe Spinhuis* erfuhren wir, welche Bedeutung und Konsequenzen es haben konnte, mit einer Haft im *Nieuwe Werkhuis* bestraft zu werden. Christina war während der zwei Jahre ihrer Inhaftierung als Schwarze Frau* im *Spinhuis* besonders sichtbar. Das Gefängnis wurde gerne als Attraktion von Reisenden und Einheimischen besucht. In der öffentlichen Wahrnehmung der Zeitgenoss*innen war sie demnach für alle sichtbar zur Armen oder sogar Kriminellen und Prostituierten geworden. Diese Fremdwahrnehmung verschloss ihr viele Handlungsmöglichkeiten und zwang ihr eine von drei Optionen nach ihrer Entlassung aus dem Arbeitshaus auf: Erstens eine Flucht aus der Stadt und gegebenenfalls aus dem Land, in der Hoffnung, anderswo eine Anstellung zu bekommen. Ohne Dienstzeugnis und den Nachweis einer ehrlichen Geburt war dies unwahrscheinlich. Zweitens den bewussten Einstieg in die Kriminalität, um

---

sind diese Figuren entkoppelt. In der Realität handelt es sich jedoch um sehr wirkmächtige Vorurteile. Diese Ensembles an Vorurteilen spiegeln *nicht* das Verhalten oder Eigenschaften realer Personen. Die Narrationen der Vorurteile sind jedoch so wirkmächtig, dass sie keine realen Personen benötigen, die diese Figur mit real entsprechenden Eigenschaften füllen. Wer Opfer einer derartig wirkmächtigen Projektion ist, wird zum »Juden« oder zum »Neger« gemacht. Die daraus resultierenden Konsequenzen sind total. Zu diesen gehören etwa Verleumdung, Missbrauch, Ausbeutung, Marginalisierung, Versklavung oder gar Mord und Genozide. Voraussetzung hierfür ist eine gesellschaftlich anerkannte, weit verbreitete Ideologie. Vgl. Hall, Rasse, S. 135-136. Die *Subjektposition* ist ein Element der *Selbst-Bildungstheorie* von Alkemeyer, Budde und Freist. Die *Subjektposition* ist gebunden an eine antagonistische Figur, etwa Autor*in und Leser*in, Sklav*inneneigner*in und versklavte Person. Mittels der Nutzung von *Chiffren* als Teile eines *kulturellen Codes*, der die Eigenschaften von Figuren definiert, kann eine *Subjektposition* zugeschrieben oder auch angeeignet werden. Performativ muss die *Subjektposition* der Figur glaubhaft gefüllt und vermittelt werden. Christina wurde die *Subjektposition* Sklavin und Dienstmädchen zugewiesen. Die Beschreibung ihres angeblichen Verhaltens und die Tatsache, dass sie sich nicht verteidigen konnte, führten dazu, dass die Vorannahmen, die der *kulturelle Code* für Dienstmädchen und Sklavinnen, die sich mitunter überschneiden, vorsieht, die *Subjektposition* ausfüllten. Vgl. Alkemeyer u.a., Selbst-Bildungen, S. 9-30. Das *historische Subjekt* ist eine fest vorgeformte Figur, die so stark gesellschaftlich anerkannt ist, dass sie performativ nicht mehr vermittelt werden muss. Die *Subjektposition* hingegen muss performativ glaubhaft vermittelt werden.

zu überleben. Drittens die Rückkehr in einen ungeklärten, durch viele Abhängigkeiten und Zwänge determinierten sozialen und rechtlichen bzw. rechtlosen Status
im Haus von Adrianus van der Geugten und Christina Hendricks van Suchtelen.
Dort wäre sie erneut mit dem Umfeld von Jan Gobbert, Jan van den Bogaard, Jacobus Moyet und Nicolaas Swenskwij konfrontiert, die tatkräftig bei ihrer Inhaftierung mitgewirkt hatten.

In der nun folgenden, dritten biografischen Mikrostudie über Marijtje Criool
und ihre Tochter Jacoba Leiland wird sichtbar, dass es möglich war, erfolgreich die
Staten-Generaal um Unterstützung anzurufen und damit einer *volkomenen slavernij*
zu entkommen. Voraussetzung hierfür war das Wissen über diese Möglichkeit und
die zentralen Rechtskonstruktionen zu Sklaverei im Spannungsfeld von Kolonie
und Metropole. Zudem gestattet es die Quellenlage, das vor Gericht präsentierte
Selbst- und Fremdbild Criools und Leilands wie auch ihres Eigners Willem Hendrik
van Steenberg, ehemals Justizrat von Suriname, zu rekonstruieren.

3.3   Marijtje Criool und Jacoba Leiland

3.3.1   Das historische Material

Die Leben von Marijtje Criool (ca. 1733–?) und ihrer Tochter Jacoba Leiland (ca.
1752–?) waren sehr turbulent. Wie bereits in Teil I dieser Studie im Kontext der
Entstehung des *Plakaat 1776* ausgeführt, brachten die beiden Frauen* den Stein
des Gesetzgebungsprozesses ins Rollen, als sie am 11. Februar 1771 bei den *Staten-
Generaal* vorsprachen. Sie verlangten, dass man sie vor Willem Hendrik van Steenberg (?–1788), dem *Oud Raad van Politie en Crimineele Justitie* von Suriname, und
seinen Versuchen, sie weiterhin zu versklaven, schützen solle, indem man ihnen
den Status von *Freigeborenen* zuspreche und Freiheitsbriefe ausstelle. Criool und
Leiland handelten bei diesem Schritt sehr überlegt, strategisch und zielgerichtet.
Es gelang ihnen im Verlauf von etwa fünf Monaten, die Rechtsgelehrten und Landesadvokaten des *Raad van State*, des Beratungsgremiums der *Staten-Generaal*, von
ihrer Position und ihren Forderungen zu überzeugen, sodass ihnen tatsächlich die
Freiheit zuerkannt wurde. Allerdings galt diese Freiheit uneingeschränkt nur in der
Republik, in der Kolonie mussten sie sich mit dem rechtlichen Status als *Freigelas-
sene* begnügen.[249] Criool und Leiland war es gelungen, sich vom Zugriff und der

---

249   Zum Recht der Freigelassenen vgl. in dieser Arbeit 2.3 »*Plakaat, concerneerde de vryheid der
Slaaven« (Plakaat 1776)* und 2.4 *Manumission in der niederländischen Republik*. Bram Hoonhout
hat einige Zeilen über diesen Fall geschrieben, geht dabei aber nicht in die Tiefe. Vgl. Hoonhout, 1776, S. 326.

Versklavung durch van Steenberg zu befreien. Zwei von ihren drei Forderungen wurden somit vom Gericht erfüllt.

Bei dieser Auseinandersetzung wurden einige schriftliche Dokumente produziert, die heute im *Nationaal Archief Den Haag* aufbewahrt werden. Ein ganz besonderer Schatz, ein Selbstzeugnis, ist die von Cornelis Thierry de Bye, dem *Procureur* (Generalstaatsanwalt) des *Raad van State*, verschriftliche *requeste* (Anfrage, Bitte) von Marijtje Criool und Jacoba Leiland.[250] In diesem Dokument ist die Stimme der Frauen* deutlich vernehmbar, auch wenn sie durch die Verschriftlichung des *Procureur* gefiltert wurde und so nicht mehr eindeutig nachvollziehbar ist, wer für welche Formulierung verantwortlich zeichnet. Die Frauen* erschienen an jenem Februartag 1771 vor dem *Raad van State*, der zuständigen Rechtsabteilung der *Staten Generaal* in Begleitung einer Frau* namens Johanna van Duesseldorp als Zeugin und brachten ihr Anliegen vor. Dieses Vorgehen scheint üblich gewesen zu sein, da es dem von Anthonij van Bengalen entspricht, der sich an den *Hof van Holland* wandte, um seine Beschwerde vorzubringen (vgl. Kap. 3.1).[251] In dieser protokollierten *requeste* vom 11. Februar 1771 verschriftlichte de Bye die vorgebrachte Selbstbeschreibung der Frauen*. Wahrnehmbar wird somit deren sozio-politischer, familiärer und religiöser Hintergrund ebenso wie der eigentliche Konflikt mit van Steenberg. Die *requeste* gibt das Bild der Frauen* wieder, das sie von sich skizzierten, in der Hoffnung, damit die *Staten-Generaal* für ihr Anliegen gewinnen zu

---

250 NA, 1.01.02, 1894, Januar–März 1771, 11. Februar 1771. Dieses Dokument ist das Schreiben, das von Cornelis Thierry de Bye verfasst und an die *Staten-Generaal* adressiert wurde. Thierry de Bye hat keinen Ort angegeben, weshalb nur vermutet werden kann, dass er das Dokument im *Binnenhof* in Den Haag verfasst hat. Ab 1770 wurde Cornelis Thierry de Bye als 's *lands procureur* geführt und war in diesem Amt dem *Raad van State* zugeordnet, dem unabhängigen höchsten Beratergremium der *Staten-Generaal*. Vgl. Johannes Thierry (Hg.), *Bericht wegens de gesteltenisse der hooge vergaderingen en collegien*, in 's Gravenhage [...] 's Gravenhage: J. Thierry, 1775, 106, https://books.google.de/books?id=LuLa4BAHCEcC&pg=PA19&lpg=PA19& dq=Cornelis+thierry+van+Bye+Procureur&source=bl&ots=6cOcXGAyo2&sig=ACfU3Uoaxupol y9UAhch7vOOxgu37W8Q&hl=de&sa=X&ved=2ahUKEwiH8qiMlMfnAhWFjKQKHdNuBrQQ6 AEwD3oECAoQAQ#v=onepage&q=%23s%20lands%20procureur&f=false (10.02.2020). Eine allgemeine Beschreibung der Aufgaben eines Procureur findet sich bei Franciscus Lievens Kerstman, *Hollandsch rechtsgeleerd woorden-boek* [...], Amsterdam: Steven van Esveldt, 1768, S. 377-379, https://books.google.de/books?id=TuM1AQAAMAAJ&pg=PA323&lpg=PA32 3&dq=s+lands+procureur+verenigde+provincies&source=bl&ots=N_Sf3ZMFEz&sig=ACfU3U 2TK3XyoaPntvVfTSVWaBZvuGOkw&hl=de&sa=X&ved=2ahUKEwijqjQm8fnAhVNjqQKHby OCmsQ6AEwFnoECAgQAQ#v=onepage&q=procureur%20&f=false (10.02.2020). In Hinblick auf die Aufgaben des Raad van State siehe https://www.raadvanstate.nl/overrvs/geschiedeni s/ (10.02.2020). In Bezug auf Selbstzeugnisse vgl. Krusenstjern, Was sind Selbstzeugnisse?, S. 463-471. Claudia Ulbrich, Hans Medick, Angelika Schaser, Selbstzeugnis und Person. Transkulturelle Perspektiven, Köln: Böhlau, 2012, S. 1-19. »Requeste« ist die niederländische Bezeichnung für Anfrage oder Bitte in einem gerichtlichen Kontext.

251 Vgl. bezüglich der Prozessordnung des *Hof van Holland* vgl. Le Bailly, Procesgids, S. 30.

können.[252] Die *Staten-Generaal* handelten umgehend und sandten noch am selben Tag eine Abschrift von Criools und Leilands *requeste* an die Direktoren der *Sociëteit van Suriname* in Amsterdam, damit diese dazu Stellung nehmen konnten.[253] Die *Sociëteit* informierte van Steenberg, der wiederum antwortete. Am 22. April sandte die *Sociëteit* ein am 17. April verfasstes Schreiben mit der Zusammenfassung von van Steenbergs Argumenten gegen eine Freilassung der Frauen* und einer diesbezüglichen eigenen Einschätzung an die *Staten-Generaal*.[254] Am 30. Juli 1771 trafen die Juristen der *Staten-Generaal* bzw. des *Raad van State*, P. van Swinden, Johan Fred. van Steelant, Pieter Coel und François Jacob Gallé das Urteil zugunsten Criools und Leilands.[255] Aus diesem 18 Seiten umfassenden handschriftlich verfassten Urteil ist unter anderem zu erfahren, dass es weitere mündliche Anhörungen Criools und Leilands vor der Entscheidung der Juristen gegeben, van Steenberg eine mündliche Anhörung verweigert und die Weitergabe der von ihm gemachten Angaben an Criool und Leiland zu unterbinden versucht hatte.

Dieses historische Material gestattet es in besonderer Weise, Criools und Leilands Perspektive nachzuvollziehen. Die Zuschreibungen Willem Hendrik van Steenbergs liefern dessen Perspektive auf die Frauen* und gestatten zugleich eine Skizzierung seines antagonistisch zu Criool und Leiland konzipierten Selbstbildes. Aufgrund dieser Ausgangslage wird diese dritte biografische Mikrostudie auf die Selbst- und Fremdbilder Criools, Leilands und van Steenbergs fokussieren.[256] Als theoretische Basis der Untersuchung dient die *Subjekt-Theorie* von Thomas Alkemeyer, Gunilla Budde und Dagmar Freist, die als zentrale Aspekte der Subjektbildung

---

252   Wie bereits in der biografischen Mikrostudie über Anthonij van Bengalen angesprochen, ist bei Gerichtsdokumenten, wie bei Selbstzeugnissen allgemein, immer zu bedenken, dass die Narrationen zu einem bestimmten Zweck verfasst oder vorgetragen wurden. Sie stellen daher eine Auswahl und eine Interpretation von Informationen dar, die nicht neutral sind. Vgl. hierzu Lindemann, Gender Tales, S. 131-151 und Zemon Davis, Fiction in the Archives, S. 3.

253   NA, 1.01.02, 12058, 11. Februar 1771, fol. 47.

254   NA, 1.01.02, 5793 liassen 1770-71, 17. April 1771. Von diesem Dokument sind zwei weitere Abschriften in den Verwaltungsakten überliefert: 1.01.02, 11484 binnenlandse registers I. 1771 und 1.05.03, 109, 17. April 1771. Die Aktennotiz über das Versenden des Schreibens findet sich bei 1.01.02, 12058, 22. April 1771, fol. 47.

255   NA, 1.01.02, 11485 binnenlandse registers II 1771, 30. Juli 1771, fol. 608-617. Man möge mir die detaillierte Aufzählung der Daten der Dokumente vergeben. Für eine Überprüfung und weiterführende Recherche ist es jedoch eine deutliche Erleichterung, nicht alle Akten der entsprechenden Bestände durchsehen zu müssen. Die Nennung der Reihenfolge ist als Arbeitserleichterung für jene gedacht, die an dieser Stelle weiter recherchieren möchten.

256   Teile dieser Studie zu Criool und Leiland wurden bereits am 19. Juli 2019 beim *14th International Congress for Eighteenth Century Studies 2019, Edinburgh* unter dem Titel *Self-Image and External Perceptions of Two Enslaved Women in the Eighteenth-Century Dutch Republic* von mir vorgestellt.

Bezugnahmen auf Familie, Herkunft, Religion und einen antagonistischen Gegenpart sehen.[257] Dieser Ansatz wurde mit der *slaving-zone*-Theorie von Jeff Fynn-Paul verknüpft, um die Bedeutung des räumlichen und rechtlichen Transfers der Personen analysieren zu können.[258] Diese biografische Mikrostudie verfolgt die Frage, inwieweit der Transfer von Personen von einem Herrschafts- und Rechtssystem in ein anderes die Handlungsmöglichkeiten, das Selbst- und Fremdbild und somit das Identitätskonzept der Akteur*innen prägte und welche Auswirkungen auf den Rechtsstatus einer Person er haben konnte.

3.3.2 Das Leben in Suriname

Marijtje Criool wurde ca. 1733 als Sklavin Willem Hendrik van Steenbergs in Suriname geboren, worauf auch der Name *Criool* hinweist.[259] Demnach muss auch ihre Mutter von van Steenberg versklavt worden sein. Van Steenberg war in Suriname Eigentümer und Besitzer mehrerer Plantagen in Commewijne und Warappakreeker. In Paramaribo stand er einem großen repräsentativen Haushalt vor. Dort sowie auf seinen Plantagen versklavte er Menschen als unfreie Arbeiter*innen. Weiter war er Verwalter etlicher Plantagen in Suriname, Bevollmächtigter und Anteilseigner der Rotterdamer Sklav*innenhandelsgesellschaft *Coopstadt en Rochussen*. Zusammen mit Jacobus Hendrik Saffin sorgte van Steenberg im Auftrag von *Coopstadt en Rochussen* für den reibungslosen Verkauf der verschleppten und versklavten Menschen, die neu von der afrikanischen Westküste in der niederländischen Kolonie ankamen.[260] Zudem hatte er das mächtige Amt des *Raad van Poli-*

---

257 Vgl. Alkemeyer, Budde, Freist, Einleitung, S. 9-30.

258 Vgl. Fynn-Paul, Slaving Zones in Global History, S. 1-19. Ders., Empire, Monotheism and Slavery, S. 3-40.

259 Als Creolen wurden jene Menschen bezeichnet, die nach der Verschleppung der Vorfahren (z.B. Eltern) in der Kolonie geboren wurden. Vgl. Brana-Shute, Sex and Gender, S. 176.

260 In Bezug auf van Steenbergs direkte Beteiligung am Handel mit versklavten Menschen durch die Firma *Coopstad en Rochussen* vgl. Jan Hudig, De scheepvaart op west-afrika en west-indië in de achttiende eeuw, Amsterdam: Druk de Bussy, 1927, S. 20-24. Van Steenberg war für die Abwicklung des reibungslosen Verkaufs der versklavten Menschen von der afrikanischen Westküste zuständig und erhielt für jede erfolgreiche Tour im Dreieckshandel 1/32 des Gewinns. Auf jedem Schiff wurden ca. 300 Menschen verschleppt. Vgl. H. D. Benjamins, Rezension zu: De scheepvaart op West-Afrika en West-Indië in de achttiende eeuw by J. Hudig Dzn., in: De West-Indische Gids, 9 (1927/1928), S. 331-336. Potsma, The Dutch in the Atlantic Slave Trade, 1600-1815, S. 123, 133, 144 zeigt auf, in welchem Ausmaß (5-7 % des niederländischen Handels) und mit welcher Infrastruktur (Schiffstypen, Handel mit Elmina) *Coopstad und Rochussen* am Handel mit versklavten Menschen beteiligt war. Das Archiv der Firma liegt im *Stadsarchief Rotterdam* (SR), und trägt die Signatur 68, https://stadsarchief.rotterdam.nl/zoeken/archief/?mivast=184&mizig=210&miadt=184&micode=68&milang=nl&mizk_alle=Coopstadt%20&miview=inv2 (17.04.2020).

tie en Crimineele Justitie inne und war damit unter anderem für die Verfolgung von Menschen zuständig, die einem Sklaverei-Verhältnis entflohen waren und sich den *maroons* angeschlossen hatten.[261]

Für eine Reise in die Republik wurden gewöhnlich versklavte Menschen als Begleitung ausgewählt, die ein relativ nahes Verhältnis zu ihren Eigner*innen hatten und in deren Haushalt dienen mussten. Es ist daher anzunehmen, dass Criool im Haus van Steenbergs in Paramaribo arbeitete und daher regelmäßigen Kontakt mit ihm hatte. Mit etwa 18 Jahren muss sie schwanger geworden sein, denn ca. 1752 wurde ihre Tochter Jacoba Leiland geboren. Leiland wird als »Mulatte«, »gezeugt mit einem Weißen« beschrieben.[262] Ob Criool freiwillig mit dem Vater ihrer Tochter sexuellen Verkehr und ob sie sich ein Kind gewünscht hatte, wird in den Quellen nicht thematisiert. Dafür ist dem historischen Material zu entnehmen, dass Criool mit einem Schwarzen Mann* namens Jacob van Grootveld verheiratet war. Van Grootveld und auch Criools Mutter erhielten während der *Maroon-Kriege* in den 1760er Jahren ihre Freiheit.[263]

Gouverneur Wigboldt Crommelin und van Steenberg, in seiner Funktion als *Raad van Politie en Crimineele Justitie*, hatten im Zuge der Friedensschlüsse mit den verschiedenen *Maroon*-Gruppen deren Mitgliedern zugesagt, dass sie den Status von freien Personen erhalten würden.[264] Etwa 250 versklavte Arbeiter*innen flohen jährlich in den surinamischen Dschungel und etwa die Hälfte von ihnen schloss sich dauerhaft den *maroons* an, sodass bestehende *Maroon*-Gruppen neue Mitglieder gewannen und sich zudem neue Gruppen bildeten. Sie betrieben Subsistenzwirtschaft und lebten in kleinen Siedlungen auf Lichtungen im Dschungel. Die Kolonialregierung machte Jagd auf diese Menschen, ermordete sie oder zwang sie, wenn sie ihrer habhaft werden konnte, erneut zur Arbeit. Die Siedlungen und Felder der *maroons* wurden immer wieder zerstört. In den 1760er und 1770er Jahren verschärfte sich die Situation zusehends und es kam immer häufiger zu Angriffen der *maroons* auf Plantagen, die in der Nähe des Dschungels lagen. Aufseher und Plantageneigner*innen wurden zum Teil getötet, Vorräte und Waffen geplündert und versklavten Menschen wurde zur Flucht verholfen.[265] In dieser Zeit zählten die drei größten *Maroon*-Gruppen etwa 6 000 Mitglieder, denen nur etwa 2 000 in der Kolonie lebende Europäer*innen gegenüberstanden. 70 000 versklavte Men-

---

261 Vgl. Carl Haarnack, Hendrick de Kock (ca. 1740-1814), Buku Bibliotheca Surinamica, 30. Oktober 2011, https://bukubooks.wordpress.com/2011/10/30/hendrickdekock/(30.01.2020).

262 NA, 1.01.02, 7894, Jan.–März 1771, 11. Febr. 1771.

263 Ebd.

264 Ebd. Criool und Leiland nahmen in ihrer Anfrage auf die Freiheit durch Friedensverträge zwischen *maroons* und Kolonialregierung Bezug.

265 Vgl. Sint Nicolaas, Shackles and Bonds, S. 69-91.

schen mussten Zwangsarbeit vor allem auf den Plantagen leisten.[266] Doch nicht nur in Suriname gab es kriegerische Auseinandersetzungen: In der nahe gelegenen niederländischen Kolonie Curaçao war es bereits in den 1740ern immer öfter zu ähnlichen Konflikten gekommen. Weitere Unsicherheit, diesmal in finanzieller Hinsicht, entstand 1763 und 1773, als es in Amsterdam zu Bankenkrisen kam.[267] Diese instabile Situation wirkte sich auch auf die Plantagenwirtschaft Surinames aus. Eine Folge der Krisen war, dass Plantageneiger*innen kaum noch Kredite für die Bewirtschaftung der Plantagen und zum Ankauf weiterer versklavter Menschen aufnehmen konnten und daher häufig in Begleitung einzelner versklavter Personen in die Niederlande reisten, um die Geldgeber*innen von weiteren Finanzierungen ihrer Unternehmungen zu überzeugen.[268] Etliche Plantagen waren überschuldet und wurden insolvent.[269] Plantageneigner*innen verließen die Kolonie und brachten Leib und Leben, Hab und Gut in der Republik in Sicherheit.

3.3.3   Die Ankunft und das Leben in der Republik

Auch van Steenberg ging es wohl darum, Hab und Gut in Sicherheit zu bringen, als er 1765 die inzwischen 13-jährige versklavte Jacoba Leiland als Begleitung seiner Mutter Maria Elisabeth Bachman in die Republik schickte.[270] Dort angekommen, zog Bachman mit Leiland nach Venlo an der Grenze zum Heiligen Römischen Reich deutscher Nation, wo Leiland vom örtlichen Prediger Smitman sogleich Katechismusunterricht erhielt. Etwa zwei Jahre später, am 14. Juni 1767, wurde die junge Frau* mit etwa 15 Jahren getauft und fünf Tage darauf als Mitglied in die reformierte Gemeinde von Venlo aufgenommen. Im Mitgliederregister der Gemeinde ist zu lesen, sie sei »eine Negerin, gebürtig von Suriname, die zur Taufe den Namen Jacoba Leijlard empfangen hat«.[271]

Am 25. April 1768 ist im *Gouvernementsjournal* von Suriname zu lesen, dass van Steenberg mit seiner *familia*, einschließlich mehrerer versklavter und freier Schwarzer Menschen und People of Color, die Kolonie in Richtung Rotterdam

---

266   Hoefte, Free Blacks and Coloreds in Plantation Suriname, S. 102-103. Vgl. hierzu in der vorliegenden Studie 2.3.1 *Der politische und rechtliche Kontext.*

267   Vgl. J. G. van Dillen, The Bank of Amsterdam, S. 106.

268   Vgl. Sint Nicolaas, Shackles and Bonds, S. 79-83.

269   Karwan Fatah-Black beschreibt mittels der Analyse gedruckter Quellen an einem Beispiel, welche Konsequenzen eine Insolvenz für eine Plantage und deren Eignerin hatte. Vgl. Fatah-Black, Eigendomstrijd, S. 121-128.

270   NA, 1.01.02, 11485 binnenlandse registers II 1771, 30. Juli 1771, fol. 608-617.

271   Archief Venlo (AV), Register Lidmaten, Archief 126, Inv. 75. Ich danke Archivar Dr. Jos de Jong dafür, dass er so freundlich war, für mich zu überprüfen, ob die Einträge über Leiland in den Kirchenbüchern von Venlo tatsächlich vorhanden sind, und mir davon Fotos zukommen zu lassen.

verlassen habe.[272] Marijtje Criool war zusammen mit ihrem Ehemann, der im *Gouvernementsjournal* als »aucasische[r] Buschneger[,] gen[ann]t Jacob«, später im Selbstzeugnis der Frauen* hingegen als Jacob van Grootveld bezeichnet wurde, auf dem Weg in die Republik. Die Reisegesellschaft van Steenbergs scheint gegen Ende des Jahres 1768 einen ersten Aufenthalt in Venlo bei van Steenbergs Mutter und Jacoba Leiland genommen zu haben.[273] Zu dieser Gelegenheit wurde auch Criool von Prediger Smitman im Katechismus unterrichtet.[274]

1769 kaufte van Steenberg das Wasserschloss *Keeneburg* in Schipluiden in der Nähe von Delft, inklusive der dazugehörigen Herrschaftsrechte über einige umliegende Dörfer.[275] Er ließ Umbau- und Restaurierungsarbeiten vornehmen und das Anwesen um ein Kutschenhaus und Ställe erweitern.[276]

Die Verhältnisse auf van Steenbergs herrschaftlichem Anwesen waren konfliktbeladen und gewaltvoll. Am 25. Februar 1770 scheint es zum Streit zwischen Leiland und van Steenberg gekommen zu sein. Van Steenberg schlug die junge Frau* mit einem »kupfernen Aschebesen« und verletzte sie am Kopf, woraufhin diese aus dem Haus floh. Sie flüchtete in das nahe gelegene Delft und bat per Brief, man möge ihr die Kleidung nachsenden, was van Steenberg durch seinen Schiffer erledigen ließ.[277]

Criool blieb noch weitere sieben Monate im Hause van Steenbergs: Am 23. September 1770 bat sie darum, ebenfalls mitsamt ihrer Kleidung gehen zu dürfen, was ihr zu diesem Zeitpunkt zugestanden wurde.[278] Nicht geklärt werden konnte, ob ihr Ehemann Jacob van Grootveld mit ihr kam oder bei van Steenberg blieb. Allerdings ist überliefert, dass er Anfang Dezember 1770 erkrankte und an einer

---

272   NA, 1.05.03, 206, 25. April 1768. Vgl. das bereits genannte Zitat in 2.3.1 *Der politische und rechtliche Kontext*, S. 67, Anm. 171, S. 105 in dieser Studie. Ich nehme an, dass eine der Personen, die »Cornelis & Codille« genannt wurden, am 11. Juni 1775 in der Hervormde kerk in Schipluiden auf den Namen Hendrick de Kock getauft wurde. Vgl. Haarnack, Hendrick de Kock.

273   Die Überfahrt von Batavia in die Republik dauerte etwa sechs Monate. Hinzu kam der Aufenthalt am Kap der Guten Hoffnung, wo alle Schiffe für einige Zeit eine Rast einlegten. Die Besatzungen konnten sich erholen und neue Vorräte an Bord genommen werden. Vgl. die erste biographische Mikrostudie über das Leben von Anthonij van Bengalen in dieser Studie (3.1 *Anthonij van Bengalen*).

274   NA, 1.01.02, 7894, Jan.-März 1771, 11. Febr. 1771.

275   Vgl. Haarnack, Hendrick de Kock. Epko Bult u.a., Het archeologische onderzoek van de Kenenburg. Een voorlopig verslag naar de aanleiding van de opgravingen in 1989, in: Bulletin KNOB Delft, 89 (1990) 5, S. 2-11, hier: S. 8-9. Ich danke Jacques Moerman, einem der vier Autoren* des Aufsatzes, der so freundlich war und mir den Text per Mail zukommen ließ.

276   Vgl. Haarnack, Hendrick de Kock.

277   NA, 1.01.02, 11485 binnenlandse registers II 1771, 30. Juli 1771, fol. 613. Für eine Wiedergabe des Zitats siehe 2.3.1 *Der politische und rechtliche Kontext*, S. 75, Anm. 199-203, S. 115-117 in dieser Studie.

278   Ebd.

Abb. 2: *E. van der Burgh, Keenenburg bij Schipluiden, Aquarell, 1728.*

»Kinderkrankheit« starb.[279] Nach so viel Aufregung und Kummer scheinen die Frauen* das Bedürfnis verspürt zu haben, nach Suriname zurückzukehren, fürchteten jedoch, dort erneut von van Steenberg bzw. in dessen Auftrag versklavt zu werden. Deshalb wandten sie sich am 11. Februar 1771 an die *Staten-Generaal*, baten dort um Schutz vor van Steenberg und forderten einen offiziellen Nachweis über ihre Freiheit und eine Bestätigung, dass sie frei geborenen Personen gleichgestellt seien. Damit setzten sie die oben beschriebene Korrespondenz zwischen den *Staten-Generaal*, der *Sociëteit van Suriname* und van Steenberg in Gang. Van Steenberg reagierte, indem er den Frauen* die Freiheit absprach, sie als seine Sklavinnen zurückforderte und verlangte, dass sie auf das nächste Schiff nach Suriname gebracht werden sollten. In Suriname sollten sie dann an seinen Geschäftspartner Saffin übergeben werden.

Im Folgenden werden nun die jeweiligen Selbst- und Fremdbilder Criools, Leilands und van Steenbergs näher untersucht.[280]

---

279   Ebd. Es gibt keine weitere Spezifizierung der Krankheit.

280   Eine umfassende Analyse der rechtlichen Argumentation ist in 2.3 »*Plakaat, concerneerde de vryheid der Slaaven*« von 1776 (*Plakaat 1776*) in der vorliegenden Untersuchung nachzulesen.

3.3.4   Willem Hendrik van Steenbergs Selbstbild

Aus den Darstellungen in den gerichtlichen Unterlagen geht hervor, dass van Steenberg ein Mann* war, der es gewohnt war, Herrschaft über die Menschen in seinem Umfeld auszuüben, was auch heißen konnte, deren rechtlichen und sozialen Status zu definieren. In dem Urteil der *Staten-Generaal* wird sichtbar, dass van Steenberg fürchtete, dass in der Republik freigelassene Personen nach Suriname zurückkehren könnten, wo sie versklavte Menschen aufwiegeln und damit die Herrschaft der Kolonist*innen gefährden könnten. Offenbar waren die *Maroon*-Kriege sehr eindrücklich für van Steenberg gewesen, denn es wird deutlich, dass er Angst hatte vor dem unkontrollierten Potenzial der *maroons*. Zugleich war er der Meinung, dass »Weiße« generell über »Sklaven« stünden.[281] Diese vermeintliche Superiorität sah er gefährdet.

> »[W]enn Sklaven und Sklavinnen/: So wie in der gemeldeten Memorie von W. H. Steenberg gesagt wird:/'welche niemals von ihren Herren oder Herrinnen freigegeben wurden, hierzulande willkürlich von denselben weggelaufen, einen Vorteil aus dem Diebstahl ihrer selbst ziehen [und] mit der Autorität des Souveräns gegen alle Verfolgung [durch] ihre gesetzlichen Meister und Eigner geschützt, dortzulande [in die Kolonie] zurückkommen würden[, würden sie] auf ihrer eigenen Meister Plantagen oder derer anderer Leute Sklaven aufrühren, um weiter in überragender Zahl gegenüber den Weißen, welche über ihnen stehen, alles in Aufruhr bringen und auf jegliche Weise Grenzen überschreiten.«« [282]

Van Steenberg argumentierte hier in der Logik des Hautfarbe-Rassismus. Die Kategorie *weiß* verwendete er, um eine angebliche Superiorität herauszustellen. Diesem Stereotyp dichotomisch gegenübergestellt sah er die versklavte Bevölkerung und die Freigelassenen, die entweder Schwarze Menschen oder People of Color waren. Deren nicht-*weiße* Hautfarbe musste er jedoch nicht extra betonen, da er sie durch die als Chiffren verwendeten »Sklaven und Sklavinnen«, bereits implizit genannt hatte. Dahinter stand die kolonialrassistische Logik, dass eine dunkle Hautfarbe und der unfreie Status als Sklav*in ebenso eng miteinander verkoppelt seien

---

281   NA, 1.01.02, 11485 *binnenlandse registers II 1771*, 30. Juli 1771.

282   Ebd., fol. 615. »[W]anneer slaven of slavinnen/: Soo als in de gem: Memorie van W:H: Steenberg word gesegt:/'welke nimmer door haare Meesters of vrouwen vrij gegeeven Synde hier te Lande Willekeurig van desselve Sijn weggeloopen, ein in praemium funge et furti Sui ipsus met de auctoriteet van den Souverain tegen alle poursiutes hunner wettige meesters en eygenaars gedekt daar te Lande terug soude komen en op haare eyge meesters Plantagien of die van andere Luiden de Slaaven opruijen om Sig teegens hen te Versetten, en verre in getal Surpasseerende aan de Blanken, welke over hen Sijn gestelt, alles in rep en roer brengen en op alle wijsen uitspatten.««

wie eine helle Hautfarbe mit der Freiheit.[283] Van Steenberg hatte dieses Denken internalisiert und reproduzierte es in seiner Argumentation gegenüber den *Staten-Generaal*. Er war überzeugt von der imaginierten natürlichen Überlegenheit seines Selbst als eines *weißen* Kolonisten gegenüber versklavten Schwarzen Menschen und People of Color und bezog einen erheblichen Teil seines Selbstwertgefühls und seines Herrschaftsanspruchs aus dieser Annahme. In diesem Sinne meinte er, dass Criools und Leilands *requeste*, deren »undankbare Treulosigkeit« und in Kontrast hierzu seine »Wohltaten« gegenüber den Frauen* zeige. Die *Sociëteit van Suriname* fasste van Steenbergs Argument gegenüber den Landesadvokaten folgendermaßen zusammen:

> »[H]at gemeldeter Steenberg uns [Sociëteit van Suriname] darauf hingewiesen, dass aus der Narration der Request [Criools und Leilands] die Wohltaten, die er den Supplikanten [Criool und Leiland] bewiesen hat, erkennbar werden sollten und [auch] die undankbare Treulosigkeit, mit welcher sie dieselbe beantworteten.«[284]

Van Steenberg versuchte sich, ganz im Sinne einer Täter-Opfer-Umkehr, als von den Frauen* betrogen und ausgebeutet darzustellen.[285] Criool und Leiland hielt er nicht nur für seine rechtmäßigen Sklavinnen und sich selbst für einen legitimen Eigner von versklavten Frauen*. Er sah sie auch als »prede legato«, »gebundene Beute«, über die er nach Wunsch verfügen könne. Von den *Staten-Generaal* forderte van Steenberg eine Bestätigung dieser allumfassenden und in der Konsequenz entmenschlichenden Verfügungsgewalt. In der Formulierung der *Staten-Generaal* hatten sie demnach über die folgende Frage zu entscheiden:

> »Hat Steenberg das Recht auf die gemeldeten Marijtje Criool und Jacoba Leiland als seine Sklavinnen, welches trotzdem erhalten geblieben ist, und daher [solle man es] ihm überlassen[, ob sie] freigelassen werden, um entsprechend [zu] ent-

---

283 Vgl. 2.4.4 *Rassifizierung als kultureller Code.*

284 NA, 1.01.02, 5793 liassen 1770-71, 17. April 1771. »[H]eeft gem: Steenberg ons [Sociëteit van Suriname] te kennen gegeven dat uit het narré van 't Request zoude kunnen geremarqueert worden de weldaden door hem aan beide de Supplianten [Criool und Leiland] bewesen, en de ondankbare trouwlossheid met welke Zij deselve beantwoordeden.« Dies ist das Schreiben der *Sociëteit* an die *Staten-Generaal*, in dem die erste Antwort van Steenbergs hinsichtlich der *requeste* Criools und Leilands zusammengefasst wurde.

285 »Täter-Opfer-Umkehr« bedeutet, dass in einem Konflikt durch den Täter* dem Opfer* die Aggression und die Taten des Täters* zugesprochen werden und der Täter* Schuldlosigkeit für sich reklamiert. Das Opfer* habe bspw. »provoziert«, der Täter* habe sich »nur verteidigt«. Gewöhnlich projiziert der Täter* dabei sein eigenes Verhalten auf das Opfer*.

scheiden, sie jederzeit in die Kolonie zurückzusenden und de facto bei Weigerung dagegen solche [als] prede legato zu zwingen?«[286]

Van Steenberg sprach Criool und Leiland durch das Beharren auf ihrer Versklavung den fundamentalen Status als rechtsfähige Subjekte ab, indem er ihre Anfrage und Argumentation als irrelevant abtat. Zudem verweigerte er ein anwaltlich angeordnetes Gespräch mit den Frauen* auf Augenhöhe und versuchte durchzusetzen, dass die Frauen* mit ihrer Rechtsvertretung aus der Kommunikation ausgeschlossen wurden. Ähnliche Versuche der Marginalisierung waren auch in der Analyse von Anthonij van Bengalens Prozess sichtbar geworden (vgl. Kap. 3.1): Hier versuchten sich die Erb*innen der verstorbenen Dienstherr*innen van Bengalens, die dieser mit der Forderung auf Lohnzahlung verklagt hatte, ihrer Pflicht, unter Eid auszusagen, zu entziehen und van Bengalens Argumente als unglaubwürdig sowie ihn selbst als nicht prozessfähig darzustellen. Möglicherweise waren es auch derartige Praktiken, die dazu führten, dass Christina sich nicht vor Gericht zu den Vorwürfen äußern konnte, als sie 1768 in Amsterdam vom Schöffengericht zu Zwangsarbeit im *Nieuwe Werkhuis* verurteilt wurde (vgl. Kap. 3.2). Diese Handlungsweisen entsprachen den Rechtspraktiken in den westindischen Kolonien unter der Regie van Steenbergs als *Raad van Politie en Crimineele Justitie* in Suriname und andernorts.[287] Die Rechtsgelehrten des *Raad van State* allerdings fassten van Steenbergs Verhalten zusammen und ignorierten dann dessen Forderungen:

> »[U]nd haben den Tag des Verhörs der Parteien für den vergangenen 16. Mai [1771] festgelegt und gehofft, bei der gemeldeten Zusammenkunft die zuvor genannten Parteien und ihre jeweiligen Anliegen zu hören, jedoch [wurde] durch oder wegen des zuvor genannten van Steenberg erklärt, dass er nicht von Intention war, sich wie auch immer in Gegenwart seiner [Gegen]partei zu äußern oder in eine Diskussion mit ihren Mitgliedern zu treten, aber [er hat bestimmt, dass] sein Anliegen als schriftliche Memorie an die Unterzeichnenden [Juristen] übergeben werde, mit der Intention, dass gemeldete [Gegen]partei keine Kopie von seiner gemeldeten Memorie erhalten sollte[.]«[288]

---

286 NA, 1.01.02, 11485 binnenlandse registers II 1771, 30. Juli 1771, fol. 610. »Heeft Steenberg het regt op de gem: Marijtje Criool en Jacoba Leiland als zyne Slavinnen, des niet tegenstaande is beswaart gebleeven, en dus aan hem behoort te worden Vrygelaaten, om des goedgevonden, haar ten allen tijden wederom naar de voorsz: Colonie te rug te zenden, en de facto bij weigering van dien zulx prede legato te mogen doen?«

287 Vgl. Jordaan, Free Blacks, S. 63-86.

288 NA, 1.01.02, 11485 *binnenlandse registers II* 1771, 30. Juli 1771, fol. 608. »[E]n den dag tot het verhoor van Partyen gefixeert op den 16 Meij laastleeden, hebben welgetragt op gem: Comparatie de voorn: Partyen in hun weederseyds belang te hooren, edog [was] door ofte van weegens den voorn: van Steenberg gedeclareert, dat hij niet van intentie waare zig op eenigerhandeweijse in praesentie van Syne partijen uit te laaten, of in eenige discusie met haar

Die unterzeichnenden Juristen hatten gehofft, van Steenberg oder zumindest seine Berater überreden zu können, in Anwesenheit der Gegenpartei seine Aussage zu machen, so wie dies ihrer Darstellung nach üblich war. Da dies nicht geschah, stellten die Juristen entsprechend den Vorgaben eine Abschrift der schriftlichen Aussage an den Anwalt Criools und Leilands zum Vorlesen zur Verfügung.[289]

Van Steenberg schien davon überzeugt gewesen zu sein, dass er über dem Recht der Republik stünde, da er weder den Aufforderungen der Landesadvokaten Folge leistete noch das grundlegende rechtspolitische Prinzip anerkannte, nach dem in den Niederlanden keine Sklaverei praktiziert werden sollte.[290] Kurz, er verhielt sich gemäß dem sozialen, politischen und juristischen Setting in der Kolonie und wie es seiner vorherigen Position als *Raad van Policie en Crimineele Justitie*, Plantagen- und Sklav*inneneigner, Befürworter und tatkräftiger Unterstützer des Versklavungshandels entsprach. Van Steenberg meinte daher, dass ihm die Entscheidungsmacht über Criools und Leilands Freiheit zustünde. Indem er die Frauen* diffamierte, versuchte er sich als Wahrer und Beschützer von Recht und Ordnung zu inszenieren. Dabei bedachte er jedoch nicht, dass das Recht und die Ordnung, die er vertrat, in der Republik zu jenem Zeitpunkt keine Gültigkeit besaßen. Er verkannte ganz offensichtlich die Tatsache, dass er sich durch seine Übersiedlung in die Niederlande in eine *no-slaving zone* selbst dieser Position enthoben hatte. Die Landesadvokaten stellten fest:

>»Es ist vollkommen sicher, dass in jeglicher Hinsicht, so auch in Bezug auf die mitgebrachten Sklaven, die Herren und Frauen aus der Kolonie hierher zurückkehrend sich den vaterländischen Gesetzen unterwerfen müssen.«[291]

Die Landesadvokaten forderten ihn und alle anderen Kolonist*innen nachdrücklich auf, sich an die Gesetze der Republik zu halten und, analytisch gesprochen, ihre *Subjektpositionen* anzupassen; sich also nicht länger wie Kolonist*innen und Eigner*innen versklavter Menschen, sondern wie niederländische Bürger*innen zu verhalten. Mit seiner Ankunft in den Niederlanden erfuhr van Steenberg eine deutliche Reduktion seiner Macht und Handlungsmöglichkeiten, konnte er doch

---

lieden te treeden, maar Sijn belang bij Schriftelijke memorie aan de ondergeteekende Zoude overgeeven met instantie dat gem Syne Parthyen geen Copie van Syne gem: Memorie zouden erlangen[.]«

289 Vgl. ebd. Vor der flächendeckenden Alphabetisierung der Bevölkerung im 19. Jahrhundert war es üblich, dass wichtige Dokumente, Gesetze usw. verlesen und zum Teil auch öffentlich ausgehangen wurden. Häufig wurde diese Praktik als »Bekanntmachung« bezeichnet.

290 Ebd.

291 Ebd. »Synde het ten volle Zeeker, dat gelijk in anderen opsigten, zoo ook omtrent de meede gebragte Slaaven, de Heeren of Vrouwen uit de Kolonie herwaards retourneerende, zig aan de Vanderlandsche Wetten moeten onderwerpen.«

Menschen wie Criool und Leiland zumindest nicht mehr auf legalem Wege versklaven.

Das Sklaverei-Verbot der *Staten-Generaal* scheint jedoch kaum durchgesetzt worden zu sein, wie das Beispiel van Steenberg zeigt. Diesem scheint die Erhaltung seiner Position als Eigner versklavter Menschen sehr wichtig gewesen zu sein. Laut dem *Gouvernementsjournal* von Suriname war van Steenberg nicht nur mit Marijtje Criool und Jacob van Grootveld, sondern mit sechs weiteren Bediensteten am 25. April 1768 zu seiner Repatriierung aufgebrochen.[292] Eine dieser Personen legte am 11. Juni 1775 in der Kirche von Schipluiden ihren Sklavennamen ab und wählte den Taufnamen Willem de Kock.[293] Ob Willem de Kock frei war und was aus den anderen versklavten Personen in van Steenbergs Umfeld wurde, konnte bisher nicht rekonstruiert werden.

Am 23. Mai 1776 trat das aus Verhandlungen der *Staten-Generaal* mit der *Sociëteit van Suriname* und der surinamischen Kolonialregierung hervorgegangene *Plakaat 1776* in Kraft (vgl. Kap. 2.3). Es gewährt den Kolonist*innen und Sklav*inneneigner*innen auf lange Sicht einen Ausweg aus ihrem »Dilemma«, das daraus resultierte, dass die *Staten-Generaal* von ihnen verlangten, sich an die republikanischen Gesetze zu halten. Denn zugleich schützte das *Plakaat 1776* die sich repatriierende Elite der Republik vor einem Kapitalverlust, insofern es nicht von ihr verlangte, versklavte Menschen in ihren Diensten bei der Einreise in die Republik freizulassen. Damit wurde es den Kolonist*innen möglich, sich sowohl an die »vaterländischen Gesetze« zu halten als auch versklavte Personen nur dann in die Freiheit zu entlassen, wenn sie dies wollten. Ein unbeabsichtigter Kapitalverlust war damit ausgeschlossen. 1771 jedoch spielte die noch bestehende rechtliche Unklarheit Criool und Leiland zuungunsten van Steenbergs in die Hände.

3.3.5   Die Fremdwahrnehmung Marijtje Criools und Jacoba Leilands

Die vor den juristischen Änderungen infolge des *Plakaat 1776* bestehende Unklarheit bezüglich des Status versklavter Menschen in der Republik wussten Criool und Leiland für sich zu nutzen, was dazu führte, dass sie letztendlich durch ihre Ankunft in der Republik und ihre Anfrage bei den *Staten-Generaal*, bzw. deren *Raad van State*, deutlich in ihrer Subjektposition aufgewertet wurden, da das *soziale Feld* der »Versklavung«, in dem die Frauen* bisher verortet wurden, auf Anordnung der Landesadvokaten durch das »freier Personen« und »Einwohnerinnen der Republik«

---

292   Vgl. S. 76, Anm. 171, S. 105. De »Vrije Mulatte Meisjes Maria, en Maria van Breda, de Vrije Mulatte Jonge Paulus en drie Slaven, als de Negers Cornelis & Codille.«
293   Vgl. Haarnack, Hendrick de Kock.

ersetzt wurde.[294] Dies war möglich, weil Criool und Leiland diese Subjektpositionen performativ überzeugend vermittelten.

In allen ausgewerteten Beschreibungen wurde Criool als »geborene Sklavin« van Steenbergs und Leiland als Criools »Mulatte Tochter, gezeugt mit einem Weißen [in Suriname]«, und ebenfalls als van Steenbergs »Sklavin« bezeichnet. Van Steenberg und die *Sociëteit* sprachen den Frauen* den Status als rechtsfähige Subjekte ab. Die *Sociëteit* tat dies, indem sie van Steenbergs Angaben unkritisch wiederholte und beachtet sehen wollte und Criools und Leilands Argumente in ihrer Bewertung vollständig ignorierte. Van Steenberg versuchte, die Frauen* in dem Verfahren von der Kommunikation auszuschließen. Zudem bediente er sich der Narration des vormodernen rassistischen Barbaren-Stereotyps und behauptete, Criool und Leiland seien als Menschen minderwertig, sie würden die Gesellschaft schädigen und wären in Freiheit nicht in der Lage, für den eigenen Lebensunterhalt zu sorgen.[295] Die Landesadvokaten fassten die diesbezüglichen Argumente van Steenbergs zusammen und konnten sich nicht verkneifen, sie als »irrelevant« zu bewerten.

»Dass die weiteren Argumente, die von oder wegen W. H. Steenberg gemacht [wurden]/: und wovon einige durchgehen können als vollkommen irrelevant und allein Anwendung findend in dem Land, wo die Sklaverei herrscht :/heruntergekommen zu Argumenten, [die] entlehnt sind aus den schändlichen und absurden Folgen, welche nach seiner [van Steenbergs] Unterstellung zu fürchten sein sollten, wenn an die gemeldeten Marytie Criool und Jacoba Leiland [die] Erlaubnis erteilt wird, um nach Surinaamen zurückzukehren, zu wissen, dass diese Leute nicht im Stand sein sollten, um mit ihrer Hände [Arbeit] die Kost zu gewinnen, und daher, dorthin zurückgekommen, sich übergeben sollten an Liederlichkeit oder sogar stehlen [würden,] wodurch dort große Aufregung und Aufruhr in der gemeldeten Kolonie zu befürchten wäre.«[296]

---

294 *Soziales Feld:* Greift auf die »Ideen Pierre Bourdieus zurück, der damit nicht nur die innere Logik und Dynamik verschiedener Sozialbereiche in den Blick bringt, sondern auch die relationalen Positionierungen der Akteure in diesen Bereichen. So sieht jedes soziale Feld bestimmte – komplementär, agonal, hierarchisch oder egalitär aufeinander bezogene – Subjektpositionen (wie des ›Autors‹ und des ›Rezipienten‹) [Sklav*inneneigner*in vs. versklavte Person, Anm. J. H.] vor, auf die konkrete Individuen als Bezugspunkte verwiesen sind, um in diesem Feld als Subjekt mit einer positionsspezifischen Funktion agieren zu können. Jede Subjektposition erönet oder verschließt dabei Möglichkeiten des Handelns, Sprechens, Denkens, Fühlens und der Selbstthematisierung.« Alkemeyer, Selbst-Bildungen, S. 19-20.
295 Vgl. Hund, Negative Vergesellschaftung, S. 19-22.
296 NA, 1.01.02, 11485 binnenlandse registers II 1771, 30. Juli 1771, fol. 608-617. »Dat de verdere allegatien door of van weegens W: H: van Steenberg gemaakt/: en waar van sommigen kunne worden gepasseert, als geheel irrelevand en alleen applicatie vindende in dat Land alwaar de Slavernij rigeert:/neder komen op argumenten, ontleent uit de prejudicabele en absurde

Auch machten die Landesadvokaten darauf aufmerksam, dass van Steenberg Criools und Leilands Wert als Sklavinnen in seiner *Memorie* mit 4 000 Gulden derart hoch taxiert habe, dass zu erwarten sei, dass sie »sich sehr wohl im Stande befinden müssen, um mit ihren Händen den Lebensunterhalt gewinnen zu können«.[297] Die Aussage der Frauen*, sie könnten in Freiheit für sich selbst sorgen, sahen sie damit als bestätigt an, nicht zuletzt, weil diese anboten, ihre Fähigkeiten unter Beweis zu stellen.[298]

Die hier wiedergegebenen abwertenden Behauptungen van Steenbergs zielen auf eine angeblich mangelnde Sexualmoral und Tugendlosigkeit der Frauen* ab. Hier zeigt sich erneut ein Muster in der rassistischen Narration. Auch die in der vorangegangenen Mikrostudie untersuchte Christina wurde wegen ihrer angeblich mangelnden Sexualmoral und ihrer vermeintlichen Tugendlosigkeit diffamiert. Es handelte sich dabei um eine geschlechtsspezifische, misogyne Form der Diskriminierung, da nur Frauen* auf diese Weise die »Ehre« abgesprochen wurde. Hinzu kam die Behauptung allgemeiner Inkompetenz und Unfähigkeit, gemäß der Criool und Leiland ihren Lebensunterhalt nicht selbstständig erwirtschaften könnten. Diese Abwertung wiederum fügt sich in das weitergefasste Spektrum der rassistischen, an Sklaverei gekoppelten Zuschreibungen, wie sie auch gegenüber Anthonij van Bengalen vorgebracht wurden. Zu Criools und Leilands Glück verfing diese mehrfach diskriminierende Argumentation nicht bei den Landesadvokaten, die sie wie gesehen als irrelevant beiseite wischten.

Ebenso wie van Bengalen und Christina wurde wie schon erwähnt auch Criool und Leiland unterstellt, sie würden die Gesellschaft schädigen. In der Narration van Steenbergs rührte diese angebliche Schädlichkeit daher, dass die Frauen* van Steenberg sein »Eigentum«, nämlich sich selbst, entziehen wollten.[299] Zudem behauptete er, sie würden das freiheitliche Prinzip der Republik missbrauchen. Sie seien unfähig, ein Leben in Freiheit zu führen, würden sich nicht an Regeln und Gesetze halten sowie Grenzen überschreiten, seien eine Gefährdung für die öffentliche Ordnung, ein schlechtes Beispiel für andere versklavte Menschen, die sie zu Ungehorsam und Rebellion anstacheln würden.[300] Zudem unterstellte er den Frauen*, dass sie sich heimlich aus ihrem *Domestiken-Dienst* entfernt hätten. Dies

---

gevolgen, welke naar Sijne onderstelling te dugten Souden Sijn indien aan de gem: Marytie Criool en Jacoba Leiland wierd gepermitteerd, om na Surinaamen te retourneeren, te weeten dat Sij Lieden niet in Staat Zouden Sijn om met haare handen de kost te winnen, en dus daar te rug gekomen Sijnde zig zouden overgeeven tot debauches of tot Steelen als meede dat er groote combustie en oproer in de gem: Colonie te vreese Soude Sijn.«

297   Ebd.

298   Vgl. ebd.

299   NA, 1.01.02, 5793, liassen 1770-71, 17. April 1771.

300   NA, 1.01.02, 11485 binnenlandse registers II 1771, 30. Juli 1771, fol. 608-617.

wurde in der Republik als Delikt angesehen und konnte mit Geld- und/oder Zuchthausstrafen geahndet werden (vgl. Kap. 3.2.9).[301]

Die Landesadvokaten, die jedes vorgebrachte Argument aufgriffen und erörterten, ließen keinen Zweifel an ihrer Ablehnung von van Steenbergs Forderungen und diffamierenden Behauptungen aufkommen und machten deutlich, dass sie seine Argumente weder für glaubwürdig noch für stichhaltig hielten. Demgegenüber betrachteten sie Criool und Leiland als glaubwürdige Bittstellerinnen, vollwertige und rechtsfähige Subjekte und eine ernstzunehmende, gleichwertige Partei in einem wichtigen Rechtsstreit. Criool und Leiland waren nach ihrer Einschätzung freie Personen, die dorthin reisen konnten, wohin sie wollten. Dass van Steenberg ihnen diesen Status absprach und sie zurück in seine Dienste zwingen wollte, duldeten sie dementsprechend nicht. Zugleich erkannten die Rechtsgelehrten an, dass die Frauen* von van Steenberg bedroht wurden und ihre Freiheit in Gefahr war. Sie waren der Meinung, dass die Frauen* sich an ihren freiheitlichen »Privilegien erfreuen« sollten, und unterfütterten dies mit einem Rekurs auf das Allgemeine Landrecht und das bereits von Grotius mehrfach erwähnte Amsterdamer Stadtrecht, das sowohl Sklaverei als Rechtsnorm als auch Praktiken der Versklavung untersagte.[302] Zudem betonten sie, dass van Steenbergs Gewalttätigkeit gegenüber Leiland der Grund für ihr Verlassen des *Domestiken-Dienstes* und dieses deshalb legitim gewesen sei. Die Frauen* seien ein gutes Beispiel als Freigelassene und keine Gefährdung für die öffentliche Ordnung in Suriname.[303]

3.3.6   Das vermittelte Selbstbild Marijtje Criools und Jacoba Leilands

Es sollte wenig überraschen, dass das Bild, dass Marijtje Criool und Jacoba Leiland von sich zeichneten, kaum Überschneidungen aufweist mit van Steenbergs Darstellung. Laut Protokoll wiesen sie in ihrer *requeste* vom 11. Februar 1771 auf ihre familiäre, religiöse und gesellschaftliche Zugehörigkeit hin und stellten so sicher, dass einige der üblichen Zuschreibungen und Versklavungsmarker schon zu Beginn der Verhandlung mit positiv bewerteten (Selbst-)Beschreibungen besetzt waren. Der gängigen kolonialrassistischen Narration wurden gezielt Gegenargumente gegenübergestellt, noch bevor diese überhaupt vorgetragen werden konnte. Zentral waren in diesem Sinne die Zugehörigkeit zur christlich-reformierten Kirche der niederländischen Republik, die besonders hervorgehobene Liebe zur Frei-

---

301 NA, 1.01.02, 11485 binnenlandse registers II 1771, 30. Juli 1771.

302 Vgl. Grotius, De iure belli ac pacis (1732), I., V., § 2, Anm. C. Für eine umfassende Einordung und eine Wiedergabe des Wortlauts des Stadtrechts, wie es auch die Landesadvokaten zitierten, siehe in der vorliegenden Studie 2.1.3.5 *Free-Soil Principle*, S. 54, Anm. 83, S. 82 und 2.2 *Tradierte Auseinandersetzungen mit Sklaverei im praktizierten Recht der sieben vereinigten Provinzen*, S. 73, Anm. 115, S. 91.

303 NA, 1.01.02, 11485 binnenlandse registers II 1771, 30. Juli 1771, fol. 608-617.

heit, die Bereitschaft und Fähigkeit zur Arbeit und das performativ überzeugende
Auftreten der Frauen* selbst, durch das sie ihre Glaubwürdigkeit gegenüber den
Juristen herstellten. Sie bezeichneten sich bzw. wurden von Cornelis Thierry de
Bye beschrieben als Angehörige einer Familie von freien Menschen und Freiheits-
kämpfer*innen.

> »Der Mann der Bittstellerin, Jacob van Grootveld, ein freier Buschneger, welcher
> in den Genuss all der Vorrechte, die die Freiheit glücklicherweise mit sich bringt,
> bei der Gelegenheit des Friedensschlusses mit demselben durch den damaligen
> Gouverneur Crommelin in den glücklichen Stand gebracht wurde, wovon auch die
> Großmutter der zweiten Bittstellerin [Leiland] profitiert hat, welche durch zuvor
> genannten Steenberg freigegeben ist.«[304]

Criool sagte aus, dass sie mit Jacob van Grootveld verheiratet sei, der seine Freiheit
im Kontext der *Maroon-Kriege* in Suriname in den 1760er Jahren erhalten habe.[305]
Dies bedeutet, dass van Grootveld ein *maroon* war. Auch Leilands Großmutter und
damit Criools Mutter wird als Frau* beschrieben, die im Kontext des Guerillakriegs
zwischen *maroons* und Kolonist*innen ihre Freiheit erstritt. Sie soll von van Steenberg ebenfalls aufgrund des Friedensschlusses freigelassen worden sein. Die Frau-
en* stellen sich in die Tradition von Freiheitskämpfer*innen, die rechtsgültig für
frei und autonom erklärt worden waren. Sie positionieren sich dadurch als politisch denkende und selbstbewusst handelnde Subjekte. Criool und Leiland erklärten weiterhin, dass sie mit dem Wissen und der Zustimmung van Steenbergs in
die Republik gereist seien. Damit schlossen sie von vornherein aus, dass man ihnen unterstellen konnte, sie seien in die Republik geflohen und hätten damit ihren
Anspruch auf Freiheit verloren (vgl. Kap. 2.1.3.4). Des Weiteren präsentierten sie
sich als gute reformierte Christinnen und kamen so wiederum der Anschuldigung
zuvor, sie könnten »Heidinnen« sein, so wie es Anthonij van Bengalen unterstellt
worden war. Während Leiland die Taufe nachweisen konnte, gab Criool an, zum
Zeitpunkt des Prozesses Katechismus-Unterricht als religiöse Vorbereitung auf die
Konversion und Taufe zu erhalten.

> »Dass die erste Bittstellerin [Criool] gegenwärtig achtunddreißig Jahre alt ist, mit
> der Frau von zuvor genanntem Steenberg herübergekommen ist, und ihre Toch-

---

304   NA, 1.01.02, 7894 Jan–März 1771, 11. Februar 1771. »Dat der Suppliantes man Jacob van Groot-
      veld, een vrije Bosneger, welke heeft gejouisseert van alle de voorrechten, die vrijheit geluk-
      kig medebrengende, by gelegenheid van het maaken van de Vreede met deselve, door den
      toenmaligen Gouverneur Crommelin tot die gelukkige Staat is gebragt, waar van ook gepor-
      fiteerd heeft der tweed Suppliantes [Leiland] Grootmoeder, welke door voorn: Steenberg is
      vrijgegeven.«
305   Die Amtszeiten der einzelnen Gouverneure geben sowohl Auskunft über den handelnden
      Akteur als auch über die Zeitspanne, in etwas geschehen ist.

ter, die zweite Bittstellerin, neunzehn Jahre, durch zuvor genannten Steenberg mit desselben Mutter, zu jener Zeit in Venlo wohnend, vor etwa sechs Jahren vorausgesandt, in dieser Zwischenzeit ist die zweite Bittstellerin unterwiesen [worden] in die wahre christliche reformierte Religion, worin sie von dem Prediger Smitman in Venlo, auch als Mitglied angenommen und getauft ist, laut dem beigelegten Attest, und die erste Bittstellerin damit beschäftigt ist, sich in den zuvor genannten Gottesdienst unterweisen zu lassen mit dem Ziel [, sich] ebenfalls erfreuen zu können am wahren Nutzen[,] den diese Religion wahrhaftig mit sich bringt.«[306]

Als Lehrer und Zeugen für ihren Glauben benannten sie Prediger Smitman in Venlo. Dieser diente auch als Zeuge, um zu bekräftigen, dass Criool und Leiland von van Steenberg die Erlaubnis erhalten hatten, das Haus und den Dienst bei ihm zu verlassen. Die Frauen* betonten mehrfach, wie sehr und wie lange sie bereits die Freiheit genossen hätten und wie kostbar sie ihnen sei. Da in der Zeit seit ihrer Ankunft Criools Mann* verstorben war, wünschten die Frauen*, nach Suriname zurückkehren zu können.[307]

»[D]och befürchten sie, dort angekommen erneut der bitteren Sklaverei ausgesetzt zu sein, und damit von der Freiheit, die so kostbar ist wie das Leben, und wovon sie nun in den kurzen Jahren die allerangenehmsten Früchte gepflückt haben, [dass diese Freiheit] ganz und gar zunichte gemacht werde, darüber hinaus [fürchteten sie] die Ansprüche[,] welche zuvor genannter Steenberg in Hinblick auf sie gutheißen und unternehmen könnte.«[308]

Sie baten deshalb bei den Landesadvokaten darum, »Briefe der Freiheit aus ihrer Sklaverei« zu erhalten »mit dem Effekt, dass [sie sich] deshalb vor keiner Bean-

---

306 NA, 1.01.02, 7894 Jan–März 1771, 11. Februar 1771. »Dat de eerste Suppliante [Criool] Jegenwoordig oud zynde Agt en dertig Jaren, met de vrouw van voorn. Steenberg is overgekomen, en haar dogter de tweede Suppliante, Negentien Jaaren, door voorn. Steenberg aan desselvs moeder toenter tijd te Venlo woonende, ruijm Zes Jaaren geleden zyn voor uit gesonden, in welke tusschentyt de twee Suppliante ouderwezen is in de waare Christelyke Gereformeerde Religie waar in zy by den Predikant Smitman te Venlo, ook als Lidmaat is angenomen, en gedoopt, volgens de attestatie ten desen gevoegd, en de eerste Suppliante bezig is, zig in de voors. Godsdienst te laaten onderwysen ten einde mede te kunnen Jouiseren van dat waare nut 't geene deeze Religie waarachtelyk medebrengt.«

307 Ebd.

308 Ebd. »[D]og bevreest zyn aldaar arriverenden wederom te zullen werden geexponeert aan een bittere Slavernij, en dus van de Vryheid, die zo dierbaar is als het Leeven, en waar van zy nu in de Korte jaaren de alleraangenaamste Vrugten hebben geplukt, geheel en al te zullen werden verstoken, boven en behalven de reclame welke voorn. Steenberg ten hunnen Opsigte zoude konnen goedvinden en ten ondernemen.«

spruchung zu fürchten haben«.[309] Die Landesadvokaten sollten ihnen mittels eines schriftlichen Nachweises die Freiheit bestätigen und sie so vor van Steenbergs Zugriff und Drohungen schützen.

Es kann angenommen werden, dass die beiden Frauen* sich wünschten, Familie und Freund*innen wiederzusehen. Aus den überlieferten Dokumenten geht nicht hervor, dass Leilands Großmutter, Criools Mutter, die ebenfalls *maroon* und frei war, ebenfalls in die Republik gereist war. Es liegt daher nahe, dass Mutter und Tochter ein soziales und familiäres Netz aus ihnen nahestehenden Personen in Suriname hatten, zu dem sie zurückkehren wollten. Dieser nachvollziehbare Wunsch wurde in der *requeste* durch eine für Gerichtsdokumente ungewöhnlich häufige Betonung von Emotionen vermittelt. Gegen Ende des Textes wird dieser emotionale Aspekt durch eine Sprache, die reich war an Aktivität suggerierenden Metaphern, ausgedrückt, wodurch diese Schlusspassage der *requeste* geradezu als flammender Appell an die Landesadvokaten erscheint.

> »Dass die Bittstellerinnen in Gänze überzeugt sind, wie sehr U Hoog Mogenden [Landesadvokaten der Staten Generaal] zu Herzen geht, dass neben des Glaubens kostbaren Relikten, nämlich die Freiheit, und [welche sie, Criool und Leiland,] fortwährend anmutig gezeigt haben, dieselbe konservieren zu wollen und je länger je mehr zu favorisieren, umso mehr wenn sich zeigt, wie hier, dass diese unter dem Joch ausgeharrt haben, sich mit vollkommener Überzeugung in den Schoß der wahren reformierten Kirche geworfen haben.
>
> Weshalb die Bittstellerinnen sich demütig bittend an U Hoog Mogende wenden, dass U Hoog Mogende den Bittstellerinnen belieben, Briefe der Freiheit aus ihrer Sklaverei zu verleihen, mit dem Effekt, dass die Bittstellerinnen in Suriname angekommen sich an den eigenen Vorrechten erfreuen mögen wie frei Geborene und nicht eine Beanspruchung durch zuvor genannten Steenberg zu fürchten haben, und deshalb sollen U Hoog Mogende vorzugsweise brieven in forma ausstellen.«[310]

---

309   NA, 1.01.02, 7894 Jan–März 1771, 11. Februar 1771.»[…] ten dien Effecte, dat meede voor geene reclamen dewegens te dugten hebben.«

310   Ebd. »Dat de supp^tn ten vollen zyn overtuigt hoe zeer U Ho: Mog: ten harten gaat het naast de Godsdienst Kostelyksten overblytsel, namelyk de vryheid, en altoos Gratienselyk hebben getoond deselve te willen Conserveren en hoe langs zo meer te favoriseren, te meer wanneer blykt zo als ter desen, dat sodanige onder het Joch berust hebbende, zig niet volkomen overtuiging hebben Geworpen in den Schoot van de waaren Gereformeerde Kerken. Waaromme de Supplianten zig keeren tot U Hoog Mog. ootmoediglyk versoekende dat U Hoog Mog: hun supplianten gelieven te verleenen brieven van vrydom uit hunne Slavernij ten dien Effecte dat de Supplianten in Surinamen retournerende van de eijge voorrechten mogen jouisseeren als de vrij geborens, en niet ten dugten hebben eenige reclame van voorn Steenberg en dat deswegens mogen worden geexpedieert U Hoog Mog. favorable brieven in forma.«

Die bemerkenswerte Komposition von Form und Inhalt der Bittschrift deuten darauf hin, dass Criool und Leiland sehr gut vorbereitet zu der Vorsprache vor dem *Procureur* des *Raad van State* gingen. Sie stammten aus einer überaus politischen Familie und waren möglicherweise bereits seit Längerem mit den relevanten Rechtsnormen vertraut. In jedem Fall hatten sie sich mit den Normen vertraut gemacht, ehe sie ihre *requeste* gegenüber den *Staten-Generaal* formulierten. Bei ihrer Anfrage räumten sie systematisch bereits im Vorfeld sämtliche problematischen Aspekte aus dem Weg, noch bevor sie von van Steenberg damit konfrontiert wurden. Dies zeigt, dass sie die herabsetzende rassistische und auf Versklavung ausgelegte Narration van Steenbergs als Sklav*inneneigner erwartet hatten und wussten, was sie ihr strategisch entgegensetzen konnten. Sie begegneten van Steenberg argumentativ auf Augenhöhe. Auch die ausdrucksstarke, Empathie einfordernde Sprache deutet darauf hin, dass sie gut vorbereitet waren. Es ist anzunehmen, dass der Generalstaatsanwalt de Bye ihre Aussage aufnahm und protokollierte, sie möglicherweise den genauen Wortlaut diskutierten und er die Frauen* beriet oder möglicherweise stillschweigend entschied, wie eine Formulierung verschriftlicht wurde. Im originalen Brief an die *Staten-Generaal* wurde bis auf einen Grammatikfehler nichts geändert. Dieser Text wurde also zuvor als Entwurf abgefasst und der sprachliche Ausdruck korrigiert und verbessert und erst danach in Reinschrift und in Briefform gebracht.

3.3.7   Die Befunde

»We define (our identity) always in dialogue with, sometimes in struggle against, the identities our significant others want to recognize in us.«[311] So beschreibt Charles Taylor zutreffend die prozesshafte Bildung von Selbst- und Fremdbildern sowie Identitätskonzepten, wie sie in dieser letzten Mikrostudie bei Jacoba Leiland, Marijtje Criool und Willem Hendrik van Steenberg nachvollzogen werden konnte. Van Steenbergs Narration ließ erkennen, dass er sein Selbstbild anhand seiner Machtposition als Sklav*inneneigner und der darin liegenden Verfügungsgewalt über das Leben von Menschen konzipierte. Sein *weißes* männliches Selbstbild oder seine Selbstgewissheit wurde dementsprechend brüchig, als zwei von ihm versklavte Schwarze Frauen* sich mithilfe der Landesadvokaten und dem stolzen Verweis auf ihre Herkunft als *maroons* selbst emanzipierten. Mit allen

---

311   Charles Taylor, The Ethics of Authenticity, Cambridge, Massachusetts, London, England: Harvard University Press, 1991, S. 33. Peter von Moos, Einleitung. Persönliche Identität und Identifikation vor der Moderne. Zum Wechselspiel von sozialer Zuschreibung und Selbstzuschreibung, in: Ders. (Hg.), Unverwechselbarkeit. Persönliche Identität und Identifikation in der vormodernen Gesellschaft (= Norm und Struktur, Bd. 10), Köln, Weimar, Wien: Böhlau, 2004, S. 1-42, hier: S. 4.

Mitteln versuchte er, deren Versklavung aufrechtzuerhalten. Er übersah dabei, dass sein Verhalten und seine vorgebrachte Narration, die in der Kolonie Wirkungsmacht hatte, bei den republikanischen Landesadvokaten nicht verfingen. Seine Argumentationsstrategie weist Ähnlichkeiten und Überschneidungen mit jenen Narrationen auf, die zuvor bereits gegen Christina und auch gegen Anthonij van Bengalen vorgebracht wurden. Der Rechtsstreit von Criool und Leiland führte, im Zusammenspiel mit den Freiheitsforderungen anderer in den Niederlanden lebender Schwarzer Menschen und People of Color, zu einer heftigen Debatte. Aus dieser ging das *Plakaat 1776* hervor, das in der Republik erlassen wurde (vgl. Kap. 2.3). Sklav*inneneigner*innen erlaubte dieses *plakaat* ab 1776 unter bestimmten, sehr weit gefassten Bedingungen, Menschen legitim auch in der Republik zu versklaven.

Criool und Leiland hingegen wussten die bis dato unklare Situation in der Republik für sich zu nutzen. 1767 wurde Leiland noch als namenlose »negerin«, der man durch den Akt der Taufe ihren Namen zuwies, im Kirchenbuch verzeichnet. Vier Jahre später präsentierte sich die junge Frau* zusammen mit ihrer Mutter als freie Einwohnerin der niederländischen Republik und forderte den Schutz und die Bestätigung ihrer Freiheitsrechte. Der Transfer von der *slaving zone* Suriname in die *no-slaving zone* Niederlande hatte die beiden zwar geprägt, sie aber nicht vergessen lassen, woher sie kamen. Die Frauen* traten als stolze *maroons* auf, als Freiheitskämpferinnen. Sie beanspruchten die durch den politischen Kampf gewonnene persönliche Freiheit und Autonomie ihrer in Suriname zurückgelassenen Familie für sich. Dies gelang ihnen, indem sie die lineare familiäre Traditionslinie der *maroonage* in der Narration auf sich übertrugen. Sie passten die Art des Kampfes dem sozialen, politischen und rechtlichen Setting der niederländischen Republik an und zeigten, dass sie Kenntnisse über das Rechtssystem hatten, in dem sie sich befanden. Dabei machten sie zugleich deutlich, dass sie dieses Rechtssystem anerkannten, jedoch auch erwarteten, dass es auch ihnen Schutz vor Verfolgung und Diskriminierung garantierte. Sie brachten eine Narration vor, die im Einklang mit diesem System stand und auf widerfahrenes Unrecht hinwies. Zugleich wies diese Narration die zu erwartende rassifizierende und Sklaverei legitimierende Narration van Steenbergs bereits im Vorfeld zurück. Die beiden Frauen* unterzogen sich einer religiösen Unterweisung und löschten damit den Marker der versklavbaren »Heidin«. Van Steenbergs Anschuldigungen setzten Criool und Leiland glaubhaftes und für freie Einwohnerinnen gesellschaftlich anerkanntes Verhalten entgegen. Es gelang ihnen, sich von van Steenberg und seinem kolonial geprägten, rassifizierenden Menschenbild zu emanzipieren. Van Steenberg selbst griffen sie dabei nicht an, so dass er deutlich als Aggressor zu erkennen war. Die Landesadvokaten des *Raad van State* der *Staten-Generaal* bestätigten das in der Narration gezeichnete Selbstbild der Frauen*, das Criool und Leiland performativ untermauerten und durch die Aussage von Zeug*innen bestätigt wurde. Dadurch bewegten sie die *Staten-Generaal* dazu, zu ihren Gunsten zu handeln. Die Juristen vollzogen die Rückbindung des präsentierten Selbstbildes an die gesellschaftlich anerkannten Normen, Werte und Gesetze und negierten das von van Steenberg gezeichnete herabwürdigende Fremdbild der Frauen*. Criool und Leiland nutzten die Möglichkeiten des neuen Settings in der Republik. Mit der Vorsprache bei den *Staten-Generaal* und den strategisch vorgebrachten Argumenten griffen sie bewusst und gezielt in das soziale und rechtliche Geschehen ein. Durch diese performative Handlung gelang es ihnen, die aufgezwungene *Subjektposition* von »Sklavinnen« mit der selbstgewählten von »freien Frauen*« zu tauschen.

4 Schluss

Allgemeine Erklärung der Menschenrechte
»Artikel 1: Alle Menschen sind frei und gleich an Würde und Rechten geboren. Sie
sind mit Vernunft und Gewissen begabt und sollen einander im Geiste
der Brüderlichkeit begegnen.

Artikel 2: Jeder hat Anspruch auf alle in dieser Erklärung verkündeten Rechte und
Freiheiten, ohne irgendeinen Unterschied, etwa nach Rasse, Hautfarbe,
Geschlecht, Sprache, Religion, politischer oder sonstiger Anschauung,
nationaler oder sozialer Herkunft, Vermögen, Geburt oder sonstigem
Stand.
Des Weiteren darf kein Unterschied gemacht werden auf Grund der politischen, rechtlichen oder internationalen Stellung des Landes oder Ge-
bietes, dem eine Person angehört, gleichgültig ob dieses unabhängig ist,
unter Treuhandschaft steht, keine Selbstregierung besitzt oder sonst in
seiner Souveränität eingeschränkt ist.

Artikel 3: Jeder hat das Recht auf Leben, Freiheit und Sicherheit der Person.

Artikel 4: Niemand darf in Sklaverei oder Leibeigenschaft gehalten werden; Sklaverei und Sklavenhandel in allen ihren Formen sind verboten.

Artikel 5: Niemand darf der Folter oder grausamer, unmenschlicher oder ernied-
rigender Behandlung oder Strafe unterworfen werden.

Artikel 6: Jeder hat das Recht, überall als rechtsfähig anerkannt zu werden.«[1]

Die von den Vereinten Nationen (UN) 1948 in einer Resolution formulierten Menschenrechte sind ein erstrebenswertes Ideal. Seither haben sich viele Staaten dazu
verpflichtet, gegen Sklaverei vorzugehen, und erkennen die Allgemeine Erklärung
der Menschenrechte an. Dennoch gibt es in zahlreichen Weltgegenden weiterhin
Menschen, die Praktiken der Versklavung unterworfen sind. Diese Menschen werden ausgebeutet, man raubt ihre Menschenwürde und verhindert die freie Entfal-
tung ihrer Persönlichkeit. 2018 veröffentlichte die *Walk Free Foundation* in Zusam-

---

1   Vereinte Nationen, Allgemeine Erklärung der Menschenrechte, 13. Dezember 2019, Art. 1-6,
     https://unric.org/de/allgemeine-erklaerung-menschenrechte/(23.04.2020). Die Erklärung der
     Menschrechte umfasst insgesamt 30 Artikel.

menarbeit mit der *Internationalen Arbeitsorganisation* (ILO) und der *Internationalen Organisation für Migration* (IOM) den *Global Slavery Index*, laut dem derzeit über 40 Millionen Menschen durch unterschiedliche Formen moderner Sklaverei ausgebeutet werden.[2]

Es gibt offensichtlich eine Diskrepanz zwischen dem Ideal, dass jeder Mensch über dieselben freiheitlichen Rechte verfügen sollte, und der alltäglichen Realität, in der Praktiken der Sklaverei von Gesellschaften ignoriert, geduldet, unzulänglich bekämpft oder gar befördert werden. Eine solche Diskrepanz zwischen als universell verstandenem Freiheitsideal und der Realität der Sklaverei herrschte bereits in der niederländischen Republik im langen 18. Jahrhundert. Dort existierte die Idee des *free-soil principle*, dem zufolge jeder in den Niederlanden lebende Mensch frei sei, was durch alltägliche Praktiken der Sklaverei unterlaufen wurde. Die Auseinandersetzung mit Sklaverei ist daher nicht nur für die Aufarbeitung des historischen Verbrechens der Sklaverei oder besser der Sklavereien in der niederländischen Republik, sondern auch für unsere Gegenwart von höchster Relevanz. Um aktuelle Mechanismen, Strukturen und Praktiken, durch die Menschen versklavt werden oder Versklavungen aufrechterhalten, zu verstehen, sind Analysen historischer Formen von Sklavereien von großer Bedeutung.

Diese Studie hat sich dem Thema der historischen Sklavereien in der niederländischen Republik in weitgefasstem Rahmen gewidmet. Untersucht wurde eine Vielzahl von Quellen aus verschiedenen Quellengattungen in Hinblick auf folgende Fragestellungen: (1) Unter welchen Bedingungen war die Aufrechterhaltung des Sklav*innenstatus von aus den Kolonien mitgeführten Menschen in den Vereinigten Sieben Provinzen der niederländischen Republik im langen 18. Jahrhundert möglich? (2) Welche rechtlichen und gesellschaftlichen Normen und Praktiken definierten die Lebenswelten der versklavten Menschen? (3) Welche Handlungsmöglichkeiten hatten die Betroffenen innerhalb dieser Zwangsverhältnisse?

Die Analyse wurde auf der Basis einer neu entwickelten Methodik, die Ansätze der Mikro- und Globalgeschichte sowie der Praxeologie zusammenführt, vorgenommen. Christian De Vito stellte diese neue Methodik als *Mikro-Spatial Perspective* vor.[3] Untersucht wurden Normen, Logiken und Praktiken der Versklavung und deren Aufrechterhaltung in der Republik. Erarbeitet wurde die Vorstellung von Sklaverei, wie sie in der Frühen Neuzeit und besonders im langen 18. Jahrhundert in

---

2   Vgl. Walk Free Foundation, Global Slavery Index 2018, S. 27, https://downloads.globalslaveryi ndex.org/ephemeral/GSI-2018_FNL_190828_CO_DIGITAL_P-1634463151.pdf(17.10.2021).

3   Vgl. De Vito, History Without Scale, S. 348-372. De Vito entwickelte seine Methodik offenbar zur selben Zeit, wie ich meine Dissertation verfasste. Mit Verblüffen stellte ich gegen Ende meiner Forschungsarbeit fest, dass wir nahezu denselben methodischen Ansatz gewählt hatten, ohne uns zuvor darüber abzustimmen.

der niederländischen Republik verbreitet war. Durch die gewählte Untersuchungsperspektive konnten die Handlungsmacht, -logiken und -möglichkeiten einzelner Akteur*innen sichtbar gemacht werden. Zudem konnte durch den gewählten Ansatz der methodologische Nationalismus zugleich über- und unterschritten werden. Die erarbeiteten Befunde zeigen eine unerwartete Komplexität und Verwobenheit aller Bereiche: Die Perspektive der Verflechtung geografischer Räume sowie sozialer, politischer, geistesgeschichtlicher und rechtshistorischer Zusammenhänge. Dies gilt sowohl für die Ebene der historischen Akteur*innen als auch für die Ebene der Analyse derselben.

Die geografischen Räume der Kolonien und der niederländischen Metropole waren in hohem Maße miteinander verflochten. Diese Verflechtung entstand durch freie und versklavte historische Akteur*innen, die aus der Metropole in die Kolonien oder andersherum reisten, durch politische Ereignisse und Entscheidungen, die Gesetzgebungsverfahren der westindischen Kolonien und der Metropole. Diese Faktoren erzeugten Wechselwirkungen zwischen den Kolonien und der Metropole. Vor diesem Hintergrund müssen alle weiteren Befunde betrachtet werden.

4.1 Definitionen

Die Untersuchung von Sklaverei in der niederländischen Republik aus rechtshistorischer Perspektive hat gezeigt, dass verschiedene Rechtssysteme, Prinzipien, Praktiken und Annahmen parallel existierten, die durch ein komplexes Zusammenspiel in Hinblick auf Sklaverei große Wirkmacht entfalteten. Als rechtliche Grundlage bezüglich der Frage der Sklaverei diente dabei das antike römische Recht, auf das sich auch der einflussreiche Rechtsgelehrte Hugo Grotius bei seiner Differenzierung zwischen *volkomen slavernij* und *min volkomen slavernij* (vollkommener und unvollkommener Sklaverei) berief. Diese zeitgenössische frühneuzeitliche Unterscheidung zweier Grundformen von Sklaverei wurde in der vorliegenden Studie aufgegriffen und entsprechend der Definitionen von Grotius und Gronovius in *De iure belli ac pacis* zu Analysezwecken auf die rechtlichen Entsprechungen im kodifizierten *Gewohnheitsrecht* bzw. in Grotius' einschlägiger Schrift *Inleyding tot de Hollandsche Rechts-Geleerdheid* übertragen. Dies hatte einen rechtshistorischen Perspektivwechsel zur Folge. Ausgangsbasis der rechtshistorischen Untersuchung waren die Befunde von John Cairns und Gustaaf van Nifterik.

Aufbauend auf deren Ergebnissen wurde in dieser Studie die Perspektive auf Rechts- und Alltagspraktiken gelegt und die damit verbundene Sprache einbezogen, wodurch die folgenden neuen Befunde gewonnen werden konnten. Grotius subsumierte unter *min volkomen slaverny* eine große Zahl unterschiedlicher in Europa verbreiteter Herrschaftsformen, die ihm zufolge zeitlich begrenzt und/oder vertraglich geregelt waren, darunter insbesondere die unter das *recht van toebehooren*

(Zugehörigkeitsrecht) fallenden Rechtsformen von *inschuld, borge* und *mond-borg-schap.*

Aus rechtlicher Sicht waren die Übergänge zwischen der *volkomen slavernij* und der *min volkomen slavernij* besonders in der Republik zumindest bis 1776 fließend. Praktiken der Ausbeutung und Versklavung wurden fortgeführt, der rechtliche Status der Personen war häufig nur schwer zu erkennen. Dies führte dazu, dass die eine Form der Sklaverei unbemerkt in die andere übergehen konnte. Historisch wurde die *min volkomen slavernij* mitunter genutzt, um die Versklavung von Schwarzen Menschen und People of Color fortzusetzen, die aus der Kolonie in die Republik verschleppt wurden oder auch freiwillig dorthin reisten. Mit dem *Plakaat 1776* wurde eine Option geschaffen, die einen solchen verschleierten Transfer des Sklav*innenstatus überflüssig machte, weil das *plakaat* den Erhalt der kolonialen *volkomenen slavernij* in der Republik legalisierte.

Aus der bisherigen Beschreibung kann folgendes Destillat in Form einer Übersicht über das semantische Feld und die darin verhandelten Definitionen der *volkomen* und der *min volkomen slavernij* im langen 18. Jahrhundert in den Niederlanden gewonnen werden.[4]

---

4   Die kursiv gesetzten Begriffe im semantischen Feld wurden in der ausgewerteten Forschungsliteratur als Fachbegriffe oder/und Quellenbegriffe verwendet. Alle in Anführungsstriche gesetzten Begriffe sind aus dem analysierten historischen Material dieser Studie erhoben worden. Sie stellen den »Wortschatz« der Sklaverei in den Quellen dar. Begriffe wie »Galeerenstrafe«, »Kriegsgefangenschaft« etc., die die Art des Eintritts in die Sklaverei benennen, werden in allen gesichteten Rechtstexten, egal ob deutsche Edition oder niederländische Originalausgabe, angeführt und in der jeweiligen Schreibweise verwendet. Zum leichteren Verständnis sind sie hier in moderner deutscher Schreibweise und ohne Formatierung wiedergegeben.

	»volkomen slaverny« *servitus perfecta/servitus vera*		»min volkomen slaverny«
Überbegriff:			
Art des Rechts und Rechtskonstruktion:	*ius gentium naturaliter*		*ius naturale, ius commune,* »recht van toebehooren«
Grund für Eintritt in Sklaverei:	Kriegsgefangenschaft, Not, Schuld, Spielschulden, qua Geburt		»inschuld«, »borge«, »mond-borgschap«, »momberschap«, »zonderlinge geregtigheden«, Strafe im Zucht- und Arbeitshaus, Galeerenstrafe
Transfer ermöglichende Rechtskonstruktion:	»secundum legem loci«/»comitas«/»wellwillenheid«		
Den Rechtsstatus bezeichnende Quellenbegriffe:	*servitus* »slavernij«, »slaaf«, »slavin«, »neger«, »negerin«, »mulatte«, »moor«	»dienstbaar« »meid« »kneg«	*servitus* »onvrye«, »onmondig«, »vrylingen«, »verbondenen«, »toegewezenen«, »kluit-eigenen«, »doode-handen«, »lyfdiensten« »huurlingen«
Den Austritt aus der Sklaverei bezeichnende Quellenbegriffe:	»manumissie«, »abolitie«, »vrygelaten«		»vrygestelten«, »abolitie«, »afkoop« von Freiheitsrechten

Volkomen slavernij im niederländischen kolonialen Kontext:

- Eine Person hat das Recht, die Entscheidung über Leben und Tod einer anderen Person zu treffen.
- Der Versklavung ist kein zeitliches Limit gesetzt oder die Versklavung wird trotz zeitlicher Begrenzung über das Maß ausgedehnt.
- Eine Person verfügt über den Körper einer anderen Person, legt fest, welche Arbeiten zu tun, welche Produkte zu schaffen und wieviel Geld innerhalb eines gesetzten Zeitraums erwirtschaftet werden muss. Das Kind einer versklavten Frau*, deren »Frucht«, gilt ebenfalls als versklavt.
- Eine Person arbeitet für Kost und Logis oder für sehr geringen Lohn und hat keine oder nahezu keine Verfügungsgewalt über die von ihr erwirtschafteter Einkünfte.
- Versklavung geht mit extremer (materieller) Abhängigkeit von der versklavenden Person einher.
- Der Machtbefugnis einer Person über eine andere Person wird nur vom Staat bzw. der Obrigkeit Grenzen gesetzt. Dies gilt jedoch nur, wenn die Sklaverei legal ist.
- Die Machtbefugnis einer Person über eine andere kann durch Verkauf oder Schenkung an eine dritte Person transferiert werden.
- Versklavte Menschen haben keinen Zugang zum Rechtssystem, sie werden nicht als rechtsfähig anerkannt und ihnen kommen keine Rechte zu, die durch einen Staat oder eine Obrigkeit geschützt würden.
- Sklaverei ist an eine »Rasse«-Konstruktion gebunden, die die Marker der Versklavung, nämlich dunkle Hautfarbe und eine Herkunft aus Afrika, Indien oder Indonesien bzw. eine Abstammung von Menschen aus diesen Regionen vorsieht.

Die hier erarbeitete Form der *volkomen slavernij* nach Grotius, wie sie im niederländischen Kolonialsystem zur Anwendung kam, steht grundsätzlich im Einklang mit der in der Einleitung vorgeschlagenen systemischen Definition von Sklaverei(en) nach Zeuske. Tatsächlich geht Zeuskes Begriffsbestimmung noch etwas weiter, da sie zudem eine Initiation in den Status als versklavte Person, eine damit einhergehende Statusdegradierung sowie körperlichen Zwang und Gewalt umfasst. Diese Elemente finden sich in den analysierten Praktiken und der kontextualisierenden Einordnung der hier untersuchten Quellen im System der *Atlantic Slavery* wieder. Auf die Niederlande, wo Sklaverei erhalten, aber nicht initiiert wurde, können sie jedoch nicht eins zu eins übertragen werden. Vielmehr konnte festgestellt werden, dass in der niederländischen Republik der Status der *volkomen slavernij* in den der *min volkomen slavernij* übergehen konnte. Dies ging, wie die biografischen Mikro-

studien gezeigt haben, ebenfalls mit Zwang, Gewalt und starken Abhängigkeitsverhältnissen einher.

Min volkomen slavernij im niederländischen und kolonialen Kontext kann folgendermaßen definiert werden:

- Eine Person steht in der Schuld einer anderen (*inschuld, vrijlingen, vrijgestelde, verbondenen*).
- Eine Person hat das Recht, Dinge und Leistungen von einer anderen zu fordern (*kluit-eigenen, doode handen, huurlinge, verbondenen, vrijlingen*).
- Die Bewegungsfreiheit einer Person ist eingeschränkt und es bedarf der Er-
  laubnis oder gegebenenfalls des Freikaufs, um Bewegungsfreiheit zu erlangen (*kluit-eigenen, toegewezenen, verbondenen*).
- Die freie Wahl des*der Ehepartner*in ist eingeschränkt und es bedarf der Er-
  laubnis oder des Freikaufs, um eine Wahl treffen zu können (*kluit-eigenen*).
- Die Verfügung über die eigenen Güter ist eingeschränkt, ein*e Patron*in hat
  im Todesfall der betreffenden Person ein Anrecht auf den *vierten Teil* oder den
  kostbarsten Teil der Güter als Erbe (*doode handen, vrijlingen*).
- Die Verfügungsgewalt einer Person über eine andere ist zeitlich und/oder in der
  Gewalt limitiert. Ein Anspruch auf lebenslange Dienste ist möglich (*vrijlingen, verbondenen, toegewezenen, kluit-eigenen, huurlingen*).
- Es besteht mitunter ein extremes materielles Abhängigkeitsverhältnis mit star-
  ker physischer und psychischer Kontrolle.
- Die Ansprüche und Machtbefugnisse des »Herrn« über *kluit-eigenen* kann durch
  den Verkauf von Land an einen anderen »Herrn« transferiert werden, sofern die
  kluit-eigenen sich nicht freikaufen. Die Ansprüche, Machtbefugnisse und Verpflichtungen innerhalb eines solchen Herrschaftsverhältnisses sind vererbbar.
- Als Rechtfertigung für den Anspruch auf die Verfügungsgewalt einer Person
  über eine andere werden Unmündigkeit, Strafe für ein Verbrechen, Schulden
  und Verpflichtungen angeführt, die in der dazugehörigen Narration mit Abwertungen in Bezug auf Hautfarbe und/oder Herkunft verknüpft sein können.
- Bei Verletzung der Verpflichtungen durch die abhängige bzw. subalterne Personen drohen schwere Strafen und im kolonialen Kontext gegebenenfalls die
  Verschlechterung ihres Status zur *volkomen slavernij*.

Diese Definition der *min volkomen slavernij* wurde erarbeitet aus den Angaben in *De
iure belli ac pacis*, der *Inleyding tot de Hollandsche Rechts-Geleerdheid* und den aus den
Quellen herausgearbeiteten Normen, die z.B. für Freigelassene galten, bzw. den
korrespondierenden Praktiken. Nicht alle Aspekte der Definition lassen sich allen
Formen der *min volkomen slavernij* zuordnen. Zudem wich die *min volkomen slavernij*
von der zuvor bestimmten *volkomen slavernij* ab, insofern sie kein Entscheidungs-

recht über Leben und Tod einer Person umfasste. Dadurch erscheint *min volkomen slavernij* weniger bedrohlich. Hinweise auf eine rituelle Initiierung bei Eintritt in den jeweiligen Status der *min volkomen salvernij*, wie sie durch die Praktiken der *volkomen slavernij* und der von Zeuske entwickelten systemischen Definition der Sklaverei bekannt sind, konnten ebenfalls nicht gefunden werden, was jedoch nicht ausschließt, dass es solche gegeben haben könnte. Den Transfer der Rechte des*der Eigner*in macht Zeuske nicht länger zur Bedingung für Sklavereien, auch schließt er harte Leibeigenschaft, also Hörigkeit bzw. die *kluit-eigenen*, mit ein. Er stellt jedoch auch fest, dass harte Leibeigenschaft lokal gedacht und bei der lokalen Bevölkerung angewandt worden sei. Dies schließt Menschen, die aus fernen Regionen verschleppt wurden, tendenziell aus. Zugleich weist Zeuske jedoch auch auf Formen des *Otherings* und der Statusdegradierung aufgrund der Hautpigmentierung und der Herkunft hin. Er stellt fest, dass dies eine weitere Form der Marginalisierung sei, die im Zuge des Kolonialismus durch den »Menschenfernhandel« entstanden sei.[5] Es kann daher festgehalten werden, dass Grotius' Verständnis von *min volkomen slavernij* sehr ausdifferenziert war und nicht vollständig von der systemischen Definition von Sklavereien Zeuskes gefasst werden kann. Es ist daher ratsam, Zeuskes Vorschlag zu folgen und lokale Sklavereien mit ihren verschiedenen Ausprägungen und Facetten genau zu untersuchen und sich von systemischen Definitionen als Maßstab zu verabschieden.

Im Kontext der Versklavung Schwarzer Menschen und People of Color, die in den Kolonien mit der *volkomen slavernij* konfrontiert waren, konnten zudem Überschneidungen der verschiedenen rechtlichen Status der *min volkomen slavernij* in der Republik herausgearbeitet werden. Als Gemeinsamkeit kann in allen beschriebenen Fällen das Fehlen der Statusbezeichnungen bei *min volkomen slavernij* und eine zeitgleiche Rassifizierung als Othering festgehalten werden. Woraus zu schließen ist, dass im Verständnis der Zeitgenoss*innen die in den Niederlanden gebräuchlichen Formen der *min volkomen slavernij*, die unter *inschuld*, *borge* und *mond-borgschap* subsumiert werden können, offenbar der lokalen niederländischen Bevölkerung vorbehalten waren. Die Zeitgenoss*innen unterschieden demnach sprachlich, wer welcher Form der Versklavung und Unfreiheit unterworfen werden sollte. Aus der Analyse der Praktiken wird jedoch deutlich, dass gerade Schwarze Menschen und People of Color von einem unfreien Status in einen anderen, genauer aus der *volkomen slavernij*, in die hinein sie in den Kolonien geboren worden waren, in eine Form der *min volkomen slavernij* geraten konnten. So konnten sie sich etwa im Status des *vrijlings* mit Verpflichtungen oder dem eines*einer *verbondenen*, der*die Schulden abarbeiten musste, wiederfinden. Die Untersuchung des Falls der in *inschuld* stehenden, *verbondenen* Christina zeigt, dass der Status der *verbondenen* durch ein Gerichtsurteil in den Status der *toegewezenen* mit Zwangsarbeit übergehen konnte. Um

---

5   Vgl. Zeuske, Handbuch, S. 214-215.

dieses Spannungsfeld aus benennbarem Status, Othering und lokaler Verortung genauer zu erfassen, bedürfte es einer vertiefenden Analyse, etwa in Verbindung mit Untersuchungen zu Dienstbot*innen und versklavten Personen im Rahmen einer übergreifenden Studie zu Arbeit- und Sklavereigeschichte.

4.2 Sklaverei im niederländischen Recht

Mittels des *slaving-zone*-Konzepts von Jeff Fynn-Paul konnte die Bedeutung und Tragweite der Verflechtung von Kolonie und Metropole herausgearbeitet werden. Sklav*inneneigner*innen verbrachten immer wieder versklavte Menschen in die Republik. Die niederländische Republik kann aufgrund des *free-soil principle* und der überwiegend freiheitlich ausgerichteten Gesetze als eine *no-slaving zone* bezeichnet werden. Versklavte Menschen aus den Kolonien, den *slaving-zones*, wussten diese freiheitliche Orientierung zu nutzen und versuchten daher verschiedentlich ihren Status als Versklavte abzuschütteln. Etwa ab 1750 verschlechterte sich aufgrund der Guerilla-Kriege in den westindischen Kolonien die dortige politische Lage. Dies führte zu einer Zunahme der Repatriierungen von Kolonist*innen und damit einhergehend einer steigenden Zahl versklavter Personen in der Republik. Insbesondere ab 1771 kam es zu mehreren komplexen Rechtsstreitigkeiten, in denen die Freiheitsrechte solcher (ehemals) versklavter Menschen verhandelt wurden.

In Bezug auf Sklaverei in der Republik konnten zwei konträre Geisteshaltungen identifiziert werden. Gegner*innen der Sklaverei waren in erster Linie die versklavten Personen selbst, die auf unterschiedliche Weise darum kämpften, ihre Freiheit zu gewinnen bzw. zu verteidigen, und die Landesadvokaten der *Staten-Generaal*. Ihnen gegenüber standen Sklav*inneneigner*innen, die unterstützt wurden von der surinamischen Kolonialregierung, der *Sociëteit van Suriname* und der *Staten van Holland*. Sie bildeten einen starken Interessenverband, der ab 1771 für die Legalisierung von Sklaverei in der Republik agitierte. Innerhalb von fünf Jahren gelang es dieser Gruppe, die Wirksamkeit des Prinzips *secundum legem loci* maximal auszudehnen, das es erlaubte, Sklavenrechte von einem Rechtsraum in einen anderen zu transferieren und so auch in der niederländischen Republik anzuwenden. In die Republik repatriierende Sklav*inneneigner*innen wurden auf Drängen dieser Interessengruppe innerhalb des ersten Jahres ihres Aufenthaltes in der Republik als Reisende angesehen. Durch diese Konstruktion wurde es möglich, das Prinzip *secundum legem loci* auf die von ihnen versklavten Personen anzuwenden. Mit dem *Plakaat 1776* wurde dann eine gesetzliche Lösung für Sklav*inneneigner*innen geschaffen, die die Ausdehnung des Prinzips *secundum legem loci* festschrieb und der Aufrechterhaltung des Status der Versklavung maximalen Raum in der niederländischen Republik einräumte. Die wenigen Begrenzungen, die das *Plakaat 1776* vorsah und die theoretisch zu Freilassungen hätten führen müssen, wurden durch die tatsächlichen Rechtspraktiken ausgehebelt. Die Aufrechterhaltung des Sklav*innenstatus in der Republik wurde in der niederländischen Republik also per *plakaat* durchgesetzt. Diese Form der *volkomen slavernij* fand ausschließlich Anwendung bei Schwarzen Menschen und People of Color.

Während des Prozesses, der schließlich im Erlass des *Plakaats 1776* mündete, entbrannte zwischen den *Staten-Generaal* und der Pro-Sklaverei-Interessengruppe ein Machtkampf um die Rechtsbefugnis, bei Personen den Status der Sklaverei aufzuheben bzw. sie in den Status von Freigelassenen zu versetzen. In Suriname existierte der Freigelassenen-Status seit 1733. Dieser Rechtsstatus, der für all jene in der Kolonie lebenden Menschen galt, die freigelassen worden waren, lag zwischen dem der Versklavung und dem der Freiheit qua Geburt.

Mit der Etablierung des *Plakaat 1776* in der Republik anerkannten die *Staten-Generaal* das Recht für Freigelassene und das damit verwobene Sklavenrecht in den westindischen Kolonien. Im Anschluss an das Inkrafttreten des *Plakaats 1776* behielt sich die Kolonialregierung von Suriname vor, den Status Freigelassene*r bei der Einreise in die Kolonie zu überprüfen und gegebenenfalls wieder zu entziehen. Durch diese enorme Machtausdehnung und Einflussnahme der Pro-Sklaverei-Interessengruppe auch in der Republik wurde die Aufrechterhaltung des Sklav*innenstatus von Bediensteten ebendort für Sklav*inneneigner*innen so leicht wie nie zuvor gemacht. Denn parallel zu dieser Ausdehnung der kolonialen Sklavereipraktiken der *volkomen slavernij* wurde in der Republik ja auch die *min volkomen slavernij* in Form von *inschuld*, *borge* und *mond-borgschap* und die darunter subsumierten Formen praktiziert. Eine Überprüfung der freiheitlichen Privilegien bzw. der Rechtmäßigkeit ihres Entzugs im Einzelfall war kaum möglich. Angesichts der Vielfalt der Möglichkeiten, freiheitliche Rechte einzuschränken, und des Fehlens von zentralen Kontrollinstanzen musste der Sachverhalt im Einzelfall daher oftmals durch komplexe und langwierige Gerichtsprozesse geklärt werden.

Zusammengefasst bedeutet dies, dass wirtschaftliche und politische Interessen spezielle Sklavenrechte und ab 1733 den rechtlichen und sozialen Zwischenstatus der Freigelassenen in der Kolonie erzeugten. Soziale, politische und wirtschaftliche Faktoren führten zu kurzzeitigen Reisen und Repatriierungen in die niederländische Republik. Auf diese Weise kamen auch versklavte Menschen in die Republik. In der Republik war eine Reihe von *min volkomen slavernijen* und damit verschiedene Formen von Unfreiheit bekannt. Versklavte Personen, die ihren Status abstreifen und ihre Freiheit erlangen wollten, mussten mit ihren Sklav*inneneigner*innen den neuen Status aushandeln. Wirtschaftliche und politische Interessen forcierten den Erlass des *Plakaat 1776*, mit dem die Herrschaft und die Eigentumsrechte von Sklav*inneneigner*innen über versklavte Menschen auch in der Republik gesichert und gerechtfertigt wurden. Das *Plakaat 1776* wiederum war verwoben mit den Gesetzen für Freigelassene und dem Versklavungssystem der Kolonien. Die (Ver-)Handlungsmöglichkeiten der versklavten Menschen wurden durch das neue

Gesetz stark eingeschränkt, da das *Plakaat 1776* die Form der »(Un)Freiheit« (Rebekka von Mallinckrodt) vorgab.

4.3   Manumission in der niederländischen Republik

Trotz dieser wenig aussichtsreichen Lage für versklavte Menschen aus den Kolonien in der Republik kam es im 18. Jahrhundert zu *Manumissionen*. Die hier vorgelegten Befunde, die auf einer qualitativen Auswertung beruhen, sind die ersten zu diesem Themenkomplex in Bezug auf die niederländische Republik.

Die ausgewerteten Manumissionsdokumente bezogen sich immer auf konkrete Einzelpersonen. Durch ihre Analyse konnten wichtige Erkenntnisse über die an der Manumission beteiligten historischen Akteur*innen sowie über die konkreten Praktiken gewonnen werden. Manumittieren durfte grundsätzlich nur, wer über die Eigentumsrechte an der versklavten Person verfügte. Insofern Sklaverei in der Republik ein Elitenphänomen war, gilt dies entsprechend auch für Manumissionen. Die Auswertung der Manumissionen zeigte, dass es vor allem koloniale Funktionäre bzw. deren Ehefrauen* oder Witwen waren, die versklavte Menschen kauften und in die Republik verbrachten. In der Republik wurden dabei tendenziell mehr Männer* als Frauen* manumittiert, während Rosemary Brana-Shute eine gegenläufige Entwicklung in der Kolonie Suriname nachweisen konnte. Zudem kommt Brana-Shute zu dem Ergebnis, dass Menschen, die als »mulatte« beschrieben wurden, was auf hellere Haut hindeutet, häufiger in Suriname manumittiert wurden als Menschen, die als »neger« betitelt und damit als dunkelhäutiger ausgewiesen wurden. In Hinblick auf Freilassungen in der Republik kann eine ähnliche Tendenz festgehalten werden.

In der Republik waren einige Notare, die Manumissionen formulierten und beglaubigten, auf koloniale Kontexte spezialisiert. Die Versklavung von Schwarzen Menschen und People of Color aus den Kolonien in der Republik wurde in der Republik als Privatangelegenheit behandelt und von Notaren dokumentiert. Die Konversion zum reformierten christlichen Glauben bzw. der Eintritt in eine reformierte Gemeinde konnte bei der Aushandlung der Freilassung aus der Sklaverei hilfreich sein. Fynn-Paul hat Religion neben Herkunft und Hautfarbe als einen Marker ausgemacht, der als Vorwand für Versklavung genutzt wurde. Die Vorstellung, dass eine Konversion zum Glauben der Mehrheitsgesellschaft direkt zu einer Freilassung führte, ist allerdings verfehlt. Die persönliche Beziehung zwischen versklavter Person und Eigner*in war der zentrale Faktor bei einer individuellen Freilassung in der Republik. Allerdings wurde durch die Analyse auch erkennbar, dass gerade bei Manumissionen mit Bezug zum christlichen Glauben bei versklavten *weißen* Europäer*innen im Vergleich zu versklavten Schwarzen Menschen und People of Color mit zweierlei Maß gemessen wurde.

Ein unerwarteter Befund der hier ausgewerteten Manumissionsdokumente ist, dass die rassifizierenden Zuschreibungen bei individuellen Freilassungen nahezu vollständig aus dem Sprachgebrauch verschwanden. Es wurde offenbar Wert daraufgelegt, dass der entmenschlichende Status der Versklavung getilgt und das freigelassene Individuum von nun an mit seinem*ihrem Namen genannt wurde. Brana-Shute nennt diesen Prozess *Individualisierung*.

Neben diesen vielfältigen Faktoren, die in der Republik zu einer Manumission führen konnten, gab es Abstufungen im Umfang der erlangten freiheitlichen Privilegien. Diese Abstufungen konnten mittels der Untersuchung der Praktiken der Manumission sichtbar gemacht werden. Es war möglich, aber selten, dass eine manumittierte Person einer frei geborenen Person rechtlich gleichgestellt wurde und durch ein Erbe oder eine anderweitige Schenkung Zugang zu eigenen finanziellen Ressourcen erhielt, was der betreffenden Person Unabhängigkeit und die Integration in die Mehrheitsgesellschaft ermöglichte. Häufiger kam es vor, dass eine zuvor versklavte Person nur unter Auflagen freigelassen wurde. In den Dokumenten wurden etwa Verpflichtungen zu weiteren (lebenslangen) Diensten genannt oder die Deckung entstandener Kosten. Hugo Grotius und Johann Gronovius bezeichnen manumittierte Personen mit derartigen Verpflichtungen als *vrijlinge* oder *verbondene*, wodurch sie dem Status der *min volkomen slaverny* zuzuordnen sind. Manumission ging somit häufig mit weiterer struktureller Marginalisierung einher. Die Manumittierten blieben abhängig von den vormaligen Eigner*innen, die sie weiterhin ausbeuteten, und der mangelnde eigene Zugang zu finanziellen Ressourcen führte zu Armut. Reggie Baay hat diesen Zusammenhang bei Manumissionen im Territorium der VOC ebenfalls beobachtet. Er erklärt, dass Manumittierte, um überleben zu können, ihre Freiheitsbriefe verpfändeten und sich somit erneut in Sklaverei begaben. Diese Form des Rückfalls in die Sklaverei von Manumittierten entspricht dem Status der von Grotius erwähnten *huurlingen*.

Weiter wurde sichtbar, dass auch über den Weg des Erbrechts versucht wurde, manumittierte Personen auszubeuten. Die Beanspruchung eines Teils des Erbes im Kontext der *min volkomen slavernij* hat Grotius als die Praktik der *doode handen* bezeichnet, die unter anderem *kluit-eigene* betraf.

Manumission ist ein komplexes Feld, das über viele Nuancen der Freiheit und Abhängigkeit, ganz besonders aber über die persönliche Beziehung austariert wurde. Emotionale Bindung spielte hierbei eine wichtige Rolle. Daher würde dieser Forschungsbereich von der Einbeziehung der verhandelten Emotionen profitieren, die etwa in Verbindung mit einer rechtshistorischen Perspektive fruchtbar gemacht werden könnte.[6]

---

6   Vgl. bspw. Julia J. A. Shaw, Law and the Passions. Why Emotion Matters for Justice, Abingdon, New York: Routledge, 2019. Hilge Landweer, Dirk Koppelberg (Hg.), Recht und Emotion, 1. Verkannte Zusammenhänge, Freiburg, München: Karl Alber, 2016. Hilge Landweer, Fabian

4.4 Biografische Mikrostudien

Die drei Mikrostudien über die Lebenswelten und Handlungsmöglichkeiten von Anthonij van Bengalen, Christina sowie Marijtje Criool und Jacoba Leiland, deren Biografien in der Forschung bisher nahezu unbekannt waren, förderten eine Reihe struktureller Überschneidungen der angewandten Praktiken zutage. Für die Analyse waren neben der *micro-spatial perspective* Methoden aus dem Bereich der Selbstzeugnisforschung insbesondere die *Selbst-Bildungstheorie* von Thomas Alkemeyer, Gunilla Budde und Dagmar Freist hilfreich. Im Folgenden werden die strukturellen Überschneidungen der Lebenswelten der (ehemals) versklavten Akteur*innen vorgestellt. Daran anschließend sollen noch einmal die Besonderheiten der jeweiligen Fallstudien und die Handlungsstrategien der im Zentrum stehenden Akteur*innen zusammengefasst werden.

Die vier im Zentrum der Mikrostudien stehenden Personen wurden als Kinder versklavter Frauen* in West- bzw. Ostindien geboren und waren dementsprechend selbst von Geburt an versklavt. Van Bengalen und Christina waren etwa fünf bis sieben Jahre alt, Leiland ca. 13 und Criool ca. 38 Jahre alt, als sie in die Republik einreisten. Die drei Kinder wurden ohne Eltern in das ihnen fremde Land verbracht, in einem Alter, in dem sie stark beeinflussbar, leicht zu kontrollieren und in hohem Maße abhängig von ihren Bezugspersonen waren. Alle vier Personen hatten sehr lange bzw. auf eine Lebensspanne angelegte Beziehungen zu ihren Eigner*innen bzw. Dienstherr*innen. Sie lebten in adligen Haushalten, in denen großer Wert auf Status und Repräsentation gelegt wurde.

Es konnten in allen Mikrostudien Hinweise auf eine repräsentative Lebenshaltung in den adligen Haushalten gefunden werden, in die die verschleppten Personen eingebunden waren. Major de Sandra hatte ein sehr großes Haus und viele Dienstbot*innen. Er platzierte den Schwarzen Jungen* Anthonij van Bengalen mit seiner schmucken Uniform sichtbar in seiner eigenen Kompanie. Christina trug kostbare Kleidung mit Verzierungen aus Gold und Silber, was für eine einfache Dienstmagd sehr ungewöhnlich war. Willem Hendrik van Steenberg kaufte ein Wasserschloss mit Herrschaftsrechten und hatte dort neben Marijtje Criool und Jacoba Leiland weitere Schwarze Diener*innen. Josef Köstlbauers These über *Repräsentationsarbeit*, die von versklavten Personen oder Personen mit unklarem Status zu leisten war, konnte hier bestätigt werden.[7]

Die Fähigkeit und die (erzwungene) Bereitschaft, bestimmte aufgetragene Arbeiten zu verrichten, scheint den Wert der vier Personen in der Anschauung ihrer Eigner*innen oder Dienstherr*innen ausgemacht zu haben. War diese Fähigkeit

---

Bernhardt (Hg.), Recht und Emotion, 2. Sphären der Verletzlichkeit, Freiburg, München: Karl Alber, 2017.

7 Vgl. Josef Köstlbauer, Ambiguous Passages, S. 234-235.

bzw. Bereitschaft nicht mehr gegeben, ob aufgrund von Krankheit oder von Widerständigkeit, entstanden schwerwiegende Konflikte. Diese Konflikte waren jeweils das Moment, das Einblick in die Lebenswelten von van Bengalen, Christina sowie Criool und Leiland gewährte. Denn sie führten zu gerichtlichen Auseinandersetzungen, bei denen Narrationen über die Lebensverhältnisse und die Konflikte vorgebracht und verschriftlicht sowie in dieser verschriftlichten Form in die Gegenwart tradiert wurden. Diese Narrationen zeigen auch die verschiedenen Argumentationsversuche, die herausstellen sollten, dass die versklavten oder vormals versklavten Akteur*innen verschiedentlich in der Schuld und unter der *potestas* der Dienstherr*innen und damit in *inschuld, borge* oder unter *mond-borgschap* standen.

Aus den Narrationen van Bengalens bzw. seines Anwalts Viktor Breij geht hervor, dass er sein Leben im Haus von Major Hendrik de Sandra und dessen Gattin Maria Lenarts positiv wahrgenommen hatte. Der soziale Umgang, die Fürsorge und die Ausbildung im Kindesalter, die Vermittlung von Arbeit und möglicherweise auch die Inschutznahme bei Streitigkeiten mit anderen Dienstbot*innen erzeugten bei van Bengalen Vertrauen und ein Gefühl der Zugehörigkeit. Seine Arbeit als Trompeter, Soldat und später als Matrose und Knecht definierten seine Rolle als de Sandras Bediensteter und sein berufliches Leben. Die damit verbundenen Praktiken der Vermittlung von Arbeit, die Saisonarbeit als Matrose, die Abgabe des Lohns und das Einbehalten von Gratifikationen wegen angeblicher *onnoselheid* erregten bei den anderen Dienstbot*innen des Haushalts Aufsehen und führten mitunter zu Streit. Van Bengalen scheint eine Sonderstellung im Haushalt innegehabt zu haben und als *onmondig* angesehen worden zu sein. Da er über kein eigenes Geld verfügte, war er in höchstem Maße abhängig. Solange de Sandra und Lenarts die Verantwortung für van Bengalen übernahmen, gab es keinen gravierenden Konflikt. Nachdem jedoch beide gestorben waren, weigerten sich ihre Erb*innen, den inzwischen versehrten und arbeitsunfähigen van Bengalen weiter zu versorgen, und kündigten das Beziehungsverhältnis und damit auch ihre Verantwortung gegenüber dem abhängigen Dienstboten auf. Nach ihrer stark rassifizierenden und abwertenden Argumentation hatte van Bengalen die Unkosten für Kost, Logis und Ausbildung abzuarbeiten gehabt, was den ca. 1664 in Indien im Status eines Versklavten geborenen van Bengalen zu einem *verbondenen* machte, der in *inschuld* stand. Angesichts der Gefahr, in die Armut abzugleiten, aktivierte van Bengalen sein soziales Netz zur Unterstützung, um 1713 vor Gericht die einbehaltenen Löhne aus 30 Jahren Dienstzeit einzuklagen. Van Bengalens Biografie zeigte zudem, dass die Grenze zwischen den ausgeübten Praktiken von versklavten Personen in Haushalten in Hinsicht auf jene der ebenfalls dort arbeitenden Dienstbot*innen fließend war. Ausgehend von diesem Befund wäre weitere Forschung in Hinblick auf das Zusammenleben von versklavten Bediensteten in Haushalten und regulär angestellten Dienstboten sowie deren Ausbildung wünschenswert.

Im Gegensatz zu van Bengalen scheint Christina nie ein gutes Verhältnis zu ihren Dienstherr*innen Adrianus van der Geugten und Christina Hendriks van Suchtelen gehabt zu haben. Sie arbeitete in deren Haushalt als Dienstmagd und wurde für Näharbeiten an andere Dienstherrschaften ausgeliehen. Ihre Strategie gegen diese Beanspruchung und Ausbeutung war die Verweigerung der Arbeitsaufträge, allgemeiner Ungehorsam und die Flucht in die Unterschichtenviertel Amsterdams. Ihre Verweigerungshaltung führte jedoch nicht zur Auflösung des Dienstverhältnisses, was aus rechtlicher Perspektive einfach umzusetzen gewesen wäre. Stattdessen nahmen van der Geugten und Hendriks van Suchtelen ihre Macht und Funktion als Dienstherr*innen, Hausvater und -mutter und *voogde* als Vorwand, um die noch unmündige junge Frau* mit Zwangsarbeit im *Nieuwe Werkhuis* bestrafen zu lassen. Um diese Strafe durchzusetzen, baten sie Freunde um Zeugenaussagen und zahlten ab 1768 für Christinas zweijährige Haftzeit 160 Gulden. Christina wurde in der Narration ihrer Dienstherr*innen gegenüber dem Schöffengericht rassifiziert und über ihre Aufgabe als Dienstmagd sowie die Verweigerung dieser Aufgabe definiert. Selbst wurde sie vom Gericht nicht angehört. Im Protokoll der Aussagen von van der Geugten und Hendriks van Suchtelen wurde Christina nicht als Sklavin, sondern wiederholt als »Schwarze, genannt Christina« bezeichnet. Die Analyse der in den Quellen sichtbaren Praktiken lässt den Schluss zu, dass van der Geugten und Hendriks van Suchtelen Christina als *onmondig* und zugleich als in *inschuld* stehend ansahen und behandelten. Christinas Status wechselte demnach von der *volkomen slavernij* ihrer Geburt in Indonesien zu einer *onmondigen verbondenen* in der Republik, die durch ein Gerichtsurteil zur *toegewezenen* wurde. Auch Christina war somit von *min volkomen slavernij* betroffen.

Jakoba Leiland kam 1765 als Jugendliche mit Hendrik van Steenbergs Mutter aus Suriname in die Republik. Dort wurde das Mädchen* getauft und erhielt einen neuen Namen. Als ihre Mutter Marijtje Criool und deren freier Ehemann*, der *maroon* Jacob van Grootveld 1768 mit van Steenberg ebenfalls in die Republik kamen, wurde die Familie der versklavten Frauen* zusammengeführt; Grootveld verstarb jedoch bereits 1770. Nach einem Streit, bei dem van Steenberg Leiland tätlich und mit einer Waffe angriff, floh diese aus dessen Haus. Einige Zeit später ließ sich Criool die Genehmigung von van Steenberg erteilen, das Haus ebenfalls verlassen zu dürfen. Die familiäre Bindung und das starke politische Bewusstsein der Frauen* als Angehörige von und zugehörig zu *maroons* riefen eine starke Ablehnung ihrer Versklavung hervor. Die Frauen* hatten sich emotional von van Steenberg und seinem Anspruch, sie versklaven zu können, unmissverständlich distanziert. Als sie sich 1771 an die *Staten-Generaal* bzw. deren Landesadvokaten im *Raad van State* wandten, versuchten die Frauen* die juristischen und sozialen Abhängigkeiten abzuschütteln. Sie wiesen den Status von Sklavinnen zurück und besetzten die gängigen Versklavungsmarker in ihrer Narration mit positiv angesehenen Werten. In Verbindung mit einer offenbar sehr überzeugenden Performanz als freie Frauen* gewannen sie die Landesadvokaten für sich. Sie präsentierten sich als ehrliche, arbeitsame, freiheitsliebende Christinnen mit Familiensinn und dem Wunsch, in der Kolonie zu leben. Für diese Selbstdarstellung konnten sie auch Zeug*innen beibringen. Im historischen Material, das dieser biografischen Mikrostudie zugrunde liegt, wird offen von Sklaverei gesprochen.

4.5 Die Funktion der Rassifizierungen

Die drei biografischen Mikrostudien machen neben den im vorigen Abschnitt gezeigten noch eine weitere Gemeinsamkeit sichtbar: die Struktur der Narrationen der Sklav*inneneiger*innen und Dienstherr*innen und die diesen Narrationen unterliegenden Strategien. Es wurden Gegensatzpaare konstruiert, die klare moralische Bewertungen transportierten. Van Steenberg bezeichnete sich als Wohltäter, Criool und Leiland als undankbar, schädlich, gefährlich und aufwieglerisch. Van der Geugten und Hendriks van Suchtelen produzierten sich als gute*r Hausvater und -mutter, deren Dienstbotin und Mündel Christina stellten sie hingegen als faul, ungehorsam, liederlich, »parasitär« und damit schädlich dar. De Sandras und Lenarts' Erb*innen versuchten ebenfalls ein positives Bild von sich und den Erblasser*innen zu erzeugen und das gute Verhältnis zwischen den Verstorbenen und van Bengalen, das in weiten Teilen vorteilhaft für beide Seiten war, gegen van Bengalen zu wenden. In der Narration der Erb*innen hatte van Bengalen die Erblasser*innen ausgenutzt, weiter unterstellten sie ihm zu lügen, einen Meineid zu leisten, erklärten ihn für trunk- und spielsüchtig sowie inkompetent aufgrund einer angeblichen *onnoselheid*. Sie stellten ihn einerseits als unmündig und andererseits als schädlich dar.

Die Zuschreibungen gegenüber van Bengalen, Christina sowie Criool und Leiland gingen weit über das übliche Maß negativer Zuschreibungen gegenüber Dienstbot*innen im 18. Jahrhundert hinaus und waren geprägt durch fehlendes Mitgefühl. Die Radikalität der Zuschreibungen entstand durch die Kopplung angeblich negativer Eigenschaften einzelner Personen an körperliche Merkmale. Van Bengalens, Christinas, Criools und Leilands Nicht-*Weiß*sein war ebenso wie ihre Herkunft ein zentrales Element in den herabsetzenden, rassifizierenden Narrationen der Dienstherr*innen und Sklav*inneneigner*innen. Um diese Rassifizierungen zu untersuchen, wurde unter anderem mit den Befunden von Geraldine Heng und Max Sebastián Hering Torres gearbeitet. Die negativ dargestellten Eigenschaften wurden als verbunden mit den körperlichen Eigenschaften und als unveränderbar beschrieben, weshalb die angebliche Schädlichkeit aus Sicht der Dienstherr*innen und Sklav*inneneigner*innen nicht gemildert, sondern nur durch rigide Herrschaft kontrolliert und eingedämmt werden konnte. Diese Herrschaft müsste von als vernünftig und dadurch überlegen konstruierten *weißen* Personen ausgeübt werden. Die Narrationen machen deutlich, dass das beanspruchte Recht auf die Versklavung Schwarzer Menschen und People of Color in den niederländischen Kolonien und somit auch in der Republik an deren dunkle Hautfarbe bzw. das *Weißsein* der Versklavenden gekoppelt wurde. Sklaverei wurde mit der negativ dargestellten körperlichen Beschaffenheit der versklavten Menschen gerechtfertigt und verbunden. Eine solche Einschreibung von Eigenschaften in den Körper, die einer als homogenes Kollektiv vorgestellten Gruppe von Menschen zugeschrieben wird, wird als *Essentialisierung* bezeichnet. Es handelt sich daher um eine grundsätzlich genealogische, gruppenbezogene Zuschreibung, die die Versklavung von Menschen mit dunkler Hautfarbe und die Herrschaft und Superiorität von Menschen mit heller Hautfarbe rechtfertigen sollte. Dies kann als *genealogischer Rassismus* bezeichnet werden. Ihre radikalste Umsetzung fand diese Einschreibung in der Markierung oder vielmehr Verstümmelung der neu angekommenen versklavten Schwarzen Menschen und People of Color in der Kolonie durch Brandzeichen, die sie für alle sichtbar als Sklav*innen und damit als Ware und nach dem Kauf als Eigentum kenntlich machte und entmenschlichte. Aus Sicht der *weißen* Kolonist*innen war dieses Nicht-*Weißsein* der Marker der Versklavung schlechthin. Sie verknüpften Schwarzsein und Versklavtsein aufs Engste, was etwa darin Ausdruck fand, dass der freie Status einer Schwarzen Person immer betont wurde.

Die Zuschreibung negativer Eigenschaften, die an Hautfarbe gekoppelt waren und das damit einhergehende imaginierte positive Gegenteil der Figur des »weißen Mannes« scheint ein wichtiger Teil der Selbst-Bildung von Sklav*inneneignern und möglicherweise, in geschlechtsspezifischer Variation, auch von Sklav*inneneignerinnen gewesen zu sein. Die Analyse zeigt deutlich die Notwendigkeit eines negativ besetzten Schwarzen Gegenparts für das *weiße* Selbstbild. Im Gegenzug dazu wird bei van Bengalen, Criool und Leiland evident, dass Schwarzsein als eine reale Tatsache, nicht aber als Bewertungsmaßstab anerkannt wurde. Es scheint, als seien es die *weißen* Sklav*inneneigner*innen gewesen, die für ihr eigenes positives *weißes* Selbstbild die Herabwürdigung und Versklavung Schwarzer Menschen und People of Color benötigten. Um die Figur des*der *weißen* Sklav*inneneigner*in mit Inhalt und vermeintlich kollektiven Charaktereigenschaften zu füllen, wurde als antagonistische Figur der »neger« bzw. die »negerin« als Sklav*in mit kollektiven Charaktereigenschaften entworfen. Diese Kollektivierung war anschlussfähig an die gesellschaftlichen Diskurse in der niederländischen Republik und darüber hinaus in Europa. Zentral war der pietistische Tugenddiskurs im 18. Jahrhundert, wobei die »Kardinaltugend Besonnenheit« von besonderer Bedeutung war. Hieran schloss der frühneuzeitliche europäische Herrschaftsdiskurs an, der Standesdenken und »tugendhafte« adlige Herrschaft vorsah. Vorgebracht wurden die Zuschreibungen in geschlechtsspezifischer Form. Es handelt sich bei dieser Logik um die Konstruktion eines *historischen Subjekts* (Stuart Hall), einer *Figur*, die keine reale

Entsprechung hat oder benötigt. Es ist die Figur des »negers«, dessen imaginierte Eigenschaften zum Zwecke der Ausgrenzung aus Gesellschaft und Rechtssystem sowie der Ausbeutung durch Sklaverei auf eine reale gesellschaftliche Gruppe projiziert wurden. Durch die Beherrschung der Entmenschlichten überhöhten sich die *weißen* Kolonist*innen selbst. Dieses rassistische Mindset wurde erst in der Kolonie und mit dem *Plakaat 1776* auch in der niederländischen Republik in Rechtsnormen, Gesetze und Praktiken überführt und damit institutionalisiert. Da in dieser Studie Rassismen und Rassifizierungen überwiegend in Form von Alltagspraktiken und Chiffren analysiert wurden, steht eine systematische Untersuchung dieses Themenkomplexes noch aus. Auch hier erscheint eine verbindende Perspektive aus Emotionen- und Rechtsgeschichte sowie der Rassismusforschung gewinnbringend. Wichtige Erkenntnisse könnten zudem durch Vergleiche dieses niederländischen kolonialen Rassismus mit z.B. jenem der britischen Kolonien sowie dem in Europa vorherrschenden anthropologischen Rassismus des späten 18. Jahrhunderts gewonnen werden.

Alle in den hier untersuchten Quellen sichtbar gewordenen Schwarzen Menschen und People of Color wurden auch nach vielen Jahren des Lebens in der Republik über ihre Herkunft, ihre Hautfarbe und die erfahrene oder bestehende Versklavung definiert. Auf diese Weise wurden sie als fremd und von weit her kommend markiert. Ihre fragmentarisch rekonstruierten Biografien sind nun ein Teil der Globalgeschichte. Die historischen Biografien – Narrationen über die Erlebnisse einzelner Personen – wurden erfasst und an zeitgenössische Kontexte rückgebunden. Aus den biografischen Mikrostudien wurden Erkenntnisse über Praktiken, Normen, gesellschaftliche und herrschaftliche Machtverhältnisse, Wissenstransfers und andere die Gesellschaft prägenden Strukturen und sie verändernden Prozesse gewonnen. Das Globale wurde sowohl im Lokalen als auch in den Aneignungsprozessen der einzelnen Person erkennbar. Die Verflechtung und Vernetzung von Regionen, Ländern, Kontinenten, Personen und Dingen und deren Wechselwirkungen untereinander können anhand von biografischen Mikrostudien untersucht werden. Daher schlage ich vor, den Begriff *globale Biografie*, wie ihn Natalie Zemon Davis geprägt hat, auszuweiten. Zemon Davis gebraucht den Begriff in ihren Erzählungen der Leben von Leo Africanus und Christine de Pizan.[8] Doch scheint es nicht zwingend notwendig, dass die Biografie eines*einer historischen Akteur*in weite Reisen und ständige Ortswechsel beinhaltet, um als global bezeichnet werden zu können. Mit der Verwendung des Begriffs *globale Biografie* als Bezeichnung für die Leben verschleppter und versklavter Menschen wird die Perspektive um den Blick auf diese Akteur*innengruppe erweitert. Der Begriff

---

8   Natalie Zemon Davis, Decentering History: Local Stories and Cultural Crossings in a Global World, in: History and Theory, 50 (2011) 2, S. 188-202.

verweist auf Erfahrungen, Emotionen, Handlungsmöglichkeiten, globale Vernetzung auf sozialer, politischer und geographischer Ebene. All dies lässt sich auch auf versklavte Personen beziehen. Demgegenüber suggerieren die Begriffe *Sklav*in* oder *Sklav*innenleben* einseitig Zwang, Opferstatus, Unterdrückung und Gewalt, wodurch den versklavten Akteur*innen implizit jene menschlichen Eigenschaften, die der Begriff *globale Biografie* aufruft, abgesprochen werden. Den Begriff *globale Biografie* in Bezug auf die Leben verschleppter und versklavter Menschen anzuwenden, bedeutet, sie als Menschen und Akteur*innen anzuerkennen und nicht auf den Status der Versklavung zu reduzieren.

Diese Studie bündelt verschiedenste Facetten des Phänomens der Versklavung Schwarzer Menschen und People of Color in der niederländischen Republik und deren kolonialen Kontexte. Jede Facette ist das Steinchen eines Mosaiks. Die hier zusammengetragenen Facetten lassen ein Bild erahnen, aber sie bilden längst noch nicht das gesamte Mosaik. Es ist noch viel Forschung nötig, um das gesamte historische Mosaik der Sklaverei(en) und der Versklavung von Schwarzen Menschen und People of Color in den Vereinigten Sieben Provinzen der Niederlande zu erhalten. Quellen, die darüber Auskunft geben, das hat diese Studie gezeigt, gibt es genug.

5 Anhang

5.1 Übersetzung des Plakaat 1776

Da es bisher keine deutsche Übersetzung des *Plakaats 1776* in der Forschungsliteratur gibt, möchte ich meine eigene Übersetzung der Vorrede und der acht Paragraphen anbieten. Eine abgedruckte Version des niederländischen *plakaats* findet sich bei Oostindie, *Kondreman*[1].

»Die Staaten Generaal der vereinigten Niederlande, allen denjenigen, die dieses sehen, hören oder lesen sollten; Salut, sollen wissen: dass wie sehr die sittliche Ausrichtung dieser Landen eine unanzweifelbare Wahrheit ist, dass in denselben Landen der Unterschied zwischen FREIEN und UNFREIEN Personen seit etlichen Jahrhunderten aufgehoben ist und alle Sklaverei außer Kraft gesetzt ist, sodann, dass alle Menschen hierzulande für FREIE Leute erkannt und gehalten werden, die zuvor genannte Wahrheit kann jedoch nicht in allen Hinsichten zutreffend gemacht werden, nicht bei Neger- und anderen Sklaven, welche aus den Kolonien dieses Staates nach diesen Landen herübergebracht oder herübergesandt werden, mit dem Effekt, dass dieselben allein durch ihre erlaubte Überfahrt hier zu Lande ihre Freiheit tatsächlich erhalten sollen und daher wiederum nicht gegen ihren Willen zurück in die genannten Kolonien gesandt werden dürfen oder dass, wenn diese in die gemeldeten Kolonien wiederum zurück gekommen waren, die Rechte, die ihre Besitzer über diese gehabt haben, nicht wiederbeleben können; Wodurch die Besitzer von diesen Sklaven dann häufig gegen ihren Willen und Dank von ihren Gütern, die ihnen gesetzlich gehören, ausgeschlossen werden; dies sollte weniger gegen die angeborene und tatsächliche Freiheit der Eingesessenen dieser Republik gehen, als dass die rechtlichen Vorstellungen der vaterländischen Freiheit durch die Hinzunahme des zuvor gemeldeten Prinzips über die zuvor genannten Sklaven näher bestätigt werden müssten; und dann, [dass] die Vorstellungen über den Zustand und die Umstände der zuvor genannten Sklaven [sich] von Zeit zu Zeit verändert haben und das deshalb bis jetzt keine feste Anordnung gemacht wurde.

---

1   Oostindie, *Kondreman*, S. 15-16.

SO IST ES, dass wir, um alle Zweifel auszuschließen, die dadurch entstehen könnten, für gut befunden haben festzulegen, entsprechend statuieren wir daher:

Erstens, dass alle Sklaven, welche mit ihren Herren aus den Kolonien dieses Staates hierher gebracht werden oder auf deren Befehl gekommen sind und ihre Freiheit auf gesetzliche Weise von diesen erhalten haben, so lange sie hierzulande bleiben, als FREIE LEUTE angesehen werden sollen und wohl mit dem entsprechenden Effekt, dass ihre Herren alle die Rechte, die sie auf die genannten Sklaven gehabt haben, verlieren werden und keinen einzigen Anspruch auf diese behalten sollen.

Zum Zweiten, dass dahingegen alle Sklaven, welche ohne das Wissen und die Zustimmung ihrer Herren aus einer der gemeldeten Kolonien geflohen und daher auf eine heimliche Weise hier herüber gekommen sein mögen, als Sklaven angemerkt bleiben sollen und für alle Zeiten durch ihre Besitzer beansprucht und in die gemeldeten Kolonien zurückgesandt werden müssen; und dass soweit dieselben dazu unwillig sein sollten, die Besitzer dieser entflohenen Sklaven oder derselben Gesandte die starke Hand des Richters im Ort, wo dieselben sich aufhalten mögen, hierzu anfragen müssen, die ihnen bei Bezahlung der hierfür aufgewendeten Unkosten nicht verweigert werden darf.

Zum Dritten, dass, wenn die Sklaven, die im ersten Artikel vermeldet, wiederum mit freiem Willen in die gemeldeten Kolonien zurückkehren sollten, solches an sie zugestanden werden soll, doch dass sie dort ankommen, nicht anders denn als FREIGELASSENE PERSONEN angesehen werden dürfen und damit den entsprechenden Regelungen unterworfen sind, welche durch die dortigen Regierungen zur Aufsicht der Freigelassenen beschlossen wurden; und dass, soweit die Besitzer der gemeldeten Sklaven bei deren Freilassung in den Kolonien versäumt haben mögen an die Bestimmungen bei den zuvor genannten Regelungen, [die] zu deren Aufsicht gefordert, zu entsprechen, auch wenn [sie] nicht früher als hierzulande zurate gezogen wurden, an diese Sklaven ihre Freiheit zu schenken, die gemeldeten Besitzer angehalten sein sollen, die zuvor genannten Regeln zu beachten[.] Es wird entsprechend der diesbezüglichen Regeln bestraft werden, sollten Vorteile, die aus der Freilassung der Sklaven [entstanden sind], zugunsten ihrer vormaligen Herren unbemerkt abgeflossen sein.

Zum Vierten, dass die Sklaven, welche durch ihre Herren hierzulande allein herübergebracht oder herüber gesandt wurden bis zur Verrichtung von diesen oder jenen Sachen, ohne an dieselben ihre Freiheit geschenkt zu haben, mit der Intention, die gemeldeten Sklaven wiederum bei der ersten [Gelegenheit] nach ihrer erledigten Verrichtung hierzulande in die gemeldeten Kolonien zurückzusenden, sollen insoweit und mit dem Effekt angesehen werden, [dass sie] im Eigentum ihres Herrn verblieben sind[. Sollte der Fall eintreten,] dass dieselben unwillig sind, die Rückreise wiederum anzunehmen, diesbezüglich [sollen diese] auf Verlangen und auf Kosten ihrer Herren oder derselben Gesandten durch den Richter am Ort, wo sie sich befinden mögen, festgenommen werden.

Zum Fünften, dass die vorgesehene Rücksendung der gemeldeten herübergekommenen, doch nicht freigelassenen Sklaven so schnell wie möglich und spätestens innerhalb von sechs Monaten zurechnen ab dem Tag, an dem sie in der Republik ihren Fuß an Land gesetzt haben, bewerkstelligt werden muss, wo der Dienst vom Besitzer einen längeren Verbleib der gemeldeten Sklaven hierzulande notwendig fordert, doch dass die gemeldeten Eigner oder derselben Gesandte, in diesem Fall verpflichtet sein sollen, an den Richter des Ortes, an dem sie verbleiben oder wohnen, einen Antrag zu stellen, um die zuvor genannten Sklaven noch so viel länger hierzulande verbleiben zu lassen, wie durch den Richter nach angemessener Untersuchung der Dinge für notwendig befunden wird, doch dass in jedem Fall derselbe Verbleib nicht länger andauern darf, als zur Ausführung notwendig, doch nicht länger als weitere sechs Monate; werden die gemeldeten Sklaven, welche innerhalb der vorgesehenen Zeit von sechs Monaten, oder von einer weiteren zugestanden Frist, jeweils nicht zurück gesandt, oder zumindest an Bord von dem Schiff, womit sie in die Kolonien verbracht werden sollen, gebracht, sondern hier zu Lande verbleiben, für FREIE LEUTE gehalten, und sodann nicht wieder gegen ihren Willen in die gemeldeten Kolonien gesandt werden dürfen.

Zum Sechsten, dass bei all denen, die nach Vorschrift herübergekommen und dennoch nicht freigelassenen Sklaven, welche innerhalb der Zeit, wie im Schluss des fünften Artikels gemeldet, nicht in die Kolonien gesandt wurden, anschließend aus ihrem freien Willen dorthin zurückkehren wollen, sie sodann in den gemeldeten Kolonien nicht anders als FREIGELASSENE Personen angesehen [werden], doch nicht in Hinsicht auf ihre vormaligen Besitzer, sondern diesbezüglich eine Kasse der Regierung der Kolonie, wo sie sich befinden, dazu das Passendste urteilen soll, zu wessen Profit nachher die alleinigen Vorteile kommen sollen, die aus der Freilassung von Sklaven entsprechend der diesbezüglich erlassenen Regelungen, zum Nutzen ihrer früheren Herren entspringen können, sofern diese hierfür passend sind. Und dass dasselbe auch geschehen soll in Betracht auf die freigelassenen Sklaven (im dritten Artikel vermeldet), deren Besitzer sich geweigert haben den Bestimmungen der zuvor genannten Regelungen, die in Hinsicht darauf erbeten wurden, zu entsprechen.

Zum Siebten, dass niemand einige Sklaven, welche zu Plantagen oder Häusern gehören, die mit Hypotheken belastet und damit als Sicherheit von Geldgebern gebunden sind, aus den Kolonien des Staates ausführen kann oder darf, ehe nicht bei der Regierung vor Ort eine ausreichende Kaution gestellt wurde, dass durch die Ausfuhr der betreffenden Sklaven kein Vorbehalt gegenüber den Hypothek gebenden Geldgebern vorgebracht werde und darüber eine schriftliche Erklärung der gemeldeten Regierung empfangen werden muss, alles auf Vorkasse von nicht nur 1000 Caroliner Gulden, so zuletzt vom Eigner als vom Kapitän, für jeden derartigen Sklaven, der ohne zuvor gestellte Kaution und erhaltener Erklärung ausgeführt worden ist, aber auch zur Strafe, dass die betreffenden Sklaven hierzulande angekommen sind, es sei[,] [dass] derselben Besitzer ihnen ihre Freiheit geschenkt hat, oder nicht, auf die Anfrage der Kreditgeber, wiederum sofort in die Kolonie, wo sie hingehören und zuvor ausgeführt wurden, zurück gesandt werden müssen und an die Hypothek belasteten Plantagen oder Häuser gebunden bleiben, so lange bis ihre Eigner die Bestimmungen für das Freilassen von entsprechenden Sklaven wie befohlen erfüllt haben.

Und zuletzt *zum Achten*, dass nicht im Mindesten die Urteile und Beschlüsse, welche für das Publizieren dieses Plakaats, in Bezug auf den Status der Sklaven gegensätzlich zum Inhalt desselben gewesen seien oder genommen wurden, sollen sein und bleiben in ihrer vollen Kraft und Wert, ohne durch dieses Plakaat vernichtet oder irgendwie beeinträchtigt zu werden. Und dass weiter die Eigner der Sklaven das Eigentum derselben behalten sollen und die Sklaven dagegen ihre Freiheit genießen, falls der eine und der andere von ihnen jeweils in der Kolonie dieses Staates vor dem Publizieren dieses Plakaats, in einer gesicherten Position gewesen ist, unter der Bedingung jedoch unterworfen zu bleiben unter die Regelungen, die für Freilassungen vor Ort bindend sind.«[2]

---

2   SA, 5028, 544N, Scans SUR100210000001-5.Ein Exemplar des Plakaats vom 23.5.1776, das direkt von den Staten-Generaal gedruckt wurde, ist eingebunden in Johannes van der Linden, »Placaat van de Staaten Generaal, omtrent de Vryheid der Neger- en andere Slaaven, welke uit de Colonien van den Staat naar dese Landen overgebragt of overgesonden worden. Den 23 Mey 1776«, in *Groot Placaatboek, vervattende de Placaaten, ordonnantien en Edicten, van de Hoog Mog Heeren Staaten Generaal der Vereenigde Nederlanden [...]*, Bd. 9 (Johannes Allart: Amsterdam, 1796), Nr.23, 526-528. Das Stadsarchief Amsterdam besitzt ein Exemplar.

6 Bibliographie

6.1 Archivalisches Material

Stadsarchief Amsterdam (SAA)

SAA, 5028 Archief van Burgemeesters: stukken betreffende verscheidene onderwerpen, **Inv. 544N** Resolutie van de Staten van Holland aangaande de status van mensen die als slaaf uit Suriname komende in de Republiek verblijf hebben gehouden, 1776. Scans SUR100210000001-5.

SAA, 5061 Archief Schout en Schepenen, Subalterne regten; **Inv., 3437** Groot-Placaatbook met publicties en notificationen van de Staaten van Holland en Westfriesland 1773-1806.

SAA, 5061 Archief van de Schout en Schepenen, van de Schepenen en van de Subalterne regten; **Inv. 3153** Publicaties en ordonnanties van het gerecht van de stad Amsterdam, 28.01.1758, 15.03.1759.

SAA, 5061 Archieven van de Schout en Schepenen, van de Schepenen en van de Subalterne Rechtbanken, **Inv. 1276, Nr. 8** Schepenen Minut Register van Personen dewelke op Appointement van de Ed. Achtb. Heeren Schepenen der Stad Amsterdam voor zekere Gelimiteerde Tyd Geconfineer zyn in 't Nieuwe Werkhuis deser Stede, 30. Juni 1768-3. Oktober 1775, 14. Sept. 1768-11. Okt.1768.

SAA, 5075 Notarissen:

Inv. 6728, 12. Juli 1709; 15. Juli 1709

Inv. 7164, 22. September 1710, 24. Oktober 1710

Inv. 11350, Akte 78, 29. November 1754

Inv. 12327, 5. März 1751

Inv. 12331, 7. April 1753

Inv. 1312, 14. Feb. 1772

Inv. 13648, 382, 9. Sept. 1768

Inv. 13660, 382, 28. Aug. 1728

Inv. 13749, 382, Dok. 37, 14. Jan. 1777

SAA, 2304 Notariële Archieven, **Film 2486,** 24. Juli 1674.

SAA, 347 Nieuwe Werkhuis Amsterdam. Register v. ontvangsten en uitgaven, 1768-1783, **Inv. 237.**

SAA, DTB (Doop-, Trouw- en Begraafboeken) **Nr. 27, 54, 102, 126.**

Brabants Historisch Informatie Centrum (BHIC),

BHIC, 8, 72 Leen- en Tolkamer: resoluties en plakkaten van Staten-Generaal en Raad van State, **Nr. 110.**

Stadsarchief Breda (SB)

SB, DTB 1743-1778, 22.3.1772., S. 158f.

SB, Lidmaten NG Breda 1656-1890, 20.03.1772, S. 388.

SB, Notariële Archieven, Inv. 1034, J.H. Roelants, Allerhande Acten (Minuten), 1771, 10. Mai 1771. Nr. 87, Scan: ARC0197.1_1034_0785-7.

SB, Notariële Archieven, Inv. 0480, Notar F. van Gils, Allerhande Acten (Minuten), 1701, Nr. 62, Scan: ARC0197.1_0480_0080.

Stadsarchief Delft (SAD)

Biografische Datenbank: Http://collectie-delft.nl/delftse-biografieen?q_search-field=de+sandra&submit=&view=table (21.04.2020).

SAD, Oud Notarieel Archief, Inv. 2237, Notar Paulus Durven, 21.5.1695 u. 03.7.1696

Nationaal Archief Den Haag (NA)

NA, 1.01.01.01 Regeringsarchieven Geünieerde Provinciën I, **Inv. 254G.**

NA, 1.01.02 Staten-Generaal:

Inv. 12058, registers van uitgaande brieven 1771, 11. Februar, 22. April 1771.

Inv. 1894, Januar-März 1771, 11. Februar 1771.

Inv. 5796, Dossier 1776, 16./21. Juni, 23. Juni 1773.

Inv. 5793, liassen 1770-71, 17. April 1771.

Inv. 7894, Jan.-März 1771, 11. Febr. 1771.

Inv. 11484, binnenlandse registers I., 29. April 1771, fol. 547-548.

Inv. 11485, binnenlandse registers II 1771, 30. Juli 1771, fol, 608-617.

Inv. 11495, 16. Juni 1773, fol. 919-929.

Inv. 5796 Dossier 1776, 23. Juni 1773.

NA, 1.05.03 Sociëteit van Suriname1682-1795:

Inv. 65, 7. Juli 1775.

Inv. 66, 5. Juli 1776, S. 184-187.

Inv. 109, 19. Juni 1769, 1. Nov. 1769, 5. Dez. 1770, 17. April 1771.

Inv. 189, 1. September 1776.

Inv. 206, 25. April 1768, S. 408, 3. Mai 1770, S. 891.

Inv. 207, 1771-1778, Teil 2, S. 995.

Inv. 333, 10. März 1766, fol. 434.

Inv. 334, 23. Jan. 1768, fol. 2-3.

Inv. 360, 21. September 1776, fol. 60-71.

NA, 3.03.01.01. Hof van Holland:

Inv. 914

Inv. 10076

Inv. 10955

Inv. 13641

NA, 3.03.02 Hoge Raad van Holland en Zeeland:

Inv. 119

Inv. 301

Koninklijke Bibliotheek, Oude Drukken, 401E 1 1774-1786, Groot Placaet-Boek

Historisch Archief Mitten Groningen (HAMG)

HAMG, 1 Staten van Stad en Lande, 1594-1798, **Inv. 430** Commisieboek van allerhandse sacken 1759-1777.

HAMG, Archiv Star Nauta Carsten 1619-2000 (Arch. SNC), Briefenboek 1767-1771,
C.37.1. Cornelis 1743-1833, **Inv. Nr. 373**

HAMG, Verz. familiepapieren, 601, 4, Slochteren 5.6.1783.

Archief Hoorn (AH)

AH, 1685 Notarielles Archief Westfriesland:

Inv. 2339, Notar Benningbroeck, 13. Nov. 1728, fol. 324f.

Arsip Nasional Republic Indonesia (ANRI)

ANRI; K66a_EN Archive of the Govenor-General and Councillors of the Indies
(Asia), the Supreme Gouvernment of the Dutch United East India Company
and its successors (1612-1811) https://sejarah-nusantara.anri.go.id/pagebrowse
r/icaatom-dasa-anri-go-id_339-ead-xml-1-2487/#source=1&page=734&accesso
r=thumbnails&view=imagePane (02.12.2019).

Erfgoed Leiden en Omstreken (ELO)

ELO, 0505 Arch. Joh. Thijssen, **Inv. 2303,** Fol. 123f, 5. August 1770.

Zeeuws Archief Middelburg (ZAM)

ZAM, Groot Placaet-Boek, Bd. 9, 1796, 64[E], 29.1.1770, 23.05.1776.

ZAM, 87 Verz. Verheye van Citters:

Nr. 51d

Nr. 58

Nr. 96

Nr. 121

Nr. 145.1

Nr. 145.2.

ZAM, 471 Familie van Doorn:

Inv. 1

Inv. 2

Inv. 3

Inv. 4

Inv. 5

Inv. 6.

ZAM, 2 Staten van Zeeland en Gecommitteerde Raden, (1574) 1578-1795 (1799), Inv. 2. Gedrukte Notulen van de Staten van Zeeland en opvolgende besturen, 1574-1795 (1807), Nr. 3312 [12] 1596.

Stadsarchief Rotterdam (SR).

SR, 68 Archieven van de firma's Coopstad & Rochussen, Ferrand Whaley & Jan Hudig e.a. te Rotterdam.

Gemeentelijk Archief Utrecht (GAU)

GAU, 174 Archief Notarissen, U150 a 003, Inv. 1-58, Notar G. Martens, Toegang 34-4, Akte 44, Procuratie 1718.

Archief Venlo (AV)

AV, Archief 126 Register Lidmaten, Inv. 75.

Staatsbibliothek Berlin (SBB)

SBB, Hm 28980: O.A., Keure en Ordonnantie Op 't stuck van de Erf-Scheydingen en Servituten binnen de Stad Haarlem, Haerlem: Kessel, 1708 [Erstveröffentlichung 12.12.1670].

6.2 Publizierte Primärquellen

Aa, Van der, Goens (Ryklof van), in: Ders. (Hg.), Biographisch Woordenboek der Nederlanden, Deel 7, Haarlem: 1862, S. 242-245, http://resources.huygens.kna

w.nl/retroboeken/vdaa/#source=aa__001biog08_01.xml&page=250&accessor=
accessor_index&accessor_href=http%3A%2F%2Fresources.huygens.knaw.nl%
2Fretroboeken%2Fvdaa%2Faccessor_index%2Findex_html%3Fpage%3D248%2
6source%3Daa__001biog08_01.xml%26id%3Daccessor_index (21.04.2020).

Barrau, A., De waare staat van den Slaaven-Handel in onze Nederlandsche Colonien, in: Matthijs Schalekamp (Hg.), Bijdragen tot het menschelijk geluk, Deel
III, Utrecht, Amsterdam: G. T. v. Paddenburg en Zoon, 1790, S. 341-388.

Bosch, J., Naamlyst des Oeconomischen Taks van de Hollandsche Maatschappye
der Weetenschappen, Haarlem: Bosch, 1778, https://books.google.de/books?id
=1x4J6U2mNMwC&pg=PA33&lpg=PA33&dq=Bosch,+Naamlyst+des+Oeconom
ischen+Taks+van+de+Hollandsche+Maatschappye+der+Weetenschappen&so
urce=bl&ots=sw4yrQrLNi&sig=ACfU3U1m8CNWflSfnYzmyBJcXoulUBpUzg&
hl=de&sa=X&ved=2ahUKEwiP3IGcwMnoAhWzwMQBHRSfBCUQ6AEwAHoE
CAsQKw#v=onepage&q=Gall%C3%A9&f=false (02.04.2020).

Brederoode, J.J. van, Goens, Rijklof van, in: Biographisch Woordenboek der Nederlanden, Deel 7, Haarlem: 1862, S. 242-245, http://resources.huygens.knaw.nl/r
etroboeken/vdaa/#source=aa__001biog08_01.xml&page=250&accessor=access
or_index&accessor_href=http%3A%2F%2Fresources.huygens.knaw.nl%2Fretr
oboeken%2Fvdaa%2Faccessor_index%2Findex_html%3Fpage%3D248%26sourc
e%3Daa__001biog08_01.xml%26id%3Daccessor_index (04.03.2020).

Blumenbach, Johann Friedrich, Ueber die natürlichen Verschiedenheiten im Menschengeschlechte [...], Leipzig: Breitkopf u. Härtel, 1798.

Bougainville, Louis-Antoine de, Reise um die Welt, Hg. v. Klaus-Georg Popp, Stuttgart, o.J.

Buffon, Goerge-Louis LeClerk, Comte de, Histoire naturelle de l'homme, in: Ders.,
Louis Jean-Marie Daubenton (Hg.), Histoire naturelle, Bd. 3, Paris: Imprimerie
Royale, 1749.

Camper, Petrus, Redevoering over den Oorsprong en de Kleur der Zwarten [...] 1764,
in: De Rhapsodist, Deel 2, Amsterdam: Pieter Meijer, 1772, S. 373-394.

Capitein, Jacobus, Dissertatio politica-theologica de servetute liberti christianae
non contraria, (Diss.) Leiden, 1742.

Corpus iuris civilis: Digesta Justiniani. Infortiatum. Mit der Glossa ordinaria des
Accursius und mit Summaria des Hieronymus Clarius, 11.4, Venedig: Baptista
de Tortis, 04. Nov. 1495, http://digital.ub.uni-duesseldorf.de/ink/content/page
view/1997276 (01.04.2020).

Cras, Henrik Constantyn, Verhandeling over de geleijkheid der menschen en der
rechten en pligten, welke uit die geleykheid voordvloeijen, Haarlem, Amsterdam: C. Plaat/P. den Hengst, 1792.

Dampier, William, A New Voyage Around the World, [...] London: James Knapton,
1697.

Defoe, Daniel, The Life and Strange Suprizing Adventures of Robinson Crusoe of York, Mariner [...]: With an Account how he was at last as strangely deliverd by Pirates, 4. Aufl., London: Taylor, 1719.

Diemen, Anthonie van, De Statuten van Batavia, o.O., 1642, https://books.google.d e/books?id=gDlItwAACAAJ&pg=PP11&hl=de&source=gbs_selected_pages&cad =2#v=onepage&q&f=false (27.03.2020).

Engelbrecht, J. J. (Hg.), Reglement op het beleid der regering van de Nederlandsche West-Indische bezittingen, Achtste Titel: Algemeene Bepalingen, 21 July 1828, Suriname, 1828, Art. 117, S. 47-48, https://books.google.de/books?id=TvXTv wEACAAJ&pg=PA1&hl=de&source=gbs_toc_r&cad=4#v=onepage&q&f=false (07.09.2021).

Equiano, Olaudah, The Interesting Narrative of the Life of Olaudah Equiano or Gus-tavus Vassa the African. Written by Himself, London: printed for, and sold by the author, 1789.

Forster, Georg, Noch etwas über die Menschenraßen, in: Der Teutsche Merkur vom Jahre 1786, Viertes Vierteljahr, 10. Oktober 1786, S. 57-86.

Frossard, Benjamin, De zaak der negerslaaven, en der inwooneren van Guinéa[...]. Uit het Fransch vertaald [van Beetje Wolff], 2 dln. 's-Graavenhage: Isaac van Cleef, 1790 [La Cause des esclaves nègres et des habitans de la Guinnée, portée au tribunal de la justice, de la religion et de la politique].

Fürst, Georg von, Herrn Georgen von Fürst, eines berühmten Cavaliers aus Schle-sien, Curieuse Reisen durch Europa [...], Sorau: Hebold, 1739.

Groot, Hugo de, Inleydinge tot de Hollandsche Regts-geleertheit, [...] mitsgaders enige by-voegsels ende aenmerkingen op de selfde, door Mr. Simon van Groe-newegen van der Made [...], Amsterdam: Iacob Pietersz Wachter, 1647.

Grotius, Hugo, Inleydinge tot de Hollandsche Rechts-geleertheyt beschreven by Hugo de Groot...midsgaders eenige byvoegels en aanmerkingen op de zelve, door Mr. Simon van Groenewegen van der Made. [...], Amsteldam: Dirk Boom, 1767.

-*Ders.*, Inleiding tot de Hollandsche rechtsgeleerdheid[...], Middelburg: Pieter Gil-lissen, 1767.

Groot, Hugo de, Van 't regt des oorlogs en vredes, [...] Amsterdam: Soloman Schou-ten, 1732, doi: 10.1163/9789004359710-HGCO-GRI-073.

-*Ders.*, Van 't regt des oorlogs en vredes, [...] Amsterdam: Francois van-der Plaat, 1705, https://books.google.de/books?id=FfdaAAAAcAAJ&printsec=frontcover& source=gbs_atb&redir_esc=y#v=onepage&q&f=false (07.06.2021).

-*Ders.*, Drie boecken van Hvgo de Groot, nopende het recht des oorloghs ende des vredes [...], Haarlem: Adriaen Roman, 1635, https://books.google.de/books?id= Jj1lAAAAcAAJ&pg=PA305&lpg=PA305&dq=Drie+boecken+van+Hvgo+de+Groo t,+nopende+het+recht+des+oorloghs+ende+des+vredes.&source=bl&ots=Gt1h 4Bme7w&sig=ACfU3U1e11cCyzyNp8K9TPAIOGVQNa2S3A&hl=de&sa=X&ved

=2ahUKEwi6oZD1n7ztAhUIyYUKHclFDQkQ6AEwCXoECAcQAg#v=onepage&
q&f=false (07.06.2021).

Grotii, Hugonis, De ivre belli ac pacis libri tres. [...], 2. verb. Aufl., Amsterdami:
Gvilielmum Blaevw, 1631.

Hendricks, Ian (Hg.), Receuil van verscheyde Keuren en Costumen Mitsgaders
maniere van procedeeren binnen de Stad Amsterdam, Cap XXXIX, Van den
Steat ende conditie der Persoonen, Art. 2, [...] t'Amsterdam: Ian Hendricks,
MDCLV (1655), https://books.google.de/books?id=p65FAAAAcAAJ&pg=PA192
&lpg=PA192&dq=van+den+start+ende+conditie+der+personen&source=bl&ot
s=Eeo5xci7w&sig=A1F6NCA5ByCwklZZVom64G96sg&hl=de&sa=X&ved=oah
UKEwjh56KSh6TRAhWEaRQKHSVZAeQQ6AEINDAI#v=onepage&q&f=false
(02.01.2017).

Herder, Johann Gottfried, Ideen zur Philosophie der Geschichte der Menschheit,
Bd. 1-4, Riga, Leipzig: Johann Friedrich Hartknoch, 1784-1791.

Kant, Immanuel, Idee zu einer allgemeinen Geschichte in weltbürgerlicher
Absicht, 1784, in: Julius H. Kirchmann (Hg.), Immanuel Kant's kleinere Schriften zur Ethik und Religionsphilosophie (= Philosophische Bibliothek), Hamburg: Felix Meiner Verlag, 1868, S. 3-19, insb. siebter Satz, S. 11-
14, https://books.google.de/books?id=JiM7ktYzOQ4C&printsec=frontcover&hl
=de&source=gbs_ge_summary_r&cad=0#v=onepage&q&f=false (16.04.2020).

-*Ders.*, Beobachtungen über das Gefühl des Schönen und Erhabenen, Königsberg:
J. J. Kanter, 1764.

-*Ders.*, Von den verschiedenen Racen der Menschen: zur Ankündigung der Vorlesungen der physischen Geographie im Sommerhalbenjahre 1775, Königsberg:
Hartung, 1775.

Kerstman, Franciscus Lievens, Hollandsch rechtsgeleert woorden-boek [...], Ams-
terdam: Steven van Esveldt, 1768, https://books.google.de/books?id=TuM1AQ
AAMAAJ&pg=PA323&lpg=PA323&dq=s+lands+procureur+verenigde+provinci
es&source=bl&ots=N_Sf3ZMFEz&sig=ACfU3U2TK3XyoaPntvVfTSVWaBZvuG
Okw&hl=de&sa=X&ved=2ahUKEwijqQm8fnAhVNjqQKHbyOCmsQ6AEwFno
ECAgQAQ#v=onepage&q=procureur%20&f=false (10.02.2020).

Linné, Carl von, Systema naturae: sive regna tria naturae systematice proposita per
classes, ordines, genera & species, Lugduni Batavorum [Leiden]: Apud Theodorum Haak: Ex Typographia Joannis Wilhelmi de Groot, 1735.

Long, Edward, The History of Jamaica or General Survey of the Ancient and Modern
State of that Island with Reflections on its Situation, Settlements, Inhabitants,
Climate, Products, Commerce, Laws, and Government, 3 Bde., London, 1774.

Meiners, Christoph, Grundriß der Geschichte der Menschheit, 2. Aufl., Lemgo: Meyer, 1785.

-*Ders.*, Untersuchungen über die Verschiedenheit der Menschennaturen (die verschiedenen Menschenarten) in Asien und den Südländern, in den ostindischen

und Südseeinseln, nebst einer historischen Vergleichung der vormaligen und gegenwärtigen Bewohner dieser Continente und Eilande, 3. Bde., Tübingen: Cotta'sche, 1811-1815.

More, Thomas, Ordentliche und Außführliche Beschreibung Der überaus herrlichen, und gantz wunderbahrlichen, doch wenigen Bißhero bekandten Insul Utopia, Frankfurt a.M.: Grosse, 1704 [Erstausgabe 1516].

Nijgh, H., Gouvernerments-Bladen van de Kolonie Surianme, 1816-1855, Rotterdam, 1856, S. 159, Nr. 2, https://books.google.de/books?id=yZZTAAAAcAAJ& pg=PA151&hl=de&source=gbs_selected_pages&cad=3#v=onepage&q&f=false (22.10.2021).

O.A., Proclamatie, in: De West-Indische Gids, 34 (1953) 1, S. 59-60.

O.A., Nieuwe keure ende ordonnantie op de dienstboden; namentlyk koetsiers, knegts, dienst meysens, minnemoers, en bakermoers, mitsgaders arbeyders en ambagts-gesellen, binnen dese stad ende de vryheid van dien, haar in eenige dienst ofte huure verbonden hebbende, Leyden: J. van Groenendyck, 08. März 1703, https://www.google.de/books/edition/Nieuwe_keure_ende_ordonnantie _op_de_dien/QsdkAAAAcAAJ (21.04.2020).

O.A., Ordonnantie op het besteden van de dienstbooden, dienstmaagden en minnen, binnen deze stad Middelburg in Zeeland, mitsgaders tegens de groote insolentiën ende ongeregeldheden derselver boden, Middelburg: J. J. Callenfels, A. L. Zoon, 25. Jan. 1670, https://books.google.de/books?id=AAYgB mcrgt8C&printsec=frontcover&hl=de&source=gbs_ge_summary_r&cad=0#v= onepage&q&f=false (21.04.2020).

O.A., Ordonnantie en reglement tegens de ongeregeltheden van de dienstboden, Amsterdam: Pieter van den Berge, 1734, https://books.google.de/books?id=_SB ZAAAAcAAJ&pg=PA3&lpg=PA3&dq=#v=onepage&q&f=false (21.04.2020).

O.A., Keure en Ordonnantie Op 't stuck van de Erf-Scheydingen en Servituten binnen de Stad Haarlem, Haerlem: Kessel, 1708.

Paulus, Pieter, Verhandeling over de vrage: in welke zin kunnen de menschen gezegd worden gelyk te zyn? En welke zyn de regten en pligten, die daaruit voordvloeien? Haarlem: C. Plaat, 1794.

Soemmering, Samuel Thomas, Ueber die körperliche Verschiedenheit des Negers vom Europäer, 2. Aufl., Frankfurt a.M., Mainz: Barrentrapp u. Werner, 1785.

Thierry, Johannes, Bericht wegens de Gesteltenissse der Hooge Vergaderingen en Collegien, in 's Gravenhage [...], 's Gravenhage: Thierry, 1778, https://books.goo gle.de/books?id=N8pEfGmOgC&pg=PA81&lpg=PA81&dq=Bericht+wegens+de +gesteltenisse+der+hooge+vergaderingen+en+collegien+1775&source=bl&ots= vuoSSYWyAG&sig=ACfU3U22yyLokGoowq8SgLaMPyJfreD_gw&hl=de&sa=X &ved=2ahUKEwi7uIXfg7ngAhVBb1AKHaEDBu4Q6AEwAHoECAYQAQ#v=one page&q=Philip%20van%20Swinden&f=false (13.02.2019).

-*Ders.*, Bericht wegens de gesteltenisse der hooge vergaderingen en collegien, in 's Gravenhage [...] 's Gravenhage: J. Thierry, 1775, https://books.google.de/bo oks?id=LuLa4BAHCEcC&pg=PA19lpg=PA19&dq=Cornelis+thierry+van+Bye+ Procureur&source=bl&ots=6cOcXGAyo2&sig=ACfU3UoaxupoIy9UAhch7vO Oxgu37W8Q&hl=de&sa=X&ved=2ahUKEwiH8qiMlMfnAhWFjKQKHdNuBr QQ6AEwD3oECAoQAQ#v=onepage&q=%23s%20lands%20procureur&f=false (10.02.2020).

-*Ders.*, Bericht wegens de Gesteltenissse der Hooge Vergaderingen en Collegien, in 's Gravenhage [...], 's Gravenhage: Thierry, 1763, https://books.google.de/books ?id=zx5o3MkEmoIC&pg=PA1&lpg=PA1&dq=Bericht+wegens+de+gesteltenisse +der+hooge+vergaderingen+en+collegien&source=bl&ots=iqvNXWVCAn&sig =ACfU3UoOZwS3_oKXquS5e1mmbK6xPv2iA&hl=de&sa=X&ved=2ahUKEwi7v qe6g7ngAhUQLlAKHVhCyQQ6AEwCHoECAcQAQ#v=onepage&q=Bericht%20 wegens%20de%20gesteltenisse%20der%20hooge%20vergaderingen%20en%20 collegien&f=false (13.02.2019).

Trition, Isaak, Tegenwoordige Staat van Zeeland, Eerste Deel, hg. v. Pieter Boddaert, Johannes Plevier, Nikolaas van der Schatte, Amsterdam: Trition, 1751.

Willebrand, Johann Peter, Des Johann Peter Willebrand historische Berichte [...], Leipzig: Heinsius, 1769.

Wolff-Bekker, Elisabeth, Agatha Deken, Historie van mejuffrouw Sara Burgerhart, 's Gravenhage: Isaac van Cleef, 1782.

Zedler, Johann Heinrich, Reisen, in: Großes vollständiges Universal-Lexikon aller Wissenschaften und Künste, Bd. 31, Halle, Leipzig: Zedler, 1742, S. 375, https://www.zedler-lexikon.de/index.html?c=blaettern&seitenzahl=201 &bandnummer=31&view=100&l=de (10.01.2018).

6.3   Quelleneditionen

Aristoteles, Politik (= Philosophische Schriften in sechs Bänden, Bd. 4), übers. v. Eugen Rolfes, Hamburg: Meiner, 1995.

Barend-van Heaften, Marijke L. (Hg.), Op reis met de VOC. De openhartige dagboeken van de zusters Lammens en Swellengrebel. Zutphen: Walburg Pers, 1996.

Bijnkershoek, Cornelis van, Systematisch compedium der observationes tumultariae van Cornelis van Bijnkersheok, hg. v. M.S. van Oosten, Haarlem: Tjeenk Willink, 1962.

Equiano, Olaudah, The Life of Olaudah Equiano, or Gustavus Vassa, the African, Hg. v. Joslyn T. Pine, Mineola, New York: Dover Publication, 1999.

Forster, Georg, Reise um die Welt. Sämtliche Schriften, Tagebücher, Briefe, Bd. 2+3, Teil 1+2, Hg. v. Gerhard Steiner, Berlin: Akademie, 1965-66.

Fruin-Mees, W. (Hg.), Dagh-Register gehouden int Casteel Batavia vant passerende daer plaetse als over geheel Nederlands India, Anno 1682, Batavia: G. Kloff & Co., 1928.

Grotius, Hugo, De iure belli ac pacis, libri tres – Drei Bücher vom Recht des Krieges und des Friedens., übers. v. Walter Schätzel, Tübingen: J.C.B. Mohr, 1950.

Haan, F. de (Hg.), Dagh-Register gehouden in 't Casteel Batavia van 't passerende daer plaetse als over geheel Nederlands India, Anno 1680, Batavia, 's Hage: Landsdrukkerij/M. Nijhoff, 1912.

-Ders. (Hg.), Dagh-Register gehouden in 't Casteel Batavia van 't passerende daer plaetse als over geheel Nederlands India, Anno 1681, Batavia, 's Hage: Landsdrukkerij/M. Nijhoff, 1919.

Kant, Immanuel, Beobachtungen über das Gefühl des Schönen und Erhabenen, Leipzig: Insel-Verlag, 1924.

Leeuwen, Simon van, Commentaries on Roman-Dutch Law. Hg. von C. W. Decker, übers. v. Sir John G. Kotzé, London: Sweet and Maxwell, 1923.

Schiltkamp, J. A., J. Th. De Schmidt, West indisch Plakaatboek. Plakaten, Ordonnantiën en andere Wetten. Uitgevaardigd in Suriname 1667-1816, Teil I. u. II. Amsterdam: S. Emmering, 1973.

Spruit, Jop.E., J.M.J. Chorus, L. de Ligt (Hg.), Corpus iuris civilis, Bd. XI. Novellen 51-114, Amsterdam: University Press, 2011.

Stedman, John Gabriel, Narrative of a Five Years' Expedition Against the Revolted Negroes of Surinam, with Gravings by William Blake, London: J. Johnson & J. Edward, 1796.

Wintergerst, Martin, Zwischen Nordmeer und Indischem Ozean. Meine Reisen und Kriegszüge in den Jahren 1688 bis 1710, Hg. v Rainer Redies, Stuttgart, Wien: Verlag Neues Leben Berlin, 1988.

6.4   Sekundärliteratur

Ahrens, Christian, Fiktion und Realität. Die Privilegien der Trompeter und Pauker, in: Archiv für Musikwissenschaft, 68 (2011) 3, S. 227-255.

Alkemeyer, Thomas, Gunilla Budde, Dagmar Freist, Einleitung, in: Dies. (Hg.), Selbst-Bildungen: Soziale und kulturelle Praktiken der Subjektivierung, Bielefeld: transcript, 2013, S. 9-30.

-Dies. (Hg.), Selbst-Bildungen: Soziale und kulturelle Praktiken der Subjektivierung, Bielefeld: transcript, 2013.

Allen, Richard B., Children and European Slave Trading in the Indian Ocean During the Eighteenth and Early Nineteenth Centuries, in: Gwyn Campbell, Suzanne Miers, Joseph C. Miller (Hg.), Children in Slavery Through the Ages, Athens: Ohio, 2009, S. 35-54.

Almeida Mendes, António de, Child Slaves in the Early North Atlantic Trade in the Fifteenth and Sixteenth Centuries, in: Gwyn Campbell, Suzanne Miers, Joseph C. Miller (Hg.), Children in Slavery Through the Ages, Athens: Ohio, 2009, S. 19-34.

Arni, Caroline u.a. (H.g.), Editorial, in: Historische Anthropologie 1, (1993), S. 1-4.

Atkin, Albert, Race, Definition, and Science, in: Naomi Zack (Hg.), The Oxford Handbook of Philosophy and Race, Oxford: University Press, 2017, S. 135-138.

Aure, Andreas H., Der säkularisierte und subjektivierte Naturrechtsbegriff bei Hugo Grotius (13. Februar 2008), in: forum historiae iuris. Erste europäische Internetzeitschrift für Rechtsgeschichte, https://forhistiur.net/2008-02-aure/abstract/?l=de (25.10.2021).

Baader, Gerhard, Gronovius, Johann Friedrich, in: Neue Deutsche Biographie 7 (1966), S. 127-128, https://www.deutsche-biographie.de/pnd119019906.html#ndbcontent (07.06.2021).

Baay, Reggie, Daar werd wat gruwelijks verricht. Slavernij in Nederlands-Indië, Amsterdam: Athenaeum – Polak & Van Gennep, 2015.

Becker, Andreas, Preussens schwarze Untertanen. Afrikanerinnen und Afrikaner zwischen Kleve und Königsberg vom 17. bis ins frühe 19. Jahrhundert, in: Forschungen zur Brandenburgischen und Preußischen Geschichte, 22 (2012) 1, S. 1-32.

Becker, Michael, Kriegsrecht im frühneuzeitlichen Protestantismus. Eine Untersuchung zum Beitrag lutherischer und reformierter Theologen, Juristen und anderer Gelehrter zur Kriegsrechtsliteratur im 16. und 17. Jahrhundert, Tübingen: Mohr Siebeck, 2017.

Beeldsnijder, Rudi O., Een vrije negerin en een arme blanke. Twee portretten uit Suriname in de jaren dertig van de achttiende eeuw, De Gids, 153 (1990) S. 839-844.

Behringer, Wolfgang, »Selbstzeugnisse«, in: Enzyklopädie der Neuzeit Online. Accessed December 7,2020, http://dx.doi.org/10.1163/2352-0248_edn_COM_3484 40.

Benjamins, Herman Daniël, Rezension zu: De scheepvaart op West-Afrika en West-Indië in de achttiende eeuw by J. Hudig Dzn, in: De West-Indische Gids, 9 (1927/1928), S. 331-336.

-*Ders.*, Joh. F. Snelleman (Hg.), Encyclopadie van Nederlandsch West-Indië, Leiden, 1914-1917.

Berkel, Klaas van, Bart Ramaker (Hg.), Petrus Camper in Context. Sciences, the Arts, and Society in the Eighteenth-Century Dutch Republic, Hilversum: Verloren, 2015.

Bierma, Johann Friendrich Gronovius, in: Nieuw Nederlandsch Biografisch Woordenboek (NNBW), Deel 1, Sp. 989-992, http://resources.huygens.knaw.nl/retr

oboeken/nnbw/#source=1&page=502&accessor=accessor_index&size=801&vie
w=imagePane (07.03.2021).

Bijleveld, W. J. J. C., Opmerkingen over de geslachten, behandelt in het Nederland's
Adelsboek, 's-Gravehage: W.P. van Stockum & Zoon, 1946.

Blackely, Allison, Blacks in the Dutch World, Bloomington, Indianapolis: Indiana
University Press, 1993.

Blickle, Peter, Von der Leibeigenschaft zu den Menschenrechten. Eine Geschichte
der Freiheit in Deutschland, München: C.H.Beck, 2003.

Blondé, Bruno, Frederik Buylaert, Jan Dumolyn, Jord Hanus, Peter Stabel, Living To-
gether in the City: Social Relationships Between Norm and Practice, in: Bruno
Blondé, Marc Boone, Amé-Laure van Bruaene (Hg.), City and Society in the Low
Countries, 1100-1600, Cambridge: Cambridge University Press: 2018, S. 59-92.

*-Ders., Marc Boone, Amé-Laure van Bruaene (Hg.), City and Society in the Low Countries,
1100-1600, Cambridge: Cambridge University Press: 2018.*

Blumenthal, Debra G., The Promise of Freedom in Late Medieval Valencia, in: Rosemary Brana Shute, Randy Sparks (Hg.), Paths to Freedom: Manumission in the
Atlantic World, Columbia: University of South Carolina Press, 2009, S. 51-68.

Boer, Dick E. H. de, Gudrun Gleba, Rudolf Holbach (Hg.), »...in guete freuntlichen
nachbarlichen verwantnus und hantierung...«. Wanderung von Personen, Verbreitung von Ideen, Austausch von Waren in den niederländischen und deutschen Küstenregionen vom 13.–18. Jahrhundert, Oldenburg: Bibliotheks- und
Informationssystem der Universität Oldenburg, 2001.

Böning, Holger, Populäraufklärung – Volksaufklärung, in: Richard van Dülmen, Sina Rauschenbach (Hg.), Macht des Wissens. Die Entstehung der modernen
Wissensgesellschaft, Köln, Weimar, Wien: Böhlau, 2004, S. 365-390.

Boulle, Pierre H., Slave and Other Nonwhite Children in Late-Eighteenth-Century
France, in: Gwyn Campbell, Suzanne Miers, Joseph C. Miller (Hg.), Children in
Slavery Through the Ages, Athens: Ohio University Press, 2009, S. 169-186.

*Brendecke, Arndt (Hg.), Praktiken der Frühen Neuzeit. Akteure, Handlungen, Artefakte, Köln
u.a.: Böhlau, 2015.*

Brana-Shute, Rosemary, Sex and Gender in Surinamese Manumissions, in: Dies.,
Randy J. Sparks (Hg.), Paths to Freedom. Manumission in the Atlantic World,
Columbia: South Carolina Press, 2009, S. 175-196.

*-Dies., Randy Sparks (Hg.), Paths to Freedom. Manumission in the Atlantic World,
Columbia: University of South Carolina, 2009.*

*-Dies., Approaching Freedom: The Manumission of Slaves in Suriname 1760-1828,
in: Slavery & Abolition 10 (1998) 3, S. 40-63.*

Brendecke, Arndt (Hg.), Praktiken der Frühen Neuzeit. Akteure, Handlungen, Artefakte, Köln u.a.: Böhlau, 2015.

Buck-Morss, Susan, Hegel und Haiti, Berlin: Suhrkamp, 2011.

Bulach, Doris, Juliane Schiel, Von der Rente zur Rendite. Nachgedanken zu Sklaverei und Servilität von der Gegenwart bis ins Mittelalter. Ein Gespräch mit Ludolf Kuchenbuch, in: Werkstatt Geschichte, Heft 66/67 (2015), S. 149-165.

Burke, Peter (Hg.), New Perspectives on Historical Writing, Cambridge: Polity Press, 1991.

Bult, Epko, Arnold de Haan, Wilfried Hessing, Jacques Moerman, Het archeologische onderzoek van de Kenenburg. Een voorlopig verslag naar de aanleiding van de opgravingen in 1989, in: Bulletin KNOB Delft, 89 (1990) 5, S. 2-11.

Buvé, R., Surinaamse slaven en vrije negers in Amsterdam gedurende de achttiende eeuw, in: Bijdragen tot de Taal-, Land- en Volkenkunde 119 (1963) 1, S. 8-17.

Campbell, Gwyn, Suzanne Miers, Joseph C. Miller, Children in European systems of slavery: Introduction, in: Dies. (Hg.), Slavery & Abolition, 27 (2006) 2, S. 163-182.

-*Dies.*, Suzanne Miers, Joseph C. Miller (Hg.), Children in Slavery Through the Ages, Athens: Ohio, 2009.

Capiteyn, André, Ivoorzwart. Hollands glorie en de slavenhandel in West-Afrika: »over de slaverny als niet strydig tegen de christelyke vryheid«, Gent: Stichting Mens en Kultuur, 2001.

Chapeaurouge, Donat de, Einführung in die Geschichte der christlichen Symbole, Darmstadt: WGB, 2001.

Clarence-Smith, William, Religions and the Abolition of Slavery – a Comparative Approach, S. 1-27, https://www.lse.ac.uk/Economic-History/Assets/Docume nts/Research/GEHN/GEHNConferences/conf10/Conf10-ClarenceSmith.pdf (12.03.2021).

Conrad, Sebastian, Andreas Eckert, Globalgeschichte, Globalisierung, multiple Modernen: Zur Geschichtsschreibung der modernen Welt, in: Dies., Ulrike Freitag (Hg.), Globalgeschichte, Frankfurt, New York: Campus, 2007, S. 7-49.

-*Ders.*, Andreas Eckert, Ulrike Freitag (Hg.), Globalgeschichte, Frankfurt a.M., New York: Campus, 2007.

Cairns, John W., Stoicism, Slavery and Law, in: Grotiana, 22 (2000/01), S. 197-232.

Cravens, Mary Caroline, Manumission and the Life Cycle of a Contained Population: The VOC Lodge Slaves at the Cape of good Hope, 1680-1730, in: Rosemary Brana-Shute, Randy J. Sparks (Hg.), Paths to Freedom. Manumission in the Atlantic World, Columbia: South Carolina Press, 2009, S. 97-120.

De Vito, Christian, Anne Gerritsen (Hg.), Micro-Spatial Histories of Global Labour, London: Palgrave Macmillan, 2018.

-*Ders.*, History Without Scale. The Micro-Spatial Perspective, in: Past and Present, Issue Supplement 14, Global History and Microhistory, 242 (2019), S. 348-372.

Dekker, Rudolf, Ego-Dokumente in den Niederlanden vom 16. bis zum 17. Jahrhundert, in: Winfried Schulze (Hg.), Ego-Dokumente. Annäherung an den Menschen in der Geschichte (= Selbstzeugnisse der Neuzeit: Quellen und Darstellungen zur Sozial- und Erfahrungsgeschichte, Bd. 2), Berlin: De Gruyter, 1996, S. 33-58.

Dillen, J.G. van, The Bank of Amsterdam, in: J.G. van Dillen (Hg.), History of the Principal Public Banks, 2. Aufl., London: Frank Cass, 1964, S. 79-124.

Diptee, Audra A., African Children in the British Slave Trade during the Late Eighteenth Century, in: Slavery & Abolition, 27 (2006) 2, S. 183-196.

Dissel, Anita van, Maurits Ebben, Karwan Fatah-Black (Hg.), Reizen door het maritieme verleden van Nederland, Zutphen: Walburg Pers, 2015.

Dolezalek, Gero R., Das Zivilprozeßrecht, in: Robert Feenstra und Reinhard Zimmermann (Hg.), Das römisch-holländische Recht: Fortschritte des Zivilrechts im 17. und 18. Jahrhundert, Amsterdam: Duncker & Humbolt, 1992, S. 95-104.

Doombos, Willem G., Allochtonen van rond de evenaar, I.: Christiaan Maandag alias »zwarte Maandag«, in: HuppelDePup, 8 (2001) 1, S. 20-21.

Doors, Henry G., De kleine Geschiedenis van de Slavernij: Sporen in Amsterdam, Amsterdam: KIT Publishers, 2002.

Dörhöfer, Kerstin, Ulla Terlinden, Verortungen. Geschlechterverhältnisse und Raumstrukturen, Basel, Boston, Berlin: Birkhäuser, 1998.

Dragtenstein, Frank, »Trouw aan de Blanken«: Quassie van Nieuw Timotibo, twist en strijd in de 18de eeuw in Suriname, Amsterdam: KIT Publishers, 2004.

Drescher, Seymour, Manumission in a Society Without Slave Law: Eighteenth Century England, in: Slavery & Abolition, 10 (1989) 3, S. 85-101, doi: 10.1080/01440398908574993.

Dülmen, Richard van, Sina Rauschenbach (Hg.), Macht des Wissens. Die Entstehung der modernen Wissensgesellschaft, Köln, Weimar, Wien. Böhlau, 2004.

Düselder, Heike, »Ars Moriendi«, in: Enzyklopädie der Neuzeit Online. Accessed February 5, 2020, doi: http://dx.doi.org/10.1163/2352-0248_edn_COM_241761.

Eckert, Georg, »Tugend«, in: Friedrich Jaeger (Hg.), Enzyklopädie der Neuzeit, Bd. 13, Darmstadt: WBG Academic, 2011, Sp. 807-815.

Edeh, Yawovi Emmanuel, Die Grundlagen der philosophischen Schriften von Amo. In welchem Verhältnis steht Amo zu Christian Wolff, daß man ihn als »einen führenden Wolffianer« bezeichnen kann?, Essen: Die Blaue Eule, 2003.

Elema, Petronella J. C., Allochtonen van rond de evenaar, II.: Jan van Oost, in: HuppelDePup, 8 (2001) 2, S. 52-53.

-*Dies.*, Allochtonen van rond de evenaar, III: Louis Alons, in: HuppelDePup, 9 (2001) 2, S. 47-49.

Eibach, Joachim, »Strafe«, in: Enzyklopädie der Neuzeit Online. Accessed October 26, 2021, doi: http://dx.doi.org/10.1163/2352-0248_edn_COM_359099.

Elias, Friederike, Albrecht Franz, Henning Murmann, Ulrich Wilhelm Weiser (Hg.), Praxeologie. Beiträge zur interdisziplinären Reichweite praxistheoretischer Ansätze in den Geistes- und Sozialwissenschaften, Berlin, Boston: De Gruyter, 2014.

Emmer, Pieter. C., De Nederlandse slavenhandel, 1500-1850, 2. Aufl., Amsterdam, Antwerpen: De Arbeiderspers, 2003.

-*Ders.*, Between Slavery and Freedom: The Period of Apprenticeship in Suriname (Dutch Guiana), 1863-1873, in: Slavery & Abolition, 14 (1993) 1, S. 87-113, doi: 10.1080/01440399308575085.

Epple, Angelika, Globale Mikrogeschichte. Auf dem Weg zu einer Geschichte der Relationen, in: Jahrbuch für Geschichte des ländlichen Raumes 9 (2012) S. 37-47.

Ette, Ottmar, Anton Wilhelm Amo – Philosophieren ohne festen Wohnsitz: eine Philosophie der Aufklärung zwischen Europa und Afrika, Berlin: Kadmos, 2014.

Faroqhi, Suraiya, Manumission in 17th-Century Suburban Istanbul, in: Stefan Hanß, Juliane Schiel (Hg.), Mediterranean Slavery Revisited (500-1800). Neue Perspektiven auf Mediterrane Sklaverei (500-1800), Zürich: Chronos, 2014, S. 381-402.

Fatah-Black, Karwan, Eigendomsstrijd. De geschiedenis van slavernij en emancipatie in Suriname, Amsterdam, Ambo/Anthos, 2018.

-*Ders.*, Terugkomen is niet hetzelfde als blijven. De handhaving van de ondergeschickte status van Surinaamse slaven na een reis naar Nederland, in: Ders., Anita van Dissel, Maurits Ebben (Hg.), Reizen door het maritieme verleden van Nederland, Zutphen: Walburg Pers, 2015, S. 177-187.

-*Ders.*, Matthias van Rossum, Slavery in a »Slave Free Enclave«? Historical Links Between the Dutch Republic, Empire and Slavery, 1580s–1860s, in: Europas Sklaven. WerkstattGeschichte, 66/67, (2014), S. 55-74.

-*Ders.*, Karwan Fatah-Black, Wat is winst? De economische impact van de Nederlandse trans-Atlantische slavenhandel, in: Tijdschrift voor Sociale en Economische Geschiedenis 9 (2012), 1, S. 3-29.

Fatouros, Georgios, »Gronovius, Johann Friedrich«, in: Friedrich Wilhelm Bautz, Trugott Bautz (Hg.), Biographisch-Bibliographisches Kirchenlexikon, Herzberg: Traugott Bautz, 1999, Sp. 618-620.

Feenstra, Robert, »Groenewegen (van der Made), Simon van«, in: Michael Stolleis (Hg.), Juristen: Ein biographisches Lexikon; von der Antike bis zum 20. Jahrhundert, 2. Aufl., München: Beck, 2012, S. 263.

-*Ders.*, Reinhard Zimmermann (Hg.), Das römisch-holländische Recht. Fortschritte des Zivilrechts im 17. und 18. Jahrhundert (= Schriften zur europäischen Rechts- und Verfassungsgeschichte, Bd. 7), Berlin: Duncker und Humboldt, 1992.

Firla, Monika, Samuel Urlsperger und zwei »Mohren« (Anonymus und Wilhlem Samson) am württembergischen Herzogshof, in: Blätter für württembergische Kirchengeschichte, Bd. 97 (1997) S. 83-97.

-*Dies.*, Afrikanische Pauker und Trompeter am württembergischen Herzogshof im 17. und 18. Jahrhundert, in: Musik in Baden-Württemberg, 3 (1996) S. 11-41.

Flüchter, Antje, »Knecht«, in: Enzyklopädie Der Neuzeit Online. Accessed January 2, 2020, doi: http://dx-1doi-1org-1008930id0288.erf.sbb.spk-berlin.de/10.1163/2352-0248_edn_COM_294020.

-*Dies.*, Sibylle Hofer, Jan Klußmann, »Gesinde«, in: Enzyklopädie Der Neuzeit Online. Accessed May 16, 2021, doi: http://dx.doi.org/10.1163/2352-0248_edn_COM_273123.

Fox, J., »For Good and Sufficient Reasons«. An Examination of Early Dutch East India Company Ordinances on Slaves and Slavery, in: Anthony Ried, Jennifer Brewster (Hg.), Slavery, Bondage and Dependency in Southeast Asia, St. Lucia, London, New York: Univ. of Queensland Press, 1983, S. 246-262.

Franke, Bernd, Sklaverei und Unfreiheit im Naturrecht des 17. Jahrhunderts (= Sklaverei. Knechtschaft. Zwangsarbeit. Untersuchungen zur Sozial-, Rechts- und Kulturgeschichte, Bd. 5), Hildesheim, Zürich New York: Georg Olms, 2009.

Freist, Dagmar, Diskurse – Körper – Artefakte. Historische Praxeologie in der Früheneuzeitforschung – eine Annäherung, in: Dies. (Hg.), Diskurse – Körper – Artefakte. Historische Praxeologie in der Früheneuzeitforschung, Bielefeld: transcript, 2015, S. 9-32.

-*Dies.* (Hg.), Diskurse – Körper – Artefakte. Historische Praxeologie in der Früheneuzeitforschung, Bielefeld: transcript, 2015.

Frese, Werner (Hg.), Die Erinnerungen des böhmischen Lakaien Hansel Commenda, in: Rheinisch-Westfälische Zeitschrift für Volkskunde 30/31 (1985/86), S. 183-224.

Fuchs, Ralf-Peter, Soziales Wissen nach Reichskammergerichts Zeugenverhören, in: Zeitenblicke 1 (2002) 2, S. 1-8, www.zeitenblicke.historicum.net/2002/02/fuchs/index.html (22.04.2020).

Füssel, Marian, Praktiken historisieren. Geschichtswissenschaft und Praxistheorie im Dialog, in: Franka Schäfer, Anna Daniel, Frank Hillebrandt (Hg.), Methoden einer Soziologie der Praxis, Bielefeld: transcript, 2015, S. 267-287.

Fynn-Paul, Jeff, Introduction. Slaving Zones in Global History: The Evolution of a Concept, in: Ders., Damian Alan Pargas (Hg.), Slaving Zones. Cultural Identities, Ideologies, and Institutions in the Evolution of Global Slavery (= Studies in Global Slavery, Bd. 4), Leiden: Brill, 2018, S. 1-19.

-*Ders.*, Damian Alan Pargas (Hg.), Slaving Zones. Cultural Identities, Ideologies, and Institutions in the Evolution of Global Slavery (= Studies in Global Slavery, Bd. 4), Leiden: Brill, 2018.

-*Ders.*, Empire, Monotheism and Slavery in the Greater Mediterranean Region from Antiquity to the Early Modern Era, in: Past and Present, 25 (2009) S. 3-40.

Gaastra, Femme S., Geschiedenis van de VOC: opkomst, bloei en ondergang, 11. Aufl., Zutphen: Walburg Pers, 2012.

Garcia, Jorge J. E., Race and Ethnicity, in: Naomi Zack (Hg.), The Oxford Handbook of Philosophy and Race, Oxford: University Press, 2017, S. 180-190.

Gelman Taylor, Jean, Europese en Euraziatische vrouwen in Nederlands-Indië in de VOC-tijd, in: Jeske Reijs, Ulla Jansz, Annemarie de Wildt, Suzanne van Norden, Mirjam de Baar (Hg), Vrouwen in der Nederlandse koloniën (= Jaarboek voor vrouwengeschiedenis; Vol. 7), Nijmegen: SUN, 1986, S. 10-33.

Gilroy, Paul, Against race. Imagining political culture beyond the color line, Cambridge: Harvard Univ. Press, 2000.

Ginzburg, Carlo, Latitude, Slaves, and the Bible: An Experiment in Microhistory, in: Critical Inquiry, 31 (2005) 3, S. 665-683.

-*Ders.*, Mikro-Historie. Zwei oder drei Dinge, die ich von ihr weiß, in: Historische Anthropologie, 1 (1993) S. 169-192.

Gissis, Snait B., »Race« in the Eighteenth Century, in: Historical Studies in the Natural Sciences, 41 (2001) 1, S. 41-103, www.jstor.org/stable/10.1525/hsns.2011.41.1.41 (25.10.2021).

Goffman, Erving, Asyle. Über die soziale Situation psychiatrischer Patienten und anderer Insassen, Frankfurt a.M.: Suhrkamp, 1973.

Gowricharn, Ruben S. (Hg.), Caribbean Transnationalism: Migration, Pluralization, and Social Cohesion, Lanham u.a.: Lexington Books, 2006.

Graf, Holger Thomas, Ralf Pröve, Wege ins Ungewisse. Reisen in der Frühen Neuzeit, 1500-1800, Frankfurt a.M.: S. Fischer, 1997.

Groesen, Miechiel van, Judith Pollmann, Hand Cools (Hg.), Het Gelijk van de Gouden Eeuw. Recht, onrecht en reputatie in de vroegmoderne Nederlanden, Hilversum: Verloren, 2014.

Häberlein, Mark, »Edelsteine«, in: Enzyklopädie Der Neuzeit Online, Accessed October 25, 2021, doi: http://dx.doi.org/10.1163/2352-0248_edn_SIM_255790.

Hagler Minter, Patricia, »The State of Slavery«: Somerset, The Slave, Grace, and the Rise of Pro-Slavery and Anti-Slavery Constitutionalism in the Nineteenth-Century Atlantic World, in: Slavery & Abolition, 36 (2015) 4, S. 603-617, doi: 10.1080/0144039X.2015.1050811.

Hahn, Sylvia, »Dienstboten«, in: Enzyklopädie Der Neuzeit Online, Accessed May 15, 2021, doi: http://dx.doi.org/10.1163/2352-0248_edn_COM_254036.

Hall, Donald E., Slavery and Subjectivities, in: Ders. (Hg.), Subjectivity, New York, London: Routledge, 2004, S. 32-39.

-*Ders.*, (Hg.), Subjectivity, New York, London: Routledge, 2004.

Hall, Stuart, Kulturelle Identität und Diaspora, in: Ders., Rassismus und kulturelle Identität. Ausgewählte Schriften 2, übers.u. hg. v. Ulrich Mehlem u.a, 2. Aufl., Hamburg: Argument, 2012, S. 26-42.

-*Ders.*, »Rasse«, Artikulation und Gesellschaften mit struktureller Dominante, in: Ders., Rassismus und kulturelle Identität, Ausgewählte Schriften 2, übers.u. hg. v. Ulrich Mehlem u.a. (Hg.), 2. Aufl., Hamburg: Argument, 2012, S. 89-163.

-Ders., Der Westen und der Rest: Diskurs und Macht, in: Ders., Rassismus und kulturelle Identität, Ausgewählte Schriften 2, übers.u. hg. v. Ulrich Mehlem u.a. (Hg.), 2. Aufl., Hamburg: Argument, 2012, S. 137-179.

-Ders., Rassismus und kulturelle Identität, Ausgewählte Schriften 2, übers.u. hg. v. Ulrich Mehlem u.a. (Hg.), 2. Aufl., Hamburg: Argument, 2012.

Hallebeek, Jan, »Lijf ende Goedt«. De juridische bescherming van de menselijke persoon en diens vermogen. Een schets van de westerse rechtsgeschiedenis, Amsterdam: VU University Press, 2014.

Hanß, Stefan, Juliane Schiel (Hg.), Mediterranean Slavery Revisited (500-1800). Neue Perspektiven auf Mediterrane Sklaverei (500-1800), Zürich: Chronos, 2014.

Heng, Geraldine, The Invention of Race in the European Middle Ages, Cambridge: University Press, 2018.

Hering Torres, Max Sebastián, Purity of Blood. Problems of Interpretation, in: Ders., María Elena Martínez, David Nierenberg (Hg.), Race and Blood in the Iberian World (= Racism Analysis Series B: Yearbook, Bd. 3), Wien, Berlin: LIT, 2012, S. 11-38.

-Ders., María Elena Martínez, David Nierenberg (Hg.), Race and Blood in the Iberian World (= Racism Analysis Series B: Yearbook, Bd. 3), Wien, Berlin: LIT, 2012.

-Ders., Rassismus in der Vormoderne. Die »Reinheit des Blutes« im Spanien der Frühen Neuzeit (= Campus Forschung, Bd. 911), Frankfurt a.M., New York: Campus, 2006.

-Ders., Helmut Bley, »Rassismus«, in: Friedrich Jaeger (Hg.), Enzyklopädie der Neuzeit, Bd. 10, Heidelberg: J.B. Metzler, 2009, Sp. 607-619.

Herrmann-Otto, Elisabeth, Sklaverei und Freilassung in der griechisch-römischen Welt, Hildesheim u.a.: Georg Olms Verlag, 2009.

Hildebrand, Reinhard, Petrus Camper in his Relationship to Samuel Thomas Soemmering and Other German Scientists of the Goethezeit, in: Klaas van Berkel, Bart Ramakers (Hg.), Petrus Camper in context. Science, the Arts, and Society in the Eighteenth-Century Dutch Republic, Hilversum: Verloren, 2015, S. 129-152.

Hine, D. Clarke, T. D. Keaton, S. Small (Hg.), Black Europe and the African Diaspora. Blackness in Europe, Champaign, Illinois: University of Illinois Press, 2009.

Hira, Sandew, Decolonizing the Mind: The Case of the Netherlands, in: Human Architecture: Journal of the Sociology of Self-Knowledge, 10 (2012) 1, S. 53-68.

Hoefte, Rosemarijn, Free Blacks and Coloureds in Plantation Suriname, in: Slavery & Abolition, 17 (1996) 1, S. 102-129.

-Dies., Johanna C. Kardus (Hg.), Connecting Cultures: The Netherlands in Five Centuries of Transatlantic Exchange, Amsterdam: VU University Press, 1994.

Hofer, Sibylle, »Ehrverlust«, in: Friedrich Jaeger (Hg.), Enzyklopädie der Neuzeit, Bd. 3, Stuttgart, Weimar: Metzler, 2006, Sp. 88-90.

Hofmann, H., Hugo Grotius, in: Michael Stolleis (Hg.), Staatsdenker der frühen Neuzeit, Frankfurt a.M.: Beck, 1995, S. 52-77.

Hofmann, Heinz, Die Geburt Amerikas aus dem Geist der Antike, in: International Journal of the Classical Tradition 1 (1995) 4, S. 15-47.

Hofmeister, Andrea, »Ik will mijn handtekening leren zetten«: Faktoren der Alphabetisierung in den Niederlanden und in Norddeutschland, in: Dick E. H. de Boer, Gudrun Gleba, Rudolf Holbach (Hg.), »...in guete freuntlichen nachbarlichen verwantnus und hantierung...«. Wanderung von Personen, Verbreitung von Ideen, Austausch von Waren in den niederländischen und deutschen Küstenregionen vom 13.–18. Jahrhundert, Oldenburg: Bibliotheks- und Informationssystem der Universität Oldenburg, 2001, S. 69-90.

Hohkamp, Michaela, Geschichtswerkstätten und die Geschichte der Frühen Neuzeit. Reflexionen über eine Beziehungsgeschichte und ihre historiografischen Aspekte, in: WerkstattGeschichte, 75, (2017) 1, S. 105-110.

Hondius, Dienke, Blackness in Western Europe. Racial Patterns of Paternalism and Exclusion, New Brunswick u.a.: Transaction Publishers, 2014.

-Dies., Access to the Netherlands of Enslaved and Free Black Africans: Exploring Legal and Social Historical Practices in the Sixteenth–Nineteenth Centuries, in: Slavery & Abolition, 32 (2011) 3, S. 377-395, doi: 10.1080/0144039X.2011.588476.

-Dies., »No Longer Strangers and Foreigners, but Fellow Citizens«: The Voice and Dream of Jacobus Eliza Capitein, African Theologist in the Netherlands (1717-47), in: Immigrants & Minorities, 28 (2010) 2-3, S. 131-153.

-Dies., Blacks in Early Modern Europe: New Research from the Netherlands, in: D. Clarke Hine, T. D. Keaton, S. Small (Hg.), Black Europe and the African Diaspora. Blackness in Europe, Champaign, Illinois: University of Illinois Press, 2009, S. 29-47.

-Dies., Black Africans in Seventeenth-Century Amsterdam, in: Renaissance and Reformation/Renaissance et Réforme, 31 (2008) 2, S. 87-105.

-Dies., Afrikanen in Zeeland, Moren in Middelburg, in: Zeeland, 14 (2005) 1, S. 13-24.

Hoogbergen, Wim, The Boni Maroon Wars in Suriname, Leiden: Brill u.a., 1990.

Hoonhout, Bram, 1776. »Vrije grond« onbereikbar voor slaven, in: Lex Heerma van Voss u.a. (Hg.), Wereldgeschiedenis van Nederland, Amsterdam: Ambo/Anthos, 2018, S. 323-328.

Hoyer, Francisca, Relations of Absence: Germans in the East Indies and Their Families c. 1750-1820 (= Studia Historica Upsaliensia, 270), Diss., Uppsala Universitet, Uppsala: Acta Universitatis Upsaliensis, 2020.

Hudig, J., De scheepvaart op west-afrika en west-indië in de achttiende eeuw, Amsterdam: Druk de Bussy, 1927.

Hund, Wulf D., Dehumanization and Social Death: Fundamentals of Racism, [work in progress, first draft, unpublished] 2020, S. 1-40.

-Ders., Wie die Deutschen weiss wurden. Kleine (Heimat)Geschichte des Rassismus, Stuttgart: Metzler, 2017.

-Ders., Negative Vergesellschaftung. Die Dimensionen der Rassismusanalyse, 2. Aufl., Münster: Westfälisches Dampfboot, 2014.

-Ders., Rassimus, Bielefeld: transcript, 2007.

-Ders., Rassismus: die soziale Konstruktion natürlicher Ungleichheit, Münster: Westfälisches Dampfboot, 1999.

Huussen, Arend H., The Dutch Constitution of 1798 and the Problem of Slavery, in: Tijdschrift voor Rechtsgeschiedenis, 67 (1999) 1-2, S. 99-114.

Israel, Jonathan, The Dutch Republic. Its Rise, Greatness, and Fall, 1477-1806, Oxford: Clarendon Press, 1995.

Jancke, Gabriele, Ulbrich, Claudia (Hg.), Querelles. Jahrbuch für Frauen- und Geschlechterforschung, Nr. 10, Göttingen: Wallstein, 2005.

Jarzebowski, Claudia, »Identität«, in: Enzyklopädie der Neuzeit, Online. Accessed December 30, 2019, doi: http://dx.doi.org/10.1163/2352-0248_edn_COM_2 83172.

-Dies., Kindheit und Emotion: Kinder und ihre Lebenswelten in der europäischen Frühen Neuzeit, Berlin, Boston: De Gruyter Oldenbourg, 2018.

Joas, Hans, Zur Rechtfertigung der Sklaverei, in: APuZ 50-51 (2012), S. 3-6, https:// www.bpb.de/apuz/216474/zur-rechtfertigung-der-sklaverei (12.03.2021).

Jong, Renske de, Annet Zondervan, De kleine Geschiedenis van de Slavernij: sporen in Amsterdam, Amsterdam: KIT Publishers, 2002.

Jordaan, Henri Romundus, Slavernij en vrijheid op Curacao: De dynamiek van de achttiende-eeuwse Atlantisch handelsknooppunt (Diss.), Leiden, 2012.

Jordaan, Han, Free Blacks and Coloreds and the Administration of Justice in Eighteenth-Century Curaçao, in: Nieuwe West-Indische Gids, 84 (2010) 1-2, S. 63-86.

Klooster, Willem Wubbo, Manumission in an Entrepôt: The Case of Curaçao, in: Rosemary Brana-Shute, Randy Sparks (Hg.), Paths to Freedom: Manumission in the Atlantic World, Columbia, South Carolina: University of South Carolina Press, 2009, S. 161-174.

König, Hans-Joachim, Stefan Rinke, »Neue Welt«, in: Enzyklopädie der Neuzeit Online. Accessed April 22, 2020, doi: http://dx.doi.org/10.1163/2352-0248_edn_CO M_318175.

Kooymans, Luuc, Onder regenten. De elite in een Hollandse stad: Hoorn 1700-1780 (Stichting Hollandse Historische Reeks), Amsterdam, 's-Gravenhage: De Bataafsche Leeuw, 1985.

Köstlbauer, Josef, Ambiguous Passages: Non-Europeans brought to Europe by the Moravian Brethren during the 18th Century, in: Klaus Weber, Jutta Wimmler

(Hg.), Globalized Peripheries: Central and Eastern Europe's Atlantic Histories, ca. 1680-1860, Woodbridge: Boydell, 2020, S. 214-236.

Kpobi, David Nii Anum, Saga of a Slave. Jacobus Capitein of Holland and Elmina, Legon, Ghana: Cootek Limited, 2001.

-*Ders.*, Mission in Chains. The Life, Theology and Ministry of the Ex-Slave Jacoubs E. J. Capitein (1717-1747) with a Translation of His Major Publications/Zending in Boeien. Leven, theologie en ambtsbediening van het ex-slaaf Jacobus E. J. Capitein (1717-1747) met een vertaling van zijn belangrijkste werken (Diss.), Zoetemeer: Uitgevereij Boekencentrum, 1993.

Krause, Günter, Handelsschifffahrt der Hanse, Rostock: Klatschmohn, 2010.

Krasmann, Susanne, Jürgen Martschukat (Hg.), Rationalitäten der Gewalt: Staatliche Neuordnungen vom 19. bis zum 21. Jahrhundert, Bielefeld: transcript, 2007.

Kretzschmar, »Tesmar, Johann«, in: Allgemeine Deutsche Biographie 37 (1894), S. 587-588, https://www.deutsche-biographie.de/pnd100868088.html#adbcontent (07.06.2021).

Krusenstjern, Benigna von, Was sind Selbstzeugnisse? Begriffskritische und quellenkundliche Überlegungen anhand von Beispielen aus dem 17. Jahrhundert, in: Historische Anthropologie, 2 (1994) 3, S. 463-471.

Kuhlmann-Smirnov, Anne, Schwarze Europäer im Alten Reich: Handel, Migration, Hof, Göttingen: V&R Unipress, 2013.

Kühn, Sebastian, Die Macht der Diener. Hausdienerschaft in hofadligen Haushalten (Preußen und Sachsen, 16.–18. Jahrhundert), in: Mitteilungen der Residenzen-Kommission der Akademie der Wissenschaften zu Göttingen, Neue Folge: Stadt und Hof, Bd. 6, Kiel: 2017, S. 155-165.

-*Ders.*, Küchenpolitik. Annäherungen an subalterne Handlungsweisen in hofadeligen Haushalten des 17. und 18. Jahrhunderts, in: L'Homme: Schwesterfiguren, 28 (2017) 2, S. 69-84.

Kuijpers, Erika, Migrantenstad. Immigratie en sociale verhoudingen in 17^e-eeuws Amsterdam, Hilversum: Verloren, 2005.

Kuipers, Jan J.B., De VOC: Een multinational onder zeil, 1602-1799, 2. Aufl., Zutphen: Walburg Pers, 2016.

Kunst, Antoine J.M., Recht, commercie en kolonialisme in West-Indië vanaf de zestiende tot de negentiende eeuw, Zutphen: Walburg Pers, 1981.

L. Jr., G. J., Merkwaardige huizen en hun bewoners. Hendrick de Sandra, in: Deventer Dagblad, 31. Aug. 1935, S. 2.

Landweer, Hilge, Fabian Bernhardt (Hg.), Recht und Emotion, 2. Sphären der Verletzlichkeit, Freiburg, München: Karl Alber, 2017.

-*Dies.*, (Hg.), Recht und Emotion, 1. Verkannte Zusammenhänge, Freiburg, München: Karl Alber, 2016.

Laux, Stephan, Das »Plakkaat van Verlatinge« (1581). Die niederländischen Generalstaaten, die Souveränitätsfrage und das Problem des quasi-säkularen Widerstandsrechts, in: Gerhard Rehm (Hg.), Adel, Reformation und Stadt am Niederrhein (= Studien zur Regionalgeschichte, Bd. 23), Bielefeld: Verlag für Regionalgeschichte, 2009, S. 169-189.

Le Bailly, Marie-Charlotte, Procesgids: Hof van Holland, Zeeland en West-Friesland. De hoofdlijnen van het procederen in civile zaken voor het Hof van Holland, Zeeland en West-Friesland zowel in eerst instantie als in hoger beroep, Hilversum: Verloren, 2008.

-Dies., Christian M. O. Verhas, Procesgids: Hoge Raad van Holland, Zeeland en West-Friesland (1582-1795). De hoofdlijnen van het procederen in civiele zaken voor de Hoge raad zowel in eerste instantie als in hoger beroep, Hilversum: Verloren, 2006.

Lee, R. W., The Introduction to the Jurisprudence of Holland (Inleiding tot de Hollandsche Rechts-Geleertheyd) of Hugo Grotius, in: Transactions of the Grotius Society, 16 (1930): Problems of Peace and War, Papers Read before the Society in the Year 1930, S. 29-40.

Lejeune, Philipe, Der autobiographische Pakt, in: Ders., Der autobiographische Pakt, Frankfurt a.M.: Suhrkamp, 1994, S. 13-50.

-Ders., Der autobiographische Pakt, Frankfurt a.M.: Suhrkamp, 1994.

Leur, J.C. van, On Early Asian Trade, in: W.F. Wertheim u.a. (Hg.), Indonesian Trade and Society. Essays in Asian Social and Economic History (= Selected Studies on Indonesia, Bd. I.), Den Haag: W. van Hoeve Publishers LTD, 1967, S. 1-144.

-Ders., The World of Southeast Asia: 1500-1650, in: W.F. Wertheim u.a. (Hg.), Indonesian Trade and Society. Essays in Asian Social and Economic Histo-ry (= Selected Studies on Indonesia, Bd. I.), Den Haag: W. van Hoeve Publishers LTD, 1967, S. 157-245.

Levecq, Christine, Jacobus Capitein: Dutch Calvinist and Black Cosmopolitan, in: Research in African Literatures, 44 (2013) 4, S. 145-166.

Lindemann, Mary, Gender Tales: The Multiple Identities of Maiden Heinrich, Hamburg 1700, in: Ulinka Rublack (Hg.), Gender in Early Modern German History, Cambridge: University Press, 2002, S. 131-151.

Linden, Marcel van der, Prabhu P. Mohapatra (Hg.), Labours Matters. Towards Global Histories. Studies in Honour of Sabyasachi Bhattacharya, New Delhi: Tulika Books, 2009.

Lipschitz, Simone, De Amsterdamse Diamantbeurs/The Amsterdam Diamond Exchange, Amsterdam: Stadsuitgevereij Amsterdam, 1990.

Loschek, Ingrid, Accessoires. Symbolik und Geschichte, München: Bruckmann, 1993.

Lovejoy, Paul, The Children of Slavery – Transatlantic Phase, in: Slavery & Abolition, 27 (2006) 2, S. 197-217, http://dx.doi.org/10.1080/01440390600765524.

Lubberhuizen-van Gelder, A.M., »Rijklof van Goens, de Jonge, en zijn bezittingen«, in: Bijdragen tot de Taal-, Land- en Volkenkunde van Nederlandsch-Indië, 101 (1942) 2/3, S. 289-310.

Lucas, Stephen E., The Plakkaat van Verlatinge: A Neglected Model of the American Declaration of Independence, in: Rosemarijn Hoefte, Johanna C. Kardus (Hg.), Connecting Cultures: The Netherlands in Five Centuries of Transatlantic Exchange, Amsterdam: VU University Press, 1994, S. 189-207.

Lüdtke, Alf, Lebenswelt: verriegelte Welt? Überlegungen zu einem Konzept und seinen Verwendungen, in: WerkstattGeschichte, 75 (2017), S. 115-124.

-*Ders.*, Gewalt des Staates – Liebe zum Staat. Annäherungen an ein politisches Gefühl der Neuzeit, in: Susanne Krasmann, Jürgen Martschukat (Hg.), Rationalitäten der Gewalt: Staatliche Neuordnungen vom 19. bis zum 21. Jahrhundert, Bielefeld: transcript, 2007, S. 197-213.

Ludyga, Hannes, Obrigkeitliche Armenführsorge im deutschen Reich vom Beginn der Frühen Neuzeit bis zum Ende des Dreißigjährigen Krieges (1495-1648) (= Schriften zur Rechtsgeschichte, Bd. 147), Berlin: Duncker und Humblot, 2010.

Lüsebrink, Hans-Jürgen, Wissen und außereuropäische Erfahrung im 18. Jahrhundert, in: Richard van Dülmen, Sina Rauschenbach (Hg), Macht des Wissens. Die Entstehung der modernen Wissensgesellschaft, Köln, Weimar, Wien: Böhlau, 2004, S. 629-654.

Maduro, Emy, Gerd Oostindie, In het land van de overherser, Antillianen in Nederland 1634/1667-1954, Dodrecht: Floris Publications, 1986.

-*Dies.*, Nos a bei Ulanda, Antillianen in Nederland 1634-1954, in: Dies., Gerd Oostindie (Hg.), In het land van de overherser, Antillianen in Nederland 1634/1667-1954, Dodrecht: Floris Publications, 1986, S. 133-244.

Mallinckrodt, Rebekka von, Verhandelte (Un-)Freiheit Sklaverei, Leibeigenschaft und innereuropäischer Wissenstransfer am Ausgang des 18. Jahrhunderts, in: Geschichte und Gesellschaft 43 (2017) 3, S. 347-380.

Mann, Gunter, Franz Dumont (Hg.), Die Natur des Menschen. Probleme der Physischen Anthropologie und Rassenkunde (1750-1850) (Soemmerring-Forschungen, Beiträge zur Naturwissenschaft und Medizin der Neuzeit, Bd. 6), Stuttgart, New York: Gustav Fischer, 1990.

Mc Leod-Ferrier, Cynthia, Elisabeth Samson: Een vrije zwarte vrouw in het achttiende-eeuwse Suriname, Utrecht: Vakgroep Culturele Antropologie, Universiteit Utrecht, 1993.

Medick, Hans, Mikro-Historie, in: Winfried Schulze (Hg.), Sozialgeschichte, Alltagsgeschichte, Mikro-Historie. Eine Diskussion, Göttingen: Vandenhoeck & Ruprecht, 1994, S. 40-53.

Mehlem, Ulrich u.a. (Hg.), Rassismus und kulturelle Identität, Ausgewählte Schriften 2, 2. Aufl., Hamburg: Argument, 2012.

Miller, Joseph C., Epilog. Appreciation and Response: Historical Paths Forward from Here, in: Journal of Global Slavery, 2 (2017), S. 337-377.

-*Ders.*, The Problem of Slavery in History. A Global Approach, New Haven, London: Yale University Press, 2012.

Mohnhaupt, Heinz, »Privileg«, in: Enzyklopädie Der Neuzeit Online. Accessed October 26, 2021, doi: http://dx.doi.org/10.1163/2352-0248_edn_COM_331293.

Molhuysen, P.C., P.J. Blok (Hg.), Goens (Ryklof van), in: Dies. (Hg.), Nieuw Nederlandsch Biografisch Woordenboek, Deel 6, Leiden: A.W. Sijthoff, 1924, Sp. 588-591, http://resour ces.huygens.knaw.nl/retroboeken/nnbw/#source=6&page=302&accessor=accessor_index (03.12.2019).

Moos, Peter von, Einleitung. Persönliche Identität und Identifikation vor der Moderne. Zum Wechselspiel von sozialer Zuschreibung und Selbstzuschreibung, in: Ders. (Hg.), Unverwechselbarkeit. Persönliche Identität und Identifikation in der vormodernen Gesellschaft (= Norm und Struktur, Bd. 10), Köln, Weimar, Wien: Böhlau, 2004, S. 1-42.

-*Ders.* (Hg.), Unverwechselbarkeit. Persönliche Identität und Identifikation in der vormodernen Gesellschaft (= Norm und Struktur, Bd. 10), Köln, Weimar, Wien: Böhlau, 2004.

Morton, Fred, Small Change: Children in the Nineteenth-Century East African Slave Trade, in: Gwyn Campbell, Suzanne Miers, Joseph C. Miller (Hg.), Children in Slavery Through the Ages, Athens: Ohio, 2009, S. 55-70.

Mosely, Albert, »Race« in Eighteenth- and Nineteenth-Century Discourse by Africans in the Diaspora, in: Naomi Zack (Hg.), The Oxford Handbook of Philosophy and Race, Oxford: University Press, 2017, S. 81-90.

Mosse, George L., Rassismus. Ein Krankheitssymptom in der europäischen Geschichte des 19. und 20. Jahrhunderts, Königstein/Ts.: Athenäum, 1978.

Müller-Wille, Staffan, »Rasse«, in: Friedrich Jaeger (Hg.), Enzyklopädie der Neuzeit, Bd. 10, Heidelberg: J.B. Metzler, 2009, Sp. 605-607.

Nifterik, Gustaaf van, Hugo Grotius on Slavery, in: Grotiana 22, (2000/2001) S. 233-244.

Nimako, Kwame, Amy Abodou, Glenn Willemsen, Chattel Slavery and Racism: A Reflection on the Dutch Experience, in: Thamyris/Intersecting, 27 (2014) S. 33-52.

-*Ders.*, Glenn Willemsen, The Dutch Atlantic. Slavery, Abolition and Emancipation, London: Pluto Press, 2011.

Nutz, Thomas, »Varietäten des Menschengeschlechts«. Die Wissenschaft vom Menschen in der Zeit der Aufklärung, Köln u.a.: Böhlau, 2009.

Oostindie, Gert, Karwan Fatah-Black, Sporen van Slavernij in Leiden, Leiden: University Press, 2017.

-*Ders.*, Jessica V. Roitman (Hg.), Dutch Atlantic Connections, 1680-1800. Linking Empires, Bridging Borders, Leiden: Brill, 2014.

-*Ders.*, The Enlightenment, Christianity and the Suriname Slave, in: The Journal of Caribbean History, 26 (1992) 2, S. 147-170.

-*Ders.*, Kondreman in Bakrakondre: Surinamers in Nederland 1667-1954, in: Ders., Emy Maduro (Hg.), In hat land van der overheerser. Antillianen en Surinamers in Nederland, 1634/1667-1954, Leiden: Brill, 1986, S. 1-132.

Özkoray, Hayri Gökşin, Une culture de la résistance? Stratégies et moyens d'émancipation des esclaves dans l'Empire ottoman au XVIe siècle, in: Stefan Hanß, Juliane Schiel (Hg.), Mediterranean Slavery Revisited (1500-1800). Neue Perspektiven auf Mediterrane Sklaverei (500-1800), Zürich: Chronos, 2014, S. 403-420.

Paasman, Bert, Reinhart, Nederlandse literatuur en slavernij ten tijde van de Verlichting, Leiden: Nijhoff, 1984.

Papathanassiou, Maria, »Kinderarbeit«, in: Enzyklopädie Der Neuzeit Online. Accessed April 22, 2020, doi: http://dx.doi.org/10.1163/2352-0248_edn_COM_2916 17.

Patterson, Orlando, Three Notes of Freedom: The Nature of Consequences of Manumission, in: Rosemary Brana-Shute, Randy Sparks (Hg.), Paths to Freedom. Manumission in the Atlantic World, Columbia: University of South Carolina, 2009, S. 15-30.

-*Ders.*, Slavery and Social Death. A Comparative Study, Cambridge(MA), London: Harvard University Press, 1982.

Peabody, Sue, Keila Grinberg (Hg.), Free Soil, in: Slavery & Abolition 32 (2011) 3.

Pečar, Andreas, Damien Tricoire, Falsche Freunde. War die Aufklärung wirklich die Geburtsstunde der Moderne?, Frankfurt a.M., New York: Campus, 2015.

Pinheiro, Cláudio Costa, Blurred Boundaries. Slavery, Unfree Labour and the Subsumption of Multiple Social and Labour Identities in India, in: Marcel van der Linden und Prabhu P. Mohapatra (Hg.), Labours Matters. Towards Global Histories. Studies in Honour of Sabyasachi Bhattacharya, New Delhi: Tulika Books, 2009, S. 173-194.

Pol, Lotte van de, »Frauenarbeit«, in: Enzyklopädie Der Neuzeit Online. Accessed January 8, 2020, doi: http://dx.doi.org/10. 1163/2352-0248_edn_COM_265857.

-*Dies.*, The Burgher and the Whore. Prostitution in Early Modern Amsterdam, übers. v. Liz Waters, Oxford: University Press, 2011.

Pollmann, Judith, Het Utrechtse tuchthuis of de grenzen van het gezag in de Gouden Eeuw, in: Dies., Michiel van Groesen, Hans Cools (Hg.), Het Gelijk van de Gouden Eeuw. Recht, onrecht en reputatie in die vroegmoderne Nederlanden, Hilversum: Verloren, 2014, S. 91-106.

Ponte, Mark, 1656 Twee mooren in een stuck van Rembrandt, in: Lex Heerma van Voss u.a. (Hg.), Wereldgeschiedenis van Nederland, Amsterdam: Ambo/Anthos, 2018, S. 256-269.

-*Ders.*, »Al de swarten die hier ter stede comen«. Een Afro-Atlantische gemeen-schap in zeventiende-eeuws Amsterdam, in: TSEG, 15 (2018) 4, S. 33-62, doi: 10.18352/tseg.995.

-*Ders.*, Geweesene Slavinnen, in: Ons Amsterdam, 71 (2009) 6, S. 42-43.

Potsma, Johannes, The Dutch in the Atlantic Slave Trade, 1600-1815, 3. Aufl., Cambridge u.a.: University Press, 2009.

Preedy, S. E., Negers in de Nederlanden: 1500-1863: een waarschuwing en een aansproning, Nijmegen: Masusa, 1984.

Priesching, Nicole, Sklaverei in der Neuzeit (= Geschichte kompakt), Darmstadt: WBG, 2014.

Rainer, J. Michael (Hg.), Corpus der römischen Rechtsquellen zur antiken Sklaverei, Teil 1. Die Begründung des Sklavenstatus nach ius gentium und ius civile, bearb. v. Hans Wieling (= Forschungen zur antiken Sklaverei : Beiheft; 3), Stuttgart: Franz Steiner, 1999.

-*Ders.* (Hg.), Corpus der römischen Rechtsquellen zur antiken Sklaverei, Prolegomena, bearbeitet von J. Michael Rainer u. Elisabeth Herrmann-Otto (= Forschungen zur antiken Sklaverei: Beiheft; 3), Stuttgart: Franz Steiner, 1999.

Reckwitz, Andreas, Grundelemente einer Theorie sozialer Praktiken. Eine sozialtheoretische Perspektive. Basic Elements of a Theory of Social Practices. A Perspective in Social Theory, in: Zeitschrift für Soziologie, 32 (2003) 4, S. 282-301.

Rehm, Gerhard (Hg.), Adel, Reformation und Stadt am Niederrhein (= Studien zur Regionalgeschichte, Bd. 23), Bielefeld: Verlag für Regionalgeschichte, 2009.

Reimann, Sarah, Die Entstehung des wissenschaftlichen Rassismus im 18. Jahrhundert, (= Beiträge zur europäischen Überseegeschichte, Bd. 104), Stuttgart: Franz Steiner, 2017.

Ried, Anthony, Jennifer Brewster (Hg.), Slavery, Bondage and Dependency in Southeast Asia, St. Lucia, London, New York: Univ. of Queensland Press, 1983.

Reijs, Jeske, Ulla Jansz, Annemarie de Wildt, Suzanne van Norden, Mirjam de Baar (Hg), Vrouwen in der Nederlandse koloniën. Jaarboek voor vrouwengeschiedenis; Vol. 7, Nijmegen: SUN, 1986.

Reith, Reinhold, Georg Stöger, »Lehrzeit«, in: Enzyklopädie Der Neuzeit Online. Accessed May 15, 2021, doi: http://dx.doi.org/10.1163/2352-0248_edn_COM_303 390.

-*Ders.*, »Geldlohn«, in: Enzyklopädie Der Neuzeit Online. Accessed April 22, 2020, doi: http://dx.doi. org/10.1163/2352-0248_edn_COM_269902.

Rivera, Enrique Salvador, Whitewashing the Dutch Atlantic, in: Social and Economic Studies: Special issue on Children – Reflections on adherence to Child Rights in the Caribbean, 64 (2015) 1, S. 177-132.

Rossum, Matthias van, Running Together or Running Apart? Diversity, Desertion, and Resistance in the Dutch East India Company Empire, 1650-1800, in: Ders., Markus Rediker, Titas Chakraborty (Hg.), A Global History of Runaways. Workers, Mobility, and Capitalism 1600-1850, Oakland, California: University of California Press, 2019, S. 135-155.

-*Ders.*, Markus Rediker, Titas Chakraborty, A Global History of Runaways. Workers, Mobility, and Capitalism 1600-1850, Oakland, California: University of California Press, 2019.

-*Ders.*, Kleurrijke tragiek. De geschiedenis van slavernij in Azië onder de VOC, Hilversum: Verloren, 2015.

-*Ders.*, Werkers van de wereld. Globalisering, arbeid en interculturele ontmoetingen tussen Aziatische en Europese zeelieden in dienst van de VOC, 1600-1800, Hilversum: Verloren, 2014.

Rupert, Linda M., Marronage, Manumission and Maritime Trade in the Early Modern Caribbean, in: Slavery and Abolition, 30 (2009) 3, S. 361-382, doi: 10.1080/01440390903098003.

Salzborn, Samuel, Antisemitismus als negative Leitidee der Moderne. Sozialwissenschaftliche Theorien im Vergleich, Frankfurt a.M., New York: Campus Verlag, 2010.

Sarti, Raffaella, Dangerous Liaisons. Servants as »Children« Taught by their Masters and as »Teachers« of their Master's Children (Italy and France, Sixteenth to Twenty-first Centuries), in: Paedagogica Historica 43 (2007) 4, S. 565-587, doi: 10.1080/00309230701437973.

Schäfer, Franka, Anna Daniel, Frank Hillebrandt (Hg.), Methoden einer Soziologie der Praxis, Bielefeld: transcript, 2015.

Schiel, Juliane, Rezension zu: Heng, Geraldine: The Invention of Race in the European Middle Ages Cambridge 2018, ISBN 978-1-108-42278-9, in, H-Soz-Kult, 22.01.2020, www.hsozkult.de/publicationreview/id/reb-27963.

Schlumbohm, Jürgen, Mikrogeschichte – Makrogeschichte: Zur Eröffnung einer Debatte, in: Ders. (Hg.), Mikrogeschichte. Makrogeschichte komplementär oder inkommensurabel? (= Göttinger Gespräche zur Geschichtswissenschaft, Bd. 7), Göttingen: Wallstein, 1998, S. 9-31.

-*Ders.* (H.g.), Mikrogeschichte. Makrogeschichte komplementär oder inkommensurabel? (= Göttinger Gespräche zur Geschichtswissenschaft, Bd. 7), Göttingen: Wallstein, 1998.

Schoeman, Karel, Early Slavery at the Cape of Good Hope, 1652-1717, Pretoria: Protea Book House, 2007.

Schmidt, Ariadne, Gelijk hebben, gelijk krijgen? Vrouwen en vertrouwen in het recht in Holland in de zeventiende en achttiende eeuw, in: Michiel van Groesen, Judith Pollmann, Hans Cools (Hg.), Het Gelijk van de Gouden Eeuw. Recht, onrecht en reputatie in de vroegmoderne Nederlanden, Hilversum: Verloren, 2014, S. 109-126.

Schnabel-Schüle, Helga, Ego-Dokumente im frühneuzeitlichen Strafprozess, in: Winfried Schulze (Hg.), Ego-Dokumente. Annäherung an den Menschen in der Geschichte (= Selbstzeugnisse der Neuzeit: Quellen und Darstellungen zur Sozial- und Erfahrungsgeschichte, Bd. 2), Berlin: De Gruyter, 1996, S. 295-318.

Schreuder, Esther, Cupido en Sideron: Twee Moren aan het hof van Oranje, Amsterdam: Uitgeverij Balans, 2017.

Schulze, Winfried (Hg.), Sozialgeschichte, Alltagsgeschichte, Mikro-Historie. Eine Diskussion, Göttingen: Vandenhoeck & Ruprecht, 1994.

-*Ders.* (Hg.), Ego-Dokumente. Annäherung an den Menschen in der Geschichte (= Selbstzeugnisse der Neuzeit: Quellen und Darstellungen zur Sozial- und Erfahrungsgeschichte, Bd. 2), Berlin: De Gruyter, 1996.

-*Ders.*, Zur Ergiebigkeit von Zeugenbefragungen und Verhören, in: Ders. (Hg.), Ego-Dokumente. Annäherung an den Menschen in der Geschichte (= Selbstzeugnisse der Neuzeit: Quellen und Darstellungen zur Sozial- und Erfahrungsgeschichte, Bd. 2), Berlin: De Gruyter, 1996, S. 319-326.

Schutter, G.N., Borgen en hofsteden in en om Hoogezand-Sappemeer, Hoogezand: Historische Vereniging Hoogezand-Sappemeer e. o, 1996.

Shaw, Julia J. A., Law and the Passions. Why Emotion Matters for Justice, Abingdon, New York: Routledge, 2019.

Shelby, Tommie, Ideology, Racism and Critical Social Theory, in: The Philosophical Forum, 34 (2003) 2, S. 153-188, https://www.tommieshelby.com/uploads/4/5/1/0/45107805/ideology_and_racism.pdf (01.03.2021).

Shoemaker, Nancy, How Indians Got to be Red, in: The American Historical Review, 102 (1997) 3, S. 625-644.

Simmel, Georg, Über sociale Differenzierung: Sociologische und psychologische Untersuchungen. ND der Ausg., Leipzig 1890, Bad Feilnbach: Schmidt Periodicals, 1990.

Simon-Muscheid, Katharina, »Und ob sie schon einen dienst finden, so sind sie nit bekleidet dernoch«: Die Kleidung städtischer Unterschichten zwischen Projektionen und Realität im Spätmittelalter und in der frühen Neuzeit, in: Neithard Bulst, Robert Jütte (Hg.), Zwischen Sein und Schein. Kleidung und Identität in der ständischen Gesellschaft, in: Saeculum, 44 (1993) 1, S. 47-64.

Sint Nicolaas, Eveline, Shackles and Bonds. Suriname and the Netherlands since 1600, Amsterdam: Rijksmuseum/Vantilt, 2018.

Small, Stephen, Sandew Hira, 20 Questions and Answers about Dutch Slavery and its Legacy (= Decolonizing the Mind, Bd. 1), Den Haag: Amrit, 2014.

-*Ders.*, Slavery, Colonialism and their Legacy in the Eurocentric University. The Case of Britain and the Netherlands, in: Human Architecture, 10 (2012) 1, S. 69-80.

Smedes, J. J., Rond Veenborg en Hooghout: Kleine historie van Hoogezand en Sappemeer, Hoogezand/Sappemeer: De Librije, 1984.

Smithers, Don L., The Hapsburg Imperial Trompeter and Heerpaucker Privileges of 1653, in: The Galpin Society Journal, 24 (1971) S. 84-95.

Smid, Leonard, Oud Hoogezand in woord en beeld, Hoogezand/Sappemeer: De Librije, 1974.

Spierenburg, Pieter, De verbroken betovering. Mentaliteitsgeschiedenis van preindustrial Europa, Hilversum: Verloren, 1988.

Stipriaan, Alex van, Between Diaspora, (Trans)Nationalism and American Globalization. A History of Afro-Surinamese Emancipation Day, in: Ruben S. Gowricharn (Hg.), Caribbean Transnationalism: Migration, Pluralization, and Social Cohesion, Lanham u.a.: Lexington Books, 2006, S. 155-178.

Stollberg Rilinger, Barbara, Europa im Jahrhundert der Aufklärung, Stuttgart: Reclam, 2000.

Stolleis, Michael (Hg.), Staatsdenker der frühen Neuzeit, Frankfurt a.M.: Beck, 1995.

Sweet, James H., Mistaken Identities? Olaudah Equiano, Domingos Álvares, and the Methodological Challenges of Studying the African Diaspora, in: American Historical Review, 114 (2009) 2, S. 279-306.

Schwerhoff, Gerd, »Unehrlichkeit«, in: Enzyklopädie der Neuzeit Online. Accessed October 26, 2021, doi: http://dx. doi.org/10. 1163/2352-0248_edn_COM_369360.

Tanner, Jakob, Historische Anthropologie, S. 1-14, in: Docupedia-Zeitgeschichte, 03.01.2012, doi: http://dx.doi.org/10.14765/zzf.dok.2.278.v1.

Taylor, Charles, The Ethics of Authenticity, Cambridge, Massachusetts, London, England: Harvard University Press, 1991.

Troost, Wout, Stadthouder-koning Willem III. Een politieke biografie, Hilversum: Verloren, 2001.

Ulbrich, Claudia, Hans Medick, Angelika Schaser, Selbstzeugnis und Person. Transkulturelle Perspektiven, Köln: Böhlau, 2012, S. 1-19.

Ulbricht, Otto, Mikrogeschichte. Menschen und Konflikte in der Frühen Neuzeit, Frankfurt a.M., New York: Campus, 2009.

Velden, Bastiaan van der, Ik lach met Grotius, en alle die prullen van boeken. Een rechtsgeschiedenis van Curaçao, Amsterdam: Carib Publishing, 2011.

Vermeesch, Griet, Een achttiende-eeuws pro deo rechtspraak in de vroegmoderne Lage Landen, in: Michiel van Groesen, Judith Pollmann, Hans Cools (Hg.), Het Gelijk van de Gouden Eeuw. Recht, onrecht en reputatie in die vroegmoderne Nederlanden, Hilversum: Verloren, 2014, S. 127-139.

Vernal, Fiona, »No Such Thing as a Mulatto Slave«: Legal Pluralism, Racial Descent and the Nuances of Slave Women's Sexual Vulnerability in the Legal Odyssey of Steyntje van de Kaap, ca.1815-1822, in: Slavery and Abolition, 29 (2008) 1, S. 23-47, doi: 10.1080/01440390701841034.

Visser, Robert, Die Rezeption der Anthropologie Petrus Campers (1770-1850), in: Gunter Mann, Franz Dumont (Hg.), Die Natur des Menschen. Probleme der Physischen Anthropologie und Rassenkunde (1750-1850) (= Soemmering-Forschungen. Beiträge zur Naturwissenschaft und Medizin der Neuzeit, Bd. 6), Stuttgart, New York: Gustav Fischer, 1990, S. 325-335.

Volkov, Shulamit, Antisemitism as a Cultural Code. Reflections on the Historiography of Antisemitism in Imperial Germany, in: Yearbook of the Leo Baeck Institute, 23 (1978) S. 25-45.

-Dies., Antisemitismus als kultureller Code, in: Dies (Hg.), Jüdisches Leben und Antisemitismus im 19. und 20. Jahrhundert. Zehn Essays, München: C. H. Beck, 1990, S. 13-36.

Voss, Lex Heerma van u.a. (Hg.), Wereldgeschiedenis van Nederland, Amsterdam: Ambo/Anthos, 2018.

Vrij, Jean Jacques, Susanna Dumion en twee van haar lotgenoten. Drie Afro-Westindische vrouwen in achttiende-eeuws Amsterdam, in: Wi Rutu, 15 (2015) 1, S. 18-31.

Waal, M. J. de, Servitudes, in: Robert Feenstra, Reinhard Zimmermann (Hg.), Das römisch-holländische Recht. Fortschritte des Zivilrechts im 17. und 18. Jahrhundert (= Schriften zur europäischen Rechts- und Verfassungsgeschichte, Bd. 7), Berlin: Duncker und Humblot, 1992, S. 485-520.

Wagenaar, Lodeweijk, In het weeshuis. De zorg voor de Burgerwesen van Amsterdam, 1580-1960, Amsterdam: Uitgeverij THOTH Bussum/Amsterdam Historisch Museum, 2009, S. 86-87.

Walz, Rainer, Der vormoderne Antisemitismus: Religiöser Fanatismus oder Rassenwahn?, in: Historische Zeitschrift, 260 (1995) 3, S. 719-748.

Watson, Alan, Slave Law in the Americas, Athen (GA), London: The University of Georiga Press, 1989.

Weber, Klaus, Jutta Wimmler (Hg.), Globalized Peripheries: Central and Eastern Europe's Atlantic Histories, ca. 1680-1860, Woodbridge: Boydell, 2020.

Weber, Wolfgang E. J., »Ehre«, in: Enzyklopädie Der Neuzeit Online. Accessed October 26, 2021, doi: http://dx.doi.org/10.1163/2352-0248_edn_COM_256158.

Weiner, Melissa, The Ideologically Colonized Metropole: Dutch Racism and Racist Denail, in: Sociology Compass 8 (2012) 6, S. 731-744, doi: 10.1111/soc4.12163.

Wekker, Gloria, White Innocence: Paradoxes of Colonialism and Race, Durham: Duke University Press, 2016.

Wenzel, Silke, Lieder, Lärmen, »L'homme armé«. Musik und Krieg 1460-1600 (Musik der frühen Neuzeit, Bd. 4), Neumünster: Von Bockel, 2018.

Wertheim, W.F. u.a. (Hg.), Indonesian Trade and Society. Essays in Asian Social and Economic History (= Selected Studies on Indonesia, Bd. 1), Den Haag: W. van Hoeve Publishers LTD, 1967.

Whitford, David M., The Curse of Ham in the Early Modern Era: The Bible and the Justification for Slavery (St. Andrews Studies in Reformation History), Farnham: Ashgate Publishing Limited, 2009.

Wouters, Mieke, De omstreden erfenis van Elisabeth Samson: een gemengd huwelijk in het Suriname van de achttiende eeuw, in: Alerta, 23 (1997) S. 16-18.

Zack, Naomi (Hg.), The Oxford Handbook of Philosophy and Race, Oxford: University Press, 2017.

Zee, Henri van der, 's Heeren Slaaf. Het dramatische leven van Jacobus Capitein, Amsterdam: Balans, 2001.

Zemon Davis, Natalie, Decentering History: Local Stories and Cultural Crossings in a Global World, in: History and Theory, 50 (2011) 2, S. 188-202.

-*Dies.*, Judges, Masters, Diviners: Slaves' Experience of Criminal Justice in Colonial Suriname, in: Law and History Review, 29 (2011) 4, S. 925-984.

-*Dies.*, Fiction in the Archives. Pardon Tales and Their Tellers in Sixteenth-Century France, Stanford, Carlifornia: University Press, 1987.

Zeuske, Michael, Stefan Reichmuth, »Sklaverei«, in: Enzyklopädie Der Neuzeit Online. Accessed June 13, 2021, doi: http://dx.doi.org/10.1163/2352-0248_edn_CO M_350332.

-*Ders.*, Handbuch Geschichte der Sklaverei: Eine Globalgeschichte von den Anfängen bis zur Gegenwart, 2. überarb. u. erw. Aufl., Bd. 1 u. 2, Berlin, Boston: De Gruyter, 2019.

Zimmermann, Reinhard, Römisch-holländisches Recht – Ein Überblick, in: Robert Feenstra und Reinhard Zimmermann (Hg.), Das römisch-holländische Recht: Fortschritte des Zivilrechts im 17. und 18. Jahrhundert, Amsterdam: Duncker & Humblot, 1992, S. 29-32.

6.5 Internetquellen (Sekundärquellen):

6.5.1 Onlineartikel

Arens, Esther Helena: Rezension zu: Wekker, Gloria: White Innocence. Paradoxes of Colonialism and Race, Durham 2016. ISBN 978-0-8223-6075-9, in: H-Soz-Kult, 11.05.2017, hsozkult.de/publicationreview/id/reb-24625.

Haarnack, Carl, Hendrick de Kock (ca. 1740-1814), Buku Bibliotheca Surinamica, 30. Oktober 2011, https://bukubooks.wordpress.com/2011/10/30/hendrickdeko ck/ (25.10.2021).

Horst, Han van der, Persoonlik compenseren nazaten van slaven slecht idee, in, Joop: opinie, 19.4.2019, https://joop.bnnvara.nl/opinies/persoonlijk-compenseren-n azaten-van-slaven-slecht-idee (22.08.2019).

Jole, Francisco van interviewde Han van der Horst: over geschiedenis en toekomst van Zwarte Piet, in: Joop: Nieuws, 24.11.2018, https://joop.bnnvara.nl/ni euws/han-van-der-horst-over-geschiedenis-en-toekomst-van-zwarte-piet (22.08.2019).

Kraak, Haro im Interview mit Elma Drayer, »Ik zie een groeiende apartheid, je sluit je weer op met je eigen clubje«, in: De Volkskrant,

8.8.2019, https://www.volkskrant.nl/cultuur-media/ik-zie-een-groeiende-apa rtheid-je-sluit-je-weer-op-met-je-eigen-clubje be9c7ded/ (22.08.2019).

NU.nl, Alles wat je moet weten over bevrijdingsfeest Keti Koti, 1.7.2019, https://ww w.nu.nl/dvn/5958227/alles-wat-je-moet-weten-over-bevrijdingsfeest-keti-koti .html?fbclid=IwAR0LDcRt1PvR6l3krhgj6FJ4aTVQuSjsr7swXY9iv-vhd2r3vOktc 8A09Zs (22.08.2019).

Vrij, Jean Jacques, Vrijheid per testament, stadsarchief Amsterdam, https://alleam sterdamseakten.nl/artikel/858/vrijheid-per-testament/ (12.08.2019).

6.5.2   Hilfsmittel (online)

Intstituut voor de Nederlandse taal, Historische Woordenboek: Nederlands en Fries, h ttp://gtb.inl.nl/search/#.

Huygens.ING Biographisch Portaal van Nederland, www.biografischportaal.nl/.

Slavevoyages Database, https://www.slavevoyages.org/voyage/database.

6.5.3   Homepages

Homepage: Alles familie: Jordaan, 't Franse Pad, https://www.allesfamilie.nl/FamLa mpe/DetailsLampe/BuurtenAmsterdam.html (15.04.2020).

Homepage des Nationaal Archief Den Haag mit Informationen über das Plakaat van Verlatinge, https://www.nationaalarchief.nl/beleven/onderwijs/bronnenbox/pl akkaat-van-verlatinge-1581 (31.03.2020).

Homepage des New Netherlands Institute, https://www.newnetherlandinstitute.org/h istory-and-heritage/additional-resources/dutch-treats/the-act-of-abjuration/ (12.03.2020).

Joodsamsterdam. Joodse sporen in Amsterdam en omgeving, https://www.joodsams-terdam.nl/duvelshoek/ (15.04.2020).

Minority Rights Group International, https://minorityrights.org/minorities/maroons / (01.04.2020).

Homepage Raad van State, https://www.raadvanstate.nl/overrvs/geschiedenis/ (10.02.2020).

Homepage Rare.Maps.com, https://www.raremaps.com/gallery/detail/52092/ a-new-map-of-the-city-of-amsterdam-most-humbly-inscribd-to-senex (15.04.2020).

Het Rembrandthuis, Black in Rembrandt's Time, 6 March to 31 May 2020, https://w ww.rembrandthuis.nl/wp-content/uploads/2020/02/press-release.-here-black -in-rembrandts-time.-the-rembrandt-house-museum-amsterdam.pdf

Geschichtswissenschaft

Thomas Etzemüller
Henning von Rittersdorf:
Das Deutsche Schicksal
Erinnerungen eines Rassenanthropologen.
Eine Doku-Fiktion

September 2021, 294 S., kart., Dispersionsbindung
35,00 € (DE), 978-3-8376-5936-8
E-Book:
PDF: 34,99 € (DE), ISBN 978-3-8394-5936-2

Thilo Neidhöfer
Arbeit an der Kultur
Margaret Mead, Gregory Bateson
und die amerikanische Anthropologie, 1930-1950

Juni 2021, 440 S., kart., Dispersionsbindung, 5 SW-Abbildungen
49,00 € (DE), 978-3-8376-5693-0
E-Book: kostenlos erhältlich als Open-Access-Publikation
PDF: ISBN 978-3-8394-5693-4

Norbert Finzsch
Der Widerspenstigen Verstümmelung
Eine Geschichte der Kliteridektomie im »Westen«,
1500-2000

Mai 2021, 528 S.,
kart., Dispersionsbindung, 30 SW-Abbildungen
49,50 € (DE), 978-3-8376-5717-3
E-Book:
PDF: 48,99 € (DE), ISBN 978-3-8394-5717-7

Leseproben, weitere Informationen und Bestellmöglichkeiten
finden Sie unter www.transcript-verlag.de

Geschichtswissenschaft

Frank Jacob
Freiheit wagen!
Ein Essay zur Revolution im 21. Jahrhundert

April 2021, 88 S., kart., Dispersionsbindung
9,90 € (DE), 978-3-8376-5761-6
E-Book: kostenlos erhältlich als Open-Access-Publikation
PDF: ISBN 978-3-8394-5761-0

Sebastian Haumann, Martin Knoll, Detlev Mares (eds.)
Concepts of Urban-Environmental History

2020, 294 p., pb., ill.
29,99 € (DE), 978-3-8376-4375-6
E-Book:
PDF: 26,99 € (DE), ISBN 978-3-8394-4375-0

Verein für kritische Geschichtsschreibung e.V. (Hg.)
WerkstattGeschichte
2021/2, Heft 84: Monogamie

September 2021, 182 S.,
kart., Dispersionsbindung, 4 Farbabbildungen
22,00 € (DE), 978-3-8376-5344-1
E-Book:
PDF: 21,99 € (DE), ISBN 978-3-8394-5344-5

Leseproben, weitere Informationen und Bestellmöglichkeiten
finden Sie unter www.transcript-verlag.de